Berger Automatisieren mit SIMATIC

Automatisieren mit SIMATIC

Integriertes Automatisieren mit SIMATIC S7-300/400

Controller, Software, Programmierung, Datenkommunikation, Bedienen und Beobachten

von Hans Berger

Publicis MCD Verlag

Die Deutsche Bibliothek – CIP-Einheitsaufnahme

Ein Titeldatensatz für diese Publikation ist bei der Deutschen Bibliothek erhältlich.

Für Anregungen zum Inhalt weiterer Auflagen sind Autor und Verlag immer dankbar.
Publicis MCD Verlag
Postfach 3240
D-91052 Erlangen
Fax: 09131/7-2 78 38
E-mail: publishing-books@publicis-mcd.de

ISBN 3-89578-132-0

Herausgeber Siemens Aktiengesellschaft, Berlin und München
Verlag: Publicis MCD Verlag, Erlangen und München

Printed in Germany

Geleitwort

Automatisierung bedeutet die permanente Weiterentwicklung von industriellen Prozessen und Abläufen.

Ein besonderer Quantensprung in dieser Entwicklung ist sicher Totally Integrated Automation, das Siemens vor drei Jahren als völlig neues und bis dato einzigartiges Konzept der Automatisierungstechnik vorgestellt hat. Damit ist Siemens der erste und bislang einzige Anbieter für Automatisierungslösungen mit dreifacher Durchgängigkeit für alle beteiligten Komponenten innerhalb des Automatisierungsverbands – in Projektierung und Programmierung, in der Datenhaltung sowie in der Kommunikation. Das Zusammenwachsen von Antriebs- und Automatisierungstechnik erlaubt die Dezentralisierung von Intelligenz und führt gleichzeitig zu neuen, flexibleren Automatisierungsstrukturen.

Siemens ist es gelungen, basierend auf einer gemeinsamen Datenhaltung eine konsequent einheitliche Bedienoberfläche für die einzelnen Engineeringtools anzubieten. Damit wird das vom Anwender begehrte "Easy to Use" gewährleistet und die Projektierung einer Gesamtanlage kann nicht nur einfacher, sondern auch erheblich schneller und damit kostengünstiger erfolgen. Profibus, OPC oder Microsoft-Standards gewährleisten problemlos die Kompatibilität des Automatisierungssystems mit Komponenten anderer Hersteller, sofern diese dieselben Standards verwenden. Dies erklärt den weltweiten Erfolg von SIMATIC Automatisierungssystemen.

Erstmalig wird mit diesem Fachbuch am Beispiel des Automatisierungssystems SIMATIC eine umfassende Darstellung des Aufbaus und der Arbeitsweise moderner Industrie-Steuerungen gegeben. Dadurch ist das Buch hervorragend geeignet für alle, die sich ohne große Vorkenntnisse in das Gebiet der speicherprogrammierbaren Steuerungen einarbeiten möchten.

Nürnberg, im November 1999

Dr. Klaus Wucherer
Vorsitzender des Berreichsvorstandes A&D
Mitglied des Vorstandes der Siemens AG

Vorwort

Die Automatisierung industrieller Anlagen erfordert zunehmend unterschiedlichere und komplexere Komponenten in steigender Anzahl. So stellt sich heute als neue Herausforderung nicht mehr die Weiterentwicklung hochspezialisierter Geräte, sondern das Optimieren des Zusammenspiels.

Die Lösung heißt *Totally Integrated Automation*. Nach diesem Konzept steuert das Automatisierungssystem SIMATIC Produktionsmaschinen, fertigungstechnische Anlagen oder verfahrenstechnische Prozesse. Totally Integrated Automation bedeutet, mit einer einzigen Systembasis und Werkzeugen mit einheitlichen Bedienoberflächen alle Automatisierungskomponenten einheitlich zu behandeln. Diesen Anforderung wird die neue SIMATIC gerecht mit Durchgängigkeit bei Projektierung, Programmierung, Datenhaltung und Kommunikation.

Die gesamte Projektierung und Programmierung aller Komponenten erfolgt mit der Basissoftware STEP 7. Auch Optionspakete für die Erweiterung der Funktionalität fügen sich bei gleicher Bedienphilosophie nahtlos in STEP 7 ein. Der SIMATIC Manager koordiniert alle Werkzeuge und verwaltet zentral alle anfallenden Automatisierungsdaten. Auf diese zentrale Datenhaltung haben alle Werkzeuge Zugriff, so daß Doppeleingaben vermieden werden und Abstimmungsprobleme gar nicht erst aufkommen.

Eine durchgängige Kommunikation aller Automatisierungskomponenten ist Voraussetzung für „dezentrale Automatisierung". Aufeinander abgestimmte Kommunikationsmechanismen ermöglichen die harmonische Zusammenarbeit von Steuerungen, Visualisierungssystemen und dezentraler Peripherie ohne Mehraufwand. Das zukunftsträchtige Konzept der „verteilten Intelligenz" rückt damit in greifbare Nähe. Kommunikation bei SIMATIC ist nicht nur in sich durchgängig sondern auch offen nach außen. Das bedeutet, SIMATIC verwendet weit verbreitete Standards wie z.B. PROFIBUS für die Feldgeräte und sorgt mit Industrial Ethernet und TCP/IP-Protokoll für beste Verbindungen zur Bürowelt und damit in die Management-Ebene.

Das vorliegende Buch vermittelt einen Überblick über Aufbau und Arbeitsweise eines modernen Automatisierungssystems. Am Beispiel der speicherprogrammierbaren Steuerung SIMATIC S7-300/400 gibt das Buch einen Einblick in die Hardware- und Software-Projektierung des Controllers, stellt die Programmierung mit den verschiedenen Programmiersprachen vor, erläutert den Datenaustausch über Netzverbindungen und beschreibt die vielfältigen Möglichkeiten zum Bedienen und Beobachten des gesteuerten Prozesses.

Nürnberg, im November 1999 | Hans Berger

Inhaltsverzeichnis

1 Einleitung

1.1 Komponenten des Automatisierungssystems SIMATIC

Das Automatisierungssystem SIMATIC besteht aus vielen, aufeinander abgestimmten Komponenten mit einheitlicher Projektierung, Datenhaltung und Datenübertragung.

Die Controller **SIMATIC S7** bilden als speicherprogrammierbare Steuerungen (SPS) die Basis des Automatisierungssystems. Es gibt sie in drei Bauformen: S7-200 ist die Micro-SPS, S7-300 deckt als modulare Kleinsteuerung den unteren und den mittleren Leistungsbereich ab und schließlich S7-400 als Top-Level-Gerät mit der höchsten Leistungsfähigkeit. Die Controller enthalten die Zentralbaugruppe mit dem Anwenderprogramm und die Peripheriebaugruppen zur Kopplung an die zu steuernde Maschine oder Anlage.

SIMATIC M7 sind AT-kompatible Rechnerbaugruppen, die SIMATIC um eine offene Software-Plattform für Standard-Software-Produkte erweitern. Sie werden als Zentralbaugruppen M7-CPU oder als Applikationsbaugruppen M7-FM in S7-300- und S7-400-Stationen eingesetzt. Die Kopplung zur Maschine oder Anlage übernehmen die S7-Peripheriebaugruppen, ergänzt um M7-spezifische Erweiterungsbaugruppen.

Die Komplettgeräte **SIMATIC C7** sind für Maschinensteuerung konzipiert und bieten SPS-Leistung auf engstem Raum. Das Bedienen und Beobachten der Maschine geschieht über die Frontplatte mit dem hinterleuchteten LC-Display und der Folientastatur. Der enthaltene Controller steuert mit integrierten oder mit externen Ein-/Ausgabebaugruppen die Maschine.

Die Controller von **SIMATIC WinAC** basieren auf einem Standard-PC, entweder als reine Software-Lösung oder als PC-Steckkarte. Sie bieten Schnittstellen zu PC-Anwendungen mit der Möglichkeit, die Steuerungsdaten direkt im gleichen PC zu verarbeiten.

Die **Dezentrale Peripherie SIMATIC DP** erweitert die Kopplung zur Maschine oder Anlage um Peripheriebaugruppen direkt vor Ort. Diese räumlich vom Controller entfernt aufgebaute Dezentrale Peripherie ist – verdrahtungssparend – über das Bussystem PROFIBUS an die zentrale Steuerung gekoppelt.

SIMATIC HMI bedeutet Bedienen und Beobachten. Vom einfachsten Textdisplay bis zur grafikfähigen Operatorstation bietet die Mensch-Maschine-Schnittstelle alle Geräte für das Führen einer Maschine oder Anlage. Leistungsfähige Software zeigt mit Betriebs- und Störungsmeldungen den Anlagenzustand, verwaltet Rezepturen und Meßwertarchive und unterstützt den Anlagenbetreiber bei Fehlersuche, Wartung und Instandhaltung.

SIMATIC NET verbindet alle SIMATIC-Stationen und sorgt für komplikationslosen Datenaustausch. Es genügt ein Kabel zur Vernetzung aller SIMATIC-Stationen über die integrierte MPI-Schnittstelle, um dann Daten auszutauschen oder von zentraler Stelle aus alle vernetzten Geräte mit dem Programmiergerät zu erreichen. Verschiedene Bussysteme mit abgestufter Leistungsfähigkeit gestatten die Kopplung auch zu Fremdgeräten, seien es Feldgeräte in der Anlage oder Rechner in der Leitebene.

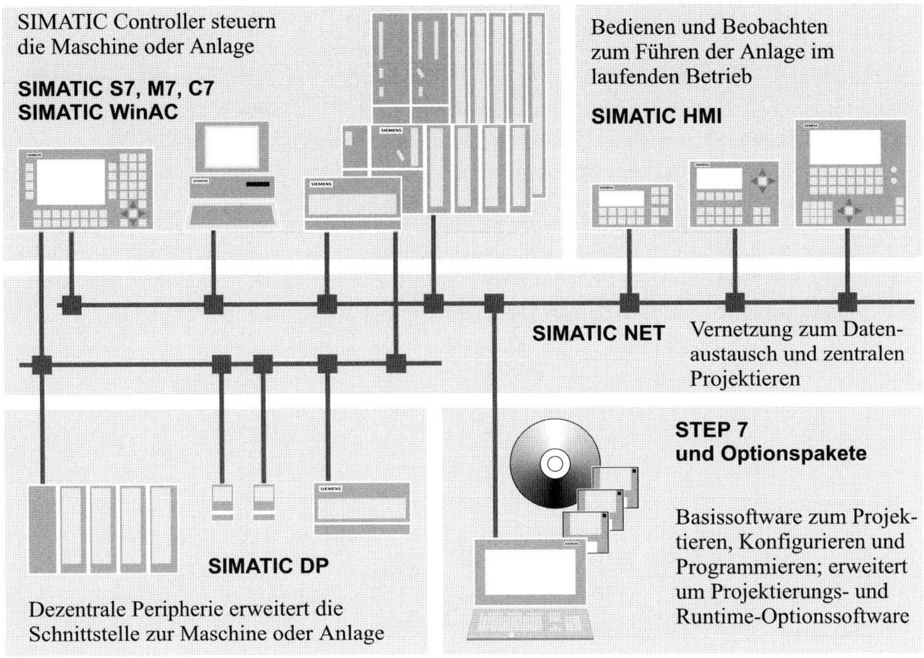

Bild 1.1 Bestandteile des Automatisierungssystems SIMATIC

Das Standardtool **STEP 7** bildet die Klammerfunktion für Totally Integrated Automation, der Automatisierung mit durchgängiger Projektierung und Programmierung, Datenhaltung und Datenübertragung. Mit STEP 7 werden die SIMATIC-Komponenten konfiguriert, projektiert, parametriert und programmiert. Der *SIMATIC Manager* von STEP 7 ist das zentrale Werkzeug zum Verwalten der Automatisierungsdaten und der dazugehörenden Software-Werkzeuge. Er hält alle Daten eines Automatisierungsvorhabens im Form eines hierarchisch gegliederten *Projekts* und speichert in Bibliotheken Standard-Software und wiederverwendbare Anwendersoftware.

Die mit STEP 7 ausgeführten Tätigkeiten sind im wesentlichen:

▷ die Konfiguration der Hardware, das heißt Baugruppen in Baugruppenträger anordnen und mit Adressen versehen und die Baugruppeneigenschaften parametrieren,

▷ die Projektierung der Kommunikationsverbindungen, das heißt die Festlegung der Kommunikationspartner und der Verbindungseigenschaften,

▷ das Programmieren des Anwenderprogramms, das heißt das Schreiben der Steuerungssoftware in den Programmiersprachen Kontaktplan (KOP), Funktionsplan (FUP) oder Anweisungsliste (AWL) und das Testen des Programms online am Controller.

Verschiedene Optionspakete erweitern das Standardtool STEP 7 beispielsweise mit den Engineering Tools um weitere Programmiersprachen und Programmiermethoden, Projektierungssoftware für Bedienen und Beobachten, Projektierungssoftware für die Kommunikationsbaugruppen und Runtime-Software, wie z.B. Regelungsfunktionen für das Anwenderprogramm.

1.2 Von der Automatisierungsaufgabe zum fertigen Programm

Das Lösen einer Automatisierungsaufgabe beginnt mit der Frage, welche Steuerung eingesetzt werden soll. Genügt für eine kleine Maschine eine S7-200 oder braucht man eine S7-300? Kann die Anlage besser mit einer S7-400 oder mit zwei gekoppelten S7-300 gesteuert werden? Zentrale Peripherie kompakt im Steuerschrank oder Dezentrale Peripherie verteilt in der Anlage?

Die folgenden Aufzählungen geben ganz allgemein die Schritte an, die von der Automatisierungsaufgabe zum fertigen Programm führen. Im Einzelfall, bei konkreten Anforderungen, können Schritte ausgelassen werden oder neue hinzukommen.

Hardware bestimmen

Für die Auswahl des Controllertyps gibt es viele Kriterien. Bei „kleinen" Steuerungen sind die häufigsten die Anzahl der Ein-/Ausgänge und die Größe des Anwenderprogramms. Bei umfangreicheren Anlagen stellt sich die Frage, ob die Reaktionszeit noch ausreicht; auch das zu verwaltende Datenvolumen (Rezepturen, Archive) kann einen Anwenderspeicher sprengen. Um allein aus den Anforderungen die benötigten Ressourcen ableiten zu können, bedarf es viel Erfahrung mit bereits realisierten Automatisierungslösungen; eine allgemeine „Formel" gibt es hierfür nicht.

Soll eine Produktionsmaschine gesteuert werden, wird es voraussichtlich mit einer einzigen Station geschehen. Hier entscheiden Anzahl der Ein-/Ausgänge, Anwenderspeichergröße und evtl. die Schnelligkeit (Reaktionszeit) die Auswahl für S7-200, S7-300 oder S7-400. Wie wird die Maschine geführt? (Entscheidung für einzelne Bedien- und Beobachtungsgeräte von SIMATIC HMI oder für Komplettgeräte SIMATIC C7).

Bei räumlich verteilten Anlagen stellt sich die Frage, ob der Einsatz von Dezentraler Peripherie nicht kostengünstiger ist als zentrale Peripherie. In vielen Fällen kann nicht nur der Verdrahtungsaufwand verringert werden, auch die Reaktionszeit und die Engineeringkosten können durch die Verlagerung von Steuerungsaufgaben „vor Ort" verringert werden (Entscheidung für Dezentrale Peripherie SIMATIC DP, eventuell „intelligente" DP-Slaves mit eigenem Anwenderprogramm zur Vorverarbeitung der Signale).

Eine Dezentralisierung der Automatisierungslösung hat Vorteile: Die Anwenderprogramme einzelner Anlagenteile sind kleiner mit geringerer Reaktionszeit und können oft unabhängig von der Gesamtanlage in Betrieb gesetzt werden. Der erforderliche Datenaustausch mit einer „Zentralsteuerung" ist innerhalb des SIMATIC-Systems mit SIMATIC NET durch aufeinander abgestimmte Kommunikationsfunktionen besonders einfach.

Welche Programmiersprache?

Die Wahl der Programmiersprache richtet sich nach der zu lösenden Aufgabe. Besteht sie überwiegend aus binärer Signalverarbeitung, sind die grafischen Programmiersprachen KOP (Kontaktplan) und FUP (Funktionsplan) sicher die beste Wahl. Für anspruchsvollere Aufgaben, die ein komplexes Variablenhandling und indirekte Adressierung erfordern, steht die assemblerähnliche Programmiersprache AWL (Anweisungsliste) zur Verfügung. SCL (Structured Control Language) ist die beste Wahl für jemanden, der eine höhere Programmiersprache kennt und vorwiegend die Verarbeitung großer Datenmengen programmiert.

Mehrere Programmiermethoden erleichtern die Programmerstellung: S7-GRAPH für Ablaufsteuerungen, die Darstellung als Zustandsgraph mit S7-HiGraph, die Verschaltung vorgefertigter Funktionen mit S7-CFC (Continous Function Chart). Sie erhalten auch Unterstützung bei der Erstellung des Anwenderprogramms durch vorgefertigte Bausteine z.B. bei der Programmierung von Regelkreisen oder bei der Meldungsprojektierung.

Projekt anlegen

Alle Daten für die Automatisierungslösung sind in einem „Projekt" zusammengefaßt. Sie erstellen ein Projekt mit der Basissoftware STEP 7. Ein Projekt ist ein (Software-)Behälter, in dem alle Daten hierarchisch gegliedert aufbewahrt werden. Die nächste Gliederungsstufe unter einem Projekt sind „Stationen", in denen wiederum eine oder mehrere CPUs stecken, die ein Anwenderprogramm enthalten. Alle diese Objekte sind Behälter für weitere Behälter oder Objekte, die als Stellvertreter der Automatisierungsdaten auf dem Bildschirm erscheinen. Sie fügen per Menübefehl neue Objekte ein, öffnen diese Objekte und starten damit automatisch das erforderliche Werkzeug, um diese Objekte zu bearbeiten.

Beispiel: In einer Station gibt es ein Objekt *Hardware*; ein Doppelklick auf dieses Objekt startet das Werkzeug *Hardware-Konfiguration*, mit dem Sie den Hardware-Aufbau der Station konfigurieren, d.h. die Baugruppen auf einem Baugruppenträger anordnen, adressieren und parametrieren. Dies alles geschieht bei SIMATIC per Software: Sie legen – dialoggeführt und durch die Online-Hilfe unterstützt – die Eigenschaften der Baugruppen fest.

Anwenderprogramm erstellen, testen und archivieren

Das Anwenderprogramm ist die Gesamtheit aller vom Anwender programmierten Anweisungen und Vereinbarungen für die Signalverarbeitung, durch die eine zu steuernde Maschine oder Anlage gemäß der Steuerungsaufgabe beeinflußt wird. Die Lösung umfangreicher und komplexer Aufgabenstellungen wird erleichtert durch Aufteilung in kleinere und überschaubare Einheiten, die sich im Programm in Form von „Bausteinen" (Unterprogrammen) abbilden lassen. Die Aufteilung kann technologisch oder funktionell orientiert sein. Im ersten Fall entspricht einer programmtechnischen Einheit ein Teil der Maschine oder Anlage (Mixer, Förderband, Bohreinheit); im zweiten Fall orientiert sich das Programm an Steuerungsfunktionen, wie z.B. Meldesteuerung, Kommunikation, Betriebsarten. In der Praxis treten meistens Mischformen beider Gliederungskonzepte auf.

Die Objekte für die Programmerstellung sind die Symboltabelle und die übersetzten Bausteine, und – abhängig von der Programmiersprache – die Programmquellen. Ein Doppelklick auf eine Programmquelle oder ein Bausteinobjekt startet den Programmeditor, und Sie können das Programm für diesen Baustein eingeben oder korrigieren. Das Anwenderprogramm wird „offline" erstellt und auf der Festplatte des Programmiergeräts gespeichert.

Zur Inbetriebsetzung verbinden Sie das Programmiergerät mit der CPU, übertragen das Programm in den Anwenderspeicher der CPU und testen es. Sie können die Variablenwerte beobachten und ändern und den Programmfluß verfolgen. Umfangreiche Diagnosefunktionen ermöglichen eine schnelle Identifizierung von Fehlerort und Fehlerursache. Einzelne Programmteile können Sie vorab offline mit der Optionssoftware PLCSIM testen. Nach erfolgreicher Inbetriebsetzung übertragen Sie das Anwenderprogramm spannungsausfallsicher auf Flash EPROM Memory Card und dokumentieren das Projekt, z.B. im Schaltbuchformat mit DOCPRO. Mit STEP 7 können Sie ein gesamtes Projekt komprimiert archivieren.

1.3 Wie arbeitet eine speicherprogrammierbare Steuerung?

In der konventionellen Steuerungstechnik wird eine Steuerungsaufgabe gelöst, indem Schütze und Relais individuell – d.h. abhängig von der Aufgabenstellung – verdrahtet werden. Man spricht deshalb bei Schützen- und Relaissteuerungen sowie bei elektronischen Steuerungen, die aus einzelnen Baugruppen zusammengebaut werden, von *verbindungsprogrammierten* Steuerungen. Das „Programm" liegt in der Verdrahtung. Bei *speicherprogrammierbaren* Steuerungen werden dagegen serienmäßige Standardgeräte verwendet. Die gewünschte Steuerungsfunktion wird durch ein Anwenderprogramm in der CPU verwirklicht.

SIMATIC S7 ist ein Automatisierungssystem, dessen zentraler Controller eine speicherprogrammierbare Steuerung ist. Die Lösung der Steuerungsaufgabe ist im Anwenderspeicher der CPU in Form von Programmanweisungen enthalten. Die CPU liest nacheinander die einzelnen Anweisungen, interpretiert deren Inhalt und sorgt für dessen Ausführung.

Die CPU verarbeitet Befehle im Maschinencode MC7, entweder direkt oder interpretativ. Ganz gleich, mit welcher Programmiersprache Sie das Anwenderprogramm schreiben, immer wird es in MC7-Anweisungen umgesetzt. Die Programmiersprache AWL (Anweisungsliste) kommt dem Maschinencode MC7 am nächsten.

Verknüpfung von Binärsignalen

Betrachten wir ein Beispiel: Wenn die beiden Eingänge E 5.2 und E 4.7 gleichzeitig Signalzustand „1" führen, soll der Ausgang A 8.5 ebenfalls auf Signalzustand „1" gesetzt werden, andernfalls auf „0". Das Programm lautet in MC7 wie in AWL:

```
...
=  A 8.4  vorhergehende Verknüpfung
U  E 5.2  (Erst-)Abfrage des Ein-
          gangs E 5.2, dessen Status
          wird ins Verknüpfungser-
          gebnis (VKE) übernommen
U  E 4.7  Abfrage des Eingangs E
          4.7, Verknüpfung nach UND
          mit dem gespeicherten VKE
          und Ergebnis wiederum
          Speichern im VKE
=  A 8.5  Zuweisung des gespeicher-
          ten VKEs zum Ausgang A 8.5
U  E 5.3  nächste Verknüpfung
...
```

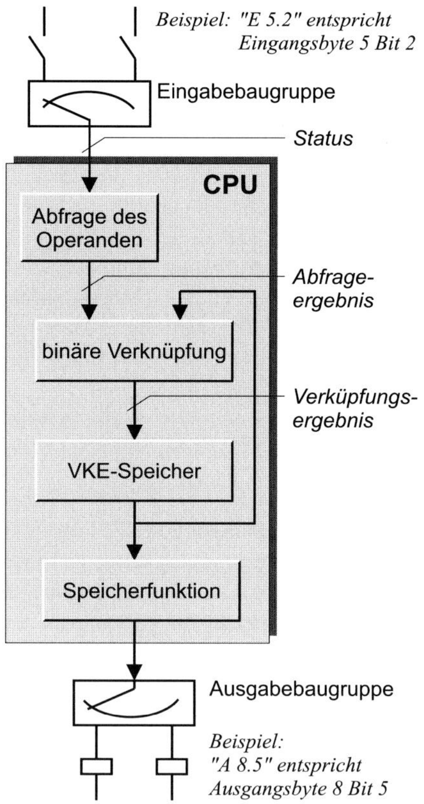

Bild 1.2
Arbeitsweise einer speicherprogrammierbaren Steuerung am Beispiel einer binären Verknüpfung

Die CPU bearbeitet dieses Programm nun Anweisung für Anweisung. Beim Bearbeiten der Anweisung U E 5.2 wählt die entsprechende Eingabebaugruppe aufgrund der angegebenen Adresse den Sensor am Eingang E 5.2 aus. Die CPU fragt den Signalzustand des ausgewählten Sensors (den Status) ab. Bei einer Erstabfrage – das ist eine Abfrageanweisung nach einer Steueranweisung – wird der Status des abgefragten Operanden sofort ohne Verknüpfung in den VKE-Speicher übernommen. Bei der nächsten Abfrage verknüpft dann die CPU das Ergebnis der Abfrage (das Abfrageergebnis) mit dem gespeicherten Verknüpfungsergebnis (VKE) aus der vorangegangenen Verknüpfung. Das Ergebnis dieser Verknüpfung wird als neues Verknüpfungsergebnis gespeichert. Danach bearbeitet die CPU die nächstfolgende Anweisung im Programm, z.B. Speichern des Verknüpfungsergebnisses in einem Operanden aufgrund einer Zuweisung.

Nach dem Speichern des dann „alten" Verknüpfungsergebnisses beginnt mit der ersten Abfrage eine neue Verknüpfung, bei der in der Erstabfrage das Verknüpfungsergebnis wieder gleich dem Abfrageergebnis gesetzt wird.

Zyklische Programmbearbeitung

Der Zentralprozessor einer speicherprogrammierbaren Steuerung bearbeitet das Anwenderprogramm fortlaufend. Es wird auch dann bearbeitet, wenn „von außen" keine Aktionen gefordert sind, wenn also z.B. die gesteuerte Maschine steht. Dies hat Vorteile bei der Programmierung: Sie programmieren beispielsweise den Kontaktplan so wie Sie einen Stromlaufplan zeichnen oder programmieren den Funktionsplan genau so wie die Verschaltung elektronischer Bauteile. Grob betrachtet, hat eine speicherprogrammierbare Steuerung eine Charakteristik wie z.B. eine Schützen- oder Relaissteuerung: Die vielen programmierten Verknüpfungen sind quasi gleichzeitig „parallel" wirksam.

Wie erhält eine sequentiell arbeitende Steuerung diese Charakteristik?

Nach dem Einschalten der Versorgungsspannung bearbeitet die CPU das Betriebssystem und evtl. ein Anlaufprogramm. Danach ist das Hauptprogramm an der Reihe; die Verknüpfungen werden das erste Mal bearbeitet. Die CPU fragt die Eingangssignale ab, verknüpft sie miteinander und steuert die Ausgänge.

Ist das Hauptprogramm bis zum Ende bearbeitet worden, beginnt die Bearbeitung sofort wieder am Programmanfang. Die Eingänge werden erneut abgefragt und verknüpft und die Ausgänge erneut gesteuert. Auf diese Weise werden in sehr kurzen Abständen die Ausgänge den sich ändernden Eingängen nachgeführt (die Reaktionszeit hängt somit von der Länge des bearbeiteten Hauptprogramms ab).

Diese zyklische Programmbearbeitung ist typisch für speicherprogrammierbare Steuerungen. Für spezielle Anwendungen kann diese zyklische Bearbeitung auch durch Prozeßalarme oder Zeitalarme (z.B. in festgelegten Intervallen) unterbrochen werden.

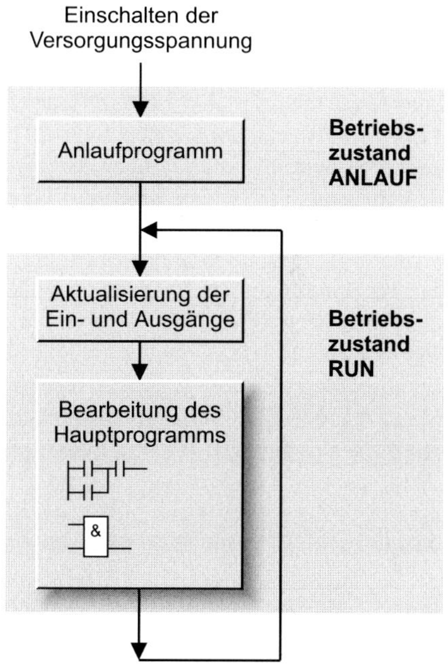

Bild 1.3
Zyklische Programmbearbeitung in einer speicherprogrammierbaren Steuerung

1.4 Der Weg eines Binärsignals vom Geber bis zum Programm

Um seine Aufgabe zu erfüllen, braucht der Zentralprozessor im Controller die Verbindung zur Maschine oder Anlage, die es zu steuern gilt. Diese Verbindung stellen Peripheriebaugruppen her, an die die Sensoren und Aktoren angeschlossen sind.

Anschluß an das Automatisierungsgerät, Baugruppenadresse

Mit der Verdrahtung der Maschine oder Anlage legen Sie fest, welche Signale wo an das Automatisierungsgerät angeschlossen werden. Ein Eingangssignal, z.B. das Signal vom Taster +HP01-S10 mit der Bedeutung „Motor einschalten", wird auf eine Eingabebaugruppe geführt, wo es an einer bestimmten Klemme angeschlossen wird.

Diese Klemme hat eine „Adresse", die Peripherieadresse (z.B. Byte 5 Bit 2). Die Adresse einer Baugruppe ist entweder durch den Steckplatz im Baugruppenträger festgelegt oder kann mit STEP 7 in der Hardware-Konfiguration von Ihnen eingestellt werden. Die Baugruppenadressen sind byteweise (in Bündeln zu 8 einzelnen Bits/Binärsignalen) organisiert. Die Baugruppenanfangsadresse ist die niedrigste Adresse der Baugruppe, sie hat beispielsweise den Wert 4; wenn die Baugruppe mehrere Bytes besitzt, hat das nächste Byte der Baugruppe dann automatisch die Adresse 5 und so weiter. Die Bitadresse wird für jedes Byte von 0 bis 7 gezählt.

Absolute und symbolische Operandenadresse

Die CPU bearbeitet das Anwenderprogramm (Hauptprogramm) zyklisch: Ist die Bearbeitung am Programmende angelangt, beginnt sie wieder am Anfang. Dann kopiert die CPU automatisch jedes Mal vor Programmbeginn die Signale von den Eingabebaugruppen in das Eingangs-Prozeßabbild, einen Bereich im Systemspeicher der Zentralbaugruppe. Im Prozeßabbild wird das Signal dann als Operand „Eingang" angesprochen, z.B. mit E 5.2. Der Ausdruck „E 5.2" ist die absolute Adresse. Wenn Spannung an der entsprechenden Eingangsklemme liegt, dann führt der Eingang E 5.2 den Signalzustand „1".

Sie können nun diesem Eingang einen Namen geben, indem Sie gleich beim Konfigurieren der Hardware oder später in der Symboltabelle der absoluten Adresse ein alphanumerisches Symbol zuordnen, das der Bedeutung dieses Eingangssignals entspricht, z.B. „Motor einschalten". Der Ausdruck „Motor einschalten" ist die symbolische Adresse. Sie können in der Symboltabelle allen Signalen einen Namen geben und im Anwenderprogramm alle Signale auf diese anschauliche Weise adressieren.

Ausgänge steuern die Maschine oder Anlage

Entsprechendes gilt auch für die Ausgänge. Sie sind Operanden in einem Speicherbereich des Zentralprozessors, der „Ausgangs-Prozeßabbild" genannt wird. Im Programm wird ein Ausgang – im Prozeßabbild – abhängig von Bedingungen gesetzt oder rückgesetzt. Die CPU überträgt das Ausgangs-Prozeßabbild am Programmende zu den Ausgabebaugruppen, wo es dann an der entsprechenden Klemme den Aktor, z.B. ein Schütz, eine Leuchte oder ein elektronisches Gerät, steuert.

Baugruppen ansprechen

Sie können die Ein- und Ausgabebaugruppen vom Programm aus auch direkt ansprechen. Dann ist jedoch die kleinste Einheit, die Sie adressieren können, ein Byte. Das bedeutet, ein Abfragen oder Setzen eines einzelnen Signals – eines einzelnen Bits – ist in diesem Fall nur mit erhöhtem Aufwand möglich.

Für das Steuerungsprogramm bedeutet es keinen Unterschied, ob Sie die Sensoren und Aktoren an Baugruppen anschließen, die im Zentralbaugruppenträger stecken, oder an Baugruppen, die als dezentrale Peripherie in der Anlage montiert und über ein Bussystem an den zentralen Controller angeschlossen sind. Das Ansprechen der Ein- und Ausgabebaugruppen bzw. das Abfragen der Sensoren über das Eingangs-Prozeßabbild und das Steuern der Aktoren über das Ausgangs-Prozeßabbild wird in beiden Fällen in der gleichen Art und Weise durchgeführt.

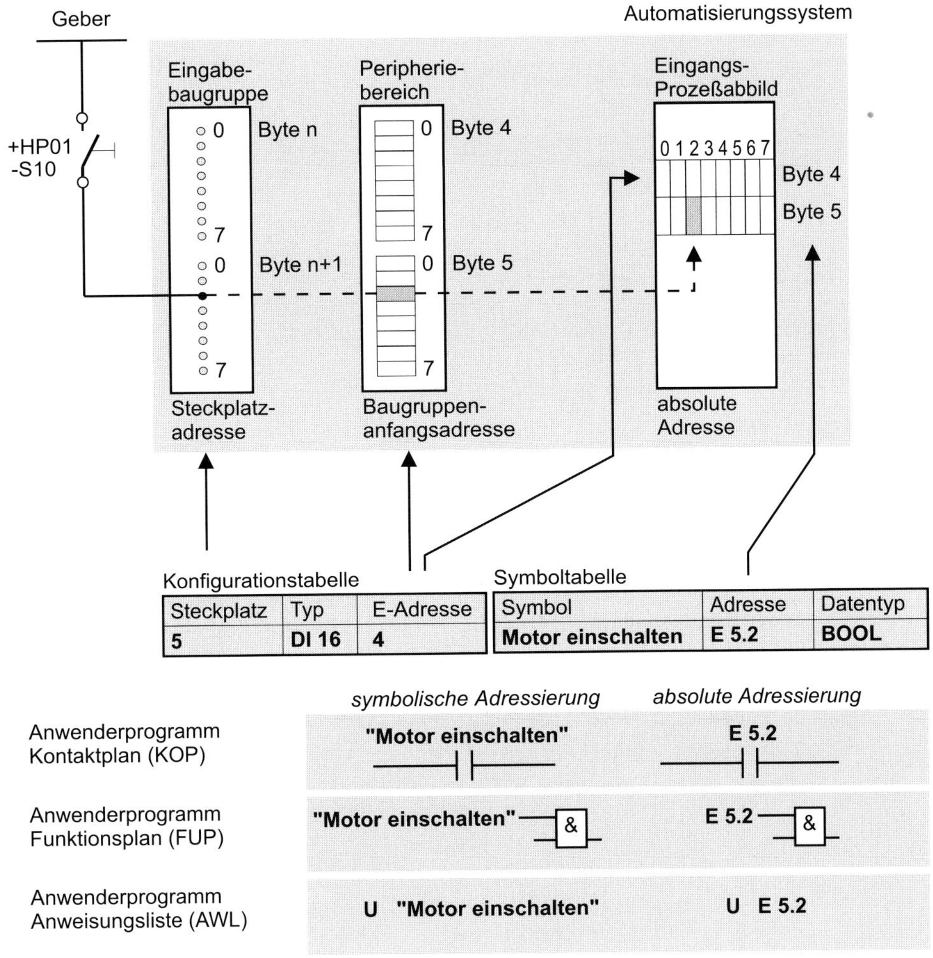

Bild 1.4 Zusammenhang zwischen Baugruppenadresse, Absolutadresse und Symboladresse (Weg eines Signals vom Geber bis zur Abfrage im Programm)

1.5 Struktur eines SIMATIC-Projekts

Beim Projektieren einer Automatisierungsanlage mit STEP 7 bilden Sie die „realen“ Objekte auf „logische“ Objekte in einem SIMATIC-Projekt ab. Die Objekthierarchie ist an den Hardware-Aufbau angelehnt: Ein Projekt enthält ein oder mehrere Automatisierungsgeräte (*Stationen*), in einer Station steckt eine CPU. Diese wiederum enthält ein Anwenderprogramm, das aus Symboltabelle, Quellen und übersetztem Code (aus Bausteinen) besteht. Das Bild zeigt oben das Projektfenster des SIMATIC Managers. Im linken Teilfenster sehen Sie die Struktur des Projekts mit den Objektbehältern; diese enthalten die im rechten Teilfenster angezeigten Behälter oder Objekte. Eine Station beispielsweise ist ein Behälter, der weitere Behälter oder Objekte aufnehmen kann. Ein Doppelklick auf ein Objekt im rechten Fenster startet das dazugehörende Werkzeug zum Bearbeiten des Objekts. Beispielsweise startet ein Doppelklick auf ein Subnetz die Netzprojektierung, ein Doppelklick auf einen Baustein (im Behälter *Bausteine*) den Programmeditor.

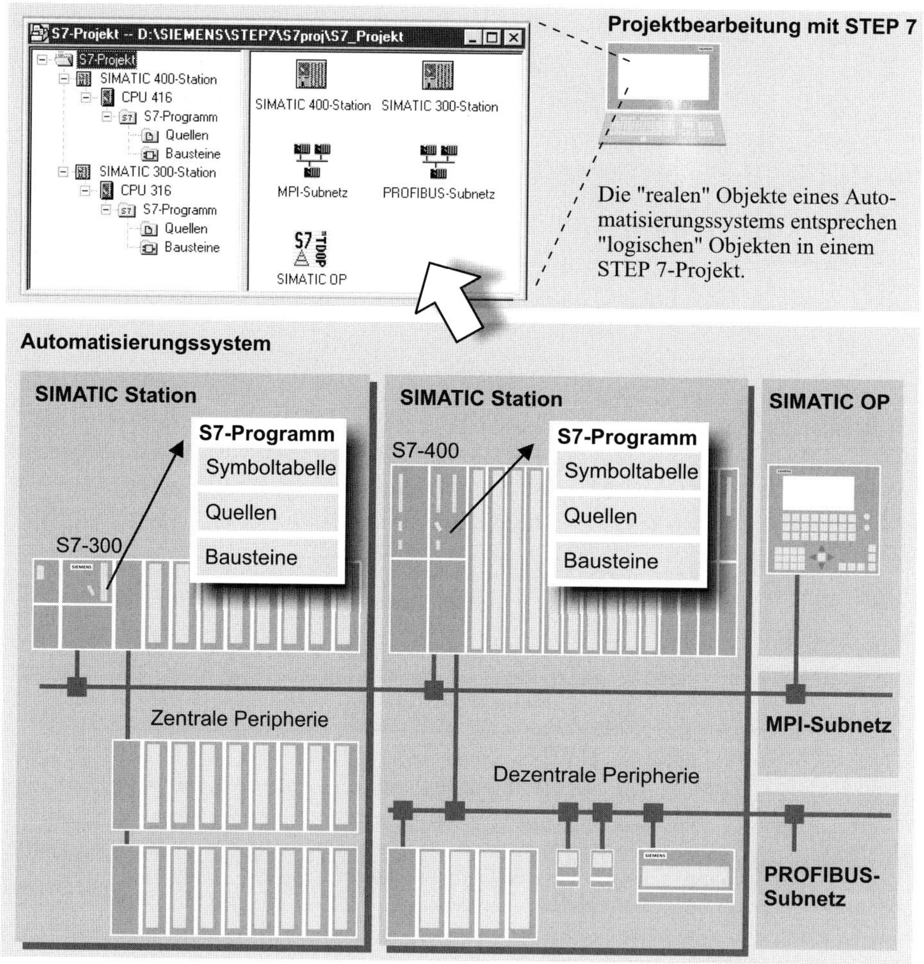

Bild 1.5 Abbildung eines Automatisierungssystems in einem SIMATIC-Projekt auf „logische“ Objekte

2 SIMATIC Controller als Hardware-Basis

Die SIMATIC Controller steuern als zentraler Teil des Automatisierungssystems Produktionsmaschinen, fertigungstechnische Anlagen oder verfahrenstechnische Prozesse. Angepaßt an Leistungsumfang und Einsatzgebiet kann zwischen verschiedenen „Familien" gewählt werden:

▷ **SIMATIC S7** bilden die Basis der SIMATIC-Hardware. Es gibt drei Bauformen:

- SIMATIC S7-200 ist die kompakte „Micro-SPS",
- SIMATIC S7-300 ist die modular aufgebaute SPS für den mittleren Leistungsbereich,
- SIMATIC S7-400 ist die modular aufgebaute SPS für den oberen Leistungsbereich.

Eine S7-200-Station besteht aus einem Grundgerät und Zusatzmodulen. In einer S7-300/400-Station sind die Stromversorgung, die CPU-Baugruppe und die Peripheriebaugruppen auf einem Baugruppenträger zusammengefaßt. Dieser zentrale Aufbau kann mit Erweiterungsbaugruppenträgern ergänzt werden, die – auch räumlich entfernt – zusätzliche Peripheriebaugruppen aufnehmen. SIMATIC S7-200 wird mit STEP 7 Micro programmiert, SIMATIC S7-300/400 mit den Programmiersprachen von STEP 7 Basis.

▷ **SIMATIC C7** sind Komplettgeräte, zusammengebaut aus einem Operator Panel und einem integrierten Controller auf der Basis S7-300.

In SIMATIC C7-Stationen sind Ein-/Ausgänge integriert; sie können mit weiteren Peripheriebaugruppen der S7-300-Bauform zentral erweitert werden. Die Programmierung geschieht mit den Programmiersprachen von STEP 7 Basis.

▷ **SIMATIC M7** sind Rechnerbaugruppen in S7-300/400-Bauform.

SIMATIC-M7-Baugruppen sind CPU- und FM-Baugruppen auf der Basis von AT-kompatiblen PCs, programmierbar mit einer höheren Programmiersprache, z.B. C++ oder Visual Basic. Die Kopplung zum gesteuerten Prozeß übernehmen Baugruppen aus dem SIMATIC S7-300/400-Spektrum oder M7-Erweiterungsbaugruppen.

▷ **SIMATIC WinAC** läuft als Programmpaket auf einem Standard-PC unter Windows NT.

Der Controller kann als reine Software-Lösung („SoftPLC") oder als Steckkarte („Slot-PLC") ausgeführt sein. Die Kopplung zum Prozeß geschieht über PROFIBUS-DP.

SIMATIC DP sind Baugruppen vor Ort an der Maschine oder in der Anlage, die mit der zentralen Station über PROFIBUS-DP verbunden sind. Viele SIMATIC-CPUs weisen bereits eine integrierte DP-Schnittstelle auf, die einen Anschluß von dezentraler Peripherie besonders einfach gestaltet. Mit der genormten Busschnittstelle können auch Geräte anderer Hersteller an einen SIMATIC-Controller angeschlossen werden.

SIMATIC-Stationen können untereinander und mit Bedien- und Beobachtungsstationen von *SIMATIC HMI* über Subnetze Daten austauschen. *SIMATIC NET* kennt MPI, PROFIBUS und Industrial Ethernet als Subnetze. Ein einzelnes Gerät, wie z.B. ein Drucker, kann auch mit einer Punkt-zu-Punkt-Verbindung seriell gekoppelt werden.

2.1 Komponenten einer SIMATIC-Station

Ein komplettes Automatisierungsgerät einschließlich aller Peripheriebaugruppen nennt man eine „Station". Eine S7-300/400-Station besteht mindestens aus einem Baugruppenträger mit Stromversorgung und CPU. Die Kopplung zur Maschine oder Anlage übernehmen Peripheriebaugruppen. Die folgende Auflistung zeigt, aus welchen Komponenten eine SIMATIC-Station bestehen kann:

▷ Baugruppenträger (Racks);
nehmen die Baugruppen auf und verbinden sie untereinander. Bei S7-300 ist es eine einfache Profilschiene mit – je nach Anzahl der Baugruppen – entsprechender Länge. Bei S7-400 ist es ein Aluminiumträger fester Länge mit Rückwandbus und Bussteckern.

▷ Stromversorgung (PS, power supply);
liefert die internen Versorgungsspannungen; mit einer Eingangsspannung von entweder AC 120V/AC 230V oder DC 24V.

▷ Zentralbaugruppe (CPU, central processor unit);
speichert und bearbeitet das Anwenderprogramm; parametriert die Baugruppen; führt die Kommunikation mit dem Programmiergerät, den Baugruppen und eventuellen weiteren Stationen über den MPI-Bus durch; kann auch eine integrierte DP-Schnittstelle haben zum Betrieb als DP-Master oder DP-Slave.

▷ Anschaltungsbaugruppen (IM, interface module);
verbinden die Baugruppenträger untereinander.

▷ Signalbaugruppen (SM, signal module);
passen die Signale der gesteuerten Anlage an den internen Signalpegel an oder steuern Schütze, Stellgeräte, Leuchten, usw. Signalbaugruppen gibt es als Ein- und Ausgabebaugruppen für Digital- und Analogsignale, auch für den Anschluß von Sensoren und Aktoren aus den Zonen 1 und 2 explosionsgefährdeter Anlagen.

▷ Funktionsbaugruppen (FM, function module);
bearbeiten komplexe oder zeitkritische Prozesse unabhängig von der Zentralbaugruppe, wie z.B. Zählen, Positionieren und Regeln.

▷ Kommunikationsbaugruppen (CP, communication processor);
verbinden die SIMATIC-Station mit Subnetzen, wie z.B. Industrial Ethernet, PROFIBUS-FMS, AS-Interface oder serieller Punkt-zu-Punkt-Kopplung.

Der Rückwandbus in einem Baugruppenträger ist zweigeteilt: Der P-Bus (Peripheriebus) ist für den schnellen Austausch von Ein-/Ausgabesignalen optimiert, der K-Bus (Kommunikationsbus) für den Austausch größerer Datenmengen. Über die Verbindung von K-Bus und MPI-Schnittstelle der CPU sind die FM- und CP-Baugruppen mit K-Busanschluß an das MPI-Bussystem angeschlossen; sie können so beispielsweise über die Programmiergeräteschnittstelle der CPU parametriert werden.

Zu einer Station zählt auch die an dieser Station angeschlossene dezentrale Peripherie. Eine Station kann mehrere DP-Master enthalten, die über ein oder mehrere PROFIBUS-DP-Subnetze die DP-Slaves und damit die Feldgeräte steuern. Die DP-Slaves sind in den Adreßraum der zentralen Peripherie eingebunden und werden auch weitgehend wie die Peripheriebaugruppen in den Zentral- und Erweiterungsbaugruppenträgern angesprochen.

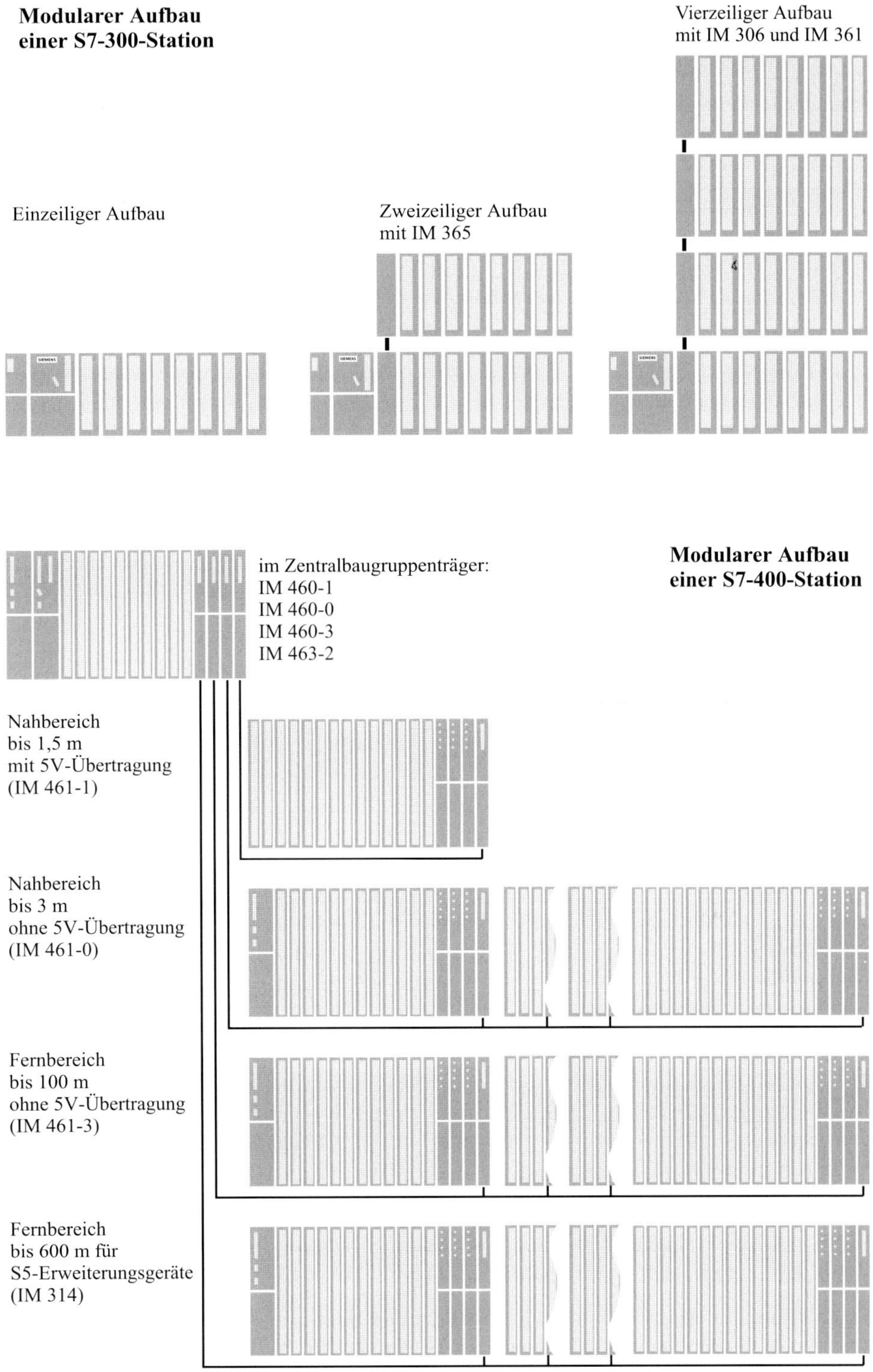

Bild 2.1 Zentraler Aufbau einer S7-300/400-Station mit Erweiterungsbaugruppenträgern

2.2 Die Micro-SPS SIMATIC S7-200

Die SIMATIC S7-200 als kompakte Micro-SPS ersetzt Relais- und Schützensteuerung und zunehmend auch spezielle Elektronikschaltungen im Maschinen- und Anlagenbau. Sie kann sowohl im Stand-alone-Betrieb als auch vernetzt mit anderen Steuerungen eingesetzt werden. Verschiedene Erweiterungsmodule ergänzen die Kopplung zur Maschine oder Anlage. Die Programmierung einer SIMATIC S7-200 geschieht mit STEP 7 Micro.

Grund- und Erweiterungsmodule in Kompaktbauform

Je nach Leistungsfähigkeit können Sie unter verschiedenen Grundmodulen wählen. Das Grundmodul enthält die CPU und – für jede CPU in unterschiedlicher Art und Anzahl – integrierte Ein-/Ausgänge mit DC 24V, AC 100V/120V bis AC 230V sowie Relaisausgänge. Die Echtzeiteigenschaften werden verstärkt durch schnelle Alarm- und Zähleingänge. Mit einem integrierten Potentiometer kann ein Digitalwert ohne Programmiergerät per Schraubendreher eingestellt werden.

Die Anzahl der Ein- und Ausgänge kann mit Erweiterungsmodulen erhöht werden. Es stehen Module für Digital- und Analog-Ein-/Ausgänge zur Verfügung. Die Erweiterungsmodule werden neben das Grundmodul z.B. auf eine Standard-Profilschiene geschnappt und mit einem Busverbinder elektrisch verbunden.

Bedienen und Beobachten mit TD200

Speziell für S7-200 gibt es das Textdisplay TD200. Acht programmierbare Funktionstasten können Steuerungsfunktionen auslösen; ein hinterleuchtetes LC-Display mit 2 Zeilen zu je 20 Zeichen zeigt Meldetexte mit bis zu 4 Variablen an. TD200 wird über den PPI-Anschluß mit der CPU verbunden.

Kommunikation wie bei den „großen“ Stationen

Alle CPUs S7-200 haben einen PPI-Anschluß (point to point interface, Punkt-zu-Punkt-Schnittstelle). Über diese Schnittstelle werden sie programmiert. PPI gestattet auch die Verbindung von bis zu 31 S7-200-CPUs untereinander und mit einem Programmiergerät, einem Operator Panel oder dem Textdisplay TD200. Die Datenübertragung erfolgt nach dem Master-Slave-Prinzip, die Übertragungsgeschwindigkeit beträgt 9,6 bzw. 19,2 kBit/s.

Der PPI-Anschluß kann auch mit einem bit-orientierten Kommunikationsprotokoll betrieben werden, das Sie mit der „frei programmierbaren Kommunikation“ im Anwenderprogramm selbst erstellen. Somit ist der Anschluß beliebiger Endgeräte mit RS 232-Schnittstelle möglich, wie z.B. ein Barcodeleser mit ASCII-Protokoll.

Einige S7-200-CPUs können sich mit der integrierten Schnittstelle als Slave an ein MPI-Subnetz ankoppeln und auf diese Weise mit Stationen aus den anderen SIMATIC-Familien Daten austauschen.

Der AS-Interface-Master CP 242-2 gestattet den Anschluß von bis zu 31 AS-Interface-Slaves an eine S7-200-Station und erhöht so die Anzahl der verfügbaren Ein-/Ausgänge. Der CP 248-2 besitzt zusätzlich zur AS-Interface-Master-Funktionalität den Anschluß an PROFIBUS-DP, so daß die S7-200-Stationen auch als DP-Slave betrieben werden können.

2.3 Die modulare Kleinsteuerung SIMATIC S7-300

Zentralbaugruppenträger

Der Zentralbaugruppenträger bei S7-300 enthält die CPU und bis zu 8 Peripheriebaugruppen. Die CPU benötigt eine Versorgungsspannung von DC 24V, die z.B. aus einer links neben der CPU auf der Profilschiene angeordneten Stromversorgung entnommen werden kann. Ein serieller Rückwandbus, der die Funktionen des P-Busses und des K-Busses vereint, verbindet die Baugruppen untereinander. Der Bus wird mittels Busverbinder von Baugruppe zu Baugruppe weitergeleitet. Er ist nur soweit vorhanden, wie Baugruppen gesteckt sind.

Die Steckplätze im Baugruppenträger werden durchnumeriert: Steckplatz Nr. 1 für die Stromversorgung auch dann, wenn sie nicht vorhanden ist, Nr. 2 für die CPU, Nr. 3 für die Anschaltungsbaugruppe IM (auch wenn sie nicht vorhanden ist) und ab Nr. 4 bis maximal Nr. 11 für die lückenlos gesteckten Peripheriebaugruppen. Die Steckplatznummer ist unabhängig von der Baugruppenbreite.

Erweiterungsbaugruppenträger

Reicht ein einzeiliger Aufbau nicht aus, können Sie ab CPU 314

- ▷ entweder einen zweizeiligen Aufbau wählen (mit IM 365 bis zu 1 m Entfernung)
- ▷ oder einen bis zu vierzeiligen Aufbau wählen (mit IM 360 und IM 361 bis zu 10 m Abstand zwischen den Baugruppenträgern).

Die IM-Baugruppe steckt zwischen der CPU und der ersten Peripheriebaugruppe. Der Erweiterungsbaugruppenträger besteht wie der Zentralbaugruppenträger aus einer Profilschiene mit den aufgeschnappten Baugruppen. Die Empfänger-IM, die die Verbindung zum Zentralbaugruppenträger herstellt, belegt den Steckplatz Nr. 2, eine zu einem weiteren Baugruppenträger führende Sende-IM den Steckplatz Nr. 3 und ab Steckplatz Nr. 4 bis maximal zum Steckplatz Nr. 11 stecken lückenlos die Peripheriebaugruppen.

Lokalbussegment bei S7-300

Eine Besonderheit bezüglich der Baugruppenanordnung stellt der Einsatz der Applikationsbaugruppe FM 356 aus der Familie der Automatisierungsrechner M7-300 dar. Eine FM 356 ist in der Lage, den Rückwandbus eines Baugruppenträgers „aufzutrennen“ und die Ansteuerung der restlichen Baugruppen im abgetrennten „Lokalbus-Segment“ selbst zu übernehmen. Jedoch gilt auch in diesem Fall, daß in einem Baugruppenträger maximal 8 Peripheriebaugruppen, einschließlich der FM 356, angeordnet sein dürfen.

SIMATIC Outdoor

Für SIMATIC S7-300 gibt es Baugruppen für den Einsatz in rauher Umgebung. Sie haben einen erweiterten Temperaturbereich von –25°C bis +60°C, weisen eine erhöhte Rüttel- und Stoßfestigkeit nach IEC 68 Teil 2-6 auf und erfüllen die Anforderungen für Feuchte, Betauung und Vereisung nach IEC 721-3-3 Klasse 3 K5 sowie die Anforderungen für Schienenfahrzeuge der Bahn nach EN 50155 (in Vorbereitung). Alle weiteren technischen Daten sind identisch mit den Standard-Baugruppen.

2.4 SIMATIC S7-400 für anspruchsvolle Aufgaben

Zentralbaugruppenträger

Die Baugruppenträger bei S7-400 können als Zentralbaugruppenträger (CR, central rack), als Erweiterungsbaugruppenträger (ER, extension rack) oder für beides (UR, universal rack) eingesetzt werden. Sie bestehen aus einer Aluminiumprofilschiene, haben jeweils eine feste Länge und sind mit dem Rückwandbus und den Bussteckern komplett ausgestattet.

Bei S7-400 gibt es *Zentralbaugruppenträger* mit 18 oder 9 Steckplätzen (UR1 bzw. UR2) mit festen Einbaubreiten, wobei auch die Stromversorgung und die CPU Steckplätze belegen, evtl. sogar 2 oder mehr pro Baugruppe. Üblicherweise beginnt man die Baugruppenanordnung auf der linken Seite mit der Stromversorgung, dann folgen die CPU und die Peripheriebaugruppen, wobei die Steckplätze, auch mit Lücken, frei gewählt werden können. Rechts im Baugruppenträger stecken die Anschaltungsbaugruppen zu eventuellen Erweiterungsbaugruppenträgern. Der Rückwandbus, bestehend aus dem parallelen P-Bus und dem seriellen K-Bus, verbindet alle Steckplätze miteinander.

Mit dem *segmentierten Baugruppenträger CR2* können Sie zwei CPUs in einem Baugruppenträger mit gemeinsamer Stromversorgung funktionsmäßig getrennt betreiben. Beide CPUs können über den K-Bus miteinander Daten austauschen, haben jedoch vollständig getrennte P-Busse für ihre eigenen Peripheriebaugruppen. Das linke Segment umfaßt 10 Steckplätze, das rechte 8.

Der *segmentierte Baugruppenträger UR2-H* besteht aus 2 Segmenten mit je 9 Steckplätzen. Er kann sowohl als Zentral- als auch als Erweiterungsbaugruppenträger in Standard-S7-400-Stationen oder in hochverfügbaren S7-400H-Stationen eingesetzt werden. Für jedes Segment wird eine Stromversorgung benötigt; P-Bus und K-Bus sind aufgetrennt.

Universalbaugruppenträger UR1

Beim UR1 werden alle Steckplätze mit dem K-Bus und dem P-Bus verbunden. Die Stromversorgung des Baugruppenträgers besteht aus einer Standard-Stromversorgung oder einer redundierbaren Stromversorgung.

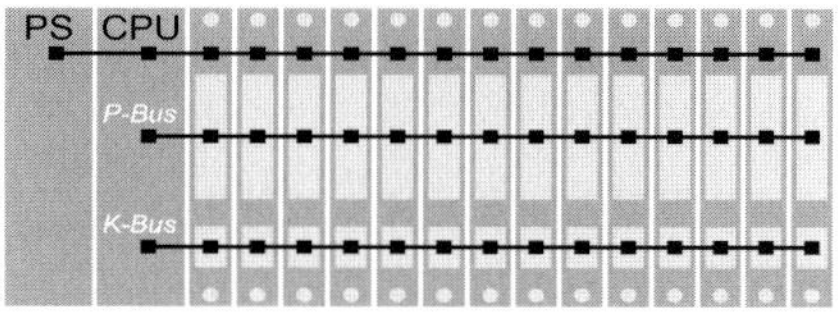

Zentralbaugruppenträger CR2

Die 18 Steckplätze beim CR2 sind in Segmente von 10 und 8 Steckplätzen aufgeteilt. Der P-Bus ist unterbrochen und gilt jeweils für ein Segment. Eine einzige Stromversorgung versorgt den gesamten Baugruppenträger.

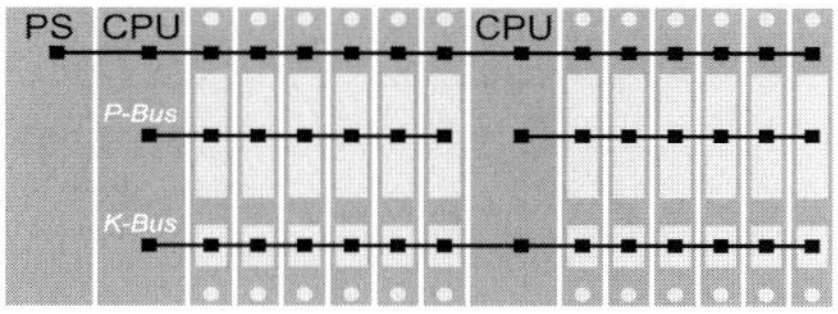

Universalbaugruppenträger UR2-H

Der Baugruppenträger ist in zwei Segmente zu je 9 Steckplätzen aufgeteilt. Der komplette Rückwandbus ist aufgetrennt, so daß auch eine zweite Stromversorgung erforderlich ist.

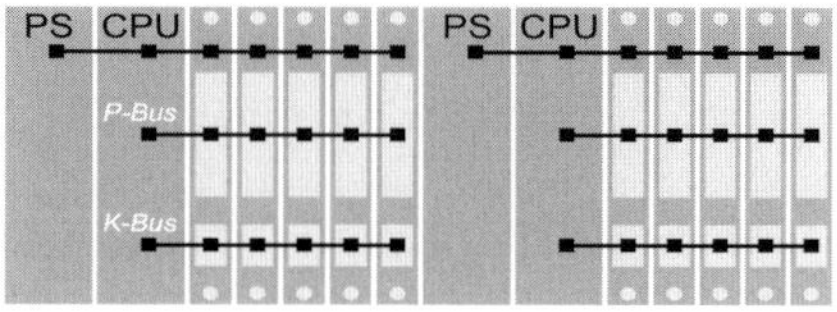

Bild 2.2 Rückwandbus in den Zentralbaugruppenträgern bei SIMATIC S7-400

Erweiterungsbaugruppenträger

Reicht der Platz für die Peripheriebaugruppen im Zentralbaugruppenträger nicht aus oder möchten Sie Baugruppen räumlich entfernt aufbauen, ergänzen Sie die Station mit einem oder mehreren Erweiterungsbaugruppenträgern. Maximal sind bis zu 21 Erweiterungsbaugruppenträger an einen Zentralbaugruppenträger anschließbar. Zur Unterscheidung stellen Sie die Nummer des Baugruppenträgers am Kodierschalter der Empfangs-IM ein. Eine Empfangs-IM darf nur ganz rechts im Erweiterungsbaugruppenträger stecken.

Mit den Anschaltungen IM 460-1 und IM 461-1 kann pro Schnittstelle ein Erweiterungsbaugruppenträger bis 1,5 m entfernt vom Zentralbaugruppenträger angeordnet werden, hierbei wird die 5 V-Versorgungsspannung mit übertragen. Ebenfalls im Nahbereich bis 3 m können bis zu 4 Erweiterungsbaugruppenträger über IM 360-0 und 361-0 betrieben werden. Im Fernbereich schließlich ist es mit IM 360-3 und IM 361-3 möglich, bis zu 4 Erweiterungsbaugruppenträger bis zu 100 m entfernt anzusteuern.

Die Erweiterungsbaugruppenträger ER1 und ER2 mit 18 bzw. 9 Steckplätzen sind für „einfache" Signalbaugruppen ausgelegt, die keine Prozeßalarme auslösen, nicht mit DC 24 V über den P-Bus versorgt werden müssen, keine Pufferspannung benötigen und keinen K-Bus-Anschluß haben. Der K-Bus ist in den Baugruppenträgern UR1 und UR2 dann vorhanden, wenn sie entweder als Zentralbaugruppenträger oder als Erweiterungsbaugruppenträger mit den Nummern 1 bis 6 verwendet werden.

Anschluß von SIMATIC S5-Baugruppen

Mit der Anschaltungsbaugruppe IM 463-2 können Sie SIMATIC S5-Erweiterungsgeräte (EG 183U, EG 185U, EG 186U sowie ER 701-2 und ER 701-3) an eine S7-400-Station anschließen und diese Erweiterungsgeräte wiederum zentral erweitern. Im S5-Erweiterungsgerät übernimmt eine Anschaltungsbaugruppe IM 314 die Kopplung. Sie können alle in den angegebenen Erweiterungsgeräten zugelassenen Digital- und Analogbaugruppen betreiben. An eine S7-400-Station können maximal 16 S5-Erweiterungsgeräte dezentral angeschlossen werden.

Zum Betrieb einzelner S5-Baugruppen in einer S7-400-Station gibt es Adaptionskapseln.

Leistungssteigerung durch Mehrprozessorbetrieb

Bei S7-400 können sich bis zu 4 entsprechend ausgelegte CPUs am Mehrprozessorbetrieb (multicomputing) beteiligen. Wenn Sie mehr als eine CPU stecken, befinden sich die CPUs automatisch im Mehrprozessorbetrieb. Alle CPUs im Mehrprozessorbetrieb haben den gleichen Betriebszustand, d.h. sie laufen gemeinsam an und gehen gemeinsam in den Betriebszustand STOP, sobald eine CPU ausfällt. Jede CPU bearbeitet ihr Anwenderprogramm asynchron zu den anderen CPUs.

Jede Peripheriebaugruppe in dieser Station wird einer einzigen CPU zugeordnet, sowohl mit ihrer Adresse als auch mit ihren Alarmen. Alle Peripheriebaugruppen befinden sich im gleichen P-Bus-Segment, d.h. sie müssen sich in ihren Adressen unterscheiden, obwohl sie verschiedenen CPUs „gehören". Dies gilt auch für die Dezentrale Peripherie. Obwohl jede CPU unabhängig von den anderen CPUs ein oder mehrere DP-Mastersysteme betreiben kann, müssen die Adressen der zentralen und der dezentralen Baugruppen (P-Bus-Adressen) im gesamten System über alle CPUs hinweg eindeutig sein.

2.5 Hochverfügbarkeit bei SIMATIC

Für langsame Prozesse: Software-Redundanz mit Standard-Komponenten

Mit SIMATIC S7-300/400-Standard-Komponenten können Sie ein auf Sofwarebasis redundantes System aufbauen, in dem eine Masterstation den Prozeß steuert und bei deren Ausfall eine Reservestation die Steuerung übernimmt. Hochverfügbarkeit durch Software-Redundanz eignet sich für langsame Prozesse, denn die Umschaltung auf die Reservestation kann je nach Ausbau der Automatisierungsgeräte mehrere Sekunden benötigen. Während dieser Zeit sind die Prozeßsignale „eingefroren“. Danach arbeitet die Reservestation mit den in der Masterstation zuletzt gültigen Daten weiter.

Beide beteiligten CPUs tauschen die aktuellen Daten über ein (beliebiges) Subnetz aus, wobei auch bestehende Kommunikationsverbindungen genutzt werden können. Die einkanalige Redundanz der Ein-/Ausgabebaugruppen wird mit Dezentraler Peripherie realisiert (ET 200M mit Anschaltung IM 153-3 für redundant aufgebauten PROFIBUS-DP). Beide CPUs können nebenher jede für sich auch noch nicht-redundante Peripherie steuern, sowohl zentral als auch dezentral.

Für die Projektierung gibt es das Optionspaket „Software Redundanz“.

Hochverfügbarkeit durch Hot Stand-By: SIMATIC S7-400H

SIMATIC S7-400H ist ein hochverfügbares Automatisierungssystem mit redundant ausgelegtem Aufbau aus zwei CPUs 417-4H mit je einem Synchronisationsmodul zum Datenabgleich über Lichtwellenleiter. Beide Geräte arbeiten „hot stand-by“: im Fehlerfall übernimmt das intakte Gerät durch automatische, stoßfreie Umschaltung die alleinige Bearbeitung des Anwenderprogramms.

Das H-System kann aus zwei getrennten Zentralbaugruppenträgern UR1 bzw. UR2 oder aus einem geteilten Baugruppenträger UR2-H aufgebaut sein. Neben den immer redundant vorhandenen Stromversorgungen und CPU-Baugruppen können Sie Peripherie mit normaler oder erhöhter Verfügbarkeit anschließen:

① einkanaliger einseitiger Aufbau

Die Peripheriebaugruppen sind einfach vorhanden und an eine der beiden Teilsysteme zentral bzw. dezentral angeschlossen. Über die Redundanzkopplung stehen die Signalzustände in beiden Teilsystemen zur Verfügung. Das Anwenderprogramm ist in beiden Teilsystemen das gleiche. Fällt ein Teilsystem aus, ist auch die an ihm angeschlossene Peripherie nicht mehr zugänglich.

② einkanaliger geschalteter Aufbau

Die Peripheriebaugruppen sind einfach als dezentrale Peripherie ET 200M mit aktivem Rückwandbus vorhanden. Der Peripherieaufbau muß symmetrisch sein; jedes Teilsystem hat Zugriff auf die Peripherie über die Anschaltung IM 153-3 mit redundanter DP-Schnittstelle. Das H-System verwendet aktuell nur eine der Schnittstellen; über die Redundanzkopplung stehen die Signalzustände in beiden Teilsystemen zur Verfügung. Das Anwenderprogramm ist in beiden Teilsystemen das gleiche.

③ redundanter einseitiger Aufbau

Die Peripheriebaugruppen werden paarweise in die beiden Teilsysteme zentral in einen Baugruppenträger gesteckt. Die Redundanzfunktion wird im Anwenderprogramm realisiert.

④ redundanter geschalteter Aufbau

Die Peripheriebaugruppen werden paarweise in zwei ET 200M mit aktivem Rückwandbus gesteckt, die mit der redundanten Anschaltung IM 153-3 mit beiden Teilsystemen verbunden sind. Die Redundanzfunktion wird im Anwenderprogramm realisiert.

Auch die Kommunikation über ein Industrial Ethernet- oder PROFIBUS-Subnetz kann hochverfügbar ausgeführt werden. Zusätzlich zu der aktiven Verbindung können bis zu 3 redundante Verbindungen eingerichtet werden, auf die das Betriebssystem im Fehlerfall umschaltet. Hochverfügbare Verbindungen werden wie Standardverbindungen programmiert.

Für die Projektierung ist das Optionspaket „S7-400H“ erforderlich.

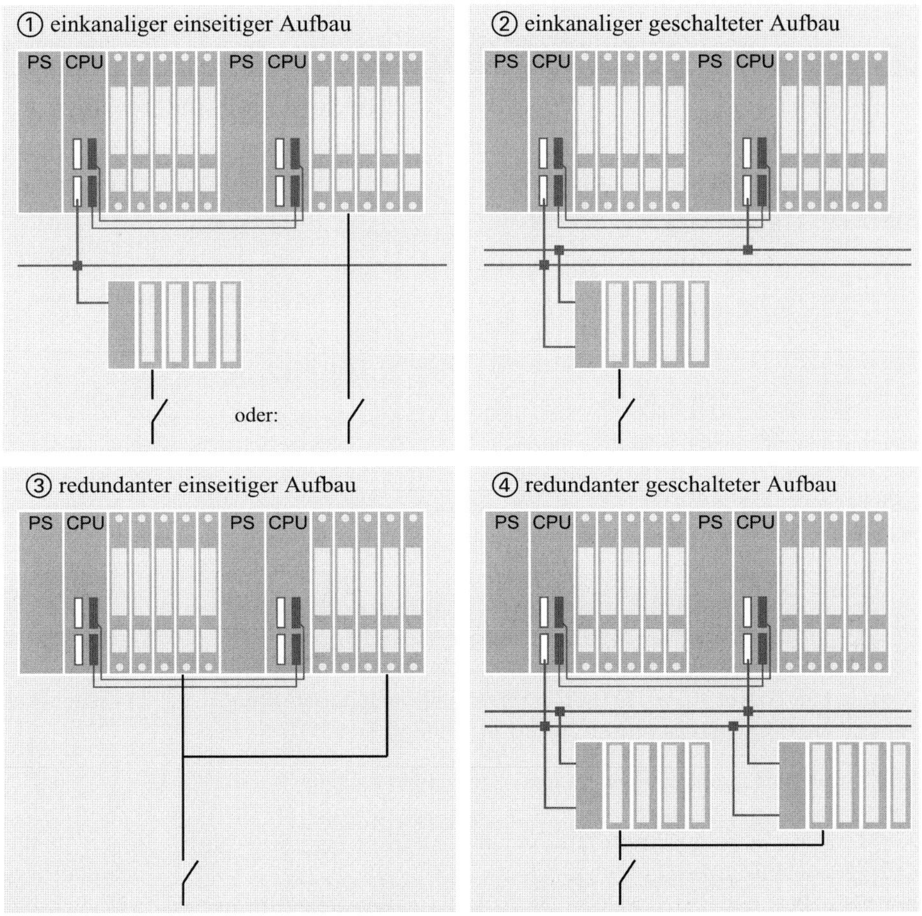

Bild 2.3 Aufbauformen der Prozeßperipherie in einem SIMATIC S7-400H-System

2.6 Die Komplettgeräte SIMATIC C7

SIMATIC C7 sind die „Komplettgeräte“ für den unteren Leistungsbereich. Sie sind komplette Maschinensteuerungen auf engstem Raum, die aus einem Operator Panel und einer speicherprogrammierbaren Steuerung SIMATIC S7-300 mit integrierten Ein-/Ausgängen bestehen. An der Frontseite weisen sie die Schutzart IP 65 auf und an der Geräteseite IP 20. Bei Bedarf lassen sich SIMATIC C7-Stationen mit zusätzlichen Peripheriebaugruppen erweitern. Wie alle SIMATIC-Stationen besitzen sie eine MPI-Schnittstelle zur Programmierung und zum Datenaustausch mit anderen Stationen.

In einer SIMATIC C7-Station bilden OP und SPS eine Einheit

Das Operator Panel (OP) besteht aus einem hinterleuchteten LC-Display mit – je nach C7-Station – 2 × 20, 4 × 20 oder 8 × 40 Zeilen × Zeichen und bei C7-626 aus einem Grafikdisplay mit einer Auflösung von 320 × 240 Pixeln. Die Folientastatur ist mit bis zu 14 Softkey- und 10 Funktionstasten ausgestattet. Für Komplettgeräte, die in Kundenanlagen integriert werden, ist ein kundenspezifisches Design erhältlich mit freier Wahl von Firmenlogo, Farbgebung und Tastaturbeschriftung.

Die integrierte SPS ist mit einer S7-300-CPU vergleichbar. Der Arbeitsspeicher für das STEP 7-Anwenderprogramm hat – je nach C7-Station – eine Größe von 32 bis zu 128 kByte, der Ladespeicher von 48 bis zu 260/512 kByte RAM/FEPROM. Integrierte Digital-/Analog-Ein-/Ausgänge ergänzen die C7-Station zu einem Komplettgerät.

SIMATIC C7-Stationen sind erweiterbar

C7-621/C7-621 ASi als kleinste Station kann mit der Anschaltung IM 621 mit bis zu vier S7-300-Baugruppen erweitert werden. Die anderen C7-Stationen lassen eine Erweiterung von bis zu drei S7-300-Baugruppenträgern mit maximal je 8 Baugruppen zu. Die erforderliche Anschaltung IM 360 ist in den C7-Stationen bereits enthalten.

Besonders platzsparend ist die Erweiterung mit einer C7-Ein-/Ausgabebaugruppe. Sie ist in einem Metallgehäuse untergebracht, das direkt auf die Rückseite der C7-Station montiert und mit einem Buskabel verbunden wird (nicht bei C7-621/C7-621 ASi). Die Erweiterung enthält 16 Digitaleingänge, 16 Digitalausgänge, 4 Analogeingänge, 4 Analogausgänge und als Variante zusätzlich 4 Universaleingänge.

Umfassende Kommunikationsmöglichkeiten wie bei allen SIMATIC-Stationen

C7-621 ASi steuert mit einem in der C7-Station integrierten AS-Interface-Master bis zu 31 AS-Interface-Slaves, C7-633/634/626 gibt es mit integrierten PROFIBUS-DP-Schnittstellen und alle C7-Stationen weisen eine MPI-Schnittstelle auf.

Die Erweiterung mit S7-300-Baugruppen ermöglicht auch den Einsatz von CP-Baugruppen, das bedeutet Anschluß an die Bussysteme Industrial Ethernet, PROFIBUS und AS-Interface sowie serielle Punkt-zu-Punkt-Verbindungen. Als Kommunikationsdienste stehen Globaldaten-Kommunikation, SFC-Kommunikation über MPI und (passive) SFB-Kommunikation zur Verfügung. Ladbare Bausteine ermöglichen Verbindungen zu SIMATIC S5-Stationen und Fremdgeräten. Der Datenaustausch erfolgt zyklisch oder ereignisgesteuert.

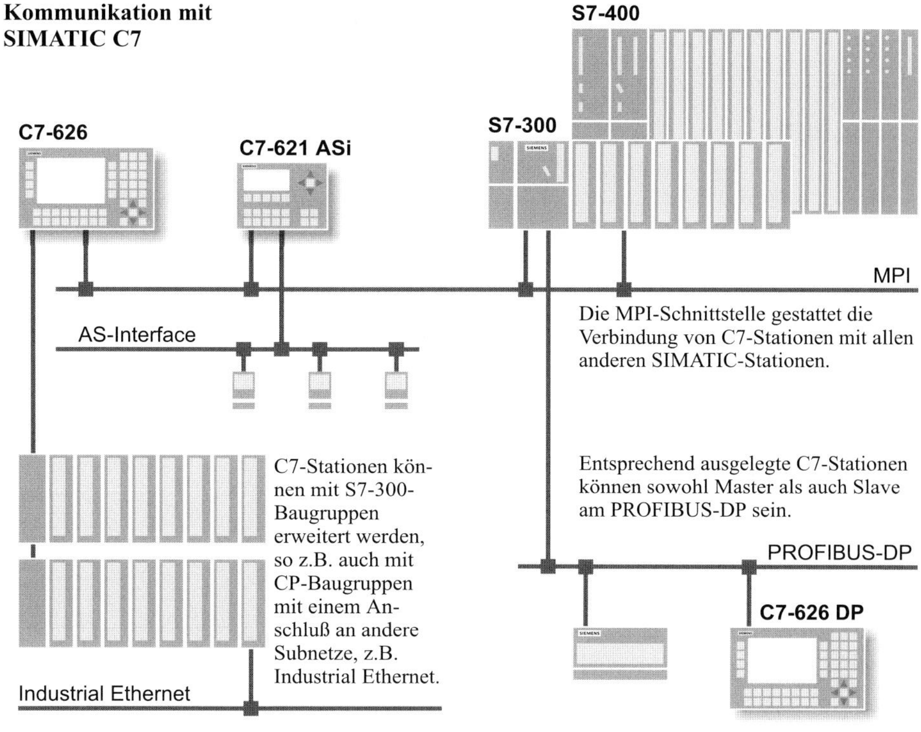

Bild 2.4 Kommunikation mit SIMATIC C7-Stationen

Projektierung und Programmierung mit STEP 7 und ProTool

Sie projektieren eine SIMATIC C7-Station mit STEP 7 oder STEP 7 Mini. Im SIMATIC Manager ordnen Sie ein Objekt *SIMATIC 300-Station* unter einem *Projekt* an, öffnen es und starten mit Doppelklick auf *Hardware* die Hardware-Konfiguration. Aus dem Hardware-Katalog wählen Sie im Verzeichnis *C7* eine C7-Station aus und ziehen diese in das Stationsfenster. Der dargestellte Baugruppenträger enthält die CPU und die integrierten Ein-/Ausgänge. Die Station können Sie mit Ein-/Ausgabebaugruppen aus der S7-300-Familie ergänzen, Erweiterungsbaugruppenträger hinzufügen oder – bei integrierter DP-Schnittstelle – die CPU mit einem PROFIBUS-Subnetz verbinden.

Das Anwenderprogramm schreiben Sie genauso wie für eine S7-300-CPU, z.B. in einer der Basissprachen Kontaktplan KOP, Funktionsplan FUP oder Anweisungsliste AWL.

Die Projektierung für das Operator Panel geschieht mit ProTool, der Projektierungssoftware für HMI-Geräte. Sie fügen im SIMATIC Manager unter dem S7-Projekt ein SIMATIC OP-Objekt ein, wählen in ProTool die entsprechende C7-Station aus und projektieren die Bilder und Bildinhalte. Anschließend laden Sie die Projektierungsdaten in die C7-Station.

Ein Paßwortschutz mit verschiedenen Paßwortebenen (Levels) ermöglicht es, einzelnen Bedienern unterschiedliche Paßwörter zuzuordnen und so den Zugang zu speziellen Bedienfunktionen zu erlauben oder zu sperren. Die Paßwörter können projektiert und im Standardbild *Paßwortbearbeitung* geändert werden.

2.7 Die Automatisierungsrechner SIMATIC M7

SIMATIC M7 sind AT-kompatible Rechnerbaugruppen in SIMATIC S7-300/400-Bauform. Sie erweitern SIMATIC um eine offene Software-Plattform für Standard-Softwareprodukte. SIMATIC M7 gibt es als CPU- und als FM-Baugruppen. Sie werden anstelle einer S7-CPU in eine Station eingebaut oder ergänzen als M7-FM die Funktionalität, auch mit Hilfe verschiedener rechnerspezifischer Erweiterungsbaugruppen. Alle M7-Baugruppen haben eine integrierte MPI-Schnittstelle, mit der eine direkte Kopplung zu anderen SIMATIC-Stationen möglich ist.

SIMATIC M7-Baugruppen bringen Rechnerleistung in die SIMATIC

Wenn in einer S7-300-Station anstelle einer S7-CPU eine M7-CPU steckt, spricht man von einer M7-300-Station. Eine M7-CPU steuert die S7-300-Baugruppen genauso wie eine S7-300-CPU, angeordnet in bis zu 4 Baugruppenträgern mit maximal je 8 Baugruppen. Stecken Sie eine M7-300-FM anstelle einer S7-300-Baugruppe, kann sie den Rückwandbus „auftrennen“ und ein Lokalbussegment mit eigenen, nur ihr zugewiesenen S7-300-Baugruppen steuern (die maximale Anzahl von acht S7-300 Baugruppen je Baugruppenträger darf jedoch nicht überschritten werden).

Einige technische Daten für M7-300 in Kürze: Der Prozessor ist derzeit ein 80486DX2 mit 50 MHz Taktfrequenz, der Hauptspeicherausbau beträgt 8 MByte, der Programm- oder Datenspeicher ist eine Memory Card mit bis zu 16 MByte.

In einer M7-400-Station steckt eine M7-CPU anstelle einer S7-CPU mit direktem Zugriff auf alle S7-400-Baugruppen. Ein Mehrprozessorbetrieb mit S7- oder M7-CPUs ist jedoch nicht möglich. Benötigen Sie Rechnerleistung in einer S7-400-Station, verwenden Sie eine M7-400-FM. Beachten Sie, daß die hohe Verlustleistung unter Umständen eine Lüfterzeile erforderlich macht.

Einige technische Daten für M7-400 in Kürze: Der Prozessor ist derzeit ein Intel Pentium mit 75 bzw. 120 MHz, der Hauptspeicherausbau beträgt 16 MByte, der Programm- oder Datenspeicher ist eine Memory Card mit bis zu 16 MByte. Die CPU M7-488 kann die Flash EPROM Memory Card MEM478 wie ein konventionelles, bootfähiges Festplattenlaufwerk betreiben („onboard silicon disk“ mit einer begrenzten Anzahl an Schreibzugriffen).

Festplatte und Diskettenlaufwerk in S7-300/400-Bauform

„Rechnertypische“ Erweiterungsbaugruppen sind nur in Verbindung mit M7-CPU und M7-FM betreibbar. Alle M7-Erweiterungsbaugruppen sind direkt rechts neben der M7-CPU bzw. M7-FM zu stecken.

Über Schnittstellenmodule in M7-Erweiterungsbaugruppen werden VGA-Monitor, Tastatur, Maus oder Drucker angeschlossen. Den Anschluß an Bussysteme übernehmen Schnittstellenmodule für PROFIBUS und Industrial Ethernet; auch eine M7-eigene Prozeßperipherie mit Digital-/Analog-Ein-/Ausgängen kann auf diese Weise die S7-Baugruppen ergänzen.

Die M7-Massenspeicherbaugruppe enthält eine 520 MByte-Festplatte mit typisch 14 ms Zugriffszeit und ein 3,5"-Diskettenlaufwerk. Die AT-Adapterbaugruppe für M7-400 kann eine „kurze“ PC-Baugruppe bis 164 mm Länge aufnehmen.

Der SIMATIC Manager legt auch eine M7-Station an

Mit STEP 7 projektieren Sie eine *SIMATIC-Station* mit M7-Baugruppen genauso wie eine entsprechende S7-Station. Im SIMATIC Manager legen Sie eine *SIMATIC 300-Station* oder eine *SIMATIC 400-Station* an. Sie öffnen das Objekt *Hardware* und wählen in der Hardware-Konfiguration aus dem Baugruppenkatalog einen Baugruppenträger aus. Anstelle einer S7-CPU stecken Sie nun eine M7-CPU oder Sie stecken zu einer S7-CPU eine M7-FM.

In der Projektstruktur legt der SIMATIC Manager unter einer M7-CPU oder M7-FM automatisch einen M7-Programmbehälter an mit einer Symboltabelle und einem Baustein-Behälter. Die Symboltabelle geben Sie wie unter S7 ein. M7-ProC/C++ wandelt die Symbole in C-Variablen um, so daß Sie die Prozeßsignale im C-Programm mit dem Symbolnamen ansprechen können.

CFC-Pläne liegen in einem eigenen Behälter *Pläne*, den Sie – bei installierter Optionssoftware CFC – unter dem M7-Programm einfügen.

Software für SIMATIC M7

M7-Rechner laufen mit dem Echtzeit-Multitasking-Betriebssystem M7-RMOS32 (realtime multitasking operating system). Multitasking bedeutet, Sie können die Automatisierungsaufgabe in mehrere Teilaufgaben (Tasks) aufteilen und diese dann mit unterschiedlichen Prioritäten bearbeiten lassen. Die Aufrufschnittstelle M7-API (application programming interface) bindet RMOS in die SIMATIC-Welt ein.

M7-Baugruppen gibt es mit zwei Ausführungen des Betriebssystems: RMOS32 mit und ohne MS-DOS 6.22. MS-DOS läuft als Task unter RMOS32 und steuert die Grafikkarte, die Tastatur und alle Laufwerke. Es wird das MS-DOS-eigene Dateiverwaltungssystem verwendet, auf das auch RMOS32 zugreifen kann. Bei der Ausführung von Echtzeit-Tasks darf MS-DOS keine Dateizugriffe durchführen. Ohne MS-DOS hat RMOS32 die alleinige Kontrolle über die M7-Hardware. Alle Laufwerke werden dann vom RMOS-Dateiverwaltungssystem HSFS (high speed file system) verwaltet.

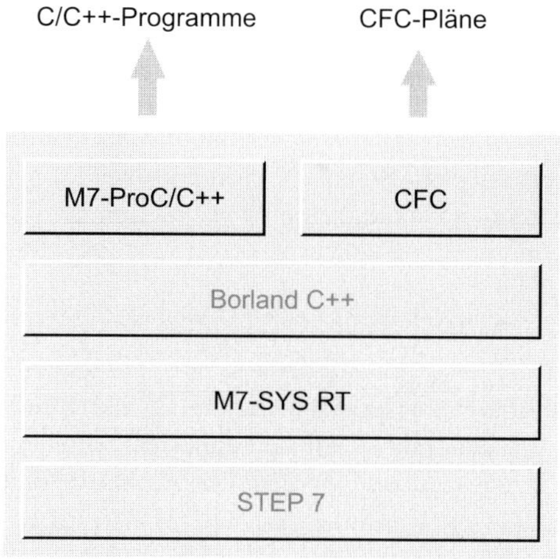

Bild 2.5 Optionssoftware für SIMATIC M7

Die *Optionssoftware M7-SYS RT* basiert auf dem Echtzeit-Multitasking-Betriebssystem RMOS32; DOS oder Windows werden von M7-SYS nicht unterstützt. M7-SYS umfaßt das Betriebssystem RMOS32, eine Standard-ANSI-C-Bibliothek, die Anwenderschnittstelle M7-API, Treiber für serielle Schnittstellen und TCP/IP sowie eine Schnittstelle für zusätzliche ladbare Treiber.

Die *Optionssoftware M7-ProC/C++* enthält die Anpassung an eine Borland-C++-Entwicklungsumgebung, einen Symbolimport-Editor und -Generator und den Hochsprachen-Debugger Organon xdb386.

Die *Optionssoftware CFC* (continuous function chart) gestattet das Verschalten von C/C++-Bausteinen, entweder selbstgeschrieben oder aus einer Bibliothek. Sie erstellen Pläne in funktionsplanähnlicher Darstellung, die mit Borland C++ in ablauffähige Programme übersetzt werden.

2.8 Prozeßkopplung mit Digitalbaugruppen

Digitalbaugruppen sind Signalformer für binäre Prozeßsignale. Mit Eingabebaugruppen kann die CPU Betriebszustände des Prozesses abfragen und mit Ausgabebaugruppen steuernd in den Prozeß eingreifen. Die Potentialtrennung der Digitalsignale zwischen Rückwandbus und Prozeß erfolgt mittels Optokoppler.

Es gibt Digitalbaugruppen mit ein, zwei oder vier Bytes entsprechend 8, 16 oder 32 Signalen. Die Adressierung von Digitalbaugruppen erfolgt bevorzugt im Prozeßabbild, so daß die Signalzustände bitweise verarbeitet werden können. Komfortabel ausgestattete Digitalbaugruppen können Diagnosedaten über den Baugruppenzustand abgeben.

Digitaleingabebaugruppen

Digitaleingabebaugruppen wandeln die externe Signalspannung, meistens DC 24V oder AC 120V/230V, in den internen Signalpegel um. Der angeschlossene Geber muß im erlaubten Spannungsbereich liegen und den geforderten Eingangsstrom bei Signalzustand „1“ aufbringen, damit die Baugruppe sicher schalten kann. Zusätzlich werden die Eingangssignale gefiltert, d.h. Störungen auf den Leitungen unterdrückt und kurzzeitige Überspannungsspitzen abgebaut. Bedingt durch das Filtern erfahren die Eingangssignale eine Verzögerung. Bei Digitaleingabebaugruppen mit Prozeßalarmauslösung kann die Eingangsverzögerungszeit vermindert werden. Hier muß man einen Kompromiß finden zwischen der Störfestigkeit (große Verzögerung) und einer schnellen Signalerfassung (kleine Verzögerungszeit).

Digitalausgabebaugruppen

Um in den zu steuernden Prozeß eingreifen zu können, benötigt die CPU Signalformer, die die internen Signalzustände in die im Prozeß üblichen Spannungen und Ströme umsetzen. Die Digitalausgabebaugruppen enthalten einen Datenspeicher, der die zur Baugruppe geschriebenen Signale aufnimmt und dann einem Verstärker zuführt. Dieser stellt die geforderte Schaltleistung zur Verfügung. Der Kurzschlußschutz erfolgt bei Gleichspannungsverstärkern elektronisch, bei Wechselspannungsverstärkern mit Feinsicherung.

Bei der Auswahl der Digitalbaugruppen ist die Schaltfrequenz, die Gesamtbelastbarkeit und der Reststrom zu berücksichtigen. Der Reststrom bei Signalzustand „0“ darf nicht unterschritten werden, da sonst das angesteuerte Gerät auf ein Abschalten nicht mehr reagiert.

In den Betriebszuständen STOP und HALT, auch im Anlauf vor der Bearbeitung des Hauptprogramms, sind die Digitalausgabebaugruppen mit dem Signal OD (output disable) gesperrt. Sie liefern in diesem Zustand entweder keine Spannung, einen projektierten Ersatzwert oder halten den zuletzt eingestellten Wert.

Ex-Digitalbaugruppen

SIMATIC-Ex-Digitalbaugruppen sind „zugehörige elektrische Betriebsmittel“ der Zündschutzart Eigensicherheit ([EEx ib] IIC nach DIN EN 50020). An sie können eigensichere elektrische Betriebsmittel für die Zonen 1 und 2 angeschlossen werden. Der Aufbau erfolgt außerhalb des explosionsgefährdeten Bereichs. Für die Zuführung der DC 24V-Lastspannung gibt es die Leitungskammer LK393. Ex-Baugruppen werden in S7-/M7-300-Stationen oder als dezentrale Peripherie in ET 200M eingesetzt und mit STEP 7 parametriert.

2.9 Prozeßkopplung mit Analogbaugruppen

Analogbaugruppen sind Signalformer für analoge Prozeßsignale. Mit Hilfe dieser Baugruppen kann die CPU analoge Meßgrößen verarbeiten, nachdem sie von Analogeingabebaugruppen in digitale Werte umgewandelt worden sind, oder Stellgeräte kontinuierlich mit analogen Sollwerten versorgen, die von Analogausgabebaugruppen aus den digital vorgegebenen Werten erzeugt werden. Je analoge Größe (z.B. Meßwert oder Sollwert) wird auf der Baugruppe ein „Kanal" belegt. Es gibt Analogbaugruppen mit 4, 8 oder 16 Kanälen entsprechend 8, 16 oder 32 Bytes. Intern wird ein digitalisierter Analogwert als 16-Bit-Ganzzahl (Datentyp INT) dargestellt. Komfortabel ausgestattete Analogbaugruppen können Diagnosedaten über den Baugruppenzustand oder das Erreichen eines Grenzwerts abgeben.

Die Adressierung der Analogbaugruppen erfolgt bevorzugt außerhalb des Prozeßabbilds besonders dann, wenn sie in Regelkreisen, die einen vom Hauptprogramm unabhängigen Bearbeitungszyklus haben, direkt abgefragt und direkt geschrieben werden.

Analogeingabebaugruppen

Analogeingabebaugruppen wandeln die im Prozeß auftretenden analogen Größen (Spannung, Strom, Widerstand) nach einem Integrationsverfahren in einen digitalen Wert um. Je nach Störspannungsunterdrückung (für 400/60/50/10 Hz) werden für die Umwandlung eines Analogsignals 2,5/20/20/100 ms benötigt. Entsprechend hoch ist die Auflösung (9/12/12/15 Bit + Vorzeichen). Die Grundeinstellung der Strom-/Spannungsbereiche wird mechanisch über Meßbereichsmodule eingestellt, die Feineinstellung erfolgt mit dem STEP 7-Werkzeug Hardware-Konfiguration.

Analogausgabebaugruppen

Analogausgabebaugruppen wandeln die internen Digitalwerte in die im Prozeß benötigten analogen Spannungen und Ströme um. Für die unterschiedlichen Spannungs- und Strombereiche gibt es verschiedene Baugruppen, die alle Potentialtrennung zwischen internen und externen Signalen aufweisen. Die Analogausgabebaugruppen enthalten einen Datenspeicher, der die zur Baugruppe geschriebenen digitalen Werte aufnimmt und dann dem Digital-Analog-Umsetzer zuführt. Innerhalb von 0,8/1,5 ms werden sie dann in die analoge Größe umgesetzt und ausgegeben.

Ex-Analogbaugruppen

SIMATIC-Ex-Analogbaugruppen sind „zugehörige elektrische Betriebsmittel" der Zündschutzart Eigensicherheit ([EEx ib] IIC nach DIN EN 50020). An sie können eigensichere elektrische Betriebsmittel für die Zonen 1 und 2 angeschlossen werden. Der Aufbau erfolgt außerhalb des explosionsgefährdeten Bereichs. Für die Zuführung der DC 24V-Lastspannung gibt es die Leitungskammer LK393. Ex-Baugruppen werden in S7-/M7-300-Stationen oder als dezentrale Peripherie in ET 200M eingesetzt und mit STEP 7 parametriert.

Zur Gruppe der eigensicheren Baugruppen zählen auch die SIMATIC S7-HART-Analogbaugruppen, die im dezentralen Peripheriegerät ET 200M betreibbar sind. Die Baugruppen arbeiten als HART-Master, an den 2 HART-Feldgeräte als HART-Slaves angeschlossen werden können. Das HART-Protokoll hat die Version 5.4.

2.10 FM-Baugruppen entlasten die CPU

FM-Baugruppen (function module) sind signalvorverarbeitende, „intelligente“ Baugruppen, die vom Prozeß kommende Signale unabhängig von der CPU aufbereiten, verarbeiten und entweder wieder an den Prozeß zurückgeben oder an der internen Schnittstelle der CPU zur Verfügung stellen. Sie übernehmen Funktionen, die die CPU meist nicht schnell genug ausführen kann, wie z.B. Impulse zählen, positionieren oder Antriebe regeln.

Die FM-Baugruppen werden in der Regel mit der Hardware-Konfiguration parametriert. Die erforderlichen Parametriermasken sind genauso wie die ladbaren Standard-Bausteine für das Anwenderprogramm Bestandteil des Lieferumfangs und werden beim Installieren automatisch in den SIMATIC Manager eingebunden. Für Test und Inbetriebnahme gibt es entsprechende Diagnosemasken.

Tabelle 2.1 Auswahl FM-Baugruppen mit Funktionen und Eigenschaften

FM 350, FM 450 Schnelles Vorwärts-Rückwärts-Zählen	FM 350-1: 1 Kanal FM 450-1: 2 Kanäle Zählen bis 500 kHz mit ± 32 Bit. FM 350-2: 8 Kanäle Zählen bis 20 kHz mit ± 32 Bit, auch für Namurgeber geeignet.	▷ Anschluß von 5V-/24V-Inkrementalgebern ▷ Torsteuerung, auch direkt mit Digitaleingang auf der FM ▷ Bei Nulldurchgang oder Erreichen eines Vergleichswerts: Digitalausgang direkt steuern oder Prozeßalarm generieren
FM 351, FM 451 Positionieren für Eil- und Schleichgang-Antriebe	Verstellen von 2 bzw. 3 voneinander unabhängigen Achsen mit 4 Digitalausgängen pro Achse zum Steuern von Schützen oder Frequenzumrichtern. Die Wegerfassung kann entweder inkrementell oder synchron-seriell erfolgen.	▷ Einrichten (Verfahren im Tippbetrieb) ▷ Schrittmaßfahren absolut und relativ ▷ Referenzpunktfahren ▷ Nullpunktverschiebung ▷ Bezugspunkt setzen ▷ Restweg löschen
FM 352, FM 452 Elektronisches Nockensteuerwerk	32 Nockenspuren mit 32/64/128 Nocken und parametrierbaren Nockeneigenschaften (z.B. Weg- oder Zeitnocken) steuern 13 bzw. 16 Digitalausgänge. Die Wegerfassung kann entweder inkrementell oder synchron-seriell erfolgen.	▷ Längenmessung ▷ Bezugspunktsetzen ▷ Fliegendes Istwertsetzen ▷ Nullpunktverschiebung ▷ Nockenflanken ändern ▷ Simulationsbetrieb
FM 353, FM 453 Positionieren für Schrittmotoren **FM 354, FM 453** Positionieren für Servomotoren	Positionieren von einem (FM 353/354) oder bis zu drei (FM 453) Antrieben, geeignet für Rund- und Linearachsen. Die Baugruppen beherrschen sowohl einfache Punkt-zu-Punkt-Positionierung als auch komplexe Verfahrprofile.	▷ Einrichten (Verfahren im Tippbetrieb) ▷ Schrittmaßfahren ▷ Automatik Folgesatz/Einzelsatz ▷ Längenmessung ▷ Start/Stopp über direkte Digitaleingänge ▷ Ruckbegrenzung ▷ Fliegendes Istwertsetzen
FM 355, FM 455 Regelungsbaugruppe für Druck-, Temperatur- und Durchflußregelung	PID-Regelalgorithmus oder selbstoptimierender Temperaturregelalgorithmus mit 4 bzw. 16 Kanälen (Istwerterfassung und Störgrößenaufschaltung) und 1 Kanal Temperaturkompensation; einsetzbar als Schritt-/Impulsregler oder kontinuierlicher Regler. Auch ein CPU-unabhängiger Backup-Betrieb ist möglich.	Vorgefertigte Reglerstrukturen für ▷ Festwertregelung ▷ Kaskadenregelung ▷ Verhältnisregelung ▷ 3-Komponenten-Regelung Abtastzeit (abhängig von Regleranzahl bei FM 355/FM 455) bei Auflösung von ▷ 12 Bit: 20 ms bis 100/180 ms ▷ 14 Bit: 100 ms bis 500/1700 ms

2.11 CP-Baugruppen öffnen den Zugang zu Bussystemen

CP-Baugruppen (communication processor) entlasten die CPU von Kommunikationsaufgaben. Sie stellen die physikalische Verbindung zum Netz her, übernehmen den Verbindungsaufbau und den Datentransport über das Netz und stellen die dafür erforderlichen Kommunikationsdienste der CPU und dem Anwenderprogramm zur Verfügung.

Die Parametrierung und die Diagnose bei Test und Inbetriebsetzung erfolgt für die CPs für PROFIBUS und Industrial Ethernet mit dem Optionspaket NCM, das im Lieferumfang von STEP 7 enthalten ist. Die restlichen CPs werden mit entsprechenden Masken ausgeliefert, die nach der Installation in der Hardware-Konfiguration aufrufbar sind.

Tabelle 2.2 Auswahl CP-Baugruppen mit Funktionen und Eigenschaften

CP 340, CP 341, CP 441 Punkt-zu-Punkt-Kopplung	Eine serielle Punkt-zu-Punkt-Kopplung mit speziellen Protokollen, auch zu Fremdgeräten. CP 441-1 mit einer Schnittstelle CP 441-2 mit zwei Schnittstellen Die Schnittstellen von CP 341 und CP 441-2 sind für nachladbare kundenspezifische Treiber ausgelegt.	Übertragungsphysik: ▷ RS 232C (V.24) ▷ 20 mA (TTY) ▷ RS 422/RS 485 (X.27) implementierte Protokolle: ▷ ASCII-Treiber ▷ Druckertreiber ▷ 3964 (R) ▷ RK 512 (bei CP 341 und CP 441-2)
CP 342-2 ASi-Master	AS-Interface-Master für den Anschluß von bis zu 31 AS-Interface-Slaves.	keine spezielle Parametrierung erforderlich
CP 342-5, CP 443-5 Ext. PROFIBUS-DP	PROFIBUS-DP-Master, CP 342-5 auch als DP-Slave einsetzbar.	Kommunikationsdienste: ▷ PROFIBUS-DP ▷ S7-Kommunikation ▷ SEND/RECEIVE-Schnittstelle
CP 343-5, CP 443-5 Basic PROFIBUS-FMS	Anschluß an PROFIBUS-FMS.	Kommunikationsdienste: ▷ PROFIBUS-FMS ▷ S7-Kommunikation ▷ SEND/RECEIVE-Schnittstelle
CP 343-1, CP 443-1 Industrial Ethernet	Anschluß an Industrial Ethernet.	Kommunikationsdienste/Verbindungen: ▷ S7-Kommunikation ▷ SEND/RECEIVE-Schnittstelle ▷ ISO-Transport-Verbindung
CP 343-1 TCP, CP 443-1 TCP Industrial Ethernet mit TCP/IP	Anschluß an Industrial Ethernet unter Nutzung von TCP/IP.	Kommunikationsdienste/Verbindungen: ▷ S7-Kommunikation ▷ SEND/RECEIVE-Schnittstelle ▷ ISO-Transport-Verbindung mit RFC
CP 443-1 IT Industrial Ethernet (Informationstechnologie)	Anschluß an die Informationstechnologie eines Unternehmens mit integriertem Web-Server, HTML-Seiten abrufbar mit Standard-Browser und Versendung von E-Mails aus dem Anwenderprogramm durch FC-Aufrufe.	Kommunikationsdienste/Verbindungen: ▷ S7-Kommunikation ▷ SEND/RECEIVE-Schnittstelle ▷ PG/OP-Funktionen ▷ TCP-Transport-Verbindung mit/ohne RFC ▷ UDP-Verbindung ▷ E-MAIL-Verbindung
CP 444 Industrial Ethernet (MMS)	Anschluß an Industrial Ethernet unter Nutzung von MMS-Diensten gemäß MAP 3.0.	MMS-Dienste: ▷ Environment Management ▷ VMD Support Services ▷ Variable Access Services

2.12 Die „Intelligenz" der SIMATIC-S7-Station: CPU-Baugruppen

Die SIMATIC S7-CPU-Baugruppen enthalten den zentralen Steuerungsprozessor, der das Betriebssystem und das Anwenderprogramm bearbeitet, die Baugruppen parametriert und die Nutzdaten überträgt. Alle CPU-Baugruppen besitzen eine MPI-Schnittstelle für den Anschluß an das Programmiergerät oder für den Anschluß an Bedien- und Beobachtungsgeräte oder andere SIMATIC-Stationen.

Das Betriebssystem steuert die Betriebsarten

Das Betriebssystem regelt alle Vorgänge auf der CPU-Baugruppe. Es steuert den Einschaltvorgang, stößt die Bearbeitung des Hauptprogramms an, aktualisiert die Prozeßabbilder, erfaßt Alarme und Fehlermeldungen und veranlaßt die Bearbeitung der dazugehörenden Ablaufebene, überwacht schließlich alle Vorgänge und meldet erfaßte Fehler mit Eintrag in den Diagnosepuffer und mit LED an der Frontseite der Baugruppe. Hier befindet sich auch der Schlüsselschalter, mit dem die Bearbeitung des Anwenderprogramms eingeschaltet wird.

Der Schlüsselschalter kennt 4 Stellungen: STOP, RUN, RUN-P und die Taststellung MRES. Mit STOP wird die Bearbeitung des Anwenderprogramms angehalten; RUN und RUN-P schalten die Bearbeitung ein. In der Stellung RUN kann das Anwenderprogramm nur gelesen, in RUN-P auch verändert werden. Die Stellung MRES wird für Urlöschen und den Kaltstart benötigt.

Der Steuerungsprozessor bearbeitet das Anwenderprogramm

Der Steuerungsprozessor ist bei den S7-300-CPUs mit Ausnahme der CPU 318 ein Microcontroller, der das in MC7 vorliegende Anwenderprogramm beim Laden in seine eigene Maschinensprache umsetzt. Die Bearbeitungszeit für 1000 Binäranweisungen liegt zwischen ca. 0,7 ms für CPU 312IFM und ca. 0,3 ms für CPU 316. CPU 318 und die S7-400-CPUs bearbeiten das Anwenderprogramm direkt mit einem speziell dafür ausgelegten ASIC. Die Bearbeitungszeit für 1000 Binäranweisungen liegt hier zwischen ca. 0,2 ms für CPU 412 und ca. 0,08 ms für CPU 416.

Die Kommunikation mit dem Programmiergerät oder den Datenaustausch mit anderen Stationen übernimmt bei S7-300 der zentrale Steuerungsprozessor zusätzlich zu seinen sonstigen Aufgaben; bei S7-400 steht hierfür ein eigener Kommunikationsprozessor bereit.

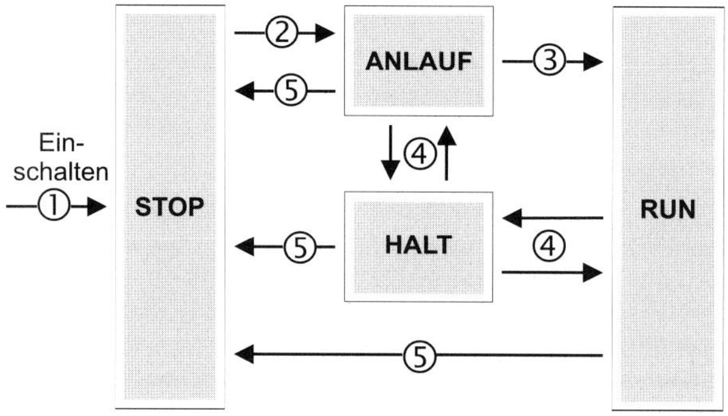

Nach dem Einschalten ① befindet sich die CPU im Zustand STOP. Dreht man den Schlüsselschalter nach RUN oder RUN-P, wird zuerst ein Anlaufprogramm durchlaufen ② bevor die eigentliche Bearbeitung des Anwenderprogramms im RUN beginnt ③. Im ANLAUF und im RUN können Testfunktionen durchgeführt werden, die in den Betriebszustand HALT führen ④. Tritt in einem dieser Betriebszustände ein Fehler auf, fällt die CPU in den Zustand STOP zurück ⑤.

Bild 2.6 Betriebsarten einer SIMATIC S7-CPU

Der Anwenderspeicher besteht aus Ladespeicher und Arbeitsspeicher

Das Anwenderprogramm liegt auf der CPU in zwei Bereichen: im Ladespeicher und im Arbeitsspeicher. Der *Ladespeicher* enthält das gesamte Anwenderprogramm einschließlich Konfigurationsdaten; er ist auf der Baugruppe integriert oder als zusteckbare Memory Card ausgeführt. Der *Arbeitsspeicher* ist ein schneller RAM-Speicher, der den ablaufrelevanten Programmcode und die Anwenderdaten enthält.

Das Programmiergerät überträgt das komplette Anwenderprogramm einschließlich der Konfigurationsdaten in den Ladespeicher. Das Betriebssystem interpretiert die Konfigurationsdaten, parametriert die CPU-Baugruppe und – im Anlauf – die Peripheriebaugruppen. Der ablaufrelevante Programmcode und die Anwenderdaten werden in den Arbeitsspeicher kopiert. Beim Zurückladen des Anwenderprogramms in das Programmiergerät werden die Bausteine aus dem Ladespeicher geholt, ergänzt um die aktuellen Werte der Datenoperanden aus dem Arbeitsspeicher.

Eine Memory Card erweitert den Anwenderspeicher

Es gibt zwei Arten von Memory Cards: RAM Memory Cards und Flash EPROM Memory Cards. Wenn Sie ausschließlich den Ladespeicher erweitern wollen, verwenden Sie eine RAM Memory Card (z.B. bei S7-400-CPUs). Mit einer RAM Memory Card können Sie das komplette Anwenderprogramm online ändern. RAM Memory Cards verlieren ihren Inhalt, wenn sie gezogen werden.

Wenn Sie Ihr Anwenderprogramm einschließlich der Konfigurationsdaten und Baugruppenparameter auch ohne Pufferbatterie spannungsausfallsicher halten wollen, verwenden Sie eine Flash EPROM Memory Card. Hierbei laden Sie das gesamte Programm offline auf die Flash EPROM Memory Card, wenn sie im Programmiergerät steckt. Bei entsprechend ausgelegten CPUs können Sie das Programm auch online laden, wenn die Memory Card in der CPU steckt.

S7-300-CPUs (außer CPU 318) besitzen einen integrierten RAM-Ladespeicher, der das gesamte Programm aufnehmen kann. Der integrierte RAM-Ladespeicher bei S7-400-CPUs und bei der CPU 318 ist für kleine Programme bzw. für das Ändern von einzelnen Bausteinen ausgelegt. Ist das komplette Programm größer als der integrierte Ladespeicher, benötigen Sie zum Testen eine RAM Memory Card.

Batteriepufferung für remanente Datenhaltung

Die Pufferbatterie(n) befinden sich bei S7-300 in der CPU-Baugruppe, bei S7-400 in der Stromversorgungsbaugruppe. Die CPU überwacht permanent die Pufferspannung; eine zu geringe Pufferspannung kann im Anwenderprogramm ausgewertet werden. Das Wartungsintervall für die Pufferbatterie beträgt ein Jahr.

Besteht der Ladespeicher aus RAM, ist eine Pufferbatterie erforderlich, um das Anwenderprogramm remanent zu halten. Bei integriertem EEPROM oder zusteckbarer Flash EPROM Memory Card als Ladespeicher kann die CPU batterielos betrieben werden.

Bei S7-300 können aktuelle Werte aus Teilen des Arbeitsspeichers (Datenbausteine) und des Systemspeichers (Merker, Zeiten und Zähler) nichtflüchtig gespeichert werden. So behalten sie auch ohne Pufferbatterie bei einem Spannungsausfall ihre Daten.

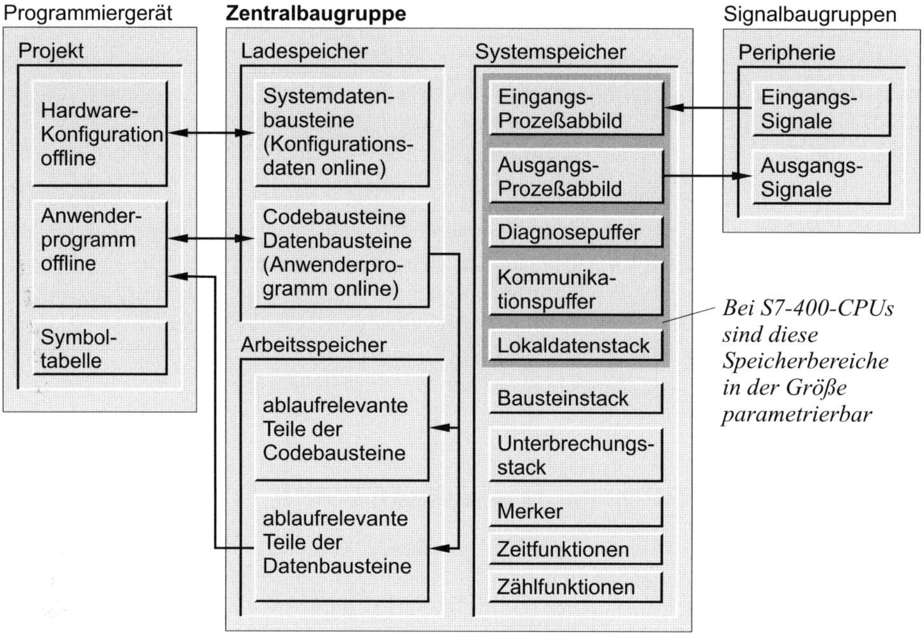

Bild 2.7 Speicherbereiche für Anwenderprogramm und Operanden

Der Systemspeicher enthält die Operanden

Der Systemspeicher enthält die Operanden (Variablen), die Sie von Ihrem Programm aus ansprechen. Die Operanden sind zu Bereichen (Operandenbereiche) zusammengefaßt, die eine für jede CPU spezifische Menge an Operanden enthalten. Folgende Operandenbereiche liegen im Systemspeicher der CPU:

▷ Eingänge (E)
Sie sind ein Abbild („Prozeßabbild“) der Digitaleingabebaugruppen.

▷ Ausgänge (A)
Sie sind ein Abbild („Prozeßabbild“) der Digitalausgabebaugruppen.

▷ Merker (M)
Sie sind Informationsspeicher, die im gesamten Programm ansprechbar sind.

▷ Zeitfunktionen (T)
Sie stellen Zeitglieder dar, mit denen Warte- und Überwachungszeiten realisiert werden.

▷ Zählfunktionen (Z)
Sie sind Softwarezähler, die vorwärts und rückwärts zählen können.

▷ temporäre Lokaldaten (L)
Sie dienen als dynamische Zwischenspeicher während der Bausteinbearbeitung und stehen im L-Stack, den die CPU während der Programmbearbeitung dynamisch belegt.

Zusätzlich enthält der Systemspeicher Puffer für Kommunikationsaufträge und Systemmeldungen (Diagnosepuffer). Die Größe dieser Datenpuffer sowie die Größe des Prozeßabbilds und des L-Stacks sind bei S7-400-CPUs parametrierbar.

2.13 Zentralbaugruppen mit Sonderfunktionen

Zentralbaugruppen CPU 312IFM und CPU 314IFM

Die CPU 312IFM und CPU 314IFM sind mit Ein-/Ausgängen ausgestattet, die auf der Zentralbaugruppe integriert sind. Diese können Sie als Standard-Peripherie vom Anwenderprogramm aus ansprechen, als Alarmeingänge verwenden oder als Eingänge für Sonderfunktionen des Betriebssystems nutzen. Beim Parametrieren der CPU mit STEP 7 aktivieren Sie *eine* der integrierten Sonderfunktionen. Mit dem entsprechenden Systemfunktionsbaustein SFB binden Sie die aktivierte Sonderfunktion in das Anwenderprogramm ein.

▷ Vorwärts-Rückwärts-Zähler SFB 29 HS_COUNT
Der Zähler verwendet von den integrierten Eingängen zwei zum Vorwärts-Rückwärts-Zählen bis 10 kHz, einen zur Richtungsauswahl und einen als Torsteuerung. Der aktuelle Zählwert wird als DINT-Wert ausgegeben und zwei Vergleichern zugeführt. Bei erreichtem Vergleichswert sind mehrere Funktionen möglich: integrierten Digitalausgang steuern, Prozeßalarm auslösen, einen Zähler rücksetzen oder einen Vergleicher setzen.

▷ Frequenzmesser SFB 30 FREQ_MES
Mit einem integrierten Eingang wird eine Frequenz bis zu 10 kHz nach zwei Verfahren gemessen: Zählen der Signalflanken bei 0,1 s, 1 s und 10 s Meßzeit (geeignet für hohe Frequenzen) und Messen der Abstände der Signalflanken bei 1 ms, 2 ms und 4 ms Meßzeit (geeignet für niedrige Frequenzen). Die Frequenz wird als DINT-Wert ausgegeben und kann mit zwei Vergleichern auf untere und obere Grenzwerte überwacht werden.

▷ Vorwärts-Rückwärts-Zähler A/B SFB 38 HSC_A_B (nur bei CPU 314IFM)
Zwei getrennte Zähler werden über je zwei integrierte Digitaleingänge mit bis zu 10 kHz vorwärts und rückwärts gezählt. Die aktuellen Zählwerte werden als DINT-Werte ausgegeben und einem Vergleicher zugeführt. Der Vergleicher kann einen Digitalausgang steuern, einen Prozeßalarm auslösen, einen Zähler rücksetzen oder einen Vergleicher setzen.

▷ Gesteuertes Positionieren SFB 39 POS (nur bei CPU 314IFM)
Der Istwert wird mit asymmetrischen 24 V-Inkrementalgebern mit einer Frequenz bis zu 10 kHz erfaßt und kann über einen integrierten Digitaleingang oder softwaregesteuert synchronisiert werden. Vier integrierte Digitalausgänge (Geschwindigkeit, Richtung) steuern einen Eil-/Schleichgangantrieb, oder ein Analogausgang steuert wahlweise mit zwei Digitalausgängen einen Frequenzumrichter.

Zentralbaugruppe CPU 614

Die Zentralbaugruppe CPU 614 ist speziell für die kunststoffverarbeitende Industrie entwikkelt worden. Sie ersetzt eine S7-300-CPU, erlaubt jedoch zusätzlich zur Programmierung mit den SPS-Programmiersprachen die Programmierung von Codebausteinen in C. Die technischen Daten und der Aufbau sind mit einer CPU 314 vergleichbar. Der Arbeitsspeicher hat eine Größe von 128 kByte; der 192 kByte große, integrierte Ladespeicher kann mit einer Flash EPROM Memory Card bis zu 512 kByte vergrößert werden.

▷ Assemblerbaustein aufrufen SFB 63 AB_CALL
Aufrufen eines Bausteins aus dem STEP 7-Anwenderprogramm, der im Assembler oder in C geschrieben ist (nur in der CPU 614 möglich).

2.14 SIMATIC PC-based Control mit WinAC

SIMATIC WinAC (Windows Automation Center) vereint die Funktionen Steuern, Technologie, Datenverarbeitung, Visualisierung und Kommunikation auf einem Standard-PC. WinAC läuft unter dem Betriebssystem Microsoft Windows NT. Sie können WinAC als reine Software-Lösung oder mit einer PC-Baugruppe als Controller betreiben.

Standard-Schnittstellen mit WinAC

WinAC Computing stellt die Verbindung zwischen Standardsoftware und Automatisierungssoftware her; *WinAC Controlling* übernimmt die Steuerungsaufgaben, z.B. als „Software PLC" (WinLC, Windows Logic Controller) oder als „SlotPLC" (z.B. CPU 416 als PC-Baugruppe).

Der Datenaustausch mit WinAC basiert auf der Microsoft OLE-Technologie (Object Linking and Embedding). Hierbei können Sie auf die mitgelieferten SIMATIC Controls zurückgreifen oder eigene ActiveX- und OCX-Controls (OLE Custom Controls) verwenden. WinAC Computing enthält auch einen *OPC-Server* (OLE for Process Control), der anderen OPC-Client-Anwendungen den Zugang zu WinAC Controlling gewährt. Der WinAC Tool Manager unterstützt Sie bei der Verwaltung der Standard-Anwendungen, die Daten mit WinAC Controlling austauschen, wie z.B. Visual Basic oder Tabellenkalkulation mit Microsoft Excel.

WinAC unterstützt dezentrale Anwendungen auf mehreren Rechnern, die über ein Netz verbunden sind, durch DCOM (Distributed Component Object Model) von Microsoft. Beispielsweise können Sie WinAC Computing auf einem anderen PC betreiben als WinAC Controlling, ein Visualisierungssystem mit SIMATIC HMI anschließen oder von einem Engineering System aus mit STEP 7 WinAC Controlling programmieren.

Steuern mit der Software PLC WinLC

Mit SIMATIC WinLC (Windows Logic Controller) verwenden Sie Ihren PC als SIMATIC Controller. WinLC konfigurieren, parametrieren und programmieren Sie mit STEP 7. Der Anschluß an die zu steuernde Maschine oder Anlage geschieht über dezentrale Peripherie.

Sie erstellen eine WinLC-Station mit dem SIMATIC Manager. Fügen Sie in einem *Projekt* eine *SIMATIC 300-Station* ein und öffnen Sie das Objekt *Hardware*. Aus dem Hardware-Katalog wählen Sie unter „SIMATIC PC Based Control" den Controller „WinLC" aus. Verbinden Sie die DP-Schnittstelle mit einem PROFIBUS-Subnetz und parametrieren Sie die CPU (Doppelklick auf CPU und Ausfüllen der Eigenschaften). Zum Konfigurieren der Hardware ziehen Sie aus dem Hardware-Katalog unter „PROFIBUS DP" die verwendeten DP-Slaves in das Stationsfenster auf das DP-Mastersystem.

Das Programm schreiben Sie mit den SPS-Programmiersprachen wie bei SIMATIC S7. Dabei kann als Arbeits- und Ladespeicher der PC-Hauptspeicher voll genutzt werden. Der Funktionsumfang entspricht im wesentlichen einer CPU 315-2DP.

Ist STEP 7 auf dem gleichen PC installiert wie WinLC, erfolgt die Verbindung zu WinLC über eine „Software"-MPI-Verbindung. Wie bei einer „Hardware"-Verbindung laden Sie die Systemdaten und die Bausteine und können nun das Programm testen.

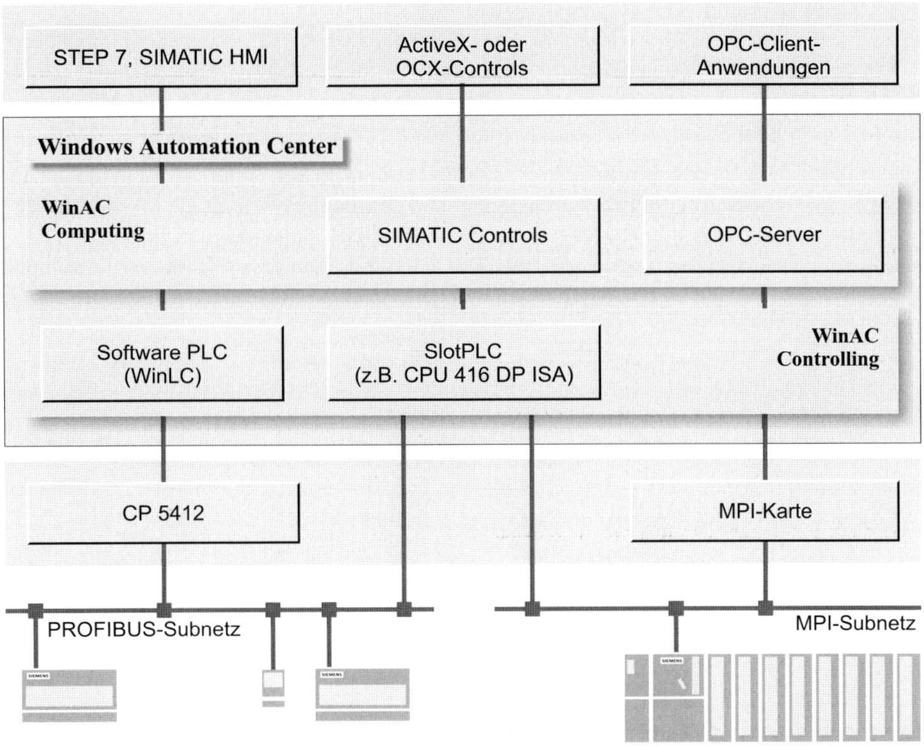

Bild 2.8 Automatisieren mit WinAC

Hardware-Unterstützung durch eine SlotPLC

WinAC Controlling kann auch eine SlotPLC sein, z.B. die CPU 416-2DP ISA. Sie benötigt zwei freie nebeneinanderliegende ISA- bzw. EISA-Steckplätze im Standardabstand. Vor dem Einbau stellen Sie auf der Baugruppe die ISA-Speicher- und -Ein-/Ausgabe-Adressen ein. Die Spannungsversorgung der Baugruppe erfolgt mit einem 4poligen Standard-PC-Laufwerkstecker.

Über die integrierte DP-Schnittstelle steuern Sie die Maschine oder Anlage. Den Controller können Sie mit einem Programmiergerät über die MPI-Schnittstelle wie eine S7-CPU konfigurieren und programmieren.

Haben Sie STEP 7 auf dem gleichen PC installiert wie WinAC und möchten Sie den Controller direkt ansprechen, müssen Sie die Verbindung zwischen beiden Softwarepaketen einstellen: In der Windows-Systemsteuerung das Programm *PG/PC-Schnittstelle einstellen* aufrufen und unter *Zugangspunkt der Applikation* „S7ONLINE (STEP7)“ z.B. die Schnittstelle „CPU 416-2DP ISA Card (local)“ installieren.

Sie erstellen eine Station mit einer SlotPLC mit dem SIMATIC Manager. Fügen Sie in einem *Projekt* eine *SIMATIC 400-Station* ein und öffnen Sie das Objekt *Hardware*. Aus dem Hardware-Katalog wählen Sie unter „SIMATIC PC Based Control“ einen Controller „WinAC...“ aus. Das weitere Vorgehen und die Programmierung des Anwenderprogramms ist das gleiche wie bei einer S7-CPU.

2.15 Dezentrale Prozeßkopplungen

PROFIBUS-DP

PROFIBUS-DP (Dezentrale Peripherie) bietet eine standardisierte Schnittstelle für die Übertragung von überwiegend binären Prozeßdaten zwischen einer „Anschaltungsbaugruppe“ im (zentralen) Automatisierungsgerät und den Feldgeräten. Diese „Anschaltungsbaugruppe“ nennt man DP-Master und die Feldgeräte DP-Slaves. Unter Dezentraler Peripherie versteht man Baugruppen, die über PROFIBUS-DP an eine DP-Master-Baugruppe angeschlossen sind. PROFIBUS-DP ist ein herstellerunabhängiger Standard, genormt nach EN 50170 für die Anbindung von DP-Normslaves.

PROFIBUS-PA

PROFIBUS-PA (Process Automation) ist ein Bussystem für die Verfahrenstechnik, sowohl für eigensichere Bereiche (Ex-Bereich Zone 1) z.B. in der chemischen Industrie als auch für nicht eigensichere Bereiche z.B. in der Lebensmittelindustrie.

Zur Kopplung zwischen PROFIBUS-DP und PROFIBUS-PA gibt es zwei Möglichkeiten:

▷ DP/PA-Koppler, wenn der PROFIBUS-DP mit 45,45 kBit/s betrieben werden kann,

▷ DP/PA-Link, das die Übertragungsraten von PROFIBUS-DP umsetzt auf die Übertragungsrate von PROFIBUS-PA.

SIMATIC PDM (Process Device Manager) ist ein herstellerübergreifendes Werkzeug zur Parametrierung, Inbetriebnahme und Diagnose von intelligenten Feldgeräten mit PROFIBUS-PA- oder HART-Funktionalität. Für die Parametrierung von HART-Meßumformern (Highway Adressable Remote Transducer) steht die Sprache DDL (Device Description Language) zur Verfügung.

Aktor-/Sensor-Interface

Das Aktor-/Sensor-Interface (AS-Interface) ist ein Vernetzungssystem für die unterste Prozeßebene in Automatisierungsanlagen. Ein AS-Interface-Master steuert bis zu 31 AS-Interface-Slaves über eine 2-Draht-AS-Interface-Leitung, die sowohl die Steuersignale als auch die Versorgungsspannung überträgt. Die AS-Interface-Slaves können busfähige Aktoren oder Sensoren sein oder es sind AS-Interface-Module, an die bis zu 8 binäre („normale“) Aktoren bzw. Sensoren angeschlossen werden. Ein AS-Interface-Segment kann bis zu 100 m lang sein; mit einem Repeater (AS-Interface-Slaves und AS-Interface-Netzgeräte auf beiden Seiten) oder einem Extender (AS-Interface-Slaves und AS-Interface-Netzgerät nur auf dem Strang, der dem AS-Interface-Master abgewandt ist) kann ein Segment um bis zu 2 mal 100 m verlängert werden.

Kopplung zu einer seriellen Schnittstelle

Das PROFIBUS-DP/RS 232C-Link ist ein Umsetzer zwischen einer RS 232C (V.24)-Schnittstelle und PROFIBUS-DP. Geräte mit einer RS 232C-Schnittstelle können mit dem DP/RS 232C-Link an PROFIBUS-DP gekoppelt werden. Das DP/RS 232C-Link unterstützt die Prozeduren 3964 R und freies ASCII-Protokoll.

2.16 Dezentrale Peripherie SIMATIC DP

PROFIBUS-DP-Mastersystem

Der DP-Master und alle von ihm gesteuerten DP-Slaves bilden zusammen ein DP-Mastersystem. Maximal können 32 Stationen in einem Segment und bis zu 127 im gesamten Netz vorhanden sein. Wieviele DP-Slaves maximal in einem DP-Mastersystem gesteuert werden können, hängt vom DP-Master ab. Eine SIMATIC-Station kann mehrere DP-Mastersysteme aufweisen. Sie können auch Programmiergeräte an das PROFIBUS-DP-Netz anschließen, ebenso wie z.B. Bediengeräte, SIMATIC S5-DP-Slaves oder DP-Normslaves anderer Hersteller.

DP-Master steuern die dezentrale Peripherie

Der DP-Master ist der aktive Teilnehmer am PROFIBUS. Er tauscht zyklisch Daten mit „seinen" DP-Slaves aus. Ein DP-Master kann sein:

- ▷ eine CPU mit integrierter DP-Master-Schnittstelle oder steckbarem Schnittstellenmodul (z.B. CPU 315-2DP, CPU 417),
- ▷ eine Anschaltungsbaugruppe in Verbindung mit einer CPU (z.B. IM 467) oder
- ▷ eine CP-Baugruppe in Verbindung mit einer CPU (z.B. CP 342-5, CP 443-5).

Es gibt „Klasse 1-Master" für den Datenaustausch im Prozeßbetrieb und „Klasse 2-Master" für Service und Diagnose, wie beispielsweise ein Programmiergerät.

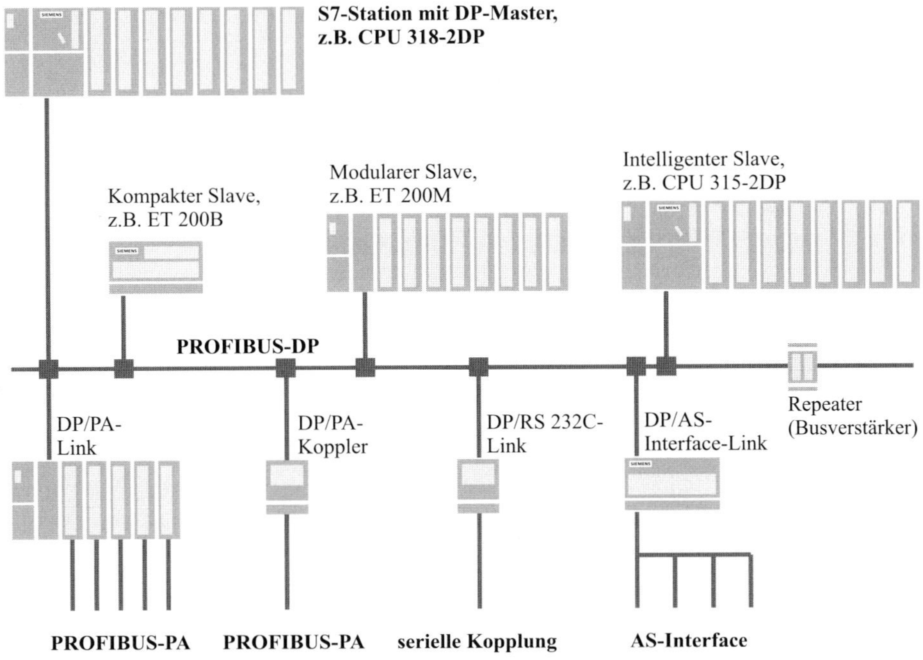

Bild 2.9 Komponenten in einem PROFIBUS-DP-Mastersystem

2.17 DP-Slaves: Prozeßkopplung vor Ort

Die DP-Slaves sind die passiven Teilnehmer am PROFIBUS. Bei SIMATIC S7 wird unterschieden nach:

▷ Kompakten DP-Slaves;
sie verhalten sich gegenüber dem DP-Master wie eine einzige Baugruppe.

▷ Modularen DP-Slaves;
sie setzen sich aus mehreren Baugruppen (Submodulen) zusammen.

▷ Intelligenten DP-Slaves;
sie enthalten ein Anwenderprogramm, das die Slave-eigenen Baugruppen steuert.

Die Gerätefamilie ET 200 stellt die dezentralen Peripheriegeräte von SIMATIC DP. Sie gibt es in verschiedenen Ausführungen: ET 200L und ET 200B als kompakte DP-Slaves, ET 200M, ET 200S und ET 200X als modulare DP-Slaves, und schließlich ist ET 200X auch in einer Ausführung als intelligenter DP-Slave erhältlich.

ET 200L: klein und kompakt im Postkartenformat

ET 200L ist ein sehr kleines, kompaktes Peripheriegerät in der Schutzart IP 20, bevorzugt eingesetzt im unteren Leistungsbereich bei beengten Platzverhältnissen. Die maximale Übertragungsrate am PROFIBUS beträgt 1,5 MBit/s. ET 200L ist bestückbar mit Ein-/Ausgabemodulen und wird in drei Varianten angeboten:

▷ ET 200L nicht erweiterbar,

▷ ET 200L-SC mit SIMATIC SMART-Connect feinmodular erweiterbar,

▷ ET 200L IM-SC mit SIMATIC SMART-Connect auch mit Analog-Eingabemodulen in Mischkonfiguration feinmodular von Anfang an.

ET 200B: klein und kompakt mit geringer Einbautiefe

ET 200B ist ein kleines kompaktes Peripheriegerät in der Schutzart IP 20, bevorzugt dort eingesetzt, wo wenig Ein-/Ausgänge benötigt werden und eine geringe Einbautiefe zur Verfügung steht. Die maximale Übertragungsrate am PROFIBUS beträgt 12 MBit/s. ET 200B ist bestückbar mit Digital-/Analog-Ein-/Ausgabeblöcken.

ET 200M: modular für S7-300-Baugruppen

ET 200M ist ein modulares Peripheriegerät zur Aufnahme von bis zu 8 S7-300-Baugruppen in der Schutzart IP 20 mit einer maximalen Übertragungsrate von 12 MBit/s. In Verbindung mit einem S7-400-DP-Master ist ein Aufbau mit aktiven Busmodulen möglich, der das Wechseln von Baugruppen während des laufenden Betriebs erlaubt. ET 200M kann auch an einem redundanten PROFIBUS-Subnetz betrieben werden.

ET 200S: modular und innovativ

ET 200S ist ein modulares Peripheriegerät mit Digital-/Analog-Ein-/Ausgaben, Technologiemodulen, Verbraucherabzweigen und Powermodulen in der Schutzart IP 20 mit einer maximalen Übertragungsrate von 12 MBit/s. Die Module können im laufenden Betrieb ausgetauscht werden.

ET 200X: maschinennahe Dezentralisierung, auch mit Vorverarbeitung

ET 200X ist ein modulares Peripheriegerät in der Schutzart IP 65/IP 67. Es ist besonders für den maschinennahen, schranklosen Einsatz geeignet. Die Kopplung zum PROFIBUS mit einer maximalen Übertragungsrate von 12 MBit/s übernimmt ein Basismodul, das in zwei Ausführungen erhältlich ist: mit integrierten Digital-Ein-/Ausgängen oder mit SPS-Funktionalität. An das Basismodul können bis zu 7 der folgenden Erweiterungsmodule angeschlossen werden:

▷ Digital-Ein-/Ausgabemodul

▷ Analog-Ein/Ausgabemodul

▷ Anschlußmodul an AS-Interface als AS-Interface-Master

▷ Pneumatic-Modul mit integriertem 4/2-Wegventil

▷ Pneumatic-Interface zur Aufnahme einer CPV-Ventilinsel der Fa. FESTO (max. 1 pro Station)

▷ Verbraucherabzweige, elektromechanische/elektronische Direktstarter oder Wendestarter zur Ansteuerung beliebiger Drehstromverbraucher mit max. 5,5 kW bei AC 400V (max. 6 pro Station).

Beim Aufbau der Erweiterungsmodule werden alle notwendigen Signalleitungen und Hilfsspannungen für Ein- und Ausgänge über die integrierten Steckverbinder durchgeschleift. Ein Austausch einzelner Module ohne Auseinanderbauen der Station ist möglich.

ET 200X als modularer DP-Slave

Ist eine ET 200X-Station mit einem Basismodul BM 141 bzw. BM 142 bestückt, verhält sie sich wie ein modularer DP-Slave: alle Erweiterungsmodule werden vom DP-Master als „Baugruppen" mit parametrierbaren Adressen angesprochen. Zusätzlich sind im Basismodul BM 141 acht Digitaleingänge DC 24V und im Basismodul BM 142 vier Digitalausgänge DC 24V, 2A integriert.

ET 200X als intelligenter DP-Slave

Mit dem Basismodul BM 147/CPU kann eine ET 200X-Station als intelligenter DP-Slave betrieben werden. Die Adressen der Erweiterungsmodule sind dann durch deren Steckplatz bestimmt und nur von der Slave-CPU, in diesem Fall vom BM 147/CPU, direkt ansprechbar. Der Übergabebereich zum DP-Master beträgt 32 Byte Eingänge und 32 Byte Ausgänge mit einstellbarer Struktur und Datenkonsistenz.

Durch die SPS-Funktionalität kann ein Basismodul BM 147/CPU die Signale in der ET 200X-Station vor Ort vorverarbeiten bzw. die Station eigenständig steuern und dadurch die zentrale SIMATIC-Station entlasten. Das Basismodul wird mit den Programmiersprachen von STEP 7 Basis programmiert; der Funktionsumfang ist eine Untermenge von S7-300 (ohne Funktionsbausteine und Instanz-Datenbausteine, ohne Gleitpunktarithmetik).

Die Größe des integrierten Ladespeichers beträgt 12 kByte RAM/Flash EPROM; eine Memory Card ist nicht vorhanden. Die Programmierung und Projektierung des BM 147/CPU erfolgt über den PROFIBUS, z.B. von einem Programmiergerät an der Master-Station.

2.18 Die SIMATIC-Programmiergeräte

Mit den SIMATIC-Programmiergeräten kann das Automatisierungssystem SIMATIC in allen Funktionen konfiguriert, projektiert und programmiert werden. Darüber hinaus sind die Programmiergeräte vollwertige, industrietaugliche PCs. Die Programmiergeräte werden laufend an die fortschreitende PC-Technologie angepaßt; die folgende Beschreibung bezieht sich auf den Stand 1999.

Alle Programmiergeräte enthalten ein Windows 95-Betriebssystem mit den fünfsprachigen Softwarepaketen STEP 7, STEP 7 Micro/Win32 und STEP 5/ST-Basispaket vorinstalliert. Mit jedem Programmiergerät können SIMATIC Memory Cards programmiert werden. Zusätzlich zu den üblichen PC-Schnittstellen haben die Programmiergeräte eine MPI/DP-Schnittstelle zum Anschluß an die MPI-Schnittstelle der CPU bzw. zum Anschluß an ein PROFIBUS-Subnetz. Ein MPI-Kabel mit 5 m Länge liegt bei.

Das **Programmiergerät PG 720P** ist ein tragbarer, AT-kompatibler PC mit Abmessungen im Notebook-Format. Durch den eingebauten Akku ist es vom Netz unabhängig und dadurch besonders für Wartungs- und Service-Einsätze geeignet. Ein externes Netzteil sorgt für die Spannungsversorgung im Büro. Erweiterungsmöglichkeit: 2 PCMCIA-Steckplätze Typ II oder 1 PCMCIA-Steckplatz Typ III.

Das **Programmiergerät PG 740PII** ist ein tragbarer, AT-kompatibler PC mit folgenden Erweiterungsmöglichkeiten: 1 PCI/ISA- und 1 ISA-Steckplatz (170 mm lang), 1 PCMCIA-Steckplatz Typ II.

Das **Programmiergerät PG760PII** ist ein Tischgerät (Tower-Gehäuse) fürs Büro mit folgenden Erweiterungsmöglichkeiten: 2 lange PCI-Steckplätze, 3 lange und 3 kurze ISA-Steckplätze, frontseitig freie Einbauplätze entweder für ein 3,5"- und ein 5,25"-Laufwerk oder zwei 3,5"-Laufwerke und intern für ein 3,5"-Laufwerk.

Tabelle 2.3 Technische Daten der SIMATIC-Programmiergeräte

	PG 720P	**PG 740PII**	**PG 760PII**
CPU	MMX-Microprozessor 233 MHz	Intel Pentium II 266 MHz 512 kByte Second-Level-Cache	Intel Pentium II 333 MHz 512 kByte Second-Level-Cache
Hauptspeicher	32 MByte bis 128 MByte ausbaubar	64 MByte bis 384 MByte ausbaubar	64 MByte bis 384 MByte ausbaubar
Festplatte	3,2 GByte	5,2 GByte	5,2 GByte
Diskettenlaufwerk	3,5" mit 1,44 MByte	3,5" mit 1,44 MByte	3,5" mit 1,44 MByte
CD-ROM	20-fach speed	20-fach speed	24-fach speed
Anzeige	schwenkbares, hinterleuchtetes 26,7 cm (10,4")-Dual-Scan-Farbdisplay	schwenkbares, hinterleuchtetes 34 cm (13,3")-TFT-Farbdisplay	Monitor mit Grafikanschaltung Matrox Mystique 220 Business
Auflösung	800 × 600 Pixel mit 256 Farben	1024 × 768 Pixel mit 64k Farben	1600 × 1200 Pixel mit 64 k Farben, 80 Hz oder 1280 × 1024 Pixel mit 16,7 Mio Farben, 80 Hz
Tastatur	abnehmbar mit Trackball	abnehmbar mit Trackball MF2-kompatibel	MF2-kompatibel

3 STEP 7: Standard Tool für SIMATIC

STEP 7 ist das Standardwerkzeug für SIMATIC. STEP 7 läuft unter den Betriebssystemen Microsoft Windows 95/98 und Microsoft Windows NT.

STEP 7

STEP 7 ist die Vollversion für die Automatisierungssysteme SIMATIC S7-300/400, SIMATIC M7-300/400 und SIMATIC C7. Der *SIMATIC Manager* als zentrales Werkzeug verwaltet alle anfallenden Automatisierungsdaten und alle zur Bearbeitung dieser Daten benötigten Werkzeuge. Mit STEP 7 konfigurieren Sie die Hardware der SIMATIC-Controller, stellen die Baugruppenadressen und -parameter ein und projektieren die Netzverbindungen. Nicht zuletzt stellt STEP 7 die Programmiersprachen Kontaktplan (KOP), Funktionsplan (FUP) und Anweisungsliste (AWL) zur Verfügung, mit denen Sie das Anwenderprogramm für den Controller schreiben.

STEP 7 Mini

STEP 7 Mini ist eine kostengünstige Alternative für einfache Stand-alone-Anwendungen mit SIMATIC S7-300 und SIMATIC C7. Mit STEP 7 Mini konfigurieren Sie die Hardware für SIMATIC S7-300 und SIMATIC C7 einschließlich der dezentralen Peripherie. Die Programmiersprachen Kontaktplan (KOP), Funktionsplan (FUP) und Anweisungsliste (AWL) werden in vollem Umfang unterstützt. Mit STEP 7 Mini erstellte Anwenderprogramme können unter STEP 7 Basis weiterbearbeitet werden. Von STEP 7 Mini nicht unterstützt werden Optionspakete und die Kommunikation zu anderen SIMATIC-Stationen.

STEP 7 Micro

STEP 7 Micro ist die Programmiersoftware für SIMATIC S7-200. Mit STEP 7 Micro erstellen Sie das Anwenderprogramm optimiert für die Bearbeitung durch eine S7-200-CPU in Form einer Anweisungsliste oder grafisch in Kontaktplandarstellung. Das Anwenderprogramm besteht aus einem einzigen Baustein, der Unterprogramme enthalten kann. Der Funktionsumfang von S7-200 enthält unter anderem Binäroperationen, Zeit- und Zählfunktionen, 16- und 32-Bit-Festpunktarithmetik, Gleitpunktarithmetik, Vergleichsfunktionen, Zahlenkonvertierungen, PID-Regelung, Tabellenbearbeitung, Datentransfer. Mit STEP 7 Micro wird auch das Textdisplay TD 200 projektiert.

STEP 7 Micro gibt es in zwei Ausführungen. STEP 7 Micro/DOS benötigt als Betriebssystem MS-DOS ab Version 5.0 und kann auch auf PCs mit geringerer Leistungsfähigkeit eingesetzt werden. STEP 7 Micro/DOS läuft auch in einem DOS-Fenster unter Windows 3.1/3.11 oder Windows 95/98. STEP 7 Micro/Win ist für die Windows-Betriebssysteme von Microsoft ausgelegt. Es existiert eine 16-Bit-Version, die auch unter Windows 3.1/3.11 ablauffähig ist, und eine 32-Bit-Version, die in STEP 7 Basis integriert werden kann.

3.1 Datenhaltung im SIMATIC-Automatisierungssystem

Um eine Steuerungsaufgabe zu lösen, steht Ihnen mit dem Softwarepaket STEP 7 ein mächtiges Werkzeug zur Verfügung. Mit STEP 7 programmieren Sie nicht nur Ihr Anwenderprogramm, d.h. die Programmanweisungen und -funktionen, die später die Steuerung ausführen soll, sondern Sie erstellen und bearbeiten alle Automatisierungsdaten, also auch z.B. die Konfigurationsdaten für den Hardware-Aufbau, die Parametrierdaten der Baugruppen und die Verbindungsdaten für die Kommunikation.

Diese Automatisierungsdaten liegen im Automatisierungssystem an verschiedenen Speicherplätzen. Da ist zuerst einmal das Programmiergerät, allgemein „Erstellsystem“ oder „Engineering System“ genannt (es kann ja auch ein Standard-PC sein, auf dem STEP 7 läuft). Auf dessen Festplatte werden in einem „Projektbehälter“ sämtliche Automatisierungsdaten gespeichert. Der Projektbehälter ist eine Softwarestruktur, die Sie nicht zu Gesicht bekommen, es sei denn, Sie sehen sich das Projektverzeichnis mit dem Windows-Explorer an. Die Daten im Projektbehälter bearbeiten Sie mit dem *SIMATIC Manager*, der Bedienoberfläche von STEP 7. Der SIMATIC Manager zeigt Ihnen die Automatisierungsdaten in Windows-üblichen Fenstern an.

Die Automatisierungsdaten auf der Festplatte nennt man auch die *Offline-Daten*. Wenn STEP 7 die Automatisierungsdaten entsprechend aufbereitet („übersetzt“) hat, können sie in ein angeschlossenes Automatisierungsgerät geladen werden. Im Normalfall nimmt die CPU, der zentrale Steuerungsprozessor, die Daten auf und verteilt sie bei Bedarf an andere Baugruppen. Die in den Anwenderspeicher der CPU geladenen Daten sind die *Online-Daten*. Offline- und Online-Daten müssen für eine problemlose Projektierung immer aufeinander abgestimmt sein.

Betrachten wir anhand eines Anwenderprogrammteils, eines „Bausteins“, welchen Weg er durch die Datenhaltungen nimmt (Bild 3.1). Der SIMATIC Manager zeigt uns im Offline-Fenster die Bausteine in der Offline-Datenhaltung, also auf der Festplatte. Wir können nun einen neuen Baustein einfügen und programmieren. Mit dem Starten des Programmeditors wird der Baustein in den Hauptspeicher des Programmiergeräts übertragen, wo er sich während des Editierens befindet. Erst mit dem Menüpunkt DATEI → SPEICHERN wird er auf der Festplatte gesichert. Das Programmieren des Bausteins kann „offline“ erfolgen, d.h. ohne angeschlossenes Automatisierungssystem.

Nachdem wir den Baustein fertiggestellt haben, soll er in die CPU des Automatisierungsgeräts – allgemein ins „Zielsystem“ – übertragen werden, wo wir ihn testen wollen. Die Übertragung kann auf zwei Arten geschehen: Wir verbinden die MPI-Schnittstelle des Programmiergeräts und die der CPU und sind nun „online“ an der CPU. Dann übertragen wir mit dem SIMATIC Manager den Baustein in den Anwenderspeicher der CPU. Der zweite Weg bietet sich dann an, wenn der Baustein, respektive das gesamte Programm, bereits getestet ist und nun „endgültig“ in den CPU-Speicher geschrieben werden soll: Wir übertragen das Programm auf eine FEPROM Memory Card und stecken anschließend die Memory Card in die CPU. Das Programmiergerät braucht hierfür nicht online geschaltet zu werden.

Bei angeschlossener CPU sehen wir im Online-Fenster des SIMATIC Managers den Inhalt des CPU-Anwenderspeichers. Wir können nun auch einen Baustein aus diesem CPU-Anwenderspeicher online bearbeiten. Der Programmeditor oder der SIMATIC Manager überträgt den ausgewählten Baustein in den Hauptspeicher des Programmiergeräts, wo er von uns geändert werden kann. Mit dem Menüpunkt ZIELSYSTEM → LADEN schreiben wir den geänderten Baustein wieder zurück zur CPU, ohne daß er in die Datenhaltung im Programmiergerät aufgenommen worden ist.

Dieses Vorgehen ist nur dann zu empfehlen, wenn wir bewußt den Baustein nicht offline speichern wollen, z.B. weil er nur als Testhilfe programmiert worden ist. Generell gilt, daß die Offline-Datenhaltung auf der Festplatte und die Online-Datenhaltung in der CPU nicht auseinanderlaufen dürfen. Denn einerseits werden zum Bearbeiten der Online-Daten auch die im Projektbehälter gespeicherten Daten (z.B. Symbolik, Kommentare) verwendet, andererseits wollen wir ja, daß nach dem Programmtesten sämtliche Automatisierungsdaten in sich widerspruchsfrei und vollständig sind.

Empfehlung: Sind wir „online" an der CPU, schreiben wir jeden Baustein, den wir gerade mit dem Programmeditor bearbeiten, sowohl auf die Festplatte als auch zur CPU. Das ist unabhängig davon, ob es sich um einen „Offline-Baustein" oder um einen „Online-Baustein" handelt.

Sinngemäß genauso werden auch die anderen Automatisierungsdaten gehandhabt.

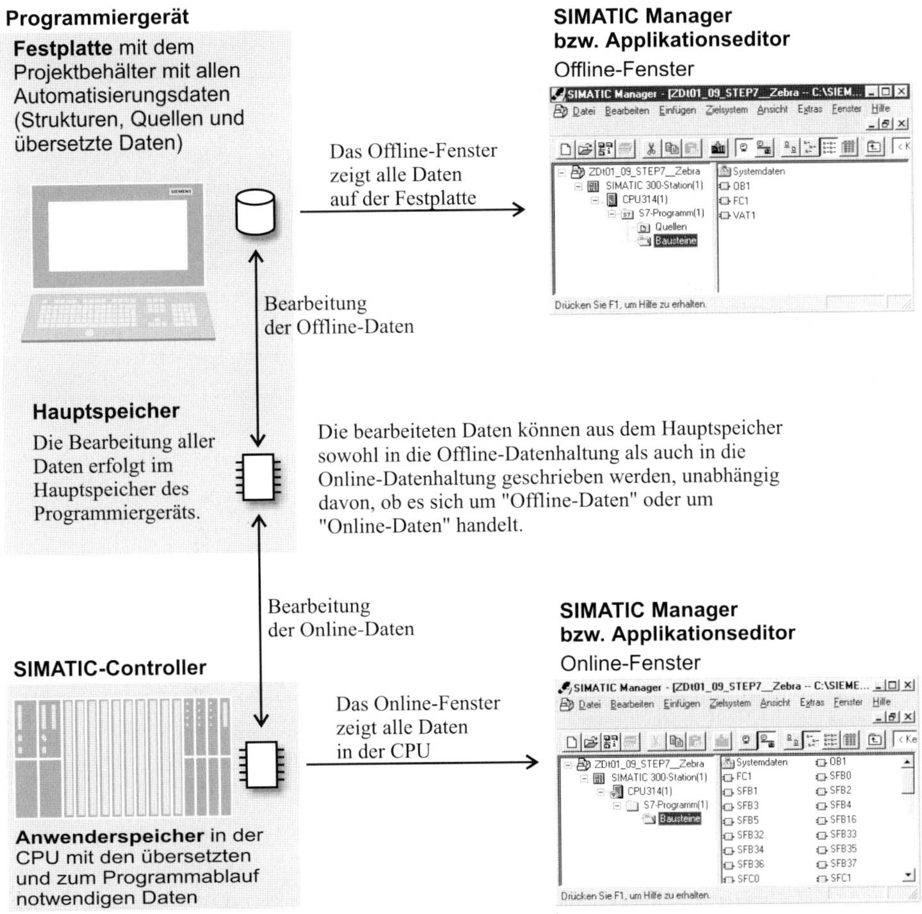

Bild 3.1 Datenhaltung im SIMATIC-Automatisierungssystem

3.2 STEP 7 Basis

STEP 7 Basis ist das zentrale Automatisierungswerkzeug für SIMATIC. Es enthält die Applikationen zum Konfigurieren der Hardware, zum Projektieren der Netzverbindungen und zum Erstellen des Anwenderprogramms. Die Verwaltung geschieht in Form eines „Projekts" mit einer gemeinsamen Datenhaltung. Mit mehreren Optionspaketen kann die Funktionalität von STEP 7 erweitert werden.

STEP 7 wird fünfsprachig (deutsch, englisch, französisch, italienisch und spanisch) ausgeliefert. Für eine Sprache benötigen Sie ca. 150 MByte auf der Festplatte. Zusätzlich ist eine Auslagerungsdatei erforderlich, deren Größe etwa 128 MByte abzüglich Hauptspeicherausbau beträgt. Für Ihre Anwenderdaten sollten Sie ca. 50 MByte reservieren, für jedes weitere Optionspaket ca. 10 bis 20 MByte. Bei bestimmten Operationen, z.B. beim Kopieren eines Projekts, kann sich der benötigte Speicherplatz erhöhen.

STEP 7 ist eine 32-Bit-Applikation, die als Betriebssystem Microsoft Windows 95/98 bzw. Microsoft Windows NT voraussetzt. STEP 7 V5 ist „multiuserfähig", d.h. Sie können von mehreren Arbeitsplätzen ein Projekt, das z.B. auf einem zentralen Server liegt, gleichzeitig bearbeiten. Die Einstellungen hierzu nehmen Sie in der Windows Systemsteuerung mit dem Programm „SIMATIC Arbeitsplatz" vor.

Autorisierung

Zum Betreiben von STEP 7 benötigen Sie eine Autorisierung (Nutzungsberechtigung). Diese wird auf einer Diskette mitgeliefert. Nach der Installation von STEP 7 werden Sie zur Autorisierung aufgefordert, falls sich noch keine Autorisierung auf der Festplatte befindet. Sie können die Autorisierung auch zu einem späteren Zeitpunkt nachholen.

Geht Ihnen die Autorisierung z.B. durch einen Festplattendefekt verloren, können Sie auf die zeitlich begrenzte Notautorisierung zurückgreifen, bis Sie eine neue Autorisierung beschafft haben. Die Notautorisierung befindet sich ebenfalls auf der mitgelieferten Autorisierungsdiskette.

Online-Hilfe

Die Online-Hilfe des SIMATIC Managers liefert Ihnen während der Programmiersitzung Informationen, ohne daß Sie in Handbüchern nachschlagen müssen. Die Hilfethemen wählen Sie über das Menü HILFE aus. Die Online-Hilfe gibt z.B. unter ERSTE SCHRITTE einen knappen Überblick über das Arbeiten mit dem SIMATIC Manager.

HILFE → HILFETHEMEN startet aus jeder Applikation heraus die zentrale Hilfe zu STEP 7, die das gesamte Basiswissen enthält. HILFE → HILFE ZUM KONTEXT F1 bietet eine kontextabhängige Hilfe, d.h. Sie erhalten Informationen über ein mit der Maus markiertes Objekt oder über die aktuelle Fehlermeldung, wenn Sie die F1-Taste betätigen.

In der Symbolleiste befindet sich eine Schaltfläche mit einem Pfeil und einem Fragezeichen. Wenn Sie auf diese Schaltfläche klicken, erhält der Mauszeiger zusätzlich ein Fragezeichen. Mit diesem „Hilfe"-Mauszeiger können Sie nun ein Objekt auf dem Bildschirm, z.B. ein Symbol oder einen Menübefehl, anklicken und erhalten dann die dazugehörende Online-Hilfe.

3.3 SIMATIC Manager

Der SIMATIC Manager ist das zentrale Werkzeug in STEP 7; nach der Installation finden Sie sein Symbol auf dem Windows-Desktop. Ein Doppelklick auf das Symbol startet den SIMATIC Manager. Der Start über die Taskleiste ist alternativ:
START → SIMATIC → SIMATIC MANAGER

Unter dem SIMATIC Manager arbeiten Sie mit den Objekten in der STEP 7-Welt. Diese „logischen" Objekte entsprechen „realen" Objekten Ihrer Anlage. Ein *Projekt* enthält die gesamte Anlage, eine *Station* entspricht einem Automatisierungssystem. Ein Projekt kann mehrere Stationen enthalten, die z.B. durch ein MPI-Subnetz miteinander verbunden sind. In einer Station steckt eine *CPU*, die ein *Programm* enthält, in unserem Fall ein S7-Programm. Dieses Programm ist wiederum „Behälter" für weitere Objekte, wie z.B. das Objekt *Bausteine*, das u.a. die übersetzten Bausteine enthält.

Der Einstieg in die Programmierung geschieht über das Öffnen oder Neuanlegen eines Projekts. Zum Kennenlernen sind die mitgelieferten Beispielprojekte geeignet. Wenn Sie mit DATEI → ÖFFNEN ein mitgeliefertes Projekt öffnen, sehen Sie das zweigeteilte Projektfenster: Links befindet sich die Struktur des geöffneten Objekts (die Objekt-Hierarchie), rechts der Inhalt des markierten Objekts. Ein Mausklick auf das Kästchen mit dem Pluszeichen im linken Fenster öffnet weitere Ebenen der Struktur; das Markieren eines Objekts im linken Fenster zeigt dessen Inhalt im rechten Fenster an. Das Öffnen von Objekten auf der untersten Hierarchieebene, z.B. ein Doppelklick auf das Symbol OB1, startet das zum Objekt gehörende Werkzeug, im Beispiel den Programmeditor.

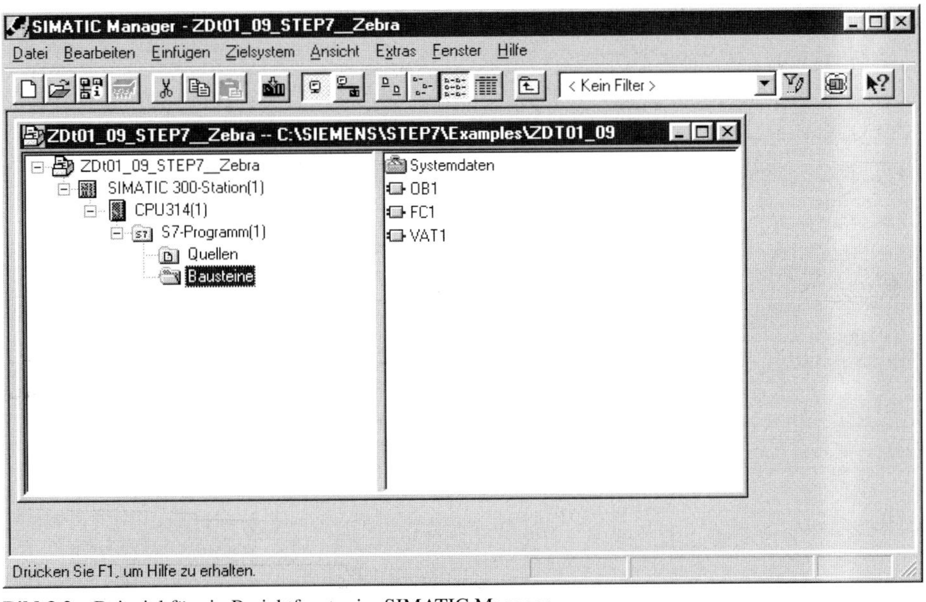

Bild 3.2 Beispiel für ein Projektfenster im SIMATIC Manager

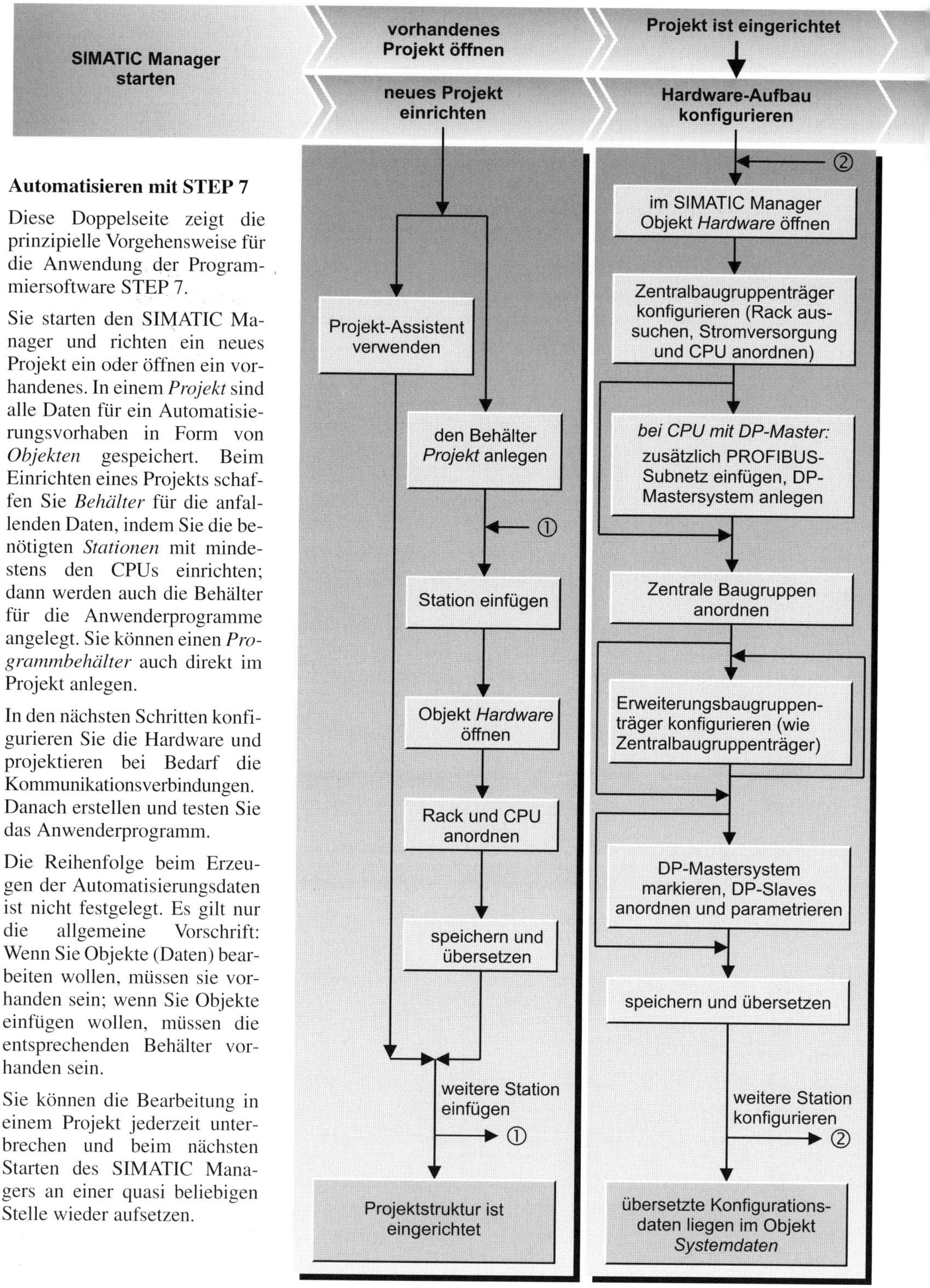

Automatisieren mit STEP 7

Diese Doppelseite zeigt die prinzipielle Vorgehensweise für die Anwendung der Programmiersoftware STEP 7.

Sie starten den SIMATIC Manager und richten ein neues Projekt ein oder öffnen ein vorhandenes. In einem *Projekt* sind alle Daten für ein Automatisierungsvorhaben in Form von *Objekten* gespeichert. Beim Einrichten eines Projekts schaffen Sie *Behälter* für die anfallenden Daten, indem Sie die benötigten *Stationen* mit mindestens den CPUs einrichten; dann werden auch die Behälter für die Anwenderprogramme angelegt. Sie können einen *Programmbehälter* auch direkt im Projekt anlegen.

In den nächsten Schritten konfigurieren Sie die Hardware und projektieren bei Bedarf die Kommunikationsverbindungen. Danach erstellen und testen Sie das Anwenderprogramm.

Die Reihenfolge beim Erzeugen der Automatisierungsdaten ist nicht festgelegt. Es gilt nur die allgemeine Vorschrift: Wenn Sie Objekte (Daten) bearbeiten wollen, müssen sie vorhanden sein; wenn Sie Objekte einfügen wollen, müssen die entsprechenden Behälter vorhanden sein.

Sie können die Bearbeitung in einem Projekt jederzeit unterbrechen und beim nächsten Starten des SIMATIC Managers an einer quasi beliebigen Stelle wieder aufsetzen.

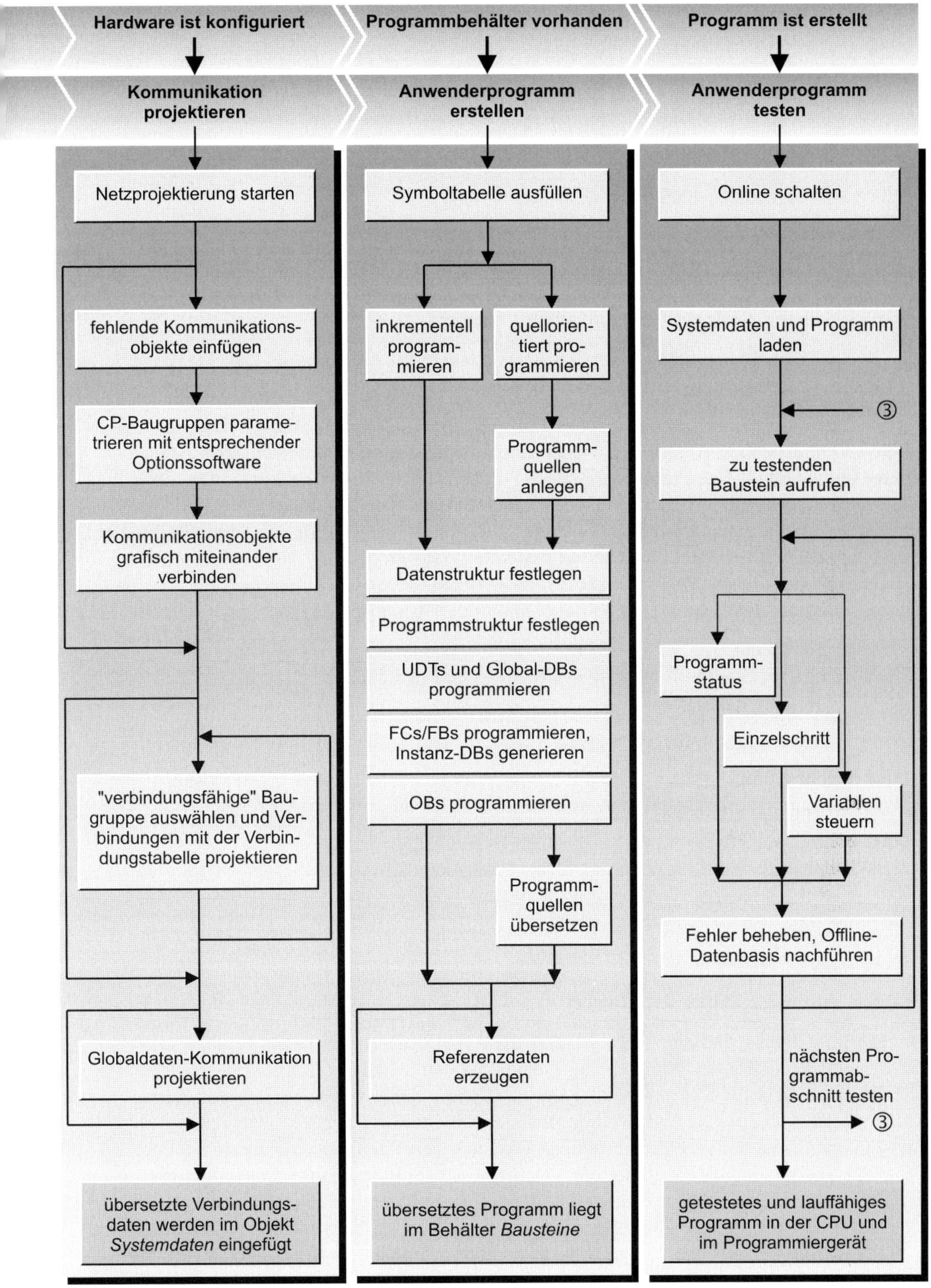
Hardware ist konfiguriert
Programmbehälter vorhanden
Programm ist erstellt
Kommunikation projektieren
Anwenderprogramm erstellen
Anwenderprogramm testen
Netzprojektierung starten
fehlende Kommunikationsobjekte einfügen
CP-Baugruppen parametrieren mit entsprechender Optionssoftware
Kommunikationsobjekte grafisch miteinander verbinden
"verbindungsfähige" Baugruppe auswählen und Verbindungen mit der Verbindungstabelle projektieren
Globaldaten-Kommunikation projektieren
übersetzte Verbindungsdaten werden im Objekt Systemdaten eingefügt
Symboltabelle ausfüllen
inkrementell programmieren
quellorientiert programmieren
Programmquellen anlegen
Datenstruktur festlegen
Programmstruktur festlegen
UDTs und Global-DBs programmieren
FCs/FBs programmieren, Instanz-DBs generieren
OBs programmieren
Programmquellen übersetzen
Referenzdaten erzeugen
übersetztes Programm liegt im Behälter Bausteine
Online schalten
Systemdaten und Programm laden
③
zu testenden Baustein aufrufen
Programmstatus
Einzelschritt
Variablen steuern
Fehler beheben, Offline-Datenbasis nachführen
nächsten Programmabschnitt testen
③
getestetes und lauffähiges Programm in der CPU und im Programmiergerät

3.4 Projekte und Bibliotheken

An der Spitze der Objekthierarchie bei STEP 7 stehen als „Hauptobjekte" das Projekt und die Bibliothek.

Projekte dienen zur geordneten Ablage aller Daten und Programme, die beim Lösen einer Automatisierungsaufgabe anfallen. Dies sind im wesentlichen

▷ die Konfigurationsdaten über den Hardware-Aufbau,

▷ die Parametrierdaten für die Baugruppen,

▷ die Projektierungsdaten für die Kommunikation über Netze,

▷ die Programme (Code und Daten, Symbolik, Quellen).

Die Objekte in einem Projekt sind hierarchisch gegliedert. Das Öffnen eines Projekts ist der Einstieg in die Bearbeitung aller in ihm enthaltenen (darunter liegenden) Objekte. Die Beschreibung auf den nächsten Seiten zeigt Ihnen die Bearbeitung dieser Objekte.

Bibliotheken dienen zur Ablage von wiederverwendbaren Programmkomponenten. Bibliotheken sind ebenfalls hierarchisch gegliedert: Sie können S7-Programme enthalten, diese wiederum ein Anwenderprogramm (einen Behälter für übersetzte Bausteine), einen Behälter für Quellprogramme und eine Symboltabelle. Mit Ausnahme von Online-Verbindungen (keine Testmöglichkeit) steht Ihnen bei der Erstellung eines Programms oder Programmteils in einer Bibliothek die gleiche Funktionalität zur Verfügung wie in einem Projekt. STEP 7 enthält im Lieferumfang die Bibliothek *Standard Library*, die u.a. folgende Programme enthält:

▷ Organization Blocks;
Vorlagen für die Startinformation in den temporären Lokaldaten,

▷ System Function Blocks;
Aufrufschnittstellen für die Systemfunktionen SFC und Systemfunktionsbausteine SFB,

▷ IEC Function Blocks;
Funktionen FC für die Bearbeitung von DT- und STRING-Variablen,

▷ PID Control Blocks;
Funktionsbausteine FB für kontinuierlichen Regler und Schrittregler,

▷ Communication Blocks;
Funktionen FC für die SEND/RECEIVE-Schnittstelle.

Projekte sind hierarchisch strukturiert

Die STEP 7-Objekte sind durch eine Baumstruktur miteinander verbunden. Bild 3.3 zeigt die wesentlichen Teile der Baumstruktur (sozusagen den „Hauptast"), wenn Sie mit dem STEP 7-Basispaket für S7-Anwendungen in der Offline-Ansicht arbeiten. Die fett dargestellten Objekte sind Behälter für weitere Objekte. Alle im Bild enthaltenen Objekte stehen Ihnen in der Offline-Ansicht zur Verfügung. Das sind diejenigen Objekte, die sich auf der Festplatte des Programmiergeräts befinden. Befindet sich ihr Programmiergerät online an einer CPU (allgemein: an einem Zielsystem), können Sie mit dem Menübefehl ANSICHT → ONLINE zur Online-Ansicht umschalten. Dann sehen Sie in einem weiteren Projektfenster die Objekte, die sich auf dem Zielgerät befinden; die im Bild unterstrichenen Objekte sind dann nicht mehr dabei.

Objekt	Bezeichnung	Beschreibung
Projekt	**Behälter für alle Daten eines Automatisierungssystems**	
– MPI, PTP, PROFIBUS, Industrial Ethernet	Subnetz	enthält die Einstellungen der Netzparameter eines Subnetzes (Funktionsumfang der Basissoftware)
– **SIMATIC-Station**	**Behälter für alle Daten der SIMATIC 300/400-Station**	
– – Hardware	Konfigurationstabelle	enthält die Konfigurationsdaten der Station und die Parameter der Baugruppen
– – **CPU xxx**	**Behälter für die Verbindungstabelle und das Anwenderprogramm**	
– – – Verbindungen	Verbindungstabelle	enthält die Definition der Kommunikationsverbindungen zwischen Teilnehmern in einem Netz
– – – **S7-Programm**	**Behälter für alle Daten des Anwenderprogramms**	
– – – – Symbole	Symboltabelle	enthält die Zuordnungen von Symbolen (= Namen) zu den Absolutadressen von Globaldaten
– – – – **Quellen**	**Behälter für die Programmquellen**	
– – – – – Quellen	Quellprogramme	enthalten die Quellen für das Anwenderprogramm (z.B. für AWL- und SCL-Programme)
– – – – **Bausteine**	**Behälter für die übersetzten Programm- und Konfigurationsdaten**	
	Anwenderprogramm:	
– – – – – OB n	Organisationsbausteine	enthalten den übersetzten Code und die Daten
– – – – – FB n	Funktionsbausteine	
– – – – – FC n	Funktionen	
– – – – – DB n	Datenbausteine	
– – – – – UDT n	Datentypen	enthalten die Definitionen der anwenderdefinierten Datentypen
– – – – – SFC n	Systemfunktionen	enthalten die Aufrufschnittstelle für die in der CPU integrierten Systembausteine
– – – – – SFB n	Systemfunktionsbausteine	
– – – – – System-daten	Systemdatenbausteine	enthalten die übersetzten Daten der Konfigurationstabelle
– – – – – VAT n	Variablentabellen	enthalten eine Zusammenstellung von Variablen, die beobachtet und gesteuert werden sollen
– **S7-Programm**	**keiner Hardware zugeordnetes S7-Programm**	
		mit der gleichen Struktur wie ein S7-Programm, das einer Hardware zugeordnet ist

(Die unterstrichenen Objekte sind nur in der Offline-Datenhaltung vorhanden.)

Bild 3.3 Objekthierarchie in einem STEP 7-Projekt

3.5 Projekt bearbeiten

Wenn Sie ein Projekt neu einrichten, schaffen Sie „Behälter" für die anfallenden Daten, anschließend erzeugen Sie die Daten und füllen damit diese Behälter. Im Normalfall legen Sie ein Projekt mit der entsprechenden Hardware an, konfigurieren die Hardware – mindestens jedoch die CPU – und erhalten dann Behälter für das Anwenderprogramm. Sie können aber auch ein S7-Programm ohne Hardware direkt im Projektbehälter anordnen. Beachten Sie, daß das Parametrieren von Baugruppen, wie z.B. Adressenänderungen, CPU-Einstellungen oder Verbindungsprojektierung, nur mit der Hardware-Konfiguration möglich ist.

Es wird dringend empfohlen, die gesamte Projektbearbeitung über den SIMATIC Manager abzuwickeln. Das Anlegen, Kopieren oder Löschen von Ordnern oder Dateien sowie das Ändern von Namen (!) mit dem Windows-Explorer innerhalb der Ordnerstruktur eines Projekts kann die einwandfreie Bearbeitung durch den SIMATIC Manager beeinträchtigen.

Projekt anlegen oder erweitern

Der STEP 7 Assistent hilft Ihnen, ein neues Projekt anzulegen. Sie bestimmen die verwendete CPU; der Assistent legt ein Projekt mit einer S7-Station und der gewählten CPU, sowie einen S7-Programm-Behälter, einen Quellen-Behälter und einen Bausteine-Behälter mit den ausgewählten Organisationsbausteinen an. Möchten Sie „manuell" ein Projekt anlegen oder ein Projekt erweitern, beschreibt Ihnen dieser Abschnitt in Stichworten die erforderlichen Tätigkeiten.

1 Ein Projekt öffnen oder ein neues Projekt erzeugen
Den SIMATIC Manager starten und ein vorhandenes Projekt mit DATEI → ÖFFNEN öffnen oder ein neues Projekt mit DATEI → NEU anlegen.

2 Eine neue Station in das Projekt einfügen
Im Fenster des SIMATIC Managers das Projekt markieren und mit dem Menüpunkt EINFÜGEN → STATION → ... den Behälter für eine neue Station einfügen.

Enthält das Projekt mehrere Stationen, bei dieser Gelegenheit auch die Behälter für die weiteren Stationen einfügen sowie die Objekte für Subnetze.

3 Eine Station konfigurieren
Die geöffnete Station zeigt im rechten Fenster das Objekt *Hardware*, dieses öffnen. Es startet die Hardware-Konfiguration und zeigt ein leeres Stationsfenster sowie den Hardware-Katalog. Aus dem Hardware-Katalog nun den Baugruppenträger und mindestens die CPU in das Stationsfenster ziehen (das genügt zum Anlegen eines Anwenderprogramms, genaueres siehe „Station konfigurieren"). Station übersetzen, speichern und schließen; zurück zum SIMATIC Manager.

Die geöffnete Station zeigt nun zusätzlich zum Objekt *Hardware* die CPU an. Mit der CPU legt der SIMATIC Manager gleichzeitig das Symbol *Verbindungen* und ein S7-Programm mit Symboltabelle, Quellen- und Bausteinebehälter an. Nun ist die Projektstruktur für eine Station komplett eingerichtet.

4 Die Inhalte des S7-Programms ansehen
CPU mit Klick auf das Plus-Kästchen öffnen, ebenso die Behälter *S7-Programm* und *Bausteine* öffnen; der SIMATIC Manager zeigt im rechten Fenster die Symbole für die übersetzten Konfigurationsdaten (*Systemdaten*) und einen leeren Organisationsbaustein für das Hauptprogramm (OB 1).

5 Die Objekte des Anwenderprogramms bearbeiten
Wir sind nun auf der untersten Stufe der Objekt-Hierarchie angekommen. Das erste Öffnen des OB 1 bringt das Fenster mit den Objekteigenschaften und öffnet dann den Programmeditor zum Bearbeiten des Programms im Organisationsbaustein.

Jedes Öffnen eines Objekts startet gleichzeitig das dazugehörende Werkzeug. Öffnen Sie beispielsweise ein Subnetz oder *Verbindungen*, startet die Netzprojektierung; öffnen Sie *Hardware*, startet die Hardware-Konfiguration; öffnen Sie *Symbole*, startet der Symboleditor und mit dem Öffnen eines Codebausteins startet der Programmeditor.

Projekt ohne S7-Station anlegen

Sie haben die Möglichkeit, ein Programm zu erstellen, ohne vorher eine Station konfiguriert zu haben. Hierzu müssen Sie den Behälter für das Anwenderprogramm selbst anlegen. Sie markieren das Projekt und erzeugen mit EINFÜGEN → PROGRAMM → S7-PROGRAMM ein S7-Programm. Der SIMATIC Manager erstellt unter *S7-Programm* das Objekt *Symbole* und die Objektbehälter *Quellen* und *Bausteine*. *Bausteine* enthält einen leeren OB 1.

Bibliothek anlegen

Sie können ein Programm auch unter einer Bibliothek anlegen, wenn Sie es z.B. mehrfach wiederverwenden wollen. So haben Sie immer das Standard-Programm zur Verfügung und können es ganz oder teilweise in Ihr aktuelles Programm kopieren. Beachten Sie, daß Sie in einer Bibliothek keine Online-Verbindungen aufbauen können; ein Programm können Sie also nur innerhalb eines Projekts testen.

Projekte verwalten, reorganisieren und archivieren

Projekte und Bibliotheken verwaltet der SIMATIC Manager in Projektlisten bzw. Bibliothekslisten. Mit DATEI → VERWALTEN zeigt Ihnen der SIMATIC Manager alle ihm bekannten Projekte mit Name und Ablagepfad. Sie können nun Projekte, die Sie nicht mehr anzeigen lassen wollen, aus der Liste löschen („Verbergen") oder neue Projekte in die Projektliste aufnehmen („Anzeigen"). In gleicher Weise verwalten Sie Bibliotheken.

Beim Ausführen von DATEI → REORGANISIEREN... beseitigt der SIMATIC Manager die durch Löschen von Objekten entstandenen Lücken und optimiert – ähnlich wie ein Defragmentierungsprogramm – die Datenablage auf der Festplatte. Das Reorganisieren kann, je nach Datenbewegungen, längere Zeit dauern.

Ein Projekt oder eine Bibliothek können Sie mit DATEI → ARCHIVIEREN... auch archivieren. Hierbei legt der SIMATIC Manager in einer Archivdatei das ausgewählte Objekt (das Projekt- bzw. Bibliotheksverzeichnis mit allen darunterliegenden Verzeichnissen und Dateien) komprimiert ab. Beim Archivieren darf das Projekt bzw. die Bibliothek nicht mehr in Bearbeitung sein; alle Fenster sind zu schließen.

Im archivierten (komprimierten) Zustand sind Projekte und Bibliotheken nicht bearbeitbar. Mit DATEI → DEARCHIVIEREN entpacken Sie ein archiviertes Objekt und können es dann wieder bearbeiten. Die dearchivierten Objekte werden automatisch in die Projekt- bzw. Bibliotheksverwaltung aufgenommen.

3.6 SIMATIC-Station konfigurieren

Mit der Hardware-Konfiguration planen Sie den Hardware-Aufbau Ihres Automatisierungssystems. Das Konfigurieren geschieht offline ohne Verbindung zur CPU. Mit diesem Werkzeug können Sie auch die Baugruppen adressieren und parametrieren. Sie können die Hardware-Konfiguration im Planungsstadium erstellen oder erst dann, wenn die Hardware bereits aufgebaut ist.

Sie beginnen die Hardware-Konfiguration bei markierter Station mit BEARBEITEN → OBJEKT ÖFFNEN oder durch einen Doppelklick auf das Objekt *Hardware* im geöffneten Behälter *SIMATIC 300/400-STATION*. Die Grundeinstellungen der Hardware-Konfiguration nehmen Sie mit EXTRAS → EINSTELLUNGEN vor. Nach dem Projektieren zeigt Ihnen STATION → KONSISTENZ PRÜFEN an, ob die Eingaben fehlerfrei sind. STATION → SPEICHERN legt die Konfigurationstabellen mit sämtlichen Parametrierdaten in Ihrem Projekt auf der Festplatte ab. Mit STATION → SPEICHERN UND ÜBERSETZEN werden gleichzeitig mit dem Speichern die Konfigurationstabellen übersetzt und die übersetzten Daten in das Objekt *Systemdaten* im Offline-Behälter *Bausteine* abgelegt. Nach dem Übersetzen können Sie die Konfigurationsdaten mit ZIELSYSTEM → LADEN IN BAUGRUPPE zu einer angeschlossenen CPU übertragen. Das Objekt *Systemdaten* im Online-Behälter *Bausteine* repräsentiert die aktuellen Konfigurationsdaten auf der CPU. Diese können Sie mit ZIELSYSTEM → LADEN IN PG auf die Festplatte „zurückholen".

Die Daten der Hardware-Konfiguration exportieren Sie mit STATION → EXPORTIEREN. STEP 7 legt daraufhin eine Datei im ASCII-Format an, die die Konfigurations- und Parametrierdaten der Baugruppen enthält.

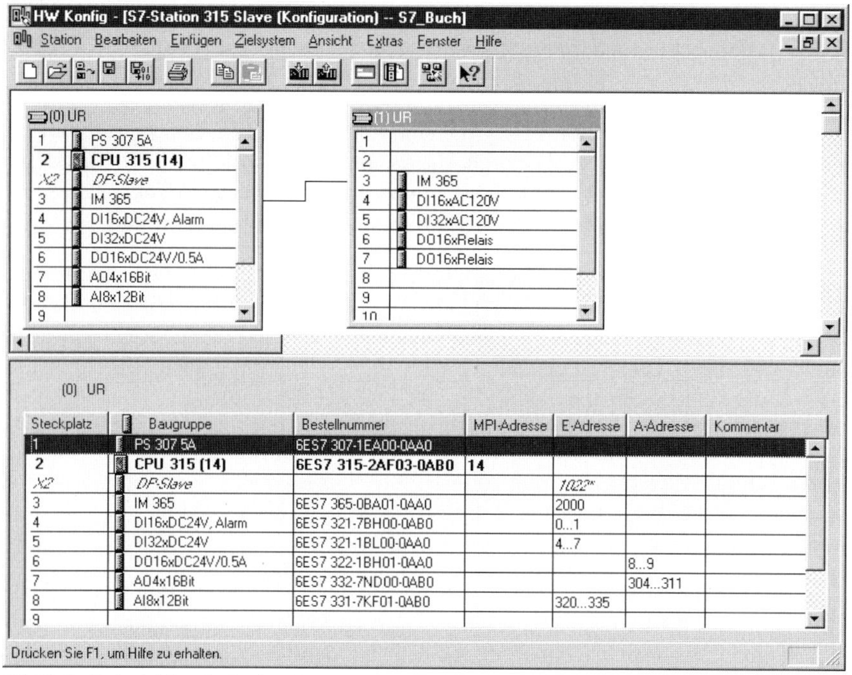

Bild 3.4 Beispiel für ein Stationsfenster der Hardware-Konfiguration

Hardware konfigurieren im Stationsfenster

Die Hardware-Konfiguration zeigt nach dem Öffnen das Stationsfenster und den Hardware-Katalog. Zur besseren Bearbeitung vergrößern oder maximieren Sie das Stationsfenster. Es zeigt im oberen Teil die Baugruppenträger in Form von Tabellen und die DP-Stationen im Form von Symbolen.

Bei mehreren Baugruppenträgern sehen Sie hier die Verbindung zwischen den Anschaltungsbaugruppen und bei der Verwendung von PROFIBUS den Aufbau des DP-Mastersystems. Bei sehr umfangreichen Projekten mit vielen Baugruppenträgern können Sie mit ANSICHT → BAUGRUPPENTRÄGER ANORDNEN die aktuelle Ansicht automatisch von der Hardware-Konfiguration ordnen lassen.

Der untere Teil des Stationsfensters zeigt in Form der Konfigurationstabelle die Detailsicht auf den im oberen Teil markierten Baugruppenträger bzw. DP-Slave.

Detailsicht in der Konfigurationstabelle

Die Hardware-Konfiguration arbeitet mit Tabellen, die je einen Baugruppenträger, eine Baugruppe oder eine DP-Station darstellen. Eine Konfigurationstabelle zeigt die Steckplätze mit den darin angeordneten Baugruppen bzw. die Eigenschaften der Baugruppe, wie z.B. die Adressen und die Bestellnummer. Ein Doppelklick auf eine Baugruppenzeile in der Konfigurationstabelle öffnet das Eigenschaftsfenster der Baugruppe und gestattet die Parametrierung der Baugruppe.

Alle Baugruppen im Hardware-Katalog

Den Hardware-Katalog können Sie mit ANSICHT → KATALOG ein- und ausblenden. Er enthält alle verfügbaren Baugruppenträger, Baugruppen und Schnittstellenmodule, die STEP 7 kennt. Mit EXTRAS → KATALOGPROFILE BEARBEITEN können Sie sich einen eigenen Hardware-Katalog zusammenstellen, der – in selbstgewählter Struktur – nur die Baugruppen anzeigt, mit denen Sie arbeiten wollen.

Mit einem Doppelklick auf die Titelleiste können Sie den Hardware-Katalog am rechten Rand des Stationsfensters „andocken", um zu vermeiden, daß Inhalte des Stationsfensters durch ihn verdeckt werden. Ein Doppelklick auf die Titelleiste löst wieder das angedockte Katalogfenster.

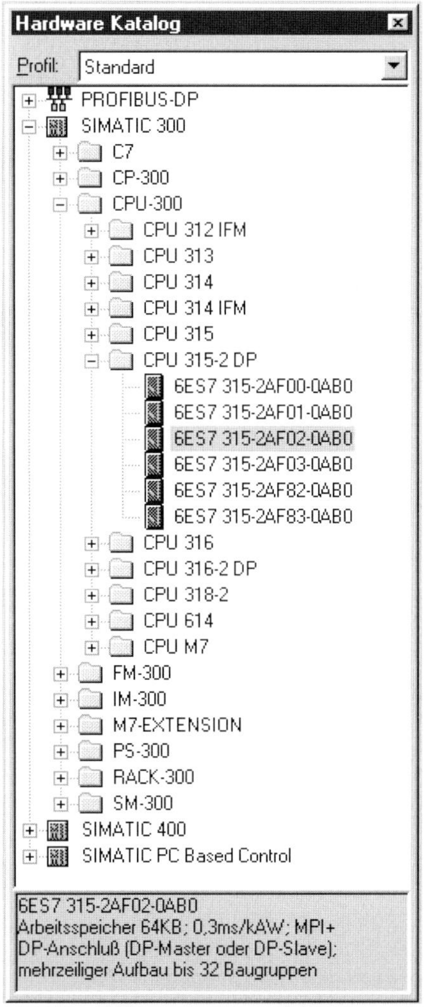

Bild 3.5 Geöffneter Hardware-Katalog

3.7 Baugruppen anordnen und parametrieren

Baugruppen anordnen

Sie beginnen mit dem Anordnen der Baugruppen, indem Sie aus dem Hardware-Katalog z.B. unter „SIMATIC 300“ und „RACK-300“ die Profilschiene mit der Maus markieren und „festhalten“, in den oberen Teil des Stationsfensters ziehen und an einer beliebigen Stelle „loslassen“ (drag & drop). Sie erhalten die leere Konfigurationstabelle für den Zentralbaugruppenträger. Nun die gewünschten Baugruppen dem Hardware-Katalog entnehmen und in der gleichen Weise auf die vorgesehenen Steckplätze ziehen. Ein Symbol für ein Halteverbot zeigt an, daß Sie die gerade ausgesuchte Baugruppe nicht auf den angewählten Steckplatz ziehen können. Sie erzeugen die Konfigurationstabelle für einen weiteren Baugruppenträger, indem Sie den aus dem Katalog ausgewählten Baugruppenträger in das Stationsfenster ziehen.

Baugruppen parametrieren

Mit dem Parametrieren einer Baugruppe legen Sie deren Eigenschaften fest. Das Parametrieren ist nur dann erforderlich, wenn Sie die voreingestellten Parameter verändern wollen. Voraussetzung für das Parametrieren ist die Anordnung der Baugruppe in einer Konfigurationstabelle. Doppelklicken Sie in der Konfigurationstabelle auf die Baugruppe oder wählen Sie bei markierter Baugruppe den Menübefehl BEARBEITEN → OBJEKTEIGENSCHAFTEN. Es erscheint ein Dialogfeld mit baugruppenspezifischen Registerkarten, die die einstellbaren Parameter zeigen. Wenn Sie auf diese Weise eine CPU parametrieren, stellen Sie damit die Ablaufeigenschaften Ihres Anwenderprogramms ein.

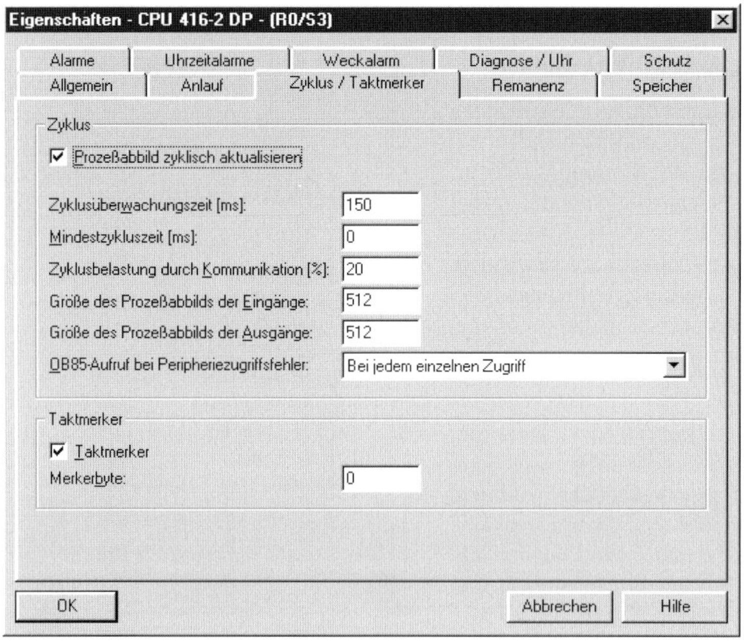

Bild 3.6 Baugruppen parametrieren, Beispiel für eine CPU

3.8 Baugruppen adressieren

Beim Anordnen der Baugruppen vergibt die Hardware-Konfiguration automatisch eine Baugruppenanfangsadresse. Diese Adresse sehen Sie in der Konfigurationstabelle im unteren Teil des Stationsfensters oder in den Objekteigenschaften der betreffenden Baugruppe. Bei S7-400-CPUs und bei den S7-300-CPUs mit integrierter DP-Schnittstelle können Sie die Baugruppenanfangsadressen ändern. Die Adressenbereiche der Baugruppen dürfen sich nicht überlappen.

Es gibt Baugruppen, die sowohl Eingänge als auch Ausgänge haben, die Sie (theoretisch) mit verschiedenen Anfangsadressen belegen können. Beachten Sie jedoch die entsprechenden Hinweise in den Gerätehandbüchern: Die meisten Funktions- und Kommunikationsbaugruppen fordern die gleiche Anfangsadresse für Ein- und Ausgänge.

Bei der Vergabe der Baugruppenanfangsadresse können Sie bei S7-400 auch die Zuordnung zu einem Teilprozeßabbild treffen. Steckt im Zentralbaugruppenträger mehr als eine CPU, ist automatisch der Mehrprozessorbetrieb eingestellt und Sie müssen die Baugruppe einer CPU zuordnen. Mit ANSICHT → ADREẞÜBERSICHT erhalten Sie ein Fenster mit allen verwendeten Baugruppenadressen für die markierte CPU.

Baugruppen am MPI-Bus bzw. K-Bus haben eine MPI-Adresse. Auch diese Adresse können Sie ändern. Beachten Sie, daß sich mit dem Übertragen der Konfigurationsdaten zur angeschlossenen CPU die Änderungen, die die CPU direkt betreffen wie z.B. die eigene MPI-Adresse, sofort auswirken.

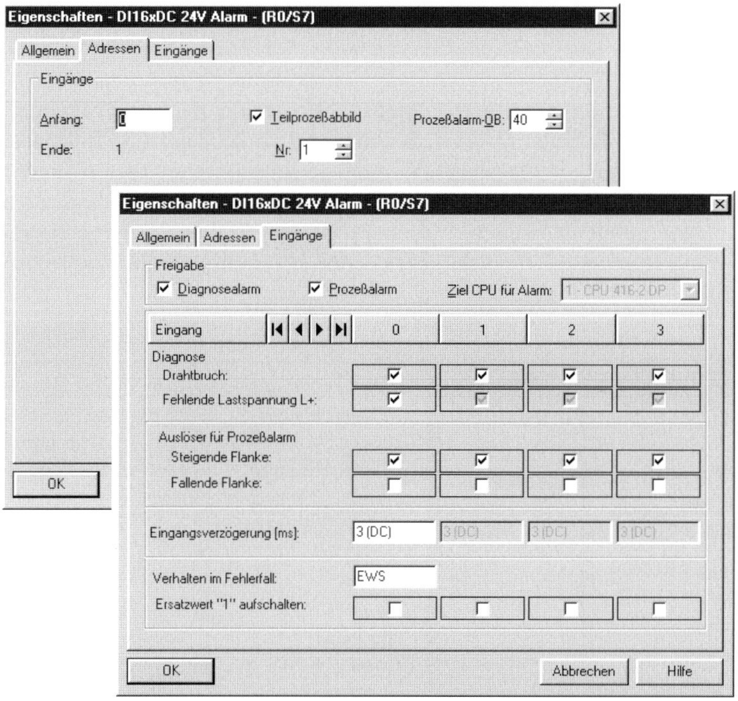

Bild 3.7
Baugruppen parametrieren, am Beispiel einer Digitaleingabebaugruppe mit Prozeßalarm

3.9 Anwenderprogramm erstellen

Vorgehen bei der Erstellung des Anwenderprogramms

Nach der Aufteilung der Automatisierungsaufgabe in kleinere Einheiten bis hinunter zur Bausteingröße können Sie daran gehen, das Programm einzugeben. Sie können wählen zwischen der inkrementellen und der quellorientierten Programmierung. Doch zuerst sind die globalen Symbole zu definieren.

Im Programm werden die Signalzustände oder die Werte von Operanden verarbeitet. Ein Operand ist z.B. der Eingang E 1.0 (*absolute Adressierung*). Mit Hilfe der **Symboltabelle** unter dem Objekt *Symbole* können Sie einem Operanden ein Symbol (einen alphanumerischen Namen, z.B. „Motor einschalten") zuordnen und ihn dann mit diesem Symbol ansprechen (*symbolische Adressierung*). In den Eigenschaften des Offline-Objektbehälters *Bausteine* stellen Sie ein, ob bei einer Änderung in der Symboltabelle für die bereits übersetzten Bausteine beim nächsten Speichern die Absolutadresse oder das Symbol maßgeblich sein soll (*Operandenvorrang*).

Schon beim Anordnen der Signalbaugruppen mit der Hardware-Konfiguration können Sie mit dem Menüpunkt BEARBEITEN → SYMBOLE ... jedem Digitalein-/ausgang und jedem Analogein-/ausgang einen Namen geben, mit dem Sie ihn im Anwenderprogramm ansprechen wollen. Die in der Hardware-Konfiguration vergebenen Symbole werden automatisch in die Symboltabelle übernommen.

Bei der **inkrementellen** Programmerstellung geben Sie das Programm direkt bausteinweise ein. Die Eingaben werden sofort auf richtige Schreibweise (Syntax) überprüft. Gleichzeitig mit dem Speichern des Bausteins wird er übersetzt und im Behälter *Bausteine* abgelegt. Mit der inkrementellen Programmierung können Sie auch Bausteine online in der CPU editieren, sogar während des laufenden Betriebs. Die inkrementelle Programmerstellung ist bei allen Basissprachen möglich.

Bei der **quellorientierten** Programmerstellung schreiben Sie eine oder mehrere Programmquellen und legen diese in den Behälter *Quellen* ab. Programmquellen sind ASCII-Textdateien, die die Programmanweisungen für einen oder mehrere Bausteine, evtl. sogar für das gesamte Programm enthalten. Diese Quellen übersetzen Sie und erhalten die übersetzten Bausteine im Behälter *Bausteine*. Die quellorientierte Programmerstellung wenden Sie bei AWL an; Sie können mit KOP und FUP zwar nicht quellorientiert programmieren, jedoch Ihre mit KOP oder FUP erstellten Programme als Quelle speichern.

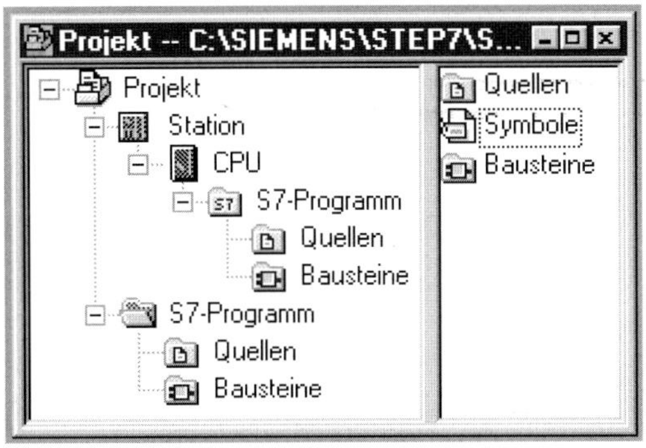

Das Anwenderprogramm wird unter dem Objekt *S7-Programm* erstellt. Diesen Objektbehälter können Sie in der Projekt-Hierarchie einer CPU zuordnen oder CPU-unabhängig erstellen. Der Behälter *S7-Programm* enthält das Objekt *Symbole* und die Behälter *Quellen* und *Bausteine*.

Bild 3.8
Anordnung der Anwenderprogramme innerhalb der Projektstruktur

3.10 Symboleditor

Im Steuerungsprogramm arbeiten Sie mit Operanden, das sind z.B. Eingänge, Ausgänge, Zeiten, Bausteine. Diese Operanden können Sie absolut adressieren (z.B. E 1.0) oder symbolisch adressieren (z.B. Startsignal). Die symbolische Adressierung verwendet Namen statt der Absolutadresse. Sie können Ihr Programm leichter lesbar gestalten, wenn Sie aussagekräftige Namen verwenden.

Bei der symbolischen Adressierung wird unterschieden zwischen *lokalen* Symbolen und *globalen* Symbolen. Ein lokales Symbol ist nur in dem Baustein bekannt, in dem es definiert worden ist. Sie können gleiche lokale Symbole in verschiedenen Bausteinen für unterschiedliche Zwecke verwenden. Ein globales Symbol ist im gesamten Anwenderprogramm bekannt und hat in allen Bausteinen die gleiche Bedeutung. Globale Symbole definieren Sie in der Symboltabelle (Objekt *Symbole* im Behälter *S7-Programm*).

Ein globales Symbol beginnt mit einem Buchstaben und kann bis zu 24 Zeichen lang sein. Ein globales Symbol kann auch Leerzeichen, Sonderzeichen und länderspezifische Zeichen wie z.B. Umlaute enthalten. Ausgenommen sind die Zeichen 00_{hex}, FF_{hex} und das Anführungszeichen ("). Symbole mit Sonderzeichen müssen Sie beim Programmieren in Anführungszeichen setzen. Im übersetzten Baustein zeigt der Programmeditor alle globalen Symbole in Anführungszeichen an. Der Symbolkommentar kann bis zu 80 Zeichen lang sein.

Beim Anlegen eines S7-Programms legt der SIMATIC Manager auch eine leere Symboltabelle *Symbole* an. Diese öffnen Sie und können nun die globalen Symbole festlegen und Absolutadressen zuordnen. In einem S7-Programm kann es immer nur eine einzige Symboltabelle geben. Zur Festlegung eines Symbols gehört auch der Datentyp. Er definiert bestimmte Eigenschaften der sich hinter dem Symbol verbergenden Daten, im wesentlichen die Darstellung des Dateninhalts. Beispielsweise bezeichnet der Datentyp BOOL eine Binärvariable und der Datentyp INT eine Digitalvariable, deren Inhalt eine 16-bit-Ganzzahl darstellt.

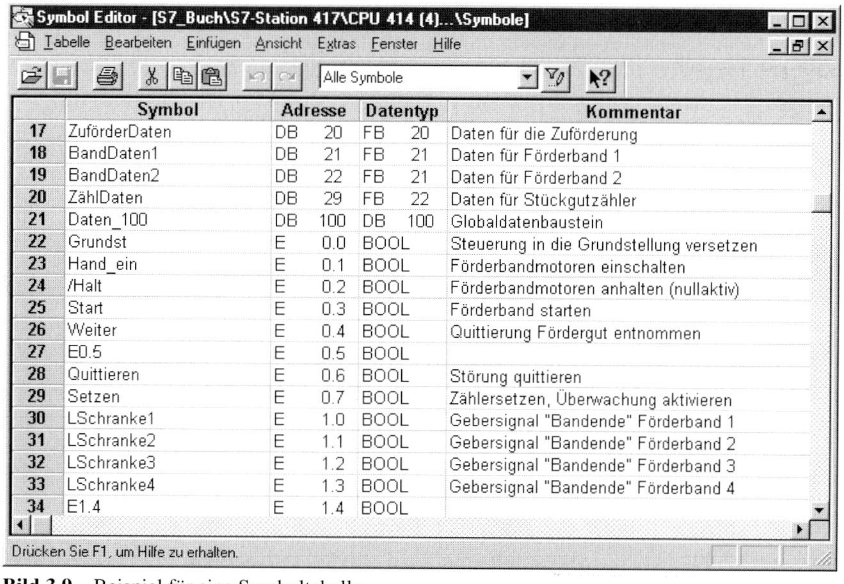

	Symbol	Adresse		Datentyp		Kommentar
17	ZuförderDaten	DB	20	FB	20	Daten für die Zuförderung
18	BandDaten1	DB	21	FB	21	Daten für Förderband 1
19	BandDaten2	DB	22	FB	21	Daten für Förderband 2
20	ZählDaten	DB	29	FB	22	Daten für Stückgutzähler
21	Daten_100	DB	100	DB	100	Globaldatenbaustein
22	Grundst	E	0.0	BOOL		Steuerung in die Grundstellung versetzen
23	Hand_ein	E	0.1	BOOL		Förderbandmotoren einschalten
24	/Halt	E	0.2	BOOL		Förderbandmotoren anhalten (nullaktiv)
25	Start	E	0.3	BOOL		Förderband starten
26	Weiter	E	0.4	BOOL		Quittierung Fördergut entnommen
27	E0.5	E	0.5	BOOL		
28	Quittieren	E	0.6	BOOL		Störung quittieren
29	Setzen	E	0.7	BOOL		Zählersetzen, Überwachung aktivieren
30	LSchranke1	E	1.0	BOOL		Gebersignal "Bandende" Förderband 1
31	LSchranke2	E	1.1	BOOL		Gebersignal "Bandende" Förderband 2
32	LSchranke3	E	1.2	BOOL		Gebersignal "Bandende" Förderband 3
33	LSchranke4	E	1.3	BOOL		Gebersignal "Bandende" Förderband 4
34	E1.4	E	1.4	BOOL		

Bild 3.9 Beispiel für eine Symboltabelle

3.11 Programmeditor

Der Programmeditor des SIMATIC Managers stellt Ihnen die Programmiersprachen Kontaktplan (KOP), Funktionsplan (FUP) und Anweisungsliste (AWL) zur Verfügung. Sie erstellen das Anwenderprogramm Baustein für Baustein und können für jeden Baustein die Programmiersprache frei wählen. Bei der „inkrementellen" Programmierung werden die Eingaben sofort geprüft und übersetzt, so daß nur fehlerfreie Bausteine gespeichert werden können. Bei der quellorientierten Programmierung für AWL schreiben Sie mit dem Programmeditor das Programm als „normalen" Text im ASCII-Format und erzeugen mit dem im Programmeditor enthaltenen Übersetzer (Compiler) einen ablauffähigen Programmcode.

Programmeditor starten

Ein Doppelklick auf einen Baustein im Behälter *Bausteine* startet den Programmeditor, so daß Sie sofort den geöffneten Baustein editieren können. Ebenso verfahren Sie mit einer Quelldatei im Behälter *Quellen*. Im Programmeditor können Sie weitere Bausteine und Quellen zur Bearbeitung öffnen. Der Start des Programmeditors ist auch über die Windows-Taskleiste möglich mit START → SIMATIC → STEP 7 → KOP, AWL, FUP - S7 BAUSTEINE PROGRAMMIEREN.

Programmiersprache individuell für jeden Baustein

Wo stellt man nun die Programmiersprache ein? Da für jeden Baustein die Programmiersprache frei gewählt werden kann, gehört die Programmiersprache zu den Bausteineigenschaften. Sie gelangen zu den Eigenschaften des gerade geöffneten Bausteins mit BEARBEITEN → OBJEKTEIGENSCHAFTEN und ändern auf der Registerkarte *Allgemein - Teil 1* die Erstellsprache. Sie können die Erstellsprache auch bei bereits programmierten Bausteinen ändern. Wählen Sie KOP oder FUP, wird das Bausteinprogramm – falls es möglich ist – grafisch dargestellt; die Darstellung in AWL ist immer möglich.

Welche Programmiersprache für einen neu erstellten Baustein voreingestellt ist, legen Sie in den Editoreigenschaften fest. Mit EXTRAS → EINSTELLUNGEN auf der Registerkarte „Editor" wählen Sie die Erstellsprache für einen neu erzeugten Baustein. Hier können auch andere Eigenschaften, wie z.B. Vorwahl für Kommentar und Symbolik, eingestellt werden.

Quellen aktualisieren bzw. erzeugen

Die quellorientierte Programmierung ist in den Basissprachen nur für AWL möglich. Doch auch mit KOP oder FUP erstellte Bausteine können als Programmquelle im ASCII-Format gespeichert werden, sogar automatisch beim Eingeben. Wählen Sie in den Editoreigenschaften (EXTRAS → EINSTELLUNGEN) auf der Registerkarte „Quellen" die Option „Quelle automatisch generieren", so wird beim Speichern eines (inkrementell bearbeiteten) Bausteins die Programmquelle nachgeführt bzw. neu angelegt, falls sie noch nicht existiert.

Von bereits übersetzten Bausteinen im Behälter *Bausteine* erzeugen Sie eine Programmquelle mit der Schaltfläche „Ausführen". Programmquellen können „exportiert" werden, d.h. es wird die Quelldatei im ASCII-Format in ein von Ihnen gewähltes Verzeichnis kopiert. Mit „Importieren" holen Sie eine mit einem anderen Texteditor erstellte Programmquelle in das SIMATIC-Projekt.

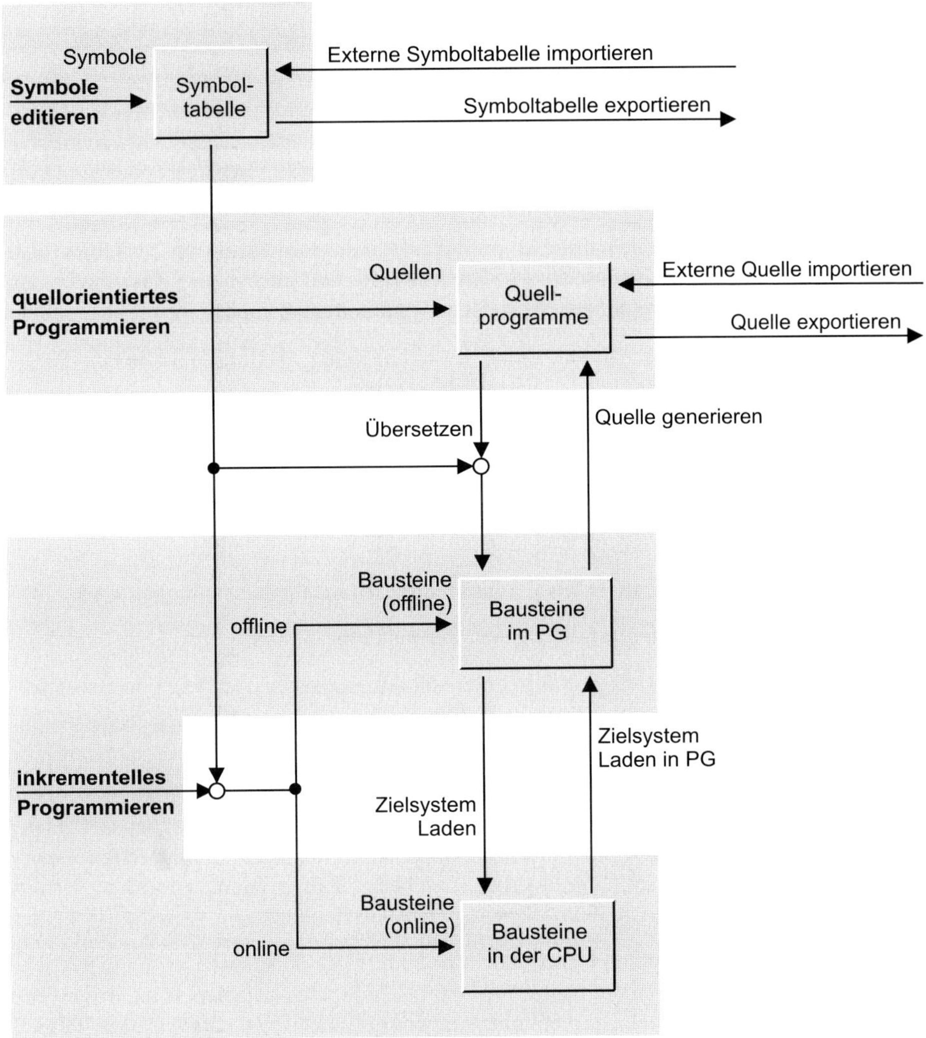

Bild 3.10 Programmerstellung mit dem KOP/FUP/AWL-Editor

Bausteine offline und online editieren

Der Programmeditor bearbeitet jeden Baustein sowohl in der PG-Datenhaltung (offline) als auch im Anwenderspeicher der CPU (online). Ist das Programmiergerät mit einer CPU verbunden und das Anwenderprogramm geladen, sehen sie in der „Online-Sicht" alle Bausteine in der CPU. Das Online-Fenster und das Offline-Fenster unterscheiden sich in der Farbgebung der Titelleiste. Ein Doppelklick auf einen Baustein im Online-Fenster öffnet einen Baustein in der CPU. Zum Bearbeiten wird der Baustein in den Hauptspeicher des Programmiergeräts übertragen. Mit DATEI → SPEICHERN übertragen Sie einen im Programmiergerät befindlichen Baustein auf die Festplatte, mit ZIELSYSTEM → LADEN in die CPU.

Befindet sich die CPU im Betriebszustand RUN, wird der zurückgeschriebene (und aufgerufene) Baustein im nächsten Programmzyklus von der CPU bearbeitet.

3.12 Codebaustein inkrementell programmieren

Baustein erzeugen und öffnen

Sie beginnen die Bausteinprogrammierung mit dem Öffnen eines Bausteins, entweder mit einem Doppelklick auf den Baustein im Projektfenster des SIMATIC Managers oder mit DATEI → ÖFFNEN im Editor. Ist der Baustein noch nicht vorhanden, erzeugen Sie ihn entweder:

- ▷ im SIMATIC Manager: Sie markieren im linken Teil des Projektfensters das Objekt *Bausteine* und erzeugen mit EINFÜGEN → S7-BAUSTEIN → ... einen neuen Baustein (genauer: ein neues Bausteinobjekt, das Sie dann zur Bearbeitung öffnen).
- ▷ oder im Programmeditor: Mit DATEI → NEU erhalten Sie ein Dialogfeld, in dem Sie unter „Objektname" den gewünschten Baustein angeben.

Im aufgeblendeten Dialogfenster legen Sie die Nummer des Bausteins fest; die weiteren Bausteineigenschaften können Sie auch später eingeben. Nach dem Schließen des Eigenschaftsfensters können Sie sofort im Programmfenster mit der Programmeingabe beginnen.

Ein geöffneter Codebaustein zeigt drei Fenster:

- ▷ oben die Variablendeklarationstabelle: hier definieren Sie die bausteinlokalen Variablen,
- ▷ darunter das Programmfenster: hier geben Sie das Programm ein
- ▷ und den Programmelemente-Katalog: er enthält die grafischen Symbole und Bausteine.

Variablendeklarationstabelle für die bausteinlokalen Variablen

In der Variablendeklarationstabelle definieren Sie die bausteinlokalen Variablen. Da sind Variablen, mit denen Sie im Baustein arbeiten: die temporären und die statischen Lokaldaten sowie die Bausteinparameter, unterteilt nach Eingangs-, Ausgangs- und Durchgangsparameter. Nicht jede Variablenart kann in jedem Codebaustein programmiert werden. Verwenden Sie eine Variablenart nicht, bleibt die entsprechende Zeile leer.

Die Deklaration einer Variablen besteht aus dem Namen, dem Datentyp, evtl. einer Vorbelegung und einem Variablenkommentar (optional). Nicht alle Variablen können vorbelegt werden (z.B. ist keine Vorbelegung bei den temporären Lokaldaten möglich). Die Reihenfolge der einzelnen Deklarationen bei Codebausteinen ist festgelegt (wie in Tabelle 3.1 angegeben), die Reihenfolge innerhalb einer Variablenart ist beliebig. Sie können Speicherplatz sparen, indem Sie Binärvariablen zu 8er- oder 16er-Blöcken bündeln und BYTE-Variablen paarweise zusammenfassen. Der Editor legt eine (neue) BOOL- oder eine BYTE-Variable an einer Bytegrenze ab, eine Variable mit einem anderen Datentyp an einer Wortgrenze (beginnend an einem Byte mit einer geraden Adresse).

Tabelle 3.1 Variablenarten im Deklarationsteil

Variablenart	Deklaration	möglich in der Bausteinart		
Eingangsparameter	in	-	FC	FB
Ausgangsparameter	out	-	FC	FB
Durchgangsparameter	in_out	-	FC	FB
statischen Lokaldaten	stat	-	-	FB
temporäre Lokaldaten	temp	OB	FC	FB

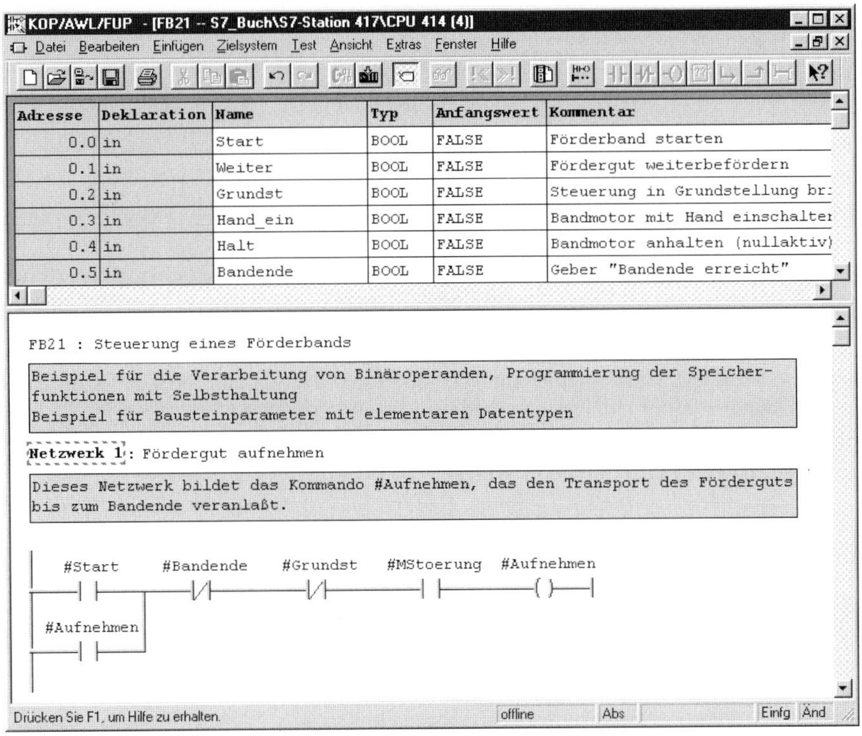

Bild 3.11 Beispiel für das Programmfenster mit einem geöffneten KOP-Baustein

Programmfenster

Im Programmfenster sehen Sie – je nach Voreinstellung des Editors – die Felder für den Bausteintitel und den Bausteinkommentar sowie beim ersten Netzwerk die Felder für den Netzwerktitel, den Netzwerkkommentar und das Feld für die Programmeingabe. Im Programmteil eines Codebausteins steuern Sie mit den Menübefehlen ANSICHT → ANZEIGEN MIT... die Anzeige von Kommentaren und Symbolen. Mit ANSICHT → VERGRÖßERN, ANSICHT → VERKLEINERN und ANSICHT → ZOOMFAKTOR ändern Sie die Größe der Darstellung.

Die Größe der Grafik geben Sie in den Editoreigenschaften vor.

Netzwerke

Ein KOP/FUP-Programm ist in Netzwerke unterteilt, die jeweils einen Strompfad bzw. eine Verknüpfung darstellen. In einem AWL-Programm ist die Unterteilung in Netzwerke freigestellt, auch die Netzwerklänge und der Inhalt sind frei wählbar. Der Editor numeriert die Netzwerke automatisch von 1 beginnend durch. Jedes Netzwerk können Sie mit einem Netzwerktitel und mit einem Netzwerkkommentar versehen. Beim Editieren können Sie mit BEARBEITEN → GEHE ZU → ... jedes Netzwerk direkt anwählen.

Ein neues Netzwerk programmieren Sie mit EINFÜGEN → NETZWERK. Der Editor fügt dann nach dem aktuell markierten Netzwerk ein leeres Netzwerk ein.

Programmeingabe

Zur Eingabe des Programmcodes klicken Sie einmal unterhalb des Netzwerktitels oder, falls Sie „Anzeige mit Kommentaren" eingestellt haben, einmal unterhalb des grau ausgefüllten Rahmens für den Netzwerkkommentar. Es erscheint ein leerer Rahmen, in dem Sie an beliebiger Stelle mit der Programmeingabe beginnen können.

Die Eingabe des Programms richtet sich nach der Programmiersprache. In den grafischen Sprachen KOP und FUP wählen Sie Programmelemente, wie z.B. Kontakte oder Boxen, aus dem Programmelemente-Katalog aus und plazieren Sie im Fenster, entweder in einem Strompfad (KOP) oder an den Ein- oder Ausgang einer Box (FUP). Bei AWL geben Sie das Programm zeilenweise, Anweisung für Anweisung ein.

Einen Baustein brauchen Sie nicht mit einer speziellen Anweisung abschließen; Sie beenden einfach die Bausteineingabe. Sie können jedoch ein letztes (leeres) Netzwerk z.B. mit dem Titel „Bausteinende" programmieren und sehen dann sofort das Ende des Bausteins (was besonders bei sehr langen Bausteinen von Vorteil ist).

Programmieren mit absoluter Adressierung

Die absolute Adressierung spricht Operanden und Bausteinparameter mit dem Operandenkennzeichen und der Byte- bzw. Bitadresse an. Stehen im Netzwerk anstelle von Operanden und Parametern drei rote Fragezeichen, müssen Sie diese Zeichenfolge durch gültige Operanden ersetzen. Bei drei schwarzen Punkten ist das Ersetzen freigestellt.

Der Programmeditor prüft bei den KOP-/FUP-Programmelementen, ob die Datentypen der Operanden und Parameter übereinstimmen. Einige dieser Typprüfungen können Sie ausschalten (im Programmeditor mit EXTRAS → EINSTELLUNGEN, Registerkarte „KOP/FUP", Option „Typprüfung von Operanden").

Programmieren mit symbolischer Adressierung

Möchten Sie bei inkrementeller Programmeingabe symbolische Namen für Globaloperanden verwenden, müssen diese in der Symboltabelle bereits einer absoluten Adresse zugeordnet sein. Während der Programmeingabe mit dem Programmeditor können Sie die Bearbeitung der Symboltabelle mit EXTRAS → SYMBOLTABELLE aufrufen, um Symbole zu ändern oder neue Symbole einzutragen.

Sie aktivieren die Anzeige der Symboladresse mit ANSICHT → ANZEIGEN MIT → SYMBOLISCHER DARSTELLUNG. Der Menüpunkt ANSICHT → ANZEIGEN MIT → SYMBOLINFORMATION bewirkt, daß pro Netzwerk in einer Liste für jedes im Netzwerk verwendete Symbol die Zuordnung zur Absolutadresse dargestellt wird.

Während der Symboleingabe können Sie mit EINFÜGEN → SYMBOL (oder rechte Maustaste und SYMBOL EINFÜGEN) eine Liste aller in der Symboltabelle vorhandenen Symbole anzeigen lassen und per Mausklick eines daraus übernehmen. Die Anzeige der Liste geschieht automatisch, wenn Sie ANSICHT → ANZEIGEN MIT → SYMBOLAUSWAHL eingestellt haben.

Ist ein Symbol noch nicht in der Symboltabelle enthalten, können Sie BEARBEITEN → SYMBOL wählen, die Zuordnung zur Absolutadresse treffen und evtl. einen Symbolkommentar vergeben. Mit OK wird dann dieses Symbol neu in die Symboltabelle aufgenommen.

Programmelemente-Katalog

Ist der Programmelemente-Katalog nicht sichtbar, holen Sie ihn mit ANSICHT → KATALOG auf den Bildschirm.

Der Programmelemente-Katalog befindet sich in einem eigenen Fenster, das Sie am rechten Rand des Editorfenster „andocken" und auch wieder lösen können (jeweils Doppelklick auf die Titelleiste des Katalogfensters).

Der Programmelemente-Katalog unterstützt Sie bei der Programmierung in den Sprachen KOP und FUP, indem er die zur Verfügung stehenden grafischen Elemente anbietet. In allen Programmiersprachen zeigt er die Bausteine, die sich bereits im Offline-Behälter Bausteine befinden, sowie die bereits programmierten Multiinstanzen und die verfügbaren Bibliotheken.

Bild 3.12
Programmelemente-Katalog für die Programmiersprache KOP

Netzwerkvorlagen

Genauso wie Sie Bausteine in einer Bibliothek speichern, um sie in anderen Programmen wiederzuverwenden, speichern Sie auch Netzwerkvorlagen, um sie mehrfach z.B. in andere Bausteine zu kopieren. Zum Speichern der Netzwerkvorlagen legen Sie eine Bibliothek an, die mindestens ein S7-Programm und den Behälter *Quellen* enthält.

Sie programmieren die Netzwerke, die Sie als Vorlage verwenden wollen, ganz „normal" in einem (beliebigen) Baustein. Dann ersetzen Sie die Operanden, die sich ändern sollen, durch die Platzhalterzeichen %00 bis %99. Sie können auch den Netzwerktitel und den Netzwerkkommentar auf diese Weise variabel gestalten.

Es können mehrere Netzwerke zu einer Vorlage zusammengefaßt werden.

Bei der Anwendung der Netzwerkvorlagen öffnen Sie im Programmelemente-Katalog die entsprechende Bibliothek und wählen dann die gewünschte Netzwerkvorlage aus (Doppelklick oder Ziehen in das Editorfenster). In einem automatisch aufgeblendeten Dialogfenster ersetzen Sie die Platzhalter durch gültige Eintragungen. Die Netzwerkvorlage wird im Anschluß an das markierte Netzwerk eingefügt.

3.13 Datenbaustein inkrementell programmieren

Datenbaustein erzeugen

Sie beginnen die Bausteinprogrammierung mit dem Öffnen eines Bausteins, entweder mit einem Doppelklick auf den Baustein im Projektfenster des SIMATIC Managers oder mit DATEI → ÖFFNEN im Editor. Ist der Baustein noch nicht vorhanden, erzeugen Sie ihn entweder:

- ▷ im SIMATIC Manager: Sie markieren im linken Teil des Projektfensters das Objekt *Bausteine* und erzeugen mit EINFÜGEN → S7-BAUSTEIN → DATENBAUSTEIN einen neuen Datenbaustein (genauer: ein Bausteinobjekt, da Sie dann zur Bearbeitung öffnen).
- ▷ oder im Programmeditor: Mit DATEI → NEU erhalten Sie ein Dialogfeld, in dem Sie unter „Objektname" den gewünschten Baustein eingeben.

Sie können gleich beim Erzeugen des Bausteins dessen Eigenschaften eintragen oder dies zu einem späteren Zeitpunkt nachholen. Nach dem Schließen des Eigenschaftsfensters können Sie sofort mit der Dateneingabe beginnen.

Arten von Datenbausteinen

Beim erstmaligen Öffnen eines neuen Datenbausteins erhalten Sie das Fenster „Neuer Datenbaustein"; Sie müssen sich nun entscheiden, welchen Typ der Datenbaustein bekommen soll. Durch das Anklicken einer der folgenden Optionen wählen Sie unter den drei Möglichkeiten:

- ▷ „Datenbaustein"
  Anlegen als Global-Datenbaustein; hierbei deklarieren Sie die Datenoperanden bei der Programmierung des Datenbausteins,
- ▷ „Datenbaustein mit zugeordnetem anwenderdefinierten Datentyp"
  Anlegen als Datenbaustein mit anwenderdefiniertem Datentyp; hierbei deklarieren Sie die Datenstruktur als anwenderdefinierten Datentyp UDT bzw.
- ▷ „Datenbaustein mit zugeordnetem Funktionsbaustein"
  Anlegen als Instanz-Datenbaustein; hierbei wird die Datenstruktur übernommen, die Sie beim Programmieren des entsprechenden Funktionsbausteins deklariert haben.

Datenbausteinfenster

Der Programmeditor zeigt den Inhalt eines Datenbausteins in zwei Ansichten:

- ▷ In der *Deklarationssicht* (ANSICHT → DEKLARATIONSSICHT) definieren Sie die Datenoperanden und Sie sehen die Variablen auch so, wie Sie sie definiert haben, z.B. ein Feld oder einen anwenderdefinierten Datentyp als eine einzige Variable.
- ▷ In der *Datensicht* (ANSICHT → DATENSICHT) zeigt der Editor jede Variable und jede Komponente eines Felds oder einer Struktur einzeln an. Nun sehen Sie eine zusätzliche Spalte Aktualwert. Der Aktualwert ist der Wert, den ein Datenoperand im Arbeitsspeicher der CPU hat oder haben wird. Standardmäßig übernimmt der Editor den Anfangswert als Aktualwert.

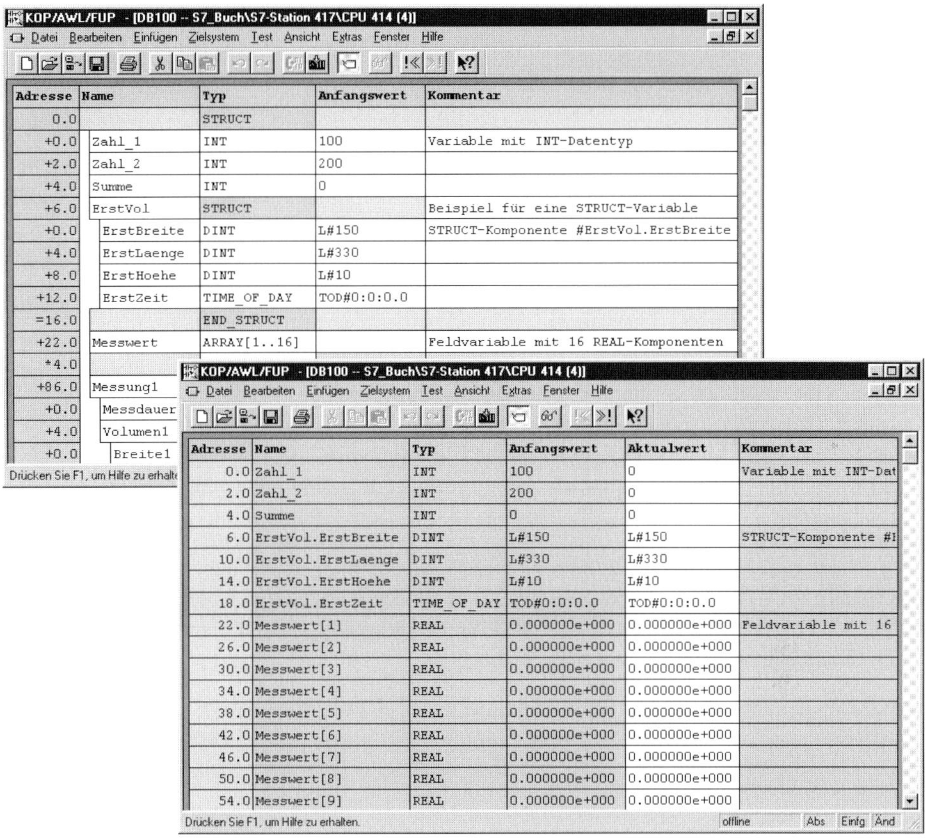

Bild 3.13 Beispiel für einen geöffneten Datenbaustein in der Deklarationssicht und in der Datensicht

Anfangswerte von Datenoperanden

Bei der Programmierung eines Globaldatenbausteins können Sie jeden Datenoperanden mit einem Anfangswert versehen. Standardmäßig sind die Variablen je nach Datentyp mit Null, mit dem kleinsten Wert oder mit Leerzeichen (Blank) vorbelegt. Ein aus einem Funktionsbaustein erzeugter Instanz-Datenbaustein übernimmt als Anfangswerte die Vorbelegung aus dem Deklarationsteil des Funktionsbausteins. Erzeugen Sie einen Datenbaustein aus einem anwenderdefinierten Datentyp UDT, stehen als Anfangswerte im Datenbaustein die Initialisierungswerte (Vorbelegungswerte) aus dem UDT.

Aktualwerte von Datenoperanden

Den Aktualwert können Sie individuell für jeden Datenoperanden ändern. Beispiel: Sie erzeugen sich mehrere Instanzdatenbausteine aus einem Funktionsbaustein, wollen jedoch für jeden Aufruf des Funktionsbausteins (für jedes FB/DB-Paar) eine geringfügig andere Vorbelegung einzelner Instanzdaten haben. Sie können nun jeden Datenbaustein mit ANSICHT → DATENSICHT bearbeiten und in der Spalte Aktualwert die für diesen Datenbaustein gültigen Werte eintragen. Mit BEARBEITEN → DATENBAUSTEIN INITIALISIEREN veranlassen Sie den Editor, alle Aktualwerte wieder durch die Anfangswerte zu ersetzen.

3.14 Bausteine quellorientiert programmieren

Mit der quellorientierten Programmierung bearbeiten Sie eine AWL-Quelle im Objektbehälter *Quellen*. Eine AWL-Quelle ist eine reine ASCII-Textdatei. Sie kann das Quellprogramm für einen oder mehrere Code- oder Datenbausteine bzw. ein ganzes Programm sowie die Definition der anwenderdefinierten Datentypen enthalten.

Im SIMATIC Manager markieren Sie den Behälter *Quellen* und erstellen eine neue Quelldatei mit EINFÜGEN → S7-SOFTWARE → AWL-QUELLE. Diese können Sie z.B. mit einem Doppelklick öffnen und mit dem Programmeditor bearbeiten.

Mit EINFÜGEN → BAUSTEINVORLAGE → ... (im Editor) erleichtern Sie sich die Erstellung neuer Bausteine. Mit EINFÜGEN → OBJEKT → BAUSTEIN fügt der Programmeditor nach der Schreibmarke einen bereits übersetzten Baustein als ASCII-Quelle in die Quelldatei ein.

Sie haben auch die Möglichkeit, unter dem Programmeditor mit DATEI → QUELLE GENERIEREN aus einem oder mehreren übersetzten Bausteinen eine neue AWL-Quelle zu generieren.

Wenn Sie mit einem anderen Texteditor eine AWL-Quelldatei erstellt haben, können Sie diese mit EINFÜGEN → EXTERNE QUELLE unter dem SIMATIC Manager in den Behälter *Quellen* holen. Mit BEARBEITEN → QUELLE EXPORTIEREN kopieren Sie die markierte Quelldatei in einen Ordner (in ein Verzeichnis) Ihrer Wahl.

Bei der quellorientierten Programmierung müssen Sie gewisse Regeln beachten und Schlüsselwörter verwenden, die für den Übersetzer bestimmt sind (siehe Tabellen 3.2 und 3.3).

AWL-Quelle übersetzen

Sie können die Programmquelle während der Bearbeitung zu einem beliebigen Zeitpunkt speichern, auch dann, wenn das Programm noch unvollständig ist. Erst mit dem Übersetzen der Quelldatei erzeugt der Programmeditor ablauffähige Bausteine, die er im Behälter *Bausteine* ablegt. Haben Sie in der AWL-Quelle globale Symbole verwendet, muß bei der Übersetzung auch die ausgefüllte Symboltabelle zur Verfügung stehen.

Mit EXTRAS → EINSTELLUNGEN auf der Registerkarte „Quellen" stellen Sie die Eigenschaften des Übersetzers ein, z.B. ob vorhandene Bausteine überschrieben werden sollen oder ob nur dann Bausteine erzeugt werden sollen, wenn die gesamte Programmquelle fehlerfrei ist. Auf der Registerkarte „Baustein erzeugen" können Sie die automatische Nachführung der Referenzdaten beim Übersetzen eines Bausteins einstellen.

Sie können mit DATEI → KONSISTENZ PRÜFEN die Programmquelle auf syntaktische Richtigkeit prüfen, ohne die Bausteine zu übersetzen.

Sie starten die Übersetzung bei geöffneter Programmquelle mit DATEI → ÜBERSETZEN. Es werden alle fehlerfreien Bausteine, die sich in der Programmquelle befinden, übersetzt. Ein fehlerhafter Baustein wird nicht übersetzt. Treten Warnungen auf, wird der Baustein dennoch übersetzt; der Ablauf in der CPU kann jedoch gestört sein.

Aufgerufene Bausteine müssen bereits als übersetzte Bausteine vorliegen oder in der Programmquelle vor dem Aufruf programmiert sein.

Tabelle 3.2 Schlüsselwörter für die quellorientierte Programmierung von AWL-Codebausteinen

Baustein-typ	Organisationsbaustein	Funktionsbaustein	Funktion
Baustein-art	ORGANIZATION_ BLOCK	FUNCTION_BLOCK	FUNCTION : *Funktions-wert*
Kopf	TITLE = *Bausteintitel* //*Bausteinkommentar* KNOW_HOW_PROTECT NAME : *Bausteinname* FAMILY : *Bausteinfamilie* AUTHOR : *Ersteller* VERSION : *Version*	TITLE = *Bausteintitel* //*Bausteinkommentar* CODE_VERSION1 KNOW_HOW_PROTECT NAME : *Bausteinname* FAMILY : *Bausteinfamilie* AUTHOR : *Ersteller* VERSION : *Version*	TITLE = *Bausteintitel* //*Bausteinkommentar* KNOW_HOW_PROTECT NAME : *Bausteinname* FAMILY : *Bausteinfamilie* AUTHOR : *Ersteller* VERSION : *Version*
Deklara-tion		VAR_INPUT *Eingangsparameter* END_VAR	VAR_INPUT *Eingangsparameter* END_VAR
		VAR_OUTPUT *Ausgangsparameter* END_VAR	VAR_OUTPUT *Ausgangsparameter* END_VAR
		VAR_IN_OUT *Durchgangsparameter* END_VAR	VAR_IN_OUT *Durchgangsparameter* END_VAR
		VAR *statische Lokaldaten* END_VAR	
	VAR_TEMP *temporäre Lokaldaten* END_VAR	VAR_TEMP *temporäre Lokaldaten* END_VAR	VAR_TEMP *temporäre Lokaldaten* END_VAR
Programm	BEGIN NETWORK TITLE = *Netzwerktitel* //*Netzwerkkommentar* ... AWL-Anweisungen //*Zeilenkommentar* NETWORK ... usw.	BEGIN NETWORK TITLE = *Netzwerktitel* //*Netzwerkkommentar* ... AWL-Anweisungen //*Zeilenkommentar* NETWORK ... usw.	BEGIN NETWORK TITLE = *Netzwerktitel* //*Netzwerkkommentar* ... AWL-Anweisungen //*Zeilenkommentar* NETWORK ... usw.
Bausteinende	END_ORGANIZATION_ BLOCK	END_FUNCTION_ BLOCK	END_FUNCTION

Tabelle 3.3 Schlüsselwörter für die quellorientierte Programmierung von Datenbausteinen

Baustein-typ	Global-Datenbaustein	Global-Datenbaustein aus UDT	Instanz-Datenbaustein
Baustein-art	DATA_BLOCK	DATA_BLOCK	DATA_BLOCK
Kopf	TITLE = *Bausteintitel* *//Bausteinkommentar* KNOW_HOW_PROTECT NAME : *Bausteinname* FAMILY : *Bausteinfamilie* AUTHOR : *Ersteller* VERSION : *Version* READ_ONLY UNLINKED	TITLE = *Bausteintitel* *//Bausteinkommentar* KNOW_HOW_PROTECT NAME : *Bausteinname* FAMILY : *Bausteinfamilie* AUTHOR : *Ersteller* VERSION : *Version* READ_ONLY UNLINKED	TITLE = *Bausteintitel* *//Bausteinkommentar* KNOW_HOW_PROTECT NAME : *Bausteinname* FAMILY : *Bausteinfamilie* AUTHOR : *Ersteller* VERSION : *Version*
Deklara-tion	STRUCT *VARname : Typ := Vorbelegung;* END_STRUCT	*UDTname*	*FBname*
Initialisie-rung	BEGIN *VARname := Vorbelegung;* ...usw.	BEGIN *KOMPname := Vorbelegung;* ...usw.	BEGIN *KOMPname := Vorbelegung;* ...usw.
Baustei-nende	END_DATA_ BLOCK	END_DATA_BLOCK	END_DATA_BLOCK

Bausteinreihenfolge bei quellorientierter Programmierung

Wenn beim Programmieren ein Baustein aufgerufen und parametriert wird, prüft der Programmeditor, ob die parametrierten Operanden z.B. bezüglich Datentyp auch zum Bausteinparameter passen. Deshalb müssen dem Programmeditor die Eigenschaften der Bausteinparameter des aufgerufenen Bausteins bekannt sein. Das bedeutet, daß Sie die aufgerufenen Funktionen und Funktionsbausteine vorher programmieren müssen bzw. daß Sie die Programmierung mit den Bausteinen der „untersten Schicht" beginnen (entsprechend in der Quelldatei an den Anfang stellen). Hierbei empfiehlt sich folgende Reihenfolge:

▷ Anwenderdefinierte Datentypen UDT,

▷ Global-Datenbausteine,

▷ Funktionen und Funktionsbausteine, beginnend mit den Bausteinen der „untersten" Aufrufschicht,

▷ Instanz-Datenbausteine (können auch direkt nach dem zugeordneten Funktionsbaustein stehen)

▷ und zum Schluß die Organisationsbausteine.

```
FUNCTION_BLOCK W_Speicher
TITLE = Zwischenspeicher für 4 Werte
//Beispiel für einen Funktionsbaustein mit statischen Lokaldaten in AWL
AUTHOR  : Berger
FAMILY  : S7_Buch
NAME    : Speicher
VERSION : 01.00
VAR_INPUT
  Uebernahme   : BOOL := FALSE;      //Übernahme bei positiver Flanke
  Eingabewert : REAL := 0.0;        //im Datenformat REAL (gebrochene Zahl)
END_VAR
VAR_OUTPUT
  Ausgabewert : REAL := 0.0;        //im Datenformat REAL (gebrochene Zahl)
END_VAR
VAR
  Wert1 : REAL := 0.0;              //erster gespeicherter REAL-Wert
  Wert2 : REAL := 0.0;              //zweiter Wert
  Wert3 : REAL := 0.0;              //dritter Wert
  Wert4 : REAL := 0.0;              //vierter Wert
  Flankenmerker : BOOL := FALSE;    //Flankenmerker für die Übernahme
END_VAR
BEGIN
NETWORK
TITLE = Programm für die Übernahme und Ausgabe
//Die Übernahme und die Ausgabe erfolgen mit positiver Flanke
      U    Uebernahme;              //Wenn Uebernahme nach "1" wechselt
      FP   Flankenmerker;           //ist nach FP das VKE = "1"
      SPBN Ende;                    //Sprung wenn keine positive Flanke
//Übertragung der Werte mit dem letzten Wert beginnend
      L    Wert4;
      T    Ausgabewert;             //Ausgabe des letzten Werts
      L    Wert3;
      T    Wert4;
      L    Wert2;
      T    Wert3;
      L    Wert1;
      T    Wert2;
      L    Eingabewert;             //Übernahme des Eingabewerts
      T    Wert1;
Ende: BE;
END_FUNCTION_BLOCK

DATA_BLOCK Speicher1
TITLE = Instanz-Datenbaustein für "W-Speicher"
//Beispiel für einen Instanz-Datenbaustein
AUTHOR  : Berger
FAMILY  : S7_Buch
NAME    : Speicher
VERSION : 01.00
  W_Speicher                        //Instanz für den FB "W_Speicher"
BEGIN
  Wert1 := 1.0;                     //individuelle Vorbelegung
  Wert2 := 1.0;                     //ausgesuchter Werte
END_DATA_BLOCK
```

Bild 3.14
Beispiel für die Programmierung eines Funktionsbausteins und des dazugehörenden Instanz-Datenbausteins

3.15 Hilfen zur Programmerstellung

Umverdrahten

Die Funktion *Umverdrahten* gestattet Ihnen den Austausch von Operanden in einzelnen übersetzten Bausteinen oder im gesamten Anwenderprogramm. Beispielsweise können Sie die Eingangsbits E 0.0 bis E 0.7 durch die Eingangsbits E 16.0 bis E 16.7 ersetzen lassen. Erlaubte Operanden sind Eingänge, Ausgänge, Merker, Zeiten und Zähler sowie Funktionen FC und Funktionsbausteine FB.

Sie markieren im SIMATIC Manager die Objekte, in denen Sie die Umverdrahtung vornehmen wollen, entweder einen einzigen Baustein, eine Gruppe von Bausteinen mit gedrückter Ctrl/Strg-Taste und Mausklick oder das gesamte Anwenderprogramm *Bausteine*. Mit EXTRAS → UMVERDRAHTEN erhalten Sie eine Tabelle, in der Sie die zu ersetzenden, alten Operanden und die neuen Operanden angeben. Mit „OK“ tauscht dann der SIMATIC Manager die Operanden aus. Im Anschluß daran zeigt Ihnen eine Info-Datei, in welchem Baustein wieviele Änderungen vorgenommen worden sind.

Operandenvorrang

Im Eigenschaftsfenster des Offline-Objektbehälters *Bausteine* auf der Registerkarte „Bausteine“ können Sie einstellen, ob bei einer Änderung in der Symboltabelle oder in der Deklaration bzw. Belegung von Global-Datenbausteinen für die bereits gespeicherten Bausteine beim erneuten Anzeigen und Speichern die Absolutadresse oder das Symbol Vorrang haben soll.

Die Voreinstellung ist „Absolutadresse hat Vorrang“. Diese Voreinstellung bedeutet, daß bei einer Änderung in der Symboltabelle die Absolutadresse im Programm erhalten bleibt und sich entsprechend das Symbol ändert. Bei der Einstellung „Symbol hat Vorrang“ ändert sich die Absolutadresse und das Symbol bleibt bestehen. Beispiel:

- ▷ In der Symboltabelle steht: `E 1.0 "Endschalter oben"` / `E 1.1 "Endschalter unten"`
- ▷ Im Programm eines bereits übersetzten Bausteins wird der Eingang E 1.0 abgefragt: **`E 1.0 "Endschalter oben"`**
- ▷ Wenn nun in der Symboltabelle die Zuordnung für die Eingänge E 1.0 und E 1.1 geändert wird in: `E 1.0 "Endschalter unten"` / `E 1.1 "Endschalter oben"`
- ▷ und der bereits übersetzte Baustein wird ausgelesen, steht im Programm bei der Einstellung
  - ▷ „Symbol hat Vorrang“: `E 1.1` **`"Endschalter oben"`**
  - ▷ „Absolutadresse hat Vorrang“: **`E 1.0`** `"Endschalter unten"`

Beachten Sie, daß dieses „Umverdrahten“ nicht automatisch geschieht, denn die bereits übersetzten Bausteine enthalten den ablauffähigen MC7-Code der Anweisungen mit der Absolutadresse. Erst beim Öffnen und wieder Abspeichern wird – nach einer entsprechenden Meldung – in den betreffenden Bausteinen die Änderung vorgenommen.

Referenzdaten

Ergänzend zum Programm zeigt Ihnen der SIMATIC Manager Referenzdaten, die Sie als Grundlage für Korrekturen oder Tests verwenden können. Sie können sich die Referenzdaten vom SIMATIC Manager für das ganze Programm auf einmal generieren lassen oder Sie stellen im Programmeditor mit EXTRAS → EINSTELLUNGEN auf der Registerkarte „Baustein erzeugen" mit der Option „Referenzdaten generieren" die Generierung gleich beim Übersetzen des Bausteins ein.

▷ **Querverweise:** Die Querverweisliste zeigt die Verwendung der Operanden und Bausteine im Anwenderprogramm. Sie sehen die Absolutadresse, das Symbol (sofern vorhanden), den Baustein (in dem der Operand verwendet wird) die Art der Verwendung (lesend oder schreibend) und sprachabhängige Informationen. Für AWL stehen hier das Netzwerk, die Zeile und die Operation (wo und wie der Operand verwendet wird). Ein Mausklick auf einen Spaltentitel sortiert die Tabelle nach dem Spalteninhalt. Die Querverweisliste zeigt diejenigen Operanden, die Sie über ANSICHT → FILTERN ausgewählt haben (z.B. die Merker). Mit einem Doppelklick auf einen Operanden öffnet der Editor den in der Zeile gezeigten Baustein an der Stelle, an der der Operand vorkommt. Den „als Standardvorgabe" gespeicherten Filter verwendet STEP 7 dann jedesmal beim Öffnen der Querverweisliste.

▷ **Belegung:** Der E/A/M-Belegungsplan zeigt, welche Bits der Operandenbereiche Eingänge, Ausgänge und Merker im Programm belegt sind. Pro Zeile ist ein Byte angegeben, dessen einzelne Bits bezüglich Belegung gekennzeichnet sind. Außerdem ist angegeben, ob der Zugriff byte-, wort- oder doppelwortweise erfolgt. Der T/Z-Belegungsplan zeigt die im Programm verwendeten Zeiten und Zähler. Pro Zeile wird die Verwendung von 10 Zeiten bzw. 10 Zählern angezeigt.

▷ **Programmstruktur:** Die Programmstruktur zeigt die Aufruf-Hierarchie der Bausteine innerhalb eines Anwenderprogramms. Den „Startbaustein" für die Aufruf-Hierarchie legen Sie mit Filtereinstellungen fest. Sie haben zwei Ansichten zur Auswahl:

  Die *Baumdarstellung* zeigt sämtliche Schachtelungen der Bausteinaufrufe. Die Anzeige der Schachtelungen steuern Sie mit den Kästchen „+" und „–". Der Bedarf an temporären Lokaldaten wird für den gesamten, dem Startbaustein folgenden Pfad und/oder pro Aufrufpfad angezeigt. Ein rechter Mausklick auf einen Baustein blendet ein Menüfeld auf, in dem Sie den Baustein öffnen können, zur Aufrufstelle wechseln können oder zusätzliche Bausteininformationen bekommen.

  Die Darstellung als *paarweise Aufrufbeziehung* zeigt zwei Aufrufebenen mit einem Bausteinaufruf. Ergänzend werden sprachabhängige Informationen angezeigt.

▷ **Nicht verwendete Symbole:** Diese Liste zeigt alle Operanden mit in der Symboltabelle zugeordneten Symbolen, die jedoch im Programm nicht verwendet wurden. Sie zeigt das Symbol, den Operanden, den Datentyp und den Kommentar aus der Symboltabelle.

▷ **Operanden ohne Symbol:** Diese Liste zeigt alle im Programm verwendeten Operanden, denen kein Symbol zugeordnet wurde. Sie sehen die Operanden und wie oft sie verwendet wurden.

Beachten Sie, daß die Referenzdaten nur in der Offline-Datenhaltung vorhanden sind; auch wenn die Funktion in einem online geöffneten Baustein aufgerufen wird, werden die Offline-Referenzdaten angezeigt.

3.16 Systemdiagnose

Diagnoseereignisse

Die Systemdiagnose ist die Erkennung, Auswertung und die Meldung von Fehlern, die innerhalb des Automatisierungssystems auftreten. Beispiele für solche Fehler sind Fehler im Anwenderprogramm oder Ausfälle auf Baugruppen, aber auch Drahtbruch bei Signalbaugruppen. Diese *Diagnoseereignisse* können sein:

- ▷ Diagnosealarme von diagnosefähigen Baugruppen,
- ▷ Systemfehler und Betriebszustandsübergänge der CPU oder
- ▷ Anwendermeldungen durch Systemfunktionen.

Die diagnosefähigen Baugruppen unterscheiden zwischen parametrierbaren und nichtparametrierbaren Diagnoseereignissen. Bei den parametrierbaren Diagnoseereignissen erfolgt eine Meldung nur dann, wenn Sie mittels Parametrierung die Diagnose freigegeben haben. Die nichtparametrierbaren Diagnoseereignisse werden unabhängig von der Diagnosefreigabe immer gemeldet. Bei einem zu meldenden Diagnoseereignis

- ▷ leuchtet die Fehler-LED an der CPU,
- ▷ wird das Diagnoseereignis an das Betriebssystem der CPU weitergegeben oder
- ▷ wird ein Diagnosealarm ausgelöst, wenn Sie bei der Parametrierung den Diagnosealarm freigegeben haben (standardmäßig sind die Diagnosealarme gesperrt).

Diagnosepuffer

Alle an das Betriebssystem der CPU gemeldeten Diagnoseereignisse werden in einen *Diagnosepuffer* in der Reihenfolge ihres Auftretens mit Datum und Uhrzeit eingetragen. Der Diagnosepuffer ist ein gepufferter Speicherbereich in der CPU, der auch beim Urlöschen seinen Inhalt behält. Der Diagnosepuffer ist als Ringpuffer aufgebaut, seine Größe ist CPU-spezifisch. Ist der Diagnosepuffer voll, wird der jeweils älteste Eintrag vom aktuellen Diagnoseereignis überschrieben.

Sie können den Diagnosepuffer mit einem Programmiergerät jederzeit auslesen. Im Parameterblock *Systemdiagnose* der CPU können Sie einstellen, ob Sie erweiterte Diagnosepuffereinträge (zusätzlich alle OB-Aufrufe) wünschen. Sie können auch einstellen, ob der letzte Diagnoseeintrag – bevor die CPU in den STOP-Zustand geht – zu einem dafür angemeldeten Teilnehmer am MPI-Bus gesendet wird.

Anwendereintrag in den Diagnosepuffer schreiben

Mit der Systemfunktion SFC 52 WR_USMSG schreiben Sie einen Eintrag in den Diagnosepuffer und können ihn an alle angemeldeten Teilnehmer am MPI-Bus senden. Der Eintrag in den Diagnosepuffer entspricht in seinem Aufbau dem eines Systemereignisses, z.B. der Startinformation eines Organisationsbausteins. Als Ereignis-ID für einen Anwendereintrag sind zugelassen: die Ereignisklassen 8 (Diagnoseeinträge für Signalbaugruppen), 9 (Standard-Anwenderereignisse), A und B (frei verfügbare Anwenderereignisse). Die Zusatzinformation 1 entspricht den Bytes 7 und 8 des Puffereintrags (ein Wort) und die Zusatzinformation 2 den Bytes 9 bis 12 (ein Doppelwort). Der Inhalt beider Variablen ist frei wählbar.

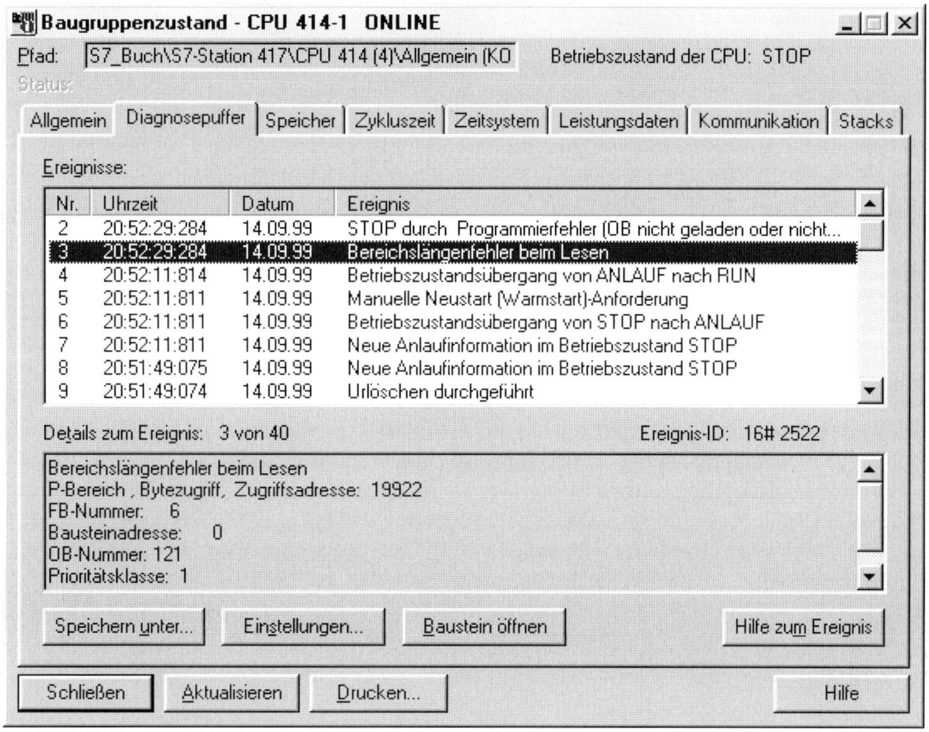

Bild 3.15 Beispiel für Einträge im Diagnosepuffer der CPU

Diagnosealarm

Diagnosefähige Baugruppen können – wenn sie entsprechend parametriert sind – einen Diagnosealarm auslösen. Die CPU unterbricht dann die Bearbeitung des Hauptprogramms und ruft den Diagnosealarm-Organisationsbaustein OB 82 auf. In der Startinformation dieses OBs steht, welche Baugruppe den Alarm ausgelöst hat sowie die Diagnoseinformation der Baugruppe selbst in 4 Bytes. Ausgehend von diesen Daten können Sie beispielsweise eine Meldung generieren. Bei Baugruppen, die mehr Diagnoseinformation liefern können wie z.B. Slave-Stationen der dezentralen Peripherie, werden diese zusätzlichen Diagnoseinformationen per Systemfunktion SFC ausgelesen.

Systemzustandsliste lesen

Die Systemzustandsliste (SZL) beschreibt den aktuellen Zustand eines Automatisierungssystems. Der Inhalt der SZL kann durch Auskunftsfunktionen nur gelesen, nicht aber geändert werden. Sie können mit der Systemfunktion SFC 51 RDSYSST jeweils eine Teilliste der SZL auslesen.

Die SZL enthält Informationen über die Systemdaten (Ausbau der CPU, Zustand der Prioritätsklassen, Kommunikation), über den aktuellen Zustand der Diagnosezustandsdaten in der CPU sowie auf den Baugruppen und über den Diagnosepuffer.

3.17 Anwenderprogramm in die CPU laden

Online-Betrieb

Sie erstellen die Hardware-Konfiguration und das Anwenderprogramm auf dem Programmiergerät. Das S7-Programm ist hierbei „offline“ auf der Festplatte gespeichert, auch in der übersetzten Form. Um das Programm in die CPU zu übertragen und bearbeiten zu lassen, müssen Sie das Programmiergerät und die CPU verbinden: Sie stellen eine „Online“-Verbindung her. Über diese Verbindung können Sie auch den Betriebszustand der CPU und der zugeordneten Baugruppen ermitteln, d.h. Diagnosefunktionen ausführen.

Zielsystem anschließen

Die Verbindung der MPI-Schnittstellen von PG und CPU ist die mechanische Voraussetzung einer Online-Verbindung. Die Verbindung ist eindeutig, wenn eine CPU als einzige programmierbare Baugruppe angeschlossen ist. Befinden sich mehrere CPUs im MPI-Subnetz, muß jede CPU eine eindeutige Teilnehmernummer (MPI-Adresse) bekommen. Sie stellen die MPI-Adresse bei der Parametrierung der CPU ein. Bevor Sie alle CPUs zu einem Netz zusammenschalten, schließen Sie das PG an nur jeweils eine CPU an und übertragen das Objekt *Systemdaten* aus dem Offline-Behälter *Bausteine* oder direkt mit dem Editor der Hardware-Konfiguration mit ZIELSYSTEM → LADEN IN BAUGRUPPE. So erhält eine CPU zusammen mit den anderen Eigenschaften auch die für sie vorgesehene MPI-Adresse.

Schutz des Anwenderprogramms

Bei entsprechend ausgelegten CPUs kann der Zugang zum Anwenderprogramm durch ein Paßwort geschützt werden. Jeder mit Kenntnis des Paßworts hat uneingeschränkten Zugriff auf das Anwenderprogramm. Für alle, die das Paßwort nicht kennen, können Sie 3 Schutzstufen festlegen. Die Schutzstufen stellen Sie mit der Hardware-Konfiguration beim Parametrieren der CPU im Register „Schutz“ ein.

Anwenderprogramm laden

Wenn Sie das gesamte Anwenderprogramm (übersetzte Bausteine und Konfigurationsdaten) in die CPU übertragen, wird es in den Ladespeicher der CPU geschrieben. Physikalisch kann der Ladespeicher ein RAM oder ein Flash EPROM sein, entweder in der CPU integriert oder eine Memory Card.

Ist die Memory Card ein Flash EPROM, können Sie die Memory Card im Programmiergerät beschreiben und als Datenträger benutzen. Sie stecken die Memory Card im spannungslosen Zustand in die CPU; beim Einschalten werden dann nach einem Urlöschen die ablaufrelevanten Daten der Memory Card in den Arbeitsspeicher der CPU übernommen. Bei entsprechend ausgelegten CPUs können Sie eine Flash EPROM Card auch beschreiben, wenn sie in der CPU steckt; dann allerdings nur mit dem gesamten Programm.

Bei einem RAM-Ladespeicher übertragen Sie ein komplettes Anwenderprogramm, indem Sie die CPU in den STOP-Zustand schalten, urlöschen und das Anwenderprogramm übertragen. Es werden dann auch die Konfigurationsdaten übertragen. Das Programm im RAM geht nach Urlöschen oder beim Ausschalten ohne Pufferbatterie verloren.

Bausteine übertragen

Bei einem RAM-Ladespeicher können Sie zusätzlich zur Übertragung des gesamten Programms online auch einzelne Bausteine ändern, löschen oder nachladen. Einzelne Bausteine übertragen Sie zur CPU, indem Sie sie im Offline-Fenster markieren und ZIELSYSTEM → LADEN wählen. Sie können auch bei gleichzeitig geöffnetem Offline- und Online-Fenster die Bausteine mit der Maus von einem Fenster zum anderen „ziehen".

Besondere Vorsicht ist geboten, wenn Sie einzelne Bausteine im laufenden Betrieb übertragen. Werden in einem Baustein andere Bausteine aufgerufen (die im CPU-Speicher nicht vorhanden sind), müssen sie die „unterlagerten" Bausteine zuerst laden. Das gilt auch für Datenbausteine, deren Operanden im geladenen Baustein verwendet werden. Als letzten laden Sie den „obersten" Baustein. Er wird dann, sofern er aufgerufen wird, sofort beim nächsten Programmzyklus bearbeitet.

Genauso wie einzelne Bausteine, können Sie auch einzeln nur die Konfigurationsdaten zur CPU übertragen, beispielsweise nach einer Änderung in der Hardware-Konfiguration (Objekt *Systemdaten* im Behälter *Bausteine*). Beachten Sie, daß die Parameter für die CPU sofort übernommen werden, die Parameter für die Baugruppen erst nach dem nächsten Anlauf.

Bausteine online ändern

Genauso wie im Offline-Anwenderprogramm können Sie im Online-Anwenderprogramm (auf der CPU) Bausteine inkrementell bearbeiten. Wenn jedoch die Online- und die Offline-Datenhaltung auseinanderlaufen, kann unter Umständen der Editor die zusätzlichen Informationen der Offline-Datenhaltung nicht mehr anzeigen; sie können dann verlorengehen (z.B. symbolische Bezeichnungen oder Sprungmarken).

Es wird empfohlen, online geänderte Bausteine auf der Festplatte offline zu speichern, um einer Dateninkonsistenz vorzubeugen (z.B. einem „Zeitstempelkonflikt", wenn die Schnittstelle des aufgerufenen Bausteins jünger ist als das Programm im aufrufenden Baustein).

Datenbausteine offline/online

Die Datenoperanden in einem Datenbaustein können Sie mit einem *Anfangswert* und einem *Aktualwert* versehen. Wird ein Datenbaustein in die CPU geladen, werden die Anfangswerte in den Ladespeicher und die Aktualwerte in den Arbeitsspeicher übernommen. Jede Wertänderung eines Datenoperanden per Programm entspricht einer Änderung des Aktualwerts.

Laden Sie einen Datenbaustein aus der CPU, werden dessen Werte aus dem Arbeitsspeicher entnommen, denn nur im Arbeitsspeicher liegen die aktuellen Daten. Sie sehen die zum Zeitpunkt des Auslesens aktuellen Werte mit ANSICHT → DATENSICHT. Wenn Sie einen Aktualwert im Datenbaustein ändern und in die CPU zurückschreiben, wird der geänderte Wert in den Arbeitsspeicher übernommen.

Wenn Sie eine Flash EPROM Memory Card als Ladespeicher verwenden, werden nach dem Urlöschen der CPU die auf der Memory Card stehenden Bausteine in den Arbeitsspeicher übertragen. Hierbei erhalten die Datenbausteine die ursprünglich programmierten Anfangswerte. Das gleiche geschieht beim Einschalten der Versorgungsspannung im ungepufferten Betrieb. Von diesem Vorgehen können Sie bei S7-300 einen Datenbereich ausnehmen, indem Sie ihn für remanent erklären.

3.18 Diagnose beim Programmtest

Nach dem Herstellen einer Verbindung zu einer CPU und dem Laden des Anwenderprogramms können Sie es als Ganzes oder Teile davon, wie etwa einzelne Bausteine, testen. Sie versorgen die Variablen mit Signalen und Werten, z.B. mit Hilfe von Simulatorbaugruppen, und werten die von Ihrem Programm zurückgegebenen Informationen aus. Geht die CPU infolge eines Fehlers in den STOP-Zustand, erhalten Sie unter anderem über die CPU-Informationen Unterstützung bei der Suche nach der Ursache.

Umfangreiche Programme werden abschnittsweise getestet. Wenn Sie z.B. nur einen Baustein testen wollen, laden Sie den Baustein in die CPU und rufen ihn dann im OB 1 auf. Ist der OB 1 so gegliedert, daß das Programm abschnittsweise „von vorne nach hinten“ getestet werden kann, können Sie die zu testenden Bausteine oder Programmteile auswählen, indem Sie die Aufrufe oder Programmteile, die nicht bearbeitet werden sollen, z.B. mit einer Sprungfunktion überspringen.

Mit der Optionssoftware PLCSIM können Sie eine CPU im Programmiergerät simulieren und so ohne zusätzliche Hardware Ihr Programm testen.

CPU-Informationen

Im Online-Betrieb stehen Ihnen die nachfolgend aufgelisteten CPU-Informationen zur Verfügung. Sie erhalten die Menübefehle bei markierter Baugruppe (im Online-Betrieb ohne eingerichtetes Projekt) oder bei markiertem S7-Programm (im Online-Projektfenster).

▷ ZIELSYSTEM → HARDWARE DIAGNOSTIZIEREN
Anzeige der gestörten Baugruppen im Überblick

▷ ZIELSYSTEM → BAUGRUPPENZUSTAND
Allgemeine Information (z.B. Version), Diagnosepuffer, Speicher (aktuelle Belegung von Arbeitsspeicher und Ladespeicher), Zykluszeit (Dauer des letzten, längsten und kürzesten Programmzykluses), Zeitsystem (Eigenschaften der CPU-Uhr, Uhrensynchronisation, Betriebsstundenzähler), Leistungsdaten (z.B. Speicherausbau, Größe der Operandenbereiche), Kommunikation (Baudrate und Kommunikationsverbindungen), Stacks im STOP-Zustand (B-Stack, U-Stack und L-Stack)

▷ ZIELSYSTEM → BETRIEBSZUSTAND
Anzeige des aktuellen Betriebszustands (z.B. RUN, STOP), Ändern des Betriebszustands

▷ ZIELSYSTEM → URLÖSCHEN
Urlöschen der CPU im STOP-Zustand

▷ ZIELSYSTEM → UHRZEIT STELLEN
Stellen der CPU-internen Uhr

▷ ZIELSYSTEM → CPU-MELDUNGEN
Melden von asynchronen Systemfehlern und von anwenderdefinierten Meldungen, die im Programm mit SFC 52 WR_USMSG, SFC 18 ALARM_S und SFC 17 ALARM_SQ generiert werden.

▷ ZIELSYSTEM → FORCEWERTE ANZEIGEN, ZIELSYSTEM → VARIABLE BEOBACHTEN/STEUERN
Beobachten, Steuern und Forcen von Variablen.

Hardware diagnostizieren

Im Störungsfall können Sie mit Hilfe der Funktion „Hardware diagnostizieren" die Diagnoseinformationen der gestörten Baugruppen einholen. Sie verbinden das PG mit dem MPI-Bus und starten den SIMATIC Manager. Mit ZIELSYSTEM → HARDWARE DIAGNOSTIZIEREN erhalten Sie eine schnelle Übersicht über die gestörten Baugruppen (Voreinstellung). Die ausführlichen Diagnoseinformationen von den Baugruppen liefert die Hardware-Konfiguration in der Online-Sicht; einstellbar im SIMATIC Manager unter EXTRAS → EINSTELLUNGEN im Register „Ansicht".

Sie erhalten Informationen über Status und Betriebszustand der online erreichbaren Baugruppen als Projektsicht (Anzeige der fehlermeldenden Stationen), als Stationssicht (fehlermeldende Baugruppen) und als Baugruppensicht (Anzeige der verfügbaren Diagnoseinformationen).

STOP-Ursache ermitteln (Diagnosepuffer)

Geht die CPU aufgrund eines Fehlers in den STOP-Zustand, ist die erste Maßnahme zur Ermittlung der STOP-Ursache das Ausgeben des Diagnosepuffers. In den Diagnosepuffer trägt die CPU unter anderem auch eine STOP-Ursache ein und die Fehler, die dazu geführt haben.

Zum Ausgeben des Diagnosepuffers schalten Sie das PG online und wählen bei markiertem S7-Programm mit ZIELSYSTEM → BAUGRUPPENZUSTAND die Registerkarte „Diagnosepuffer". Sie sehen hier als letzte Meldung (die die Nummer 1 trägt) die STOP-Ursache, z.B. „STOP durch nicht geladenen Programmierfehler-OB". Der Fehler, der dazu geführt hat, ist in den Meldungen vorher zu finden, z.B. „FC nicht geladen". Durch Anklicken der Meldungsnummer wird im darunterliegenden Anzeigefeld ein erweiterter Kommentar zur Meldung angezeigt. Betrifft die Meldung einen Programmierfehler in einem Baustein, können Sie mit der Schaltfläche „Baustein öffnen" den Baustein öffnen und bearbeiten.

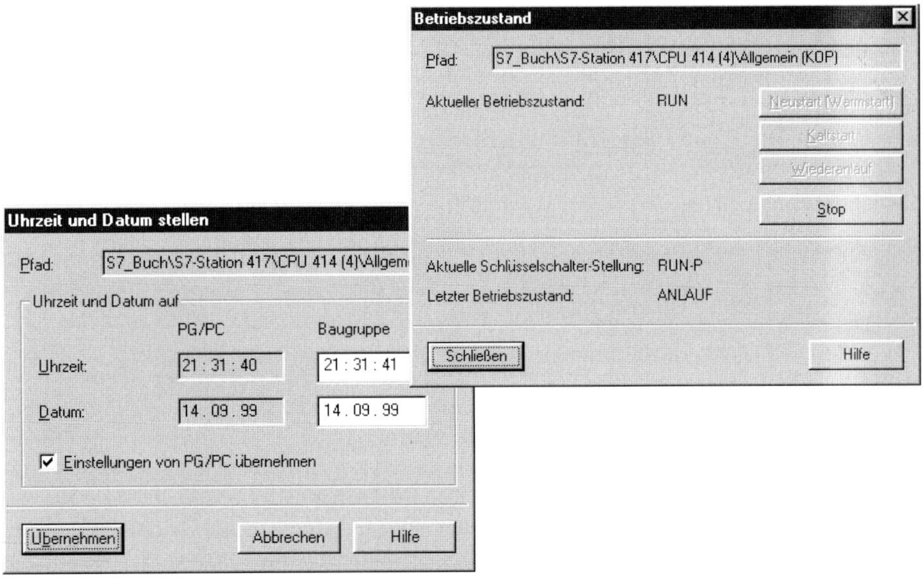

Bild 3.16 CPU-Information „Uhrzeit und Datum stellen" und „Betriebszustand"

3.19 Variablen beobachten, steuern und forcen

Ein hervorragendes Mittel zum Testen des Anwenderprogramms ist das Beobachten und Steuern von Variablen mit Variablentabellen. Es lassen sich die Signalzustände oder Werte von Variablen mit elementaren Datentypen anzeigen. Haben Sie Zugriff zum Anwenderprogramm, können Sie Variablen auch steuern, d.h. den Signalzustand ändern oder neue Werte zuweisen.

Variablentabelle anlegen

In einer Variablentabelle (VAT) listen Sie alle Variablen auf, deren Werte Sie beobachten und steuern wollen. Sie erstellen eine neue Variablentabelle durch Markieren bzw. Öffnen des Bausteinbehälters und EINFÜGEN → S7-BAUSTEIN → VARIABLENTABELLE. Ein Doppelklick auf das VAT-Symbol öffnet die Variablentabelle und Sie geben nun die Variablen (Operanden) ein, deren Werte Sie beobachten und/oder steuern wollen. Hierbei definieren Sie das Format, mit dem der Variablenwert angezeigt und gesteuert werden soll; dieses Anzeigeformat muß nicht mit dem Datentyp übereinstimmen, den die Variable im Anwenderprogramm hat.

Mit Kommentarzeilen geben Sie bestimmten Abschnitten der Tabelle eine Überschrift. Sie können auch festlegen, welche Spalten angezeigt werden sollen. Es ist jederzeit möglich, nachträglich Variablen oder Anzeigeformate zu ändern oder Zeilen einzufügen bzw. zu löschen. Mit TABELLE → SPEICHERN sichern Sie die Variablentabelle im Objektbehälter *Bausteine*.

Variablentabelle online schalten und Triggerbedingungen einstellen

Zum Betreiben einer offline erstellten Variablentabelle schließen Sie das Programmiergerät an eine CPU an und schalten Sie die Variablentabelle online. Mit *Triggerbedingungen* legen Sie – für Beobachten und Steuern getrennt – den Zeitpunkt fest, an dem die CPU die Werte aus dem Systemspeicher liest oder in den Systemspeicher schreibt. Geben Sie beispielsweise als Triggerpunkt für Steuern den Zyklusbeginn an, erhalten die gesteuerten Variablen den vorgegebenen Wert vor der zyklischen Programmbearbeitung. Geben Sie als Triggerpunkt für Beobachten das Zyklusende an, sehen Sie die Variablenwerte am Ende der zyklischen Bearbeitung. Das Beobachten und Steuern kann einmalig oder permanent erfolgen.

Variablen beobachten

Mit VARIABLE → BEOBACHTEN schalten Sie das Beobachten der Variablen ein. Die in der VAT stehenden Variablen werden abhängig von den eingestellten Triggerbedingungen aktualisiert. Beim permanenten Beobachten läßt sich die Änderung der Werte am Bildschirm verfolgen.

Variablen steuern

Mit VARIABLE → STEUERN übertragen Sie die vorgegebenen Werte abhängig von den Triggerbedingungen zur CPU. Die Steuerwerte geben Sie vorher in der Spalte „Steuerwert" vor und zwar nur für die Variablen, deren Wert auch geändert werden soll. Eingetragene Werte können mit einem doppelten Schrägstrich auskommentiert werden und werden dann beim Steuern nicht berücksichtigt.

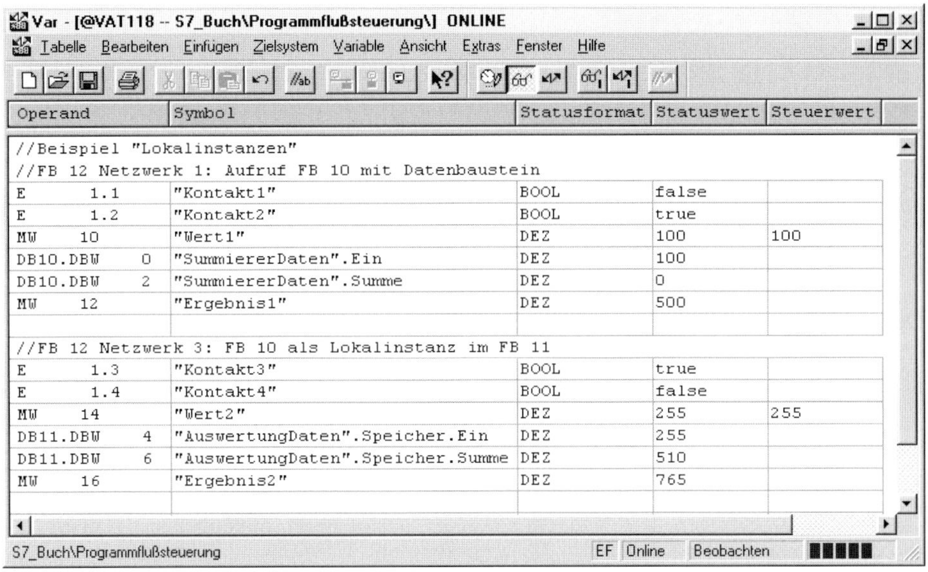

Bild 3.17 Beispiel für eine Variablentabelle

Variablen forcen

Bei entsprechend ausgelegten CPUs können Sie bestimmten Variablen feste Werte vorgeben, die das Anwenderprogramm nicht mehr verändern kann („Forcen"). Forcen ist in jedem Betriebszustand der CPU zulässig und wird sofort ausgeführt. Ausgangspunkt für das Forcen ist eine Variablentabelle. Sie legen eine Variablentabelle an, tragen die zu forcenden Operanden ein und stellen eine Verbindung zu der CPU her. Sie können nun aus der Variablentabelle einige oder alle Operanden in das Forcefenster übernehmen oder neue Operanden eintragen. Soll das Forcen beendet werden, müssen Sie den entsprechenden Force-Auftrag löschen; ein Schließen des Forcefensters oder der Variablentabelle oder ein Unterbrechen der Online-Verbindung beenden nicht das Forcen.

Peripherie-Ausgänge freischalten

Im Betriebszustand STOP sind normalerweise die Ausgabebaugruppen gesperrt; mit der Funktion *PA freischalten* können Sie die Sperre aufheben, so daß Sie auch im STOP der CPU die Ausgabebaugruppen steuern können. Das Steuern geschieht über eine Variablentabelle. Es werden nur die einer CPU zugeordneten Peripherie-Ausgänge gesteuert. Anwendungsfall: Verdrahtungsprüfung der Ausgänge im STOP und ohne Anwenderprogramm.

Legen Sie eine Variablentabelle an und tragen Sie die zu steuernden Peripherie-Ausgänge (PA) und die Steuerwerte ein. Schalten Sie die Variablentabelle online und stoppen Sie gegebenenfalls die CPU. Mit VARIABLE → PA FREISCHALTEN deaktivieren Sie die Sperre; die Baugruppenausgänge führen nun Signalzustand „0" oder den Ersatzwert bzw. den Forcewert. Mit VARIABLE → STEUERWERTE AKTIVIEREN steuern Sie die Peripherie-Ausgänge. Sie können den Steuerwert ändern und erneut steuern.

Mit der ESC-Taste schalten Sie die Funktion wieder aus. Die Ausgabesperre ist wieder aktiv und die Baugruppenausgänge werden auf „0", den Ersatzwert oder den Forcewert zurückgesetzt.

3.20 Programmstatus

Mit dem Programmstatus testen Sie das Anwenderprogramm direkt. Hierbei zeigt Ihnen der Programmeditor:

▷ bei KOP und FUP den binären Programmfluß und die digitalen Werte innerhalb eines Netzwerks und

▷ bei AWL zeilenweise das Verknüpfungsergebnis und den Status der binären Anweisungen sowie die Belegung der Register.

Der Baustein, dessen Programm Sie testen wollen, befindet sich im Anwenderspeicher der CPU, wird dort aufgerufen und bearbeitet. Sie öffnen diesen Baustein z.B. durch einen Doppelklick auf das Bausteinsymbol im Online-Fenster des SIMATIC Managers. Der Editor wird gestartet und zeigt das Programm des Bausteins. Sie wählen den Teil des Bausteins aus, den Sie testen wollen. Mit TEST → BEOBACHTEN schalten Sie den Programmstatus ein.

Bei KOP und FUP sehen Sie nun im Bausteinfenster den binären Signalfluß und können dessen Änderung verfolgen. Die Darstellung legen Sie im Programmeditor mit EXTRAS → EINSTELLUNGEN auf der Registerkarte „KOP/FUP" fest.

Bei AWL sehen Sie die Operandenstati, das Verknüpfungsergebnis und die Registerbelegung, die Sie unter EXTRAS → EINSTELLUNGEN auf der Registerkarte „AWL" auswählen.

Im Programmstatus können Sie Variablen steuern. Markieren Sie den zu steuernden Operanden und wählen Sie TEST → OPERAND STEUERN.

Die Aufzeichnung des Programmstatus benötigt zusätzliche Bearbeitungszeit im zyklischen Programm. Für den Test können Sie deshalb zwei Betriebsarten wählen: im *Testbetrieb* sind alle Testfunktionen ohne Einschränkungen nutzbar, beim *Prozeßbetrieb* wird auf möglichst geringe Zykluszeitverlängerung geachtet, so daß evtl. Einschränkungen bestehen.

Anweisung für Anweisung im Einzelschrittmodus testen

In der Programmiersprache AWL können Sie bei entsprechend ausgelegten CPUs das Programm Anweisung für Anweisung im Einzelschrittmodus testen. Die CPU befindet sich hierbei im Betriebszustand HALT; sicherheitshalber sind die Peripherieausgänge abgeschaltet. Mit *Haltepunkten* können Sie das Programm an jeder von Ihnen gewünschten Stelle anhalten und schrittweise testen. Einzelschrittmodus ist nur im Testbetrieb zulässig.

Um einen Haltepunkt zu setzen, positionieren Sie die Schreibmarke in die entsprechende Anweisungszeile und wählen Sie TEST → HALTEPUNKT SETZEN. Zum Testen wählen Sie TEST → HALTEPUNKTE AKTIV; daraufhin werden die Haltepunkte in die CPU übertragen und aktiviert. Falls die CPU nicht schon läuft, läuft sie jetzt an und geht in den Betriebszustand HALT, wenn sie auf einen Haltepunkt trifft. Dann werden in einem eigenen Fenster die aktuellen Registerinhalte an der Anweisung angezeigt.

Sie können nun mit TEST → NÄCHSTE ANWEISUNG AUSFÜHREN das Programm zeilenweise bearbeiten lassen. Bei jeder Anweisung stoppt die Programmbearbeitung und zeigt die Registerinhalte an. Bei einem Bausteinaufruf können Sie mit TEST → AUFRUF AUSFÜHREN die Bearbeitung im aufgerufenen Baustein fortsetzen. Mit TEST → FORTSETZEN wird das Programm mit normaler Geschwindigkeit bis zum nächsten Haltepunkt bearbeitet.

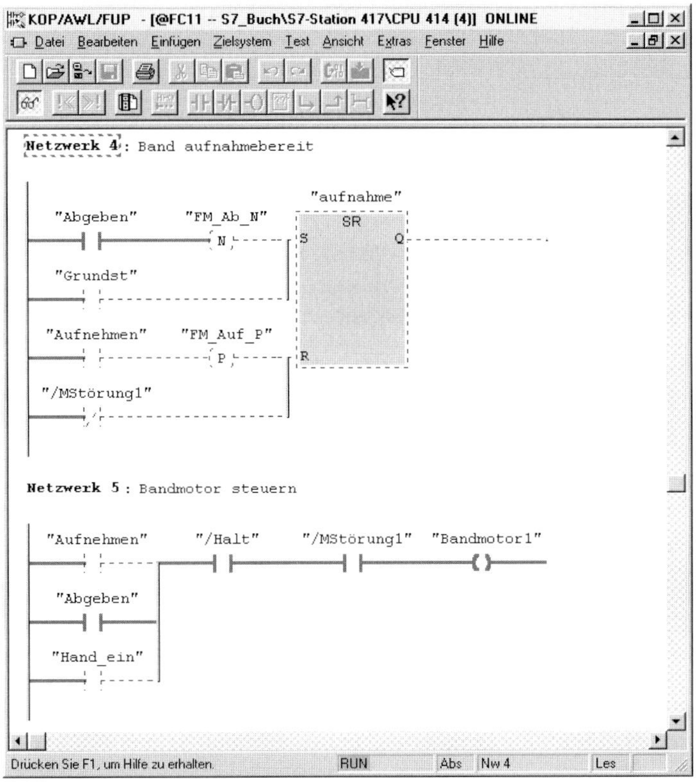

Bild 3.18 KOP/FUP-Programmstatus

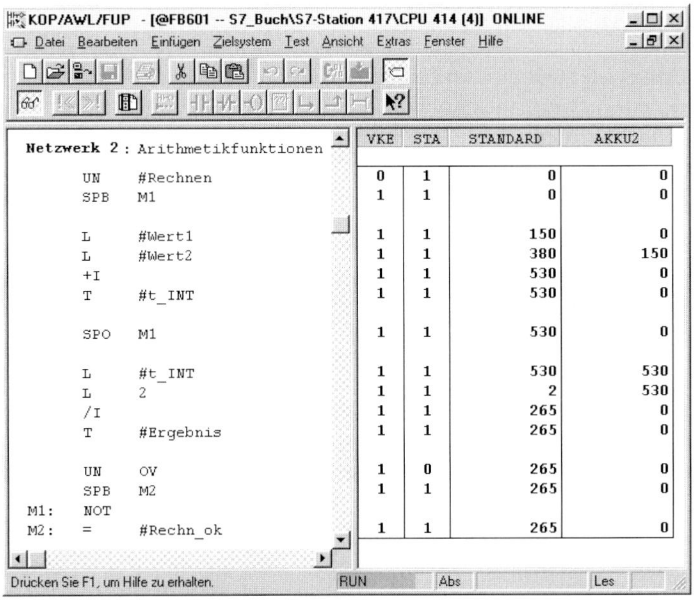

Bild 3.19 AWL-Programmstatus

3.21 Mit PLCSIM Anwenderprogramme offline testen

Mit der Optionssoftware PLCSIM können Sie das Anwenderprogramm offline ohne zusätzliche Hardware testen. PLCSIM simuliert im Programmiergerät ein Automatisierungssystem, d.h. eine CPU mit Baugruppen. Die CPU ist nicht spezifiziert; Sie können das Anwenderprogramm für jede CPU mit PLCSIM bearbeiten lassen. Hierbei spielt es keine Rolle, in welcher Programmiersprache die Bausteine geschrieben sind.

Nach der Installation ist PLCSIM in den SIMATIC Manager eingebunden. Nachdem das Anwenderprogramm oder auch nur der zu testende Baustein fertiggestellt ist, starten Sie PLCSIM mit EXTRAS → BAUGRUPPEN SIMULIEREN oder dem entsprechenden Symbol.

Die Bedienoberfläche von PLCSIM

Die Bedienoberfläche von PLCSIM präsentiert sich in einem eigenen Fenster. Standardmäßig wird das Unterfenster *CPU* eingeblendet, das die Bedienelemente und LED-Anzeigen einer CPU abbildet. Sie können per Mausklick die simulierte CPU in die Betriebszustände RUN, RUN-P und wieder zurück nach STOP schalten oder die CPU urlöschen. Geht die simulierte CPU z.B. wegen eines Programmfehlers in STOP, wird dies mit der Sammelfehler-LED und der STOP-LED angezeigt.

Um die zu steuernde Anlage nachzubilden, gibt es die Unterfenster für Eingänge und Ausgänge. Jedes Unterfenster kann einen Bit-, Byte-, Wort- oder Doppelwort-Operanden in verschiedenen Datenformaten darstellen. Mit diesen Unterfenstern können Sie z.B. die Signalzustände von Eingängen nachbilden (mit der Maus steuern) und beobachten, wie die Ausgänge gesetzt und rückgesetzt werden.

Digitale Werte geben Sie passend zum gewählten Datentyp vor. Mit einem Schieber (slider) simulieren Sie Werte, die sich stetig ändern, wie z.B. Analogwerte. Die Position des Schiebers verändern Sie mit der Maus oder den Pfeiltasten.

Auch die CPU-internen Operanden steuern und beobachten Sie mit Unterfenstern. Es gibt Unterfenster für Merker, Zeit- und Zählfunktionen und eines für allgemeine Variablen. Sie können in einem Variablen-Unterfenster (Eingänge, Ausgänge, Merker oder allgemeine Variable) alle globalen Operanden eintragen, auch Datenoperanden mit Komplettadressierung (z.B. DB62.DBB15).

Mit EXTRAS → SYMBOLE ZUORDNEN weisen Sie PLCSIM eine Symboltabelle zu, so daß die Variablen auch mit ihrem Symbolnamen angezeigt werden können (wählen Sie hierfür den Menüpunkt EXTRAS → SYMBOLE ANZEIGEN). Die zugewiesene Symboltabelle können Sie auch von PLCSIM aus bearbeiten.

Programm laden und bearbeiten

Nach dem Start von PLCSIM ist das Programmiergerät sozusagen online mit einer CPU verbunden. Sie können nun – wie bei einer realen CPU – das Anwenderprogramm mit ZIELSYSTEM → LADEN in den Anwenderspeicher der CPU laden. Wenn Sie nun im SIMATIC Manager zur Online-Ansicht schalten, sehen Sie im Online-Fenster die zur CPU geladenen Bausteine. Nach einem Mausklick auf RUN oder RUN-P im Unterfenster CPU bearbeitet PLCSIM das geladene Anwenderprogramm wie eine reale CPU.

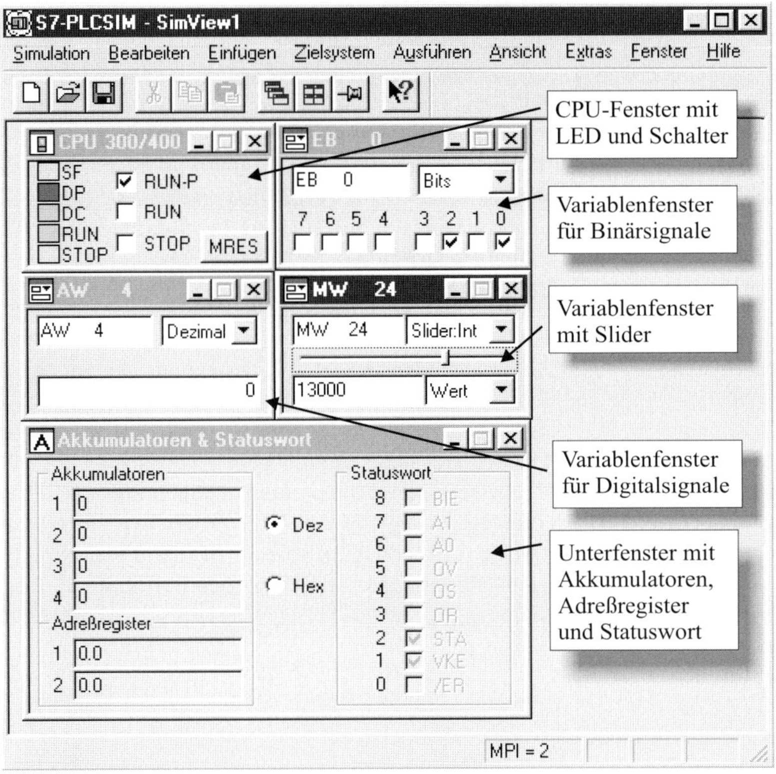

Bild 3.20 Programme testen mit PLCSIM

Tritt ein Programmfehler auf, z.B. Zugriff auf einen nicht vorhandenen Operanden, reagiert PLCSIM mit dem Aufruf des Synchronfehler-Organisationsbausteins OB 122. Ist dieser im Programm nicht vorhanden, geht die CPU in STOP. Das weitere Vorgehen gestalten Sie wie beim Testen mit einer realen CPU, z.B. im SIMATIC Manager mit ZIELSYSTEM → BAUGRUPPENZUSTAND den Diagnosepuffer auslesen und die Stoppursache ermitteln.

Zum Testen des Anwenderprogramms verwenden Sie die Variablentabelle und den Programmstatus, bei AWL auch Einzelschrittmodus mit Haltepunkten. Die mit PLCSIM nachgebildete CPU verhält sich auch hier wie eine reale CPU.

Weitere Funktionen

PLCSIM bildet eine „allgemeine" CPU nach mit einer Auswahl an Systemfunktionen und Systemfunktionsbausteinen. Die meisten Programmablaufebenen (Organisationsbausteine) werden unterstützt. Es kann immer nur ein Automatisierungssystem simuliert werden. PLCSIM kann die Anordnung der Unterfenster speichern und bei der nächsten Sitzung wieder zur Verfügung stellen.

PLCSIM verfügt mit *S7ProSim* über ein ActiveX Control, das in Applikationen eingesetzt werden kann, die die OLE/COM-Technologie von Microsoft unterstützen. Mit dem Control können Sie PLCSIM um Prozeßsimulation erweitern.

3.22 Software-Regelungen mit SIMATIC

Im SIMATIC-Automatisierungssystem können Regelungen auf vielfältige Weise realisiert werden. Die Funktionsbaugruppen FM 355 bzw. FM 455 beispielsweise führen Druck-, Temperatur- und Durchflußregelungen unabhängig von einem Anwenderprogramm in der CPU aus. Im Betriebssystem der CPU 314IFM sind PID-Regler integriert, die mit Systemfunktionsbausteinen SFB vom Anwenderprogramm aus aufgerufen werden. Sie haben die gleiche Funktionalität wie die Funktionsbausteine der hier vorgestellten Runtime-Softwarepakete Standard PID Control und Modular PID Control.

Standard PID Control

Das Softwarepaket *Standard PID Control* (Standard-Regelung) besteht aus den zur Regelung notwendigen Bausteinen und dem dazugehörenden Parametrierwerkzeug. Mit Standard PID Control können Sie kontinuierliche PID-Regler, Schrittregler und Impulsregler in das Anwenderprogramm einbinden. Die Reglerstruktur ist vorgegeben; einzelne Funktionen wie z.B. Normierung, Glättung und Grenzwertüberwachung, können durch Softwareschalter zu- und abgeschaltet werden. Jeder Regelkreis legt seine internen Daten in einem eigenen Instanz-Datenbaustein ab. Einschaltfertige Anwendungsbeispiele, wie z.B. Festwertregler mit schaltendem Ausgang für integrierende Stellglieder, erleichtern den Einsatz dieser Runtime-Software.

Das Parametrierwerkzeug gestattet die grafische Parametrierung über ein Blockschaltbild, das Beobachten der Regelkreise (Kurvenschreiber mit bis zu vier Variablen, Darstellung der relevanten Regelgrößen als Kreisbild), das Optimieren und das Bedienen der Regler.

Ablauffähig auf S7-300 (ab CPU 313), S7-400 und C7.

Modular PID Control

Das Softwarepaket *Modular PID Control* (modulare Regelung) besteht aus den zur Regelung notwendigen Bausteinen und einem Inbetriebnahmewerkzeug. Es ist geeignet zur Realisierung komplexer Regelstrukturen, die durch Verschaltung der mitgelieferten Bausteine entstehen. Mehrere Anwendungsbeispiele zeigen den Einsatz der modularen Regelung.

Mit dem Inbetriebnahmewerkzeug beobachten Sie die Regelkreise (Kurvenschreiber mit bis zu vier Variablen, Darstellung der relevanten Regelgrößen als Kreisbild) und können diese auch optimieren und bedienen.

Ablauffähig auf S7-300 (ab CPU 313), S7-400 und C7; auch als Standard-Bibliothek für M7 erhältlich.

PID Self-Tuner

Das Softwarepaket *PID Self-Turner* (Selbsteinstellung) erweitert vorhandene PID-Regler um eine Selbsteinstellung in einer konkreten Anlage (Ersteinstellung und laufende Adaption). Geeignete Regelungen sind Temperatur-, Füllstands- und Durchflußregelungen mit stabilem asymptotischen Einschwingverhalten, unipolarem Stellsignal, nicht zu großen Verzugszeiten und nicht zu hoher Prozeßverstärkung.

Ablauffähig auf S7-300 (ab CPU 313), S7-400 und C7 in Verbindung mit integrierten Reglern, Standard PID Control, Modular PID Control, FM 355 und FM 455.

Fuzzy Control++

Das Softwarepaket *Fuzzy Control++* (Fuzzy-Regelung) besteht aus den zur Regelung notwendigen Bausteinen und einem Konfigurationswerkzeug. Fuzzy Control++ kommt dann zum Einsatz, wenn mathematisch schwer erfaßbare Prozesse mit ausreichender Qualität voll automatisch geregelt oder gesteuert werden sollen. Die vorliegende Erfahrung über das Prozeßverhalten wird bei Fuzzy-Systemen durch Regeln ersetzt, die das Prozeßverhalten qualitativ beschreiben. Das Erfassen vollzieht sich in zwei Schritten:

▷ Die Charakteristik der Momentanwerte relevanter Ein- und Ausgangsgrößen durch „unscharfe“ Definition und Quantifizierung von Eigenschaften wie: viel, wenig, etwas, warm, eiskalt, schnell, usw.

▷ Die Formalisierung des Erfahrungswissens über den betreffenden Prozeß in „Wenn-Dann-Regeln“.

Die Bearbeitung erfolgt nach folgendem Schema: Überführung der Eingangsmomentanwerte in Wahrheitsgrade („Fuzzifizierung“), Bearbeitung durch Verknüpfung der Wahrheitsgrade (Wenn-Teil der Regel) und Ermittlung des Wahrheitswerts für den betroffenen Ausgang (Dann-Teil der Regel, „Inferenz“) und Berechnung des numerischen Ausgangswerts durch Wichtung der resultierenden Zugehörigkeitsfunktionen und Bildung des Flächenschwerpunkts („Defuzzifizierung“).

Das Konfigurationswerkzeug gestattet menügeführt die Parametrierung des Fuzzy-Systems (Erstellung der „Wenn-Dann-Regeln“ und Festlegen der Wertebereiche für die Ein- und Ausgangssignale), die Simulation der Eingangssignale über einen Kurvengenerator, die Verfolgung der Regleraktivitäten in Balkenform, die dreidimensionale Anzeige der Kennlinien des Fuzzy-Systems und das Beobachten von bis zu vier Ein- und Ausgangssignalen (Kurvenschreiber mit Speichern in einem Festplattenarchiv und Weiterverarbeitung mit Standard-Applikationen).

Ablauffähig auf S7-300 und S7-400 in Verbindung mit WinCC; auch in Kombination mit klassischen PID-Reglern und neuronalen Netzen.

NeuroSystems

Das Softwarepaket *NeuroSystems* (neuronale Netze) besteht aus den zur Regelung notwendigen Standardbausteinen und einem Konfigurationswerkzeug. NeuroSystems kommt dann zum Einsatz, wenn Prozesse, deren Verhalten man nicht oder nur teilweise kennt, geregelt, gesteuert oder nachgebildet werden sollen. Anhand der vorliegenden Meßwerte lernt NeuroSystems, das Prozeßverhalten oder markante Eigenschaften in den Meßwerten zu erkennen, wie z.B. Mustererkennung.

Die Funktionen des Konfigurationswerkzeugs sind: die Parametrierung von NeuroSystems (Einlesen der Lerndaten und Festlegen der Wertebereiche), die Simulation der Eingangssignale über einen Kurvengenerator, die dreidimensionale Anzeige der Kennlinien von NeuroSystems und das Beobachten der zeitlichen Verläufe von bis zu vier Ein- und Ausgangssignalen (Kurvenschreiber mit Speichern in einem Festplattenarchiv und Weiterverarbeitung mit Standard-Applikationen).

Ablauffähig auf S7-300 (ab CPU 314) und S7-400 in Verbindung mit WinCC; auch in Kombination mit Fuzzy Control++.

3.23 Mit DOCPRO im Schaltbuchformat dokumentieren

Mit der Optionssoftware DOCPRO erstellen und verwalten Sie die Anlagendokumentation. DOCPRO ermöglicht es Ihnen:

- die zu druckenden Daten in beliebiger Folge zu Schaltbüchern mit einheitlichem Druckbild und Schriftfeldern zusammenzustellen,
- das Layout nach DIN 6771 (Norm für technische Unterlagen) unterstützt durch mitgelieferte Layout-Vorlagen oder individuell zu gestalten,
- Zeichnungsnummern automatisch oder manuell zu vergeben sowie
- Unterlagenverzeichnisse automatisch erstellen zu lassen.

DOCPRO kann beispielsweise folgende Daten dokumentieren: Programmcode in der entsprechenden Programmiersprache, Symboltabellen, Referenzdaten, Konfigurationstabellen, Globaldaten- und Verbindungstabelle.

Anlagendokumentation erstellen

Nach der Installation von DOCPRO fügen Sie unter einem Projekt ein Objekt *Dokumentation* ein; bei neu erstellten Projekten geschieht dies dann automatisch. Ein Doppelklick auf *Dokumentation* startet DOCPRO. Im linken Teil des Dokumentationsfensters sehen Sie die Struktur der Anlagendokumentation in Form von Schaltbüchern und Auftragslisten und im rechten Teil deren Inhalte. Der „Schaltbuch-Assistent" unterstützt Sie beim Anlegen einer neuen Anlagendokumentation.

Sie können jederzeit das Layout und die Reihenfolge der Dokumentation ändern. Das gewünschte Layout stellen Sie mit EXTRAS → EINSTELLUNGEN → ... ein. Mit EINFÜGEN → SCHALTBUCH, EINFÜGEN → AUFTRAGSLISTE, EINFÜGEN → DRUCKOBJEKT und EINFÜGEN → DECKBLATT ergänzen Sie die Unterlagen. Eine Dokumentation kann mehrere Schaltbücher enthalten, diese wiederum mehrere Auftragslisten, in denen die Druckobjekte (z.B. Symboltabelle, übersetzte Bausteine, Querverweisliste) in der Reihenfolge des Ausdrukkens angeordnet sind.

Nach Abschluß des Druckvorgangs wird ein Unterlagenverzeichnis ausgegeben. Es enthält die ausgedruckten Objekte in tabellarischer Form. Wie für jedes Druckobjekt können Sie auch für das Unterlagenverzeichnis das Layout festlegen.

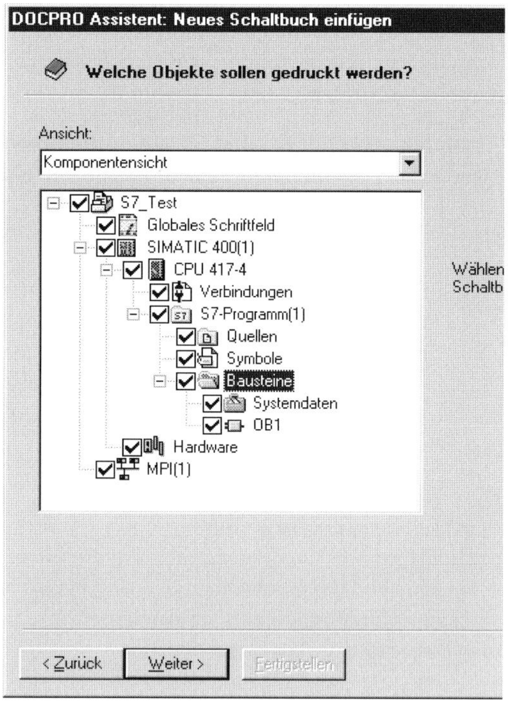

Bild 3.21 Druckobjektauswahl mit dem Assistenten

1 2 3 4

A

OB1 - <offline>

"Zyklus" Hauptprogramm

Name: Zyklus **Familie:** S7_Buch

Autor: Berger **Version:** 01.01

Bausteinversion: 2

Zeitstempel Code: 15.09.99 18:38:59

Interface: 23.08.96 18:44:39

Längen (Baustein / Code / Daten): 00218 00098 00026

B

Adresse	Deklaration	Name	Typ	Anfangswert	Kommentar
0.0	temp	OB1_EV_CLASS	BYTE		Bits 0-3 = 1 (Coming event), Bits 4-7 = 1 (Event class 1)
1.0	temp	OB1_SCAN_1	BYTE		1 (Cold restart scan 1 of OB 1), 3 (Sca n 2-n of OB 1)
2.0	temp	OB1_PRIORITY	BYTE		1 (Priority of 1 is lowest)
3.0	temp	OB1_OB_NUMBR	BYTE		1 (Organization block 1, OB1)
4.0	temp	OB1_RESERVED_1	BYTE		Reserved for system
5.0	temp	OB1_RESERVED_2	BYTE		Reserved for system
6.0	temp	OB1_PREV_CYCLE	INT		Cycle time of previous OB1 scan (millis econds)
8.0	temp	OB1_MIN_CYCLE	INT		Minimum cycle time of OB1 (milliseconds)
10.0	temp	OB1_MAX_CYCLE	INT		Maximum cycle time of OB1 (milliseconds)
12.0	temp	OB1_DATE_TIME	DATE_AND_TIME		Date and time OB1 started

C

Baustein: OB1 Hauptprogramm

Aufruf der Bausteine für das Beispiel Telegramm.

Netzwerk: 1 Telegramm generieren

Mit steigender Flanke am Eingang wird ein Telegramm aus Kennung, laufender Nummer, Uhrzeit und Daten (erstes Feld) im Sendefach generiert.

D

E

Symbolinformation

E1.0	Generieren	Start Telegramm zusammenstellen
M1.0	FM_Gen	Flankenmerker für Generieren
FB51	T_Generieren	Sendetelegramm zusammenstellen
DB51	DB_Generieren	Instanz-Datenbaustein zu FB 51

Vorwärts-Verweise

FM_Gen

F

Datum 15.09.1999 | Bearb. Berger | Gepr. | Norm

Zustand Änderung Datum Name

Publicis-MCD

SIMATIC-Buch

Siemens AG Nürnberg

Organisationsbaustein OB1

Programmausdruck

Zeichnungsnummer

Unterlagennummer

= +

Blatt 1 Bl.

©

Bild 3.22 Beispiel für einen Schaltbuchausdruck

Das Bild zeigt als Beispiel für einen Schaltbuchausdruck ein DIN A4-Layout im Hochformat mit Schriftfeld für den OB 1. Sie können auch DIN A3 im Hoch- und Querformat wählen oder selbst ein Layout entwerfen.

3.24 Mit TeleService über das Telefonnetz koppeln

Mit dem Optionspaket *TeleService* können Sie ein Programmiergerät oder einen PC über das Telefonnetz an eine SIMATIC-Station anschließen. Dies versetzt Sie in die Lage, entfernte Maschinen oder Anlagen zentral zu verwalten, zu steuern und zu überwachen.

TeleService läuft unter Microsoft Windows 95/98 oder Windows NT auf einem Programmiergerät oder einem Standard-PC. Die Verbindung geschieht über eine physikalische bzw. virtuelle COM-Schnittstelle. Auf der Stationsseite wird ein TS-Adapter benötigt, der den Anschluß an ein MPI- oder PROFIBUS-Subnetz herstellt. TeleService ist Modem-unabhängig und arbeitet mit allen handelsüblichen Hayes-kompatiblen Modems zusammen, die in der Systemsteuerung von Windows installiert sind. Je nach Modem kann ein analoges oder digitales Telefonnetz oder ein Funknetz verwendet werden.

Die Einrichtung des TeleService-Betriebs wird in folgenden Schritten ausgeführt:

- ▷ Maßnahmen auf der PG/PC-Seite
  TeleService installieren, lokales Modem in der Windows Systemsteuerung installieren, PG/PC-Schnittstelle einstellen, TeleService- und Modem-Eigenschaften abstimmen.
- ▷ Einstellungen auf der Anlagenseite
  TS-Adapter parametrieren.
- ▷ TeleService benutzen
  Telefonbuch anlegen, Verbindung aufbauen und Durchführung der Wartungsarbeiten an der Anlage mit dem Funktionsumfang von STEP 7; z.B. Fehleranalyse und -behebung, Upgrade- und Update-Maßnahmen.

Über die Direktverbindung wird der TS-Adapter parametriert. Die Direktverbindung zum TS-Adapter kann auch dazu verwendet werden, einen PC mit der COM-Schnittstelle an ein MPI- oder PROFIBUS-Netz anzuschließen.

Die Initiative zum Verbindungsaufbau kann auch von der SIMATIC-Station kommen. Auf der PG/PC-Seite benötigen Sie das Optionspaket *PRODAVE MPI*, das Daten zwischen einer SIMATIC-Station und einem Standard-PC-Programm, wie z.B. MS-Excel, austauscht.

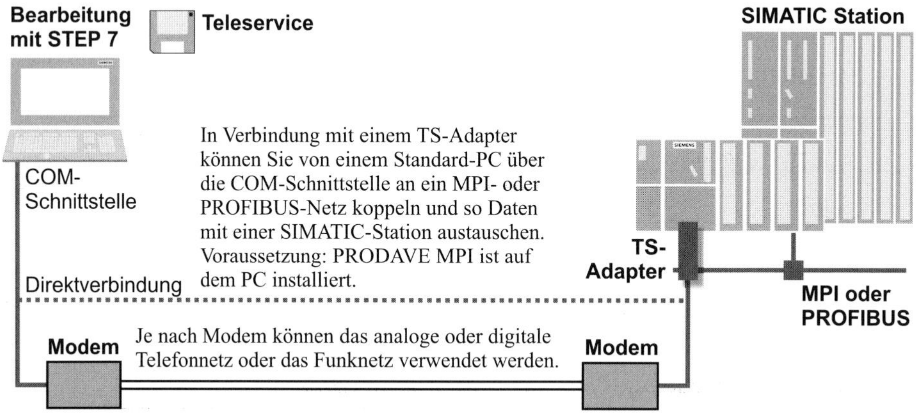

Bild 3.23 SIMATIC-Stationen mit Teleservice über Fernverbindung steuern

4 Die Programmiersprachen

Mit den SIMATIC-Programmiersprachen erstellen Sie das Anwenderprogramm. Je nach Anforderung und Vorliebe können Sie unter mehreren Programmiersprachen und Programmiermethoden wählen. Drei der Programmiersprachen (KOP, FUP und AWL) sind im Lieferumfang von STEP 7 Basis mit enthalten, die anderen gibt es als Optionssoftware.

Die grafischen Programmiersprachen eignen sich besonders zur Darstellung binärer Verknüpfungen, sei es als Nachbildung eines Stromlaufplans (Kontaktplan KOP) oder als Nachbildung elektronischer Schaltkreise (Funktionsplan FUP). Die textuelle Sprache Anweisungsliste AWL eignet sich zusätzlich zum Bearbeiten komplexer Variablen oder zur indirekten Operandenadressierung.

SCL ist eine textuelle Programmiersprache zur Umsetzung komplexer Algorithmen und zur Handhabung großer strukturierter Datenmengen. Mit SCL programmieren Sie einzelne Anwender-Bausteine genauso wie mit den Basisprogrammiersprachen KOP, FUP und AWL. Sie können auch ein komplettes Anwenderprogramm in SCL schreiben.

Mit CFC verschalten Sie Bausteine ähnlich wie in einem Funktionsplan. In welcher Sprache (KOP, FUP, AWL oder SCL) die Bausteine geschrieben sind, ist hierbei belanglos. CFC benötigt SCL zum Erzeugen ablauffähiger Bausteine.

GRAPH ist eine Programmiermethode für sequentielle Steuerungsabläufe. Die Weiterschaltbedingungen auf die nächsten Schritte können Sie wahlweise in KOP oder in AWL darstellen. Alternativ- oder Simultanverzweigungen erweitern die lineare Abarbeitung der aufeinanderfolgenden Schritte.

HiGraph schließlich gestattet die Darstellung der Steuerungsaufgabe als Zustandsgraph. Hier steht dann nicht mehr die lineare Bearbeitung im Vordergrund, sondern ein quasi beliebiges Aufeinanderfolgen von Zuständen und Übergängen, wie es bei asynchronen Prozessen üblich ist.

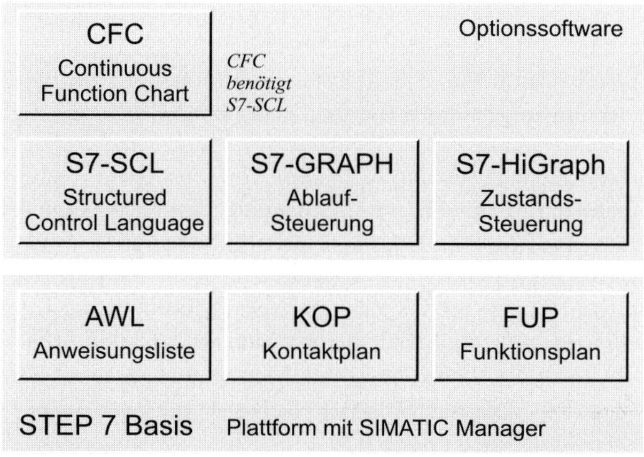

Bild 4.1
Die Programmiersprachen von STEP 7

4.1 Die Basis-Programmiersprachen KOP, FUP und AWL

Die Basissoftware STEP 7 enthält im Lieferumfang einen Programmeditor mit den Programmiersprachen Kontaktplan (KOP), Funktionsplan (FUP) und Anweisungsliste (AWL). Diese Programmiersprachen sind nach der Norm DIN EN 6.1131-3 (IEC 1131-3) ausgelegt. Mit diesen Programmiersprachen erstellen Sie das Anwenderprogramm.

KOP und FUP sind grafisch orientierte Sprachen; in KOP wird die Steuerungsaufgabe durch die Reihen- und Parallelschaltung von Kontakten gelöst und in FUP durch die Verschaltung von UND- und ODER-Boxen. AWL ist textorientiert; hier geschieht die Beschreibung der Steuerungsaufgabe in Listenform.

Doch nicht nur binäre Signalzustände lassen sich mit den Programmiersprachen verknüpfen. Auch die Bearbeitung digitaler Werte in verschiedenen Zahlendarstellungen, wie z.B. der Vergleich oder die Grundrechnungsarten mit ganzen oder gebrochenen Zahlen, ist in allen Sprachen problemlos möglich. Jede Sprache stellt auch Funktionen zur Verfügung, mit denen Sie ihr Programm nach Ihren Wünschen strukturieren können. So ist jede Programmiersprache zur Erstellung eines kompletten Anwenderprogramms geeignet.

Mit binären Verknüpfungen und Speicherfunktionen sind Sie in der Lage, das Automatisierungsgerät in einer gewissen „Basisfunktionalität" im Funktionsumfang von Schütz- oder Relaissteuerungen bzw. verdrahteten Logikschaltkreisen zu programmieren. Weitergehende Möglichkeiten erhalten Sie durch die Verarbeitung digitaler Werte mit Vergleichsfunktionen, arithmetischen und mathematischen Funktionen, Umwandlungs- und Schiebefunktionen sowie Wortverknüpfungen. Mit Sprungfunktionen gestalten Sie den Programmfluß nach Ihren Anforderungen.

Sie programmieren das Anwenderprogramm in Programmabschnitten, die „Bausteine" genannt werden. *Organisationsbausteine* sind die Schnittstelle vom Betriebssystem zum Anwenderprogramm; sie werden bei bestimmten Ereignissen vom Betriebssystem der CPU aufgerufen und stellen den Programmanfang in einer bestimmten Programmablaufebene dar. In den Organisationsbausteinen können dann die Bausteintypen *Funktionsbaustein* und *Funktion* aufgerufen und bearbeitet werden.

Alle Programmiersprachen stellen für die Bausteinaufrufe entsprechende Funktionen zur Verfügung: In den grafischen Programmiersprachen sind es Boxen mit Ein- und Ausgängen, an denen dem aufgerufenen Baustein Werte übergeben und wieder zurückgelesen werden können, in AWL ist es die CALL-Anweisung, die einen Baustein aufruft und in einer nachfolgenden Parameterliste die Werte zum aufgerufenen Baustein übergibt bzw. sie empfängt.

Diese bausteinweise Programmierung bietet zusätzlich zu anderen Vorteilen, wie z.B. abgeschlossene, überschaubare und parametrierbare Programmabschnitte, die freie Wahl der Programmiersprache für jeden Baustein. Das bedeutet, Sie müssen sich für Ihr Anwenderprogramm nicht auf eine Programmiersprache festlegen. Programmieren Sie die Bausteine für binäre Verknüpfungen z.B. in Kontaktplan, weil Sie die grafische Anordnung der Kontakte sehr anschaulich finden, und programmieren Sie die Verarbeitung der Daten in Anweisungsliste, da Sie hier mit Adreßregistern die Daten des Anwenderprogramms sehr effektiv indirekt adressieren können. Jeder Baustein kann einen weiteren Baustein aufrufen, der in einer anderen Sprache geschrieben worden ist.

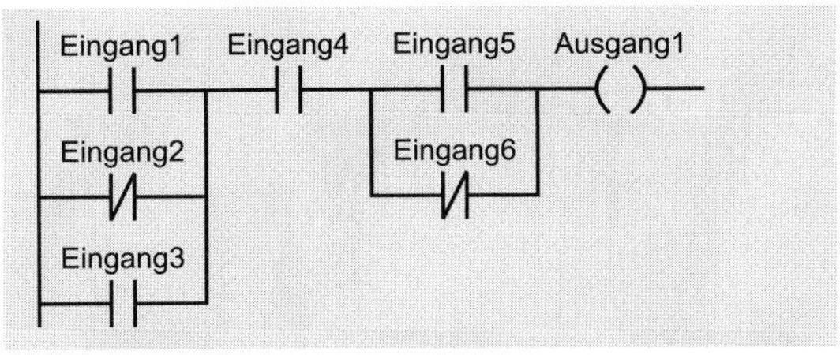

Mit **Kontaktplan (KOP)** programmieren Sie die Steuerungsaufgabe angelehnt an den Stromlaufplan. Die Verknüpfung der binären Signalzustände wird durch die serielle oder parallele Anordnung von *Kontakten* dargestellt. Eine *Spule* schließt einen Strompfad ab. Komplexe Funktionen werden mit *Boxen* dargestellt.

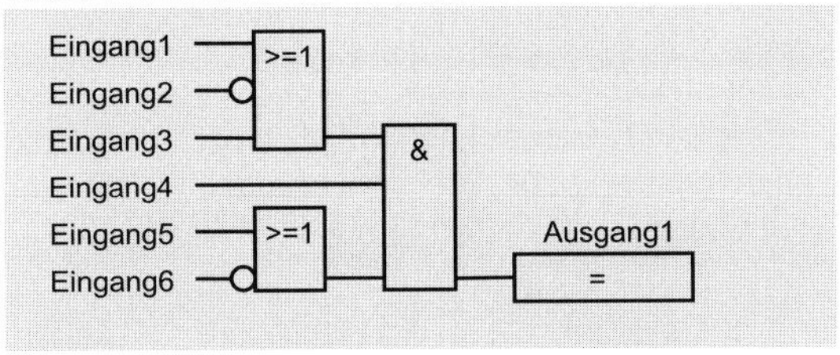

Mit **Funktionsplan (FUP)** programmieren Sie die Steuerungsaufgabe angelehnt an elektronische Schaltkreissysteme. Binäre Verknüpfungen werden durch Verschaltung von *UND- und ODER-Funktionen* realisiert und mit *einfachen Boxen* abgeschlossen. *Komplexe Boxen* übernehmen die Verknüpfung digitaler Variablen.

```
U(
O     Eingang1     //ODER-Funktion
ON    Eingang2
O     Eingang3
)
U     Eingang4     //UND-Funktion
U(
O     Eingang5
ON    Eingang6
)
=     Ausgang1     //Zuweisung
```

Mit **Anweisungsliste (AWL)** programmieren Sie die Steuerungsaufgabe in Listenform. Eine Zeile entspricht einer Anweisung mit einer *Operation*, die die auszuführende Funktion vorgibt, und eventuell einem *Operanden*, auf den die Funktion angewendet wird.

Bild 4.2 Die Basis-Programmiersprachen Kontaktplan, Funktionsplan und Anweisungsliste

Bausteine, die Sie in KOP oder FUP geschrieben haben, können Sie jederzeit in AWL darstellen. Unter bestimmten Umständen können auch im KOP geschriebene Bausteine in FUP dargestellt werden und umgekehrt; grafisch nicht darstellbare Programmteile werden dann in AWL angezeigt. Das KOP-, FUP- oder AWL-Programm ist „rückübersetzbar"; Sie können jederzeit aus dem Maschinencode einen lesbaren Baustein erzeugen, beispielsweise dann, wenn Sie ohne Offline-Daten das Anwenderprogramm in einer CPU lesen wollen.

Mit den grafischen Programmiersprachen erstellen sie das Anwenderprogramm „inkrementell", d.h. bei der Programmeingabe werden Ihre Angaben sofort vom Programmeditor überprüft. Beim Speichern des Bausteins wird er automatisch in den Maschinencode übersetzt. Sie können nur fehlerfrei übersetzte Bausteine speichern.

AWL gestattet sowohl eine quellorientierte als auch eine inkrementelle Programmierung. In AWL können Sie eine Programmquelle erstellen, das ist eine Textdatei mit Zeichen im ASCII-Format. Eine Programmquelle läßt sich jederzeit speichern, auch wenn sie noch nicht komplett und noch nicht fehlerfrei ist. Die Programmquelle kann auch von einem externen Texteditor erstellt und in das Anwenderprogramm „importiert" werden. Zur Erzeugung des Maschinencodes muß eine Programmquelle übersetzt (compiliert) werden.

Den Programmtest führen Sie selbstverständlich in der Programmiersprache durch, in der Sie den Baustein geschrieben haben. So können Sie in KOP den Stromfluß im Strompfad beobachten und in FUP die erfüllten Verknüpfungen farblich hervorheben lassen. AWL gestattet das zeilenweise Testen der Programmanweisungen mit Beobachtung der binären und digitalen Werte.

4.2 Binärfunktionen

Die Binärfunktionen verknüpfen Bitvariablen (Signale) nach der Booleschen Algebra. Sie verarbeiten und speichern Signale mit dem Datentyp BOOL. Dieses Format bedeutet ein Bit, das die beiden Zustände „1" und „0" bzw. „Ein" und „Aus" annehmen kann. Die Eingangssignale werden miteinander verknüpft und die Binärausgänge gesteuert, an denen z.B. Schütze, Ventile oder Leuchten angeschlossen sind.

Verknüpfungsfunktionen

Bild 4.3 zeigt die Ergebnisse der Verknüpfungsfunktionen. Angenommen, an den Eingängen mit den Namen „Eingang1" und „Eingang2" sind zwei Taster angeschlossen; an den Ausgängen jeweils eine Leuchte. Bei einer *UND-Funktion* bzw. bei einer *Reihenschaltung* („Ausgang1") leuchtet die Lampe dann, wenn beide Taster betätigt sind. In der Sprache der Steuerungstechniker lautet es so: Wenn an beiden Eingängen Signalzustand „1" anliegt, führt der Ausgang ebenfalls Signalzustand „1". Man spricht dann auch von einer „erfüllten" Verknüpfung. Die *ODER-Verknüpfung* bzw. die *Parallelschaltung* von Kontakten ist immer dann erfüllt, wenn mindestens einer der Eingänge Signalzustand „1" führt. Selbstverständlich kann eine UND- oder eine ODER-Funktion auch mehr als zwei (Funktions-) Eingänge haben. Dann werden die Abfragen und Verknüpfungen auf alle Eingänge ausgedehnt.

Die dritte Funktion im Bild, die Exklusiv-ODER-Funktion, gibt es in FUP und AWL. In KOP realisieren Sie diese Funktion mit einer Kombination aus Reihen- und Parallelschaltung. Hat eine Exklusiv-ODER-Funktion mehrere Eingänge, ist die Funktion dann erfüllt, wenn eine ungerade Anzahl an Eingängen Signalzustand „1" führt.

Selbstverständlich können Sie die Binärfunktionen auch kombinieren, z.B. die Ausgänge zweier UND-Funktionen auf eine ODER-Funktion führen, und so eine komplexe Verschaltung programmieren. In den grafischen Sprachen führen Sie die Kombination durch die geometrische Anordnung durch, in AWL stehen Ihnen *Klammerfunktionen* zur Verfügung, mit denen Sie die Funktionsbearbeitung steuern können.

Ein Rechteck bedeutet, der Operand führt Signalzustand „1" (z.B. der entsprechende Taster ist betätigt). Kein Rechteck: Der Operand führt „0".

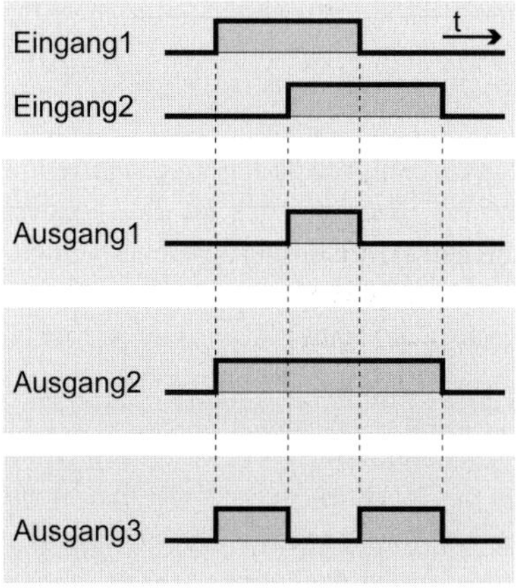

UND-Funktion, Reihenschaltung

Eine UND-Funktion ist nur dann erfüllt, wenn alle Funktionseingänge den Signalzustand „1" führen.

ODER-Funktion, Parallelschaltung

Eine ODER-Funktion ist immer dann erfüllt, wenn mindestens einer der Funktionseingänge den Signalzustand „1" führt.

Exklusiv-ODER-Funktion

Eine Exklusiv-ODER-Funktion ist nur dann erfüllt, wenn beide Funktionseingänge unterschiedlichen Signalzustand führen.

Bild 4.3 Veranschaulichung der binären Verknüpfungsfunktionen

Negation

Alle Funktionseingänge und Funktionsausgänge können „negiert“ werden, d.h. ihr Signalzustand ändert sich bei der Verarbeitung von „1“ nach „0“ oder von „0“ nach „1“. Diese Funktion benötigen Sie beispielsweise dann, wenn Sie mit einem „nullaktiven“ Signal etwas ausführen wollen: Zwei Taster sollen einen Ausgang mit Signalzustand „1“ steuern, wenn beide *nicht* betätigt sind, also Signalzustand „0“ führen.

Zuweisung

Das Ergebnis einer Verknüpfung nennt man „Verknüpfungsergebnis“ VKE. Es wird in der CPU gespeichert, verarbeitet und kann auch beispielsweise einem Ausgang zugewiesen werden. Ist das VKE = „1“ – wenn die Verknüpfung erfüllt ist – dann führt auch dieser Ausgang Signalzustand „1“ (der Ausgang wird „gesetzt“). Ist das VKE = „0“, führt der Ausgang ebenfalls „0“; er wird „rückgesetzt“. Eine Zuweisung (in KOP: Spule, in FUP: einfache Box) führt also den bei ihr stehenden Operanden immer dem VKE nach.

Speicherfunktion

Eine Speicherfunktion wird mit VKE = „1“ gesteuert und hält den Signalzustand eines Operanden. Es gibt die *Setzen-Funktion*, bei der der Operand gesetzt wird und auch bleibt, wenn die Setzen-Funktion wieder mit „0“ bearbeitet wird. Und es gibt die *Rücksetzen-Funktion*, bei der der Operand zurückgesetzt wird, wenn sie mit VKE = „1“ bearbeitet wird. In den grafischen Sprachen können beide Funktionen zu einem *SR-Speicher* (Rücksetzen vorrangig) und zu einem *RS-Speicher* (Setzen vorrangig) kombiniert werden. Vorrangig bedeutet, nur Setzen bzw. nur Rücksetzen wird ausgeführt, wenn beide Funktionseingänge mit VKE = „1“ gesteuert werden.

Flankenauswertung

Zusätzliche Möglichkeiten bieten die Flankenauswertungen, die den Zustandswechsel eines Signals anzeigen. Sie können so den Übergang von Signalzustand „0“ nach „1“ oder von „1“ nach „0“ (den Moment des Einschaltens oder des Ausschaltens) erfassen und weiterverknüpfen. Programmtechnisch erfolgt die Flankenerkennung durch Vergleich: Ein „Flankenmerker“ (ein statischer Operand) speichert das „alte“ Verknüpfungsergebnis, das mit dem „neuen“ VKE verglichen wird; ist das alte „0“ und das neue „1“, liegt eine steigende Flanke vor (Einschalten), im umgekehrten Fall eine fallende Flanke (Ausschalten).

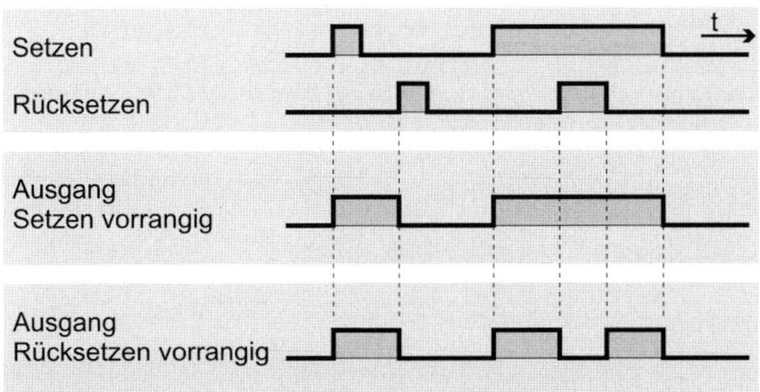

Bild 4.4
Veranschaulichung der Speicherfunktionen „Setzen vorrangig“ und „Rücksetzen vorrangig“

4.3 Digitalfunktionen

Die Digitalfunktionen verarbeiten Variablen mit digitalen Werten, wie z.B. Drehzahlen, Stromwerte, Stückzahlen, und erweitern so die Funktionalität der speicherprogrammierbaren Steuerung. Die Formate, in denen diese Werte gespeichert und verarbeitet werden, sind im wesentlichen die Datentypen INT (einfacher ganzzahliger Wert), DINT (erweiterter ganzzahliger Wert) und REAL (gebrochener Wert mit Nachkommastellen).

Vergleichsfunktionen Die Vergleichsfunktionen vergleichen zwei Digitalvariablen mit den Datentypen INT, DINT oder REAL nach gleich, ungleich, größer, größer-gleich, kleiner und kleiner-gleich. Das Vergleichsergebnis steht als Binärwert (Verknüpfungsergebnis) zur Verfügung und kann mit Binärfunktionen gespeichert oder weiterverknüpft werden.

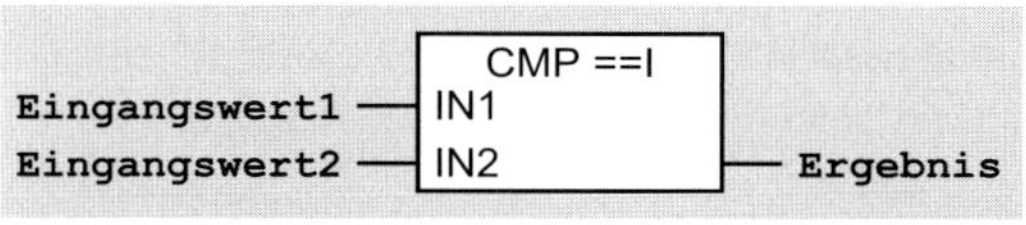


```
L    Eingangswert1
L    Eingangswert2
==I
=    Ergebnis
```

Arithmetische Funktionen Die arithmetischen Funktionen verknüpfen zwei Werte nach den Grundrechnungsarten Addieren, Subtrahieren, Multiplizieren und Dividieren. Sie können die arithmetischen Funktionen auf Variablen mit den Datentypen INT, DINT und REAL anwenden.

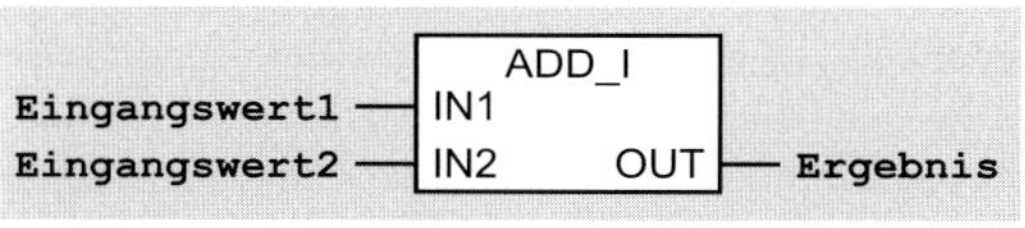


```
L    Eingangswert1
L    Eingangswert2
+I
T    Ergebnis
```

Mathematische Funktionen Zu ihnen gehören die Funktionen Sinus, Cosinus, Tangens, Arcussinus, Arcuscosinus und Arcustangens sowie Quadrieren, Radizieren, Exponentieren und Logarithmieren.

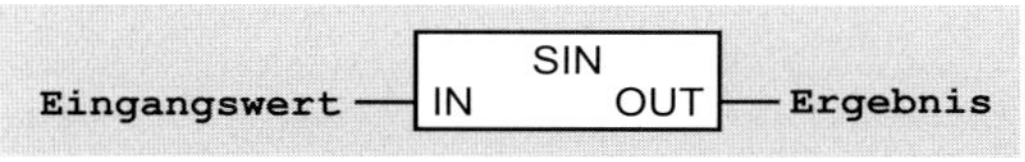


```
L    Eingangswert
SIN
T    Ergebnis
```

Umwandlungsfunktionen Die Umwandlungsfunktionen wandeln den Datentyp einer Variablen, beispielsweise wandeln sie eine gebrochene Zahl durch Auf- oder Abrunden in eine ganze Zahl.

```
L    Eingangswert
ROUND
T    Ergebnis
```

Schiebefunktionen Die Werte einzelner Variablen können bitweise nach rechts oder links verschoben werden. Die hinausgeschobenen Bits gehen entweder verloren oder werden auf der anderen Seite der Variablen wieder übernommen (Rotierfunktionen).

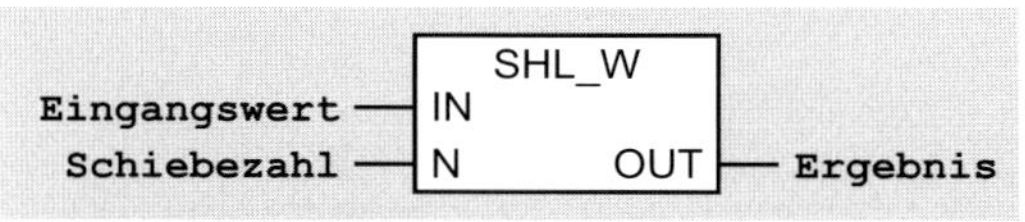


```
L    Schiebezahl
L    Eingangswert
SLW
T    Ergebnis
```

Wortverknüpfungen Auch Digitalvariablen mit 8, 16 oder 32 Bits können Bit für Bit nach UND, ODER und Exklusiv-ODER miteinander verknüpft werden.

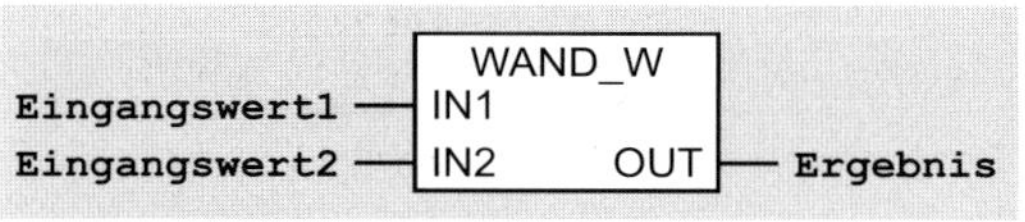


```
L    Eingangswert1
L    Eingangswert2
UW
T    Ergebnis
```

Bild 4.5 Darstellung der Digitalfunktionen grafisch und in AWL

4.4 Programmflußsteuerung

Alle Programmiersprachen stellen Funktionen zur Verfügung, die den Programmfluß steuern. Die wichtigsten sind die *Bausteinaufrufe*. Mit ihnen werden Bausteine aufgerufen und bearbeitet. Mit Bausteinparametern gestalten Sie die aufgerufenen Funktionen parametrierbar, so daß die Bausteine mehrfach mit unterschiedlichen Werten benutzt werden können. Die Bausteinaufrufe können abhängig von Bedingungen durchgeführt werden: in den grafischen Sprachen mit dem Eingang EN (enable input); in AWL mit einer Sprungfunktion über die Aufrufanweisung CALL samt Parameterliste. Über den Ausgang ENO (enable output) meldet der aufgerufene Baustein in den grafischen Sprachen einen Sammelfehler; bei AWL wird an dieser Stelle das Binärergebnis BIE verwendet, das im aufgerufenen Baustein gesetzt und nach dem Aufruf abgefragt werden kann.

Innerhalb eines Bausteins steuern Sie mit *Sprungfunktionen* den Programmfluß. Die Sprungfunktionen in den grafischen Sprachen sind vom VKE abhängig (Sprung bei „1" oder Sprung bei „0"); es kann jedoch jedes Statusbit abgefragt und damit quasi in das VKE übertragen werden. Bei AWL gibt es Sprungfunktionen, die immer ausgeführt werden, vom VKE abhängig sind oder die Statusbits direkt abfragen. Zur Sprungfunktion gehört eine Sprungmarke, mit der der Einsprung markiert wird. Das ist die Stelle, an der die Bearbeitung nach dem ausgeführten Sprung fortgesetzt werden soll. In den grafischen Sprachen liegt der Einsprung immer am Anfang eines Netzwerks, bei AWL kann er am Anfang jeder Anweisung stehen.

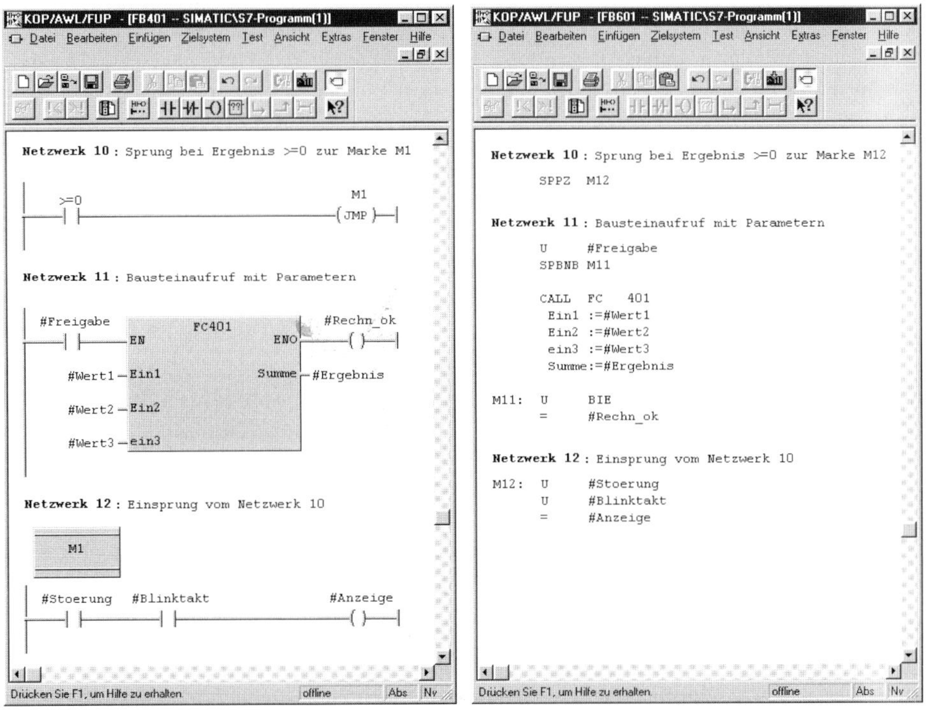

Bild 4.6 Beispiel für Sprungfunktionen und Bausteinaufrufe in KOP und AWL

4.5 Kontaktplan KOP

KOP-Programmelemente

In der Programmiersprache Kontaktplan (KOP) programmieren Sie die Steuerungsaufgabe durch Anordnen von grafischen Programmelementen. Das sind im wesentlichen Kontakte, Spulen und Boxen, die Sie in Form eines Stromlaufplans miteinander verbinden.

Das Programmieren eines Strompfads beginnen Sie an der linken Stromschiene. Sie markieren die Stelle im Strompfad, an der Sie einfügen wollen, und wählen die gewünschten Programmelemente – je nach erworbener Routine oder Vorliebe – mit der entsprechenden Funktionstaste, mit der entsprechenden Schaltfläche aus der Funktionsleiste oder aus dem Programmelemente-Katalog. Einen Strompfad schließen Sie mit einer Spule oder einer Box ab. Sie können auch einen „T-Abzweig“ programmieren, der am Ende des Strompfads auf weitere Spulen und Boxen, auch mit eigener Vorverknüpfung, führen kann.

Der KOP-Programmeditor baut ein Netzwerk nach dem Prinzip des „Hauptstrompfads“ auf: Das ist der oberste Zweig, der direkt an der linken Stromschiene beginnt und mit einer Spule oder einer Box abgeschlossen werden muß. In ihm können alle KOP-Programmelemente plaziert werden. In Parallelzweigen gibt es mitunter Einschränkungen in der Auswahl der zugelassenen Programmelemente. Kein KOP-Programmelement darf durch einen „leeren“ Parallelzweig „kurzgeschlossen“ werden und kein „Strom“ darf von rechts nach links durch ein Programmelement fließen (ein Parallelzweig muß zu dem Zweig geschlossen werden, an dem er geöffnet wurde).

Die meisten Programmelemente müssen mit Operandenadressen (Variablen) versehen werden. Am günstigsten gehen Sie vor, wenn Sie zuerst alle Programmelemente anordnen und anschließend beschriften. Die Operanden adressieren Sie entweder absolut, z.B. E 1.0, oder symbolisch, z.B. „Handbetrieb“.

Ein „Netzwerk“ nimmt einen einzigen Strompfad auf, d.h. eine mit einer Spule oder Box abgeschlossene Verknüpfung. Um den nächsten Strompfad einzugeben, erzeugen Sie ein weiteres Netzwerk nach dem aktuell markierten Netzwerk. Sie können dem Netzwerk eine Überschrift und einen Netzwerkkommentar geben und so die Funktion des Netzwerks (des Strompfads) ausführlich beschreiben.

Kontakte

Mit Kontakten fragen Sie die Binäroperanden wie z.B. Eingänge ab. Mit der Anordnung der Kontakte in Reihe oder parallel verknüpfen Sie die abgefragten Signalzustände. Es gibt zwei Kontaktarten: *Schließerkontakte* und *Öffnerkontakte*. Bei einem Schließerkontakt wird der über dem Kontakt stehende Operand auf Signalzustand „1“ abgefragt; der Kontakt „schließt“, wenn der Operand „1“ führt (es fließt Strom beim Aktivieren). Ein Öffnerkontakt fragt den Operanden nach Signalzustand „0“ ab; der Kontakt „schließt“, wenn der Operandenstatus „0“ ist (es fließt Strom, wenn der Kontakt nicht aktiviert ist).

Die Abfrage durch Kontakte ist nicht auf den Operandenbereich Eingänge beschränkt. Sie können jeden Binäroperanden und z.B. auch Statusbits abfragen. Mit dem Kontakt NOT negieren Sie das Verknüpfungsergebnis; ist das VKE vor dem Kontakt „1“ (fließt „Strom“), wird es durch den Kontakt NOT zu „0“ (nach dem Kontakt fließt dann kein „Strom“ mehr).

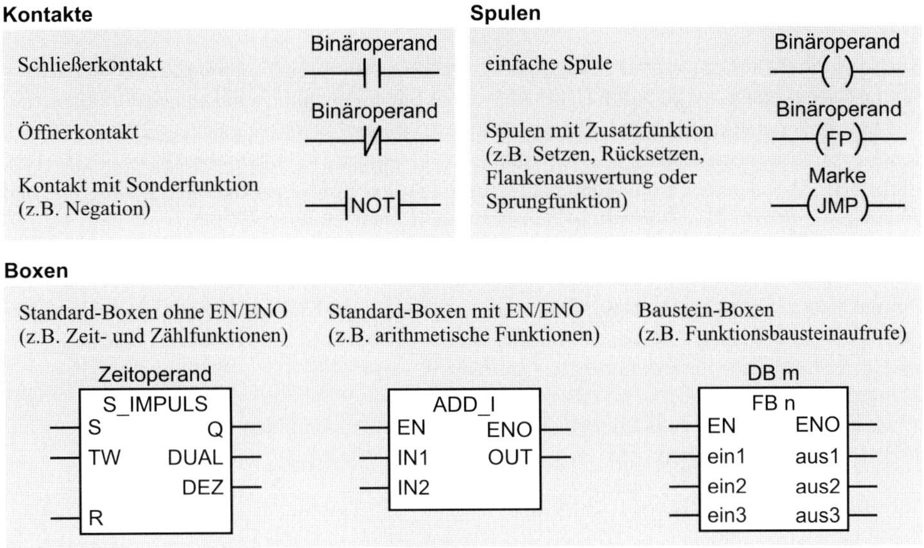

Bild 4.7 Programmelemente für Kontaktplan KOP

Spulen

Mit Spulen steuern Sie Binäroperanden wie z.B. Ausgänge. Einfache Spulen setzen den Binäroperanden, wenn Strom in die Spule fließt (VKE = „1"), und setzen ihn wieder zurück, wenn kein Strom mehr fließt. Es gibt Spulen mit Zusatzbeschriftung wie z.B. Setzen- und Rücksetzenspulen, die eine spezielle Funktionalität aufweisen. Über Spulen können Sie auch einzelne Zeit- und Zählfunktionen steuern, Bausteine ohne Parameter aufrufen, Sprünge im Programm ausführen, usw.

Boxen

Boxen stellen Programmelemente mit nichtbinären Funktionen dar. KOP stellt „Standard-Boxen" in zwei Ausführungen zur Verfügung: ohne EN/ENO-Parameter (wie z.B. Speicherfunktionen, Zeit- und Zählfunktionen, Vergleich-Boxen) und mit EN/ENO-Parameter (wie z.B. MOVE, arithmetische und mathematische Funktionen, Datentypwandlung). Rufen Sie Codebausteine wie z.B. Funktionsbausteine auf, stellt der KOP-Programmeditor die Aufrufe ebenfalls als Boxen mit EN/ENO-Parameter dar.

EN/ENO-Parameter

Mit den Eingang EN (enable input) steuern Sie die Bearbeitung der Box: Die entsprechende Funktion wird nur dann ausgeführt, wenn „Strom" in diesen Eingang fließt. Aus dem Ausgang ENO (enable output) fließt „Strom", wenn die Box ohne Fehler bearbeitet wurde. Sie können Boxen mit EN und ENO in Reihe schalten und so eine nachfolgende Box nur dann bearbeiten lassen, wenn die vorhergehende Box ordnungsgemäß bearbeitet worden ist, oder einen ganzen „Hauptstromzweig" mit in Reihe geschalteten Boxen mit einem Kontakt ein- und ausschalten.

Reihen- und Parallelschaltung in KOP

Ein Strompfad kann aus einem einzigen aber auch aus sehr vielen, miteinander verschalteten Kontakten bestehen. Im Beispiel (Bild 4.8) sehen Sie eine Reihenschaltung mit dem Schließerkontakt *#Hand_ein* und dem Öffnerkontakt *#Automatikbetrieb*; es fließt „Strom“ durch den Strompfad, wenn *#Hand_ein* Signalzustand „1“ führt und *#Automatikbetrieb* „0“. Parallel dazu gibt es eine zweite Reihenschaltung aus den Schließerkontakten *#Auto_ein* und *#Automatikbetrieb*. Diese Parallelschaltung von Reihenschaltungen führt auf den Setzen-Eingang der Speicherbox.

Der Rücksetzen-Eingang ist mit zwei parallel angeordneten Kontakten beschaltet. Der Speicher wird zurückgesetzt, wenn das Signal *#Motor_aus* mit Signalzustand „1“ oder das Signal *#Stoerung* mit Signalzustand „0“ („nullaktiv“) ansteht.

Innerhalb eines Strompfads können Sie das Verknüpfungsergebnis (den „Stromfluß“) mit dem Kontakt NOT negieren, d.h. aus Signalzustand „1“ wird „0“ und umgekehrt.

Ein Strompfad muß immer abgeschlossen werden, meistens mit einer Spule. Ohne weitere Zusatzbeschriftung entspricht eine Spule einer Zuweisung des Verknüpfungsergebnisses an einen Binäroperanden. Es kann auch eine Box einen Strompfad abschließen.

Im Beispiel ist der Ausgang der Speicherbox mit dem Schließerkontakt *#Freigabe* verknüpft. Danach folgt ein sog. „T-Abzweig“; Sie können damit mehrere Ausgänge pro Strompfad steuern. Im Beispiel sind es die Spulen *#M_Start* (für die Motorsteuerung) und *#M_laeuft* (für die Anzeige).

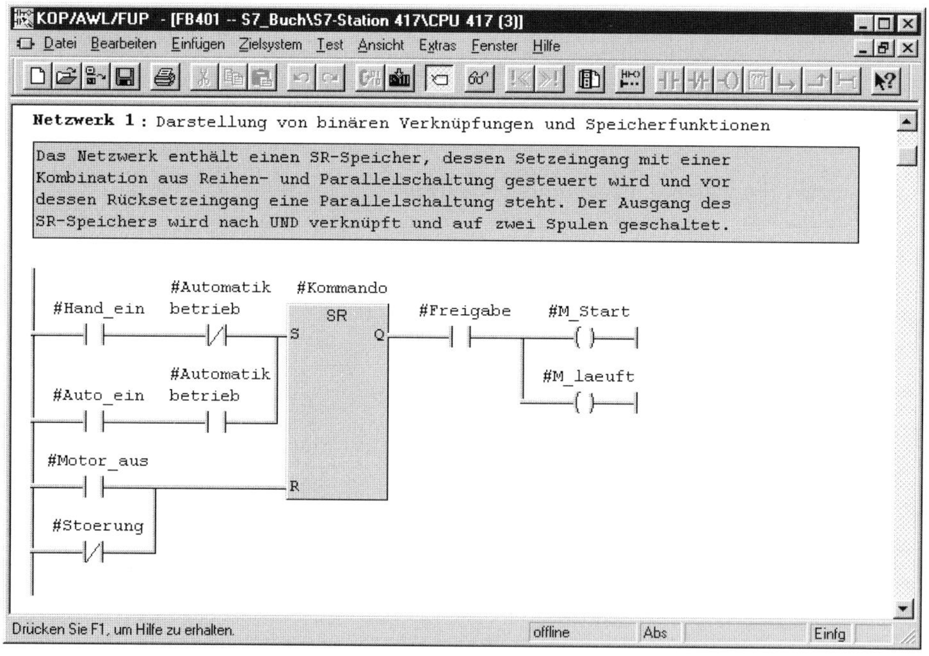

Bild 4.8 Beispiel für Reihen- und Parallelschaltung von Kontakten in der Programmiersprache KOP

Digitale Funktionen in KOP

Die digitalen Funktionen werden durch Boxen repräsentiert. Eine Digitalbox kann einen oder zwei Eingangswerte bearbeiten und das Ergebnis am Ausgang zur Verfügung stellen.

Alle Boxen gibt es mit dem Eingang EN, mit dem die Bearbeitung gesteuert wird: Liegt Signalzustand „1" am Eingang EN (fließt „Strom" in diesen Eingang), findet die Bearbeitung der Box statt. Verläuft die Bearbeitung ohne Fehler, liegt am Ausgang ENO der Signalzustand „1", andernfalls „0", wie auch bei Nichtbearbeitung durch EN = „0".

ENO und EN können miteinander verschaltet werden, so daß Sie mit dem EN-Eingang der ersten Box die Bearbeitung aller nachgeschalteten Boxen steuern können. Der ENO-Ausgang der letzten Box zeigt dann den Sammelfehler für alle Boxen an.

Die Boxen wählen Sie aus dem Programmelemente-Katalog unter der entsprechenden Rubrik aus; es gibt auch eine „neutrale" Box, die Sie mit der gewünschten Funktion beschriften können.

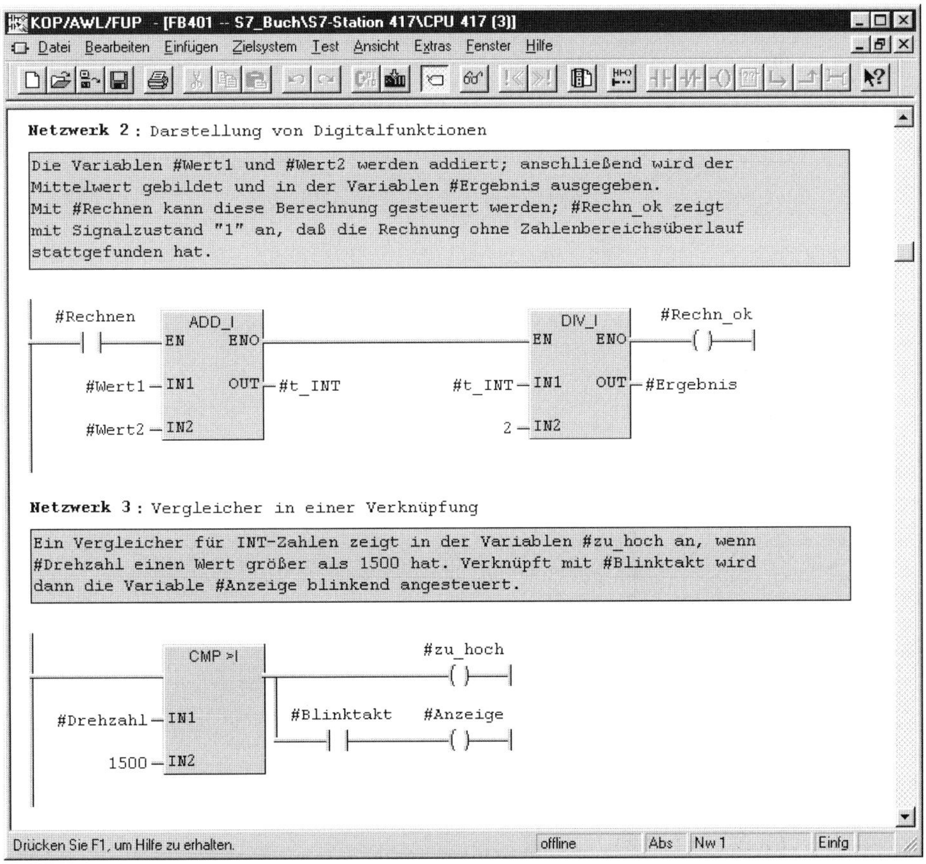

Bild 4.9 Beispiel für digitale Funktionen in der Programmiersprache KOP

4.6 Funktionsplan FUP

FUP-Programmelemente

In der Programmiersprache Funktionsplan (FUP) programmieren Sie die Steuerungsaufgabe durch das Verbinden von Boxen. FUP stellt Funktionsboxen zum Verknüpfen von Signalzuständen, einfache Boxen zum Verarbeiten der Verknüpfungsergebnisse und komplexe Boxen für nichtbinäre Funktionen zur Verfügung.

Das Programmieren einer Verknüpfung beginnen Sie mit dem Auswählen des in der Verknüpfung links liegenden Programmelements – je nach erworbener Routine oder Vorliebe – mit der entsprechenden Funktionstaste, mit entsprechender Menü-Anwahl oder aus dem Programmelemente-Katalog. Eine binäre Verknüpfung schließen Sie im einfachsten Fall mit einer Zuweisen-Box ab, die mit dem Verknüpfungsergebnis einen Binäroperanden steuert.

Der FUP-Programmeditor baut ein Netzwerk von links nach rechts und von oben nach unten auf. Von links führen die Eingänge auf die Funktionen, nach rechts gehen die Ausgänge ab. Eine Verknüpfung hat immer eine „Abschlußfunktion" (Ausgabe-Box), im einfachsten Fall eine Zuweisung des Verknüpfungsergebnisses an einen Binäroperanden. Sie können mit Hilfe des „T-Abzweigs" einer Verknüpfung weitere „Abschlußfunktionen" für eine Verknüpfung programmieren („Mehrfachausgang"). Nach einem T-Abzweig ist mitunter die Auswahl an programmierbaren Elementen eingeschränkt.

Die meisten Programmelemente müssen mit Operandenadressen (Variablen) versehen werden. Am günstigsten gehen Sie vor, wenn Sie zuerst alle Programmelemente anordnen und anschließend beschriften. Die Operanden adressieren Sie entweder absolut, z.B. E 1.0, oder symbolisch, z.B. „Handbetrieb".

Ein „Netzwerk" nimmt eine einzige Verknüpfung auf; eine Verknüpfung besteht aus zusammenhängenden, miteinander verbundenen Funktionen. Um die nächste Verknüpfung einzugeben, erzeugen Sie ein weiteres Netzwerk nach dem aktuell markierten Netzwerk. Sie können dem Netzwerk eine Überschrift und einen Netzwerkkommentar geben und so die Funktion des Netzwerks ausführlich beschreiben.

Binäre Funktionen

Mit binären Funktionen fragen Sie die Binäroperanden wie z.B. Eingänge ab und verknüpfen die abgefragten Signalzustände. Hierfür stehen die UND-, die ODER- und die Exklusiv-ODER-Funktion zur Verfügung. Alle Funktionen können auch mehr als zwei Eingänge aufweisen. Wenn Sie die Funktionsboxen untereinander verschalten, erhalten Sie auch komplexe Verknüpfungen in einem Netzwerk.

Die Abfrage eines Operanden kann durch einem dargestellten Kreis am Funktionssymbol negiert werden, so daß Abfrageergebnis „1" erhalten wird bei Status „0" des Operanden. Diesen „Negationskreis" können Sie auch an den Eingang einer Zuweisenbox setzen und so einem Binäroperanden ein negiertes Verknüpfungsergebnis zuweisen.

Es lassen sich nicht nur Eingänge abfragen, sondern alle Binäroperanden und auch z.B. die Statusbits, so kann beispielsweise ein Rechenergebnis, wie „Ergebnis = Null" oder ein Zahlenbereichsüberlauf, mit den binären Funktionen weiterverknüpft werden oder einen Ausgang steuern.

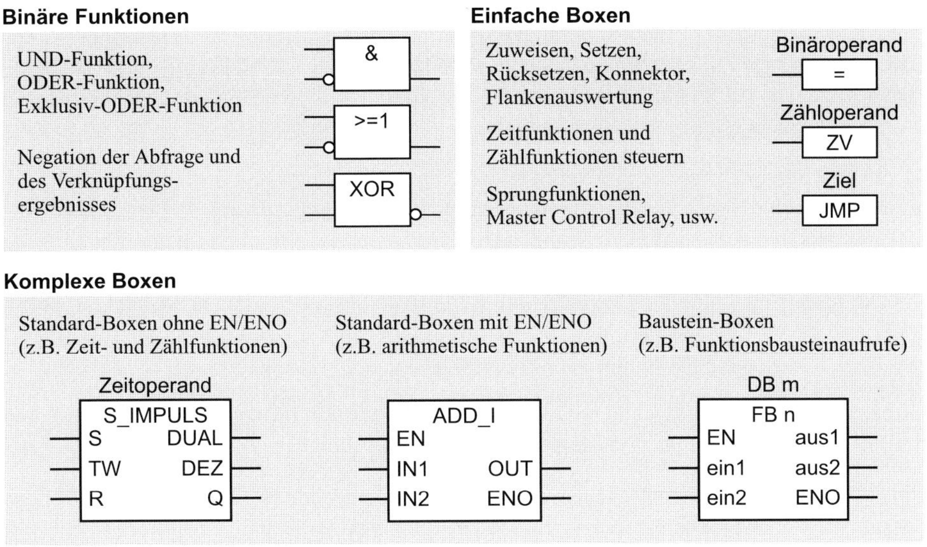

Bild 4.10 Programmelemente für Funktionsplan FUP

Einfache Boxen

Mit einfachen Boxen steuern Sie Binäroperanden wie z.B. Ausgänge. Einfache Boxen haben im allgemeinen nur einen einzigen Eingang und tragen eventuell eine Zusatzbeschriftung. Es gibt einfache Boxen, um Binäroperanden anzusteuern, um eine Flanke auszuwerten, um Zeit- und Zähloperanden zu steuern, um Bausteine ohne Parameter aufzurufen, um Sprungfunktionen im Programm auszuführen, usw.

Komplexe Boxen

Komplexe Boxen stellen Programmelemente mit nichtbinären Funktionen dar. FUP stellt „Standard-Boxen" in zwei Ausführungen zur Verfügung: ohne EN/ENO-Parameter (wie z.B. Speicherfunktionen, Zeit- und Zählfunktionen, Vergleich-Boxen) und mit EN/ENO-Parameter (wie z.B. MOVE, arithmetische und mathematische Funktionen, Datentypwandlung). Rufen Sie Codebausteine (z.B. Funktionsbausteine) auf, stellt FUP die Aufrufe ebenfalls als Boxen mit EN/ENO-Parameter dar.

EN/ENO-Parameter

Mit den Eingang EN (enable input) steuern Sie die Bearbeitung der Box: Die entsprechende Funktion wird nur dann ausgeführt, wenn an diesem Eingang das Verknüpfungsergebnis „1" ist. Der Ausgang ENO (enable output) führt Signalzustand „1", wenn die Box ohne Fehler bearbeitet wurde. Sie können Boxen mit EN und ENO in Reihe schalten und so eine nachfolgende Box nur dann bearbeiten lassen, wenn die vorhergehende Box ordnungsgemäß bearbeitet worden ist, oder in Reihe geschaltete Boxen mit dem Verknüpfungsergebnis ein- und ausschalten.

Binäre Verknüpfungen in FUP

Die Verknüpfungen binärer Signalzustände werden in FUP durch die UND-, die ODER- und die Exklusiv-ODER-Funktion realisiert. An die Eingänge dieser Funktionen schreiben Sie die Operanden, deren Signalzustand Sie abfragen und verknüpfen wollen.

Mit FUP programmieren Sie pro Netzwerk eine binäre Verknüpfung. Sie kann aus einer einzigen aber auch aus sehr vielen, miteinander verschalteten Funktionen bestehen. Im Beispiel ist eine UND-Funktion mit dem direkten Eingang *#Hand_ein* und dem negierten Eingang *#Automatikbetrieb* auf eine ODER-Funktion geführt, an deren zweitem Eingang eine weitere UND-Funktion angeschlossen ist. Wenn *#Automatikbetrieb* den Signalzustand „0“ führt, wirkt am Setzen-Eingang der Speicherbox das Signal *#Hand_ein*, führt *#Automatikbetrieb* den Signalzustand „1“, wirkt das Signal *#Auto_ein*.

Die Negation eines Abfrageergebnisses oder des Verknüpfungsergebnisses programmieren Sie mit dem Negationskreis am Eingang oder Ausgang einer Funktion.

Eine Verknüpfung muß immer abgeschlossen werden, bei binären Verknüpfungen meistens mit einer Zuweisung oder einer anderen Speicherfunktion. Mit einem T-Abzweig ist es möglich, eine Verknüpfung mit mehreren Boxen abzuschließen („Mehrfachausgang“). Jeder Abschluß kann hierbei nach dem T-Abzweig eine eigene Vorverknüpfung haben.

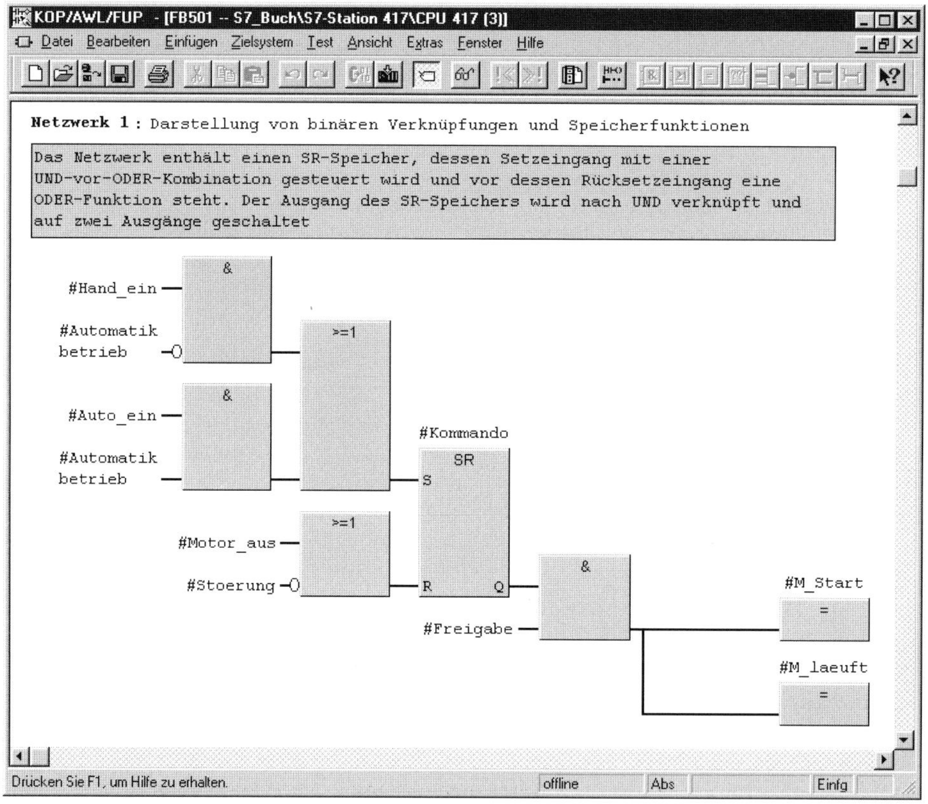

Bild 4.11 Beispiel für binäre Funktionen in der Programmiersprache FUP

Digitale Funktionen in FUP

Die digitalen Funktionen werden durch Boxen repräsentiert. Eine Digitalbox kann einen oder zwei Eingangswerte verarbeiten und das Ergebnis am Ausgang zur Verfügung stellen.

Alle Boxen gibt es mit dem Eingang EN, mit dem die Bearbeitung gesteuert wird: Liegt Signalzustand „1“ am Eingang EN, findet die Bearbeitung der Box statt. Verläuft die Bearbeitung ohne Fehler, liegt am Ausgang ENO der Signalzustand „1“, andernfalls „0“ wie auch bei Nichtbearbeitung durch EN = „0“.

ENO und EN können miteinander verschaltet werden, so daß Sie mit dem EN-Eingang der ersten Box die Bearbeitung aller nachgeschalteten Boxen steuern können. Der ENO-Ausgang der letzten Box zeigt dann den Sammelfehler für alle Boxen an.

Die Boxen wählen Sie aus dem Programmelemente-Katalog unter der entsprechenden Rubrik aus; es gibt auch eine „neutrale“ Box, die Sie mit der gewünschten Funktion beschriften können.

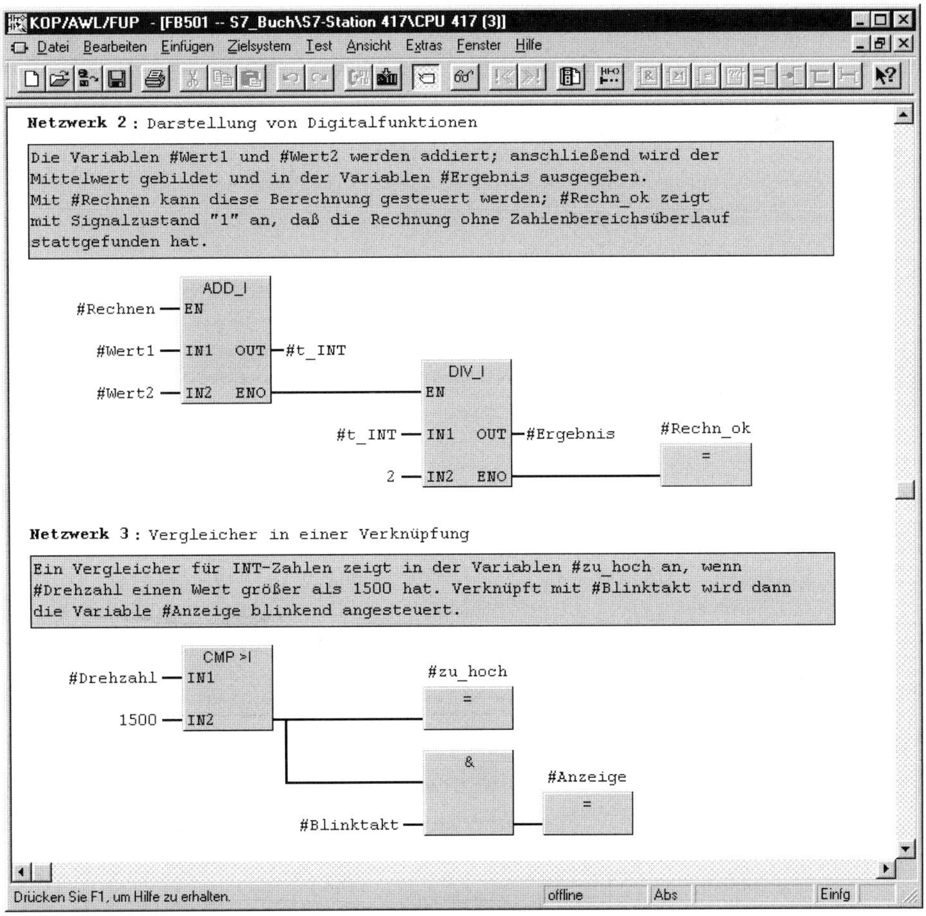

Bild 4.12 Beispiel für digitale Funktionen in der Programmiersprache FUP

4.7 Anweisungsliste AWL

Aufbau einer AWL-Anweisung

In der Anweisungsliste (AWL) programmieren Sie die Steuerungsaufgabe durch eine Folge von Anweisungen. Jede Anweisung enthält die *Operation*; das ist die Vorschrift, *was* zu tun ist. Je nach Operation kann ein *Operand* folgen, der bestimmt, *womit* es getan wird.

Beispiele: Die Anweisung „U E 1.0" zeigt durch die Operation „U", daß eine Abfrage nach Signalzustand „1" durchzuführen ist und das Abfrageergebnis mit dem bestehenden VKE nach UND zu verknüpfen ist. Die Operation U soll auf den Operanden „E 1.0" angewendet werden. Die Anweisung „= Motor_ein" zeigt durch die Operation „=" (Zuweisung), daß das aktuelle Verknüpfungsergebnis einem Operanden zugewiesen werden soll, nämlich dem Operanden Motor_ein.

Binäre Verknüpfungen in AWL

Die binären Verknüpfungen werden in AWL durch Abfrageanweisungen gebildet, die die Verknüpfung und die Art der Abfrage enthalten.

Beispiel: die Operation O bedeutet die Abfrage auf Signalzustand „1" und die Verknüpfung nach ODER; die Operation ON die Abfrage auf Signalzustand „0" und Verknüpfung nach ODER. Abfrage auf Signalzustand „1" heißt, der Status des abgefragten Operanden wird weiterverknüpft; bei Abfrage auf Signalzustand „0" ist es der negierte Operandenstatus. Ein Verknüpfungsergebnis wird mit den Operationen = (Zuweisung), S (Setzen) oder R (Rücksetzen) einem Operanden zugewiesen. Mit der nächsten Abfrage beginnt eine neue Verknüpfung. Sie können mehrere Verknüpfungen pro Netzwerk programmieren und z.B. mit einer Leerzeile „optisch" trennen.

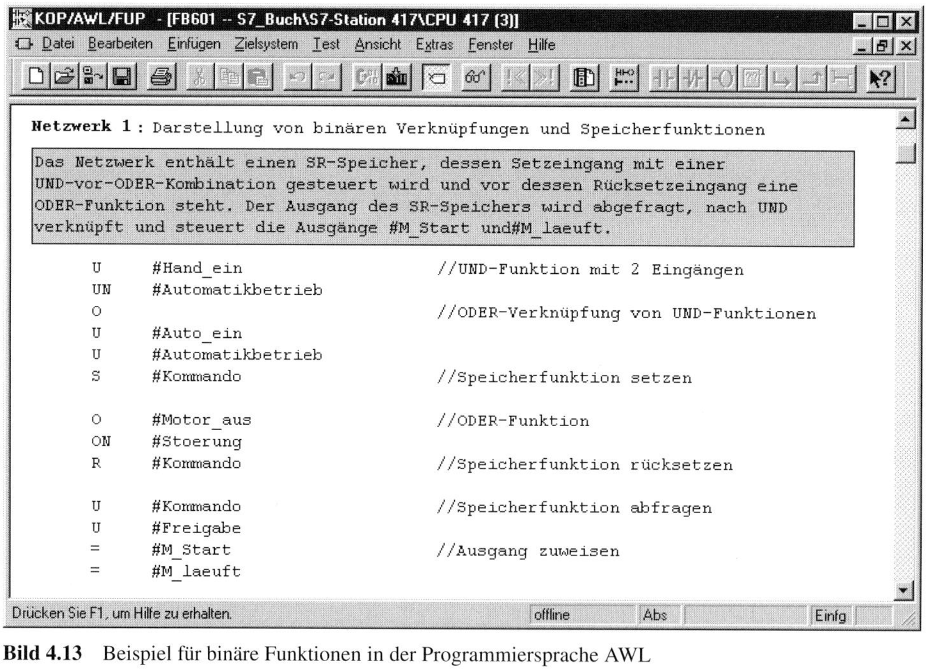

Bild 4.13 Beispiel für binäre Funktionen in der Programmiersprache AWL

Digitale Funktionen in AWL

Die Bearbeitung digitaler Funktionen geschieht in den sog. *Akkumulatoren*. Das sind Register in der CPU, die die Werte zwischenspeichern. Mit einer *Ladeanweisung* wird ein Wert in den Akkumulator 1 geladen; eine darauffolgende zweite Ladeanweisung lädt einen weiteren Wert in den Akkumulator 1, wobei dessen vorheriger Inhalt in den Akkumulator 2 geschoben wird. Nun können beide Werte miteinander verknüpft werden, beispielsweise addiert. Das Ergebnis legt die CPU im Akkumulator 1 ab, wo es mit einer *Transferanweisung* in einen Operanden übertragen werden kann.

Mit je einer Ladeanweisung werden im Beispiel die Operanden *#Wert1* und *#Wert2* in die Akkumulatoren geladen und mit +I addiert. Die Anweisung T #t_INT holt das Ergebnis aus dem Akkumulator 1 und legt es im Operanden *#t_INT* ab.

Der Status einer Digitalfunktion kann mit Abfrageanweisungen oder direkt mit Sprungfunktionen abgefragt werden, z.B. ein Zahlenbereichsüberlauf mit U OV oder SPO *Marke*. Es sind auch Abfragen auf z.B. „Ergebnis = Null“ oder „Ergebnis = positiv“ möglich. Eine digitale Funktion wird immer ausgeführt; Sie können die Bearbeitung digitaler Funktionen abhängig von Bedingungen gestalten, indem Sie mit einer bedingten Sprungfunktion die digitale Verknüpfung überspringen.

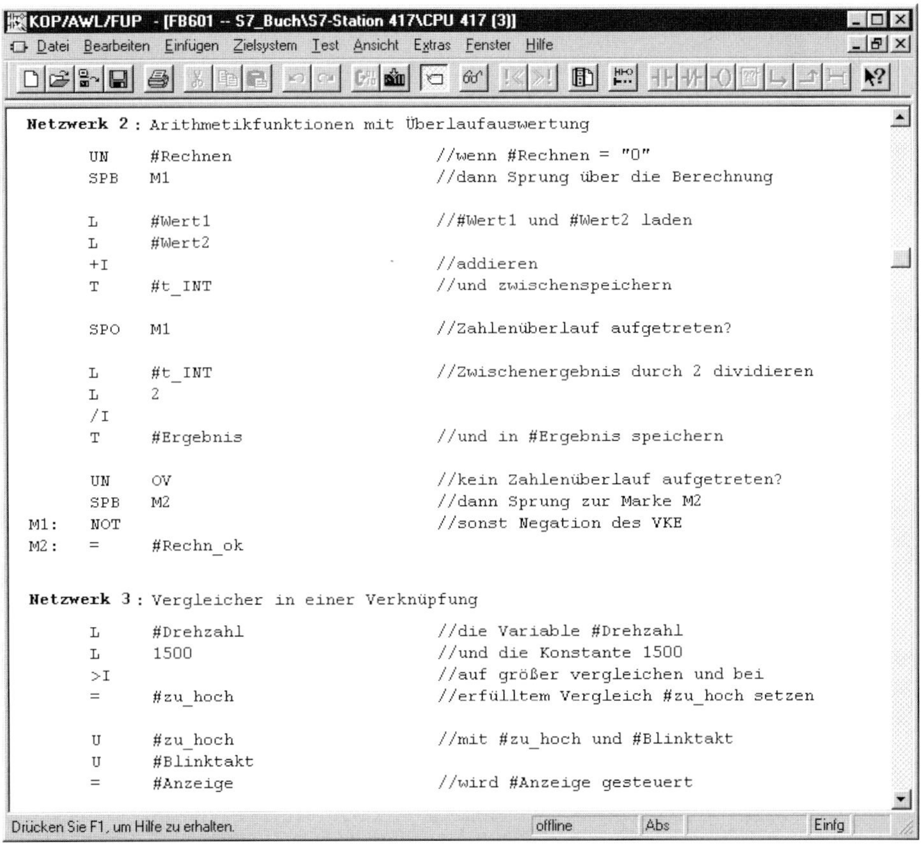


```
Netzwerk 2 : Arithmetikfunktionen mit Überlaufauswertung

      UN    #Rechnen                  //wenn #Rechnen = "0"
      SPB   M1                        //dann Sprung über die Berechnung

      L     #Wert1                    //#Wert1 und #Wert2 laden
      L     #Wert2
      +I                              //addieren
      T     #t_INT                    //und zwischenspeichern

      SPO   M1                        //Zahlenüberlauf aufgetreten?

      L     #t_INT                    //Zwischenergebnis durch 2 dividieren
      L     2
      /I
      T     #Ergebnis                 //und in #Ergebnis speichern

      UN    OV                        //kein Zahlenüberlauf aufgetreten?
      SPB   M2                        //dann Sprung zur Marke M2
M1:   NOT                             //sonst Negation des VKE
M2:   =     #Rechn_ok

Netzwerk 3 : Vergleicher in einer Verknüpfung

      L     #Drehzahl                 //die Variable #Drehzahl
      L     1500                      //und die Konstante 1500
      >I                              //auf größer vergleichen und bei
      =     #zu_hoch                  //erfülltem Vergleich #zu_hoch setzen

      U     #zu_hoch                  //mit #zu_hoch und #Blinktakt
      U     #Blinktakt
      =     #Anzeige                  //wird #Anzeige gesteuert
```

Bild 4.14 Beispiel für digitale Funktionen in der Programmiersprache AWL

4.8 Structured Control Language SCL

SCL (Structured Control Language) ist eine PASCAL-artige Hochsprache, optimiert für die Programmierung von speicherprogrammierbaren Steuerungen. SCL entspricht der Norm DIN EN 6.1131-3 (IEC 1131-3) und eignet sich insbesondere für die Programmierung von komplexen Algorithmen oder für Aufgabenstellungen aus dem Bereich der Datenverarbeitung. S7-SCL ist ein Optionspaket, das den SIMATIC Manager als Basissoftware benötigt.

Zur Bausteinerstellung fügen Sie im Behälter *Quellen* eine SCL-Quelle ein. Ein Doppelklick darauf öffnet den SCL-Programmeditor. Nach der Programmeingabe übersetzen Sie die Quelle und erhalten die übersetzten Bausteine im Behälter *Bausteine*. Sie können die SCL-Bausteine genauso behandeln wie mit den Basissprachen erstellte Bausteine.

SCL-Anweisungen

SCL-Anweisungen können aus Ausdrücken, Kontrollanweisungen, Funktionen und Bausteinaufrufen bestehen.

In *Ausdrücken* werden Operanden (Variablen) Werte zugewiesen, die auch aus arithmetischen und logischen Verknüpfungen oder Vergleichen gebildet sein können. Der Ausdruck

```
Ergebnis := Wert1 + Wert2;
```

weist der Variablen *Ergebnis* die Summe aus den Variablen *Wert1* und *Wert2* zu.

Kontrollanweisungen führen Programmverzweigungen durch oder wiederholen Programmteile mehrfach.

Tabelle 4.1 Übersicht SCL-Kontrollanweisungen

IF	verzweigt abhängig von einem booleschen Ausdruck	IF *Bedingung* THEN *Anweisungen;* [ELSIF *Bedingung* THEN *Anweisungen;*] [ELSE *Anweisungen;*] END_IF;
CASE	verzweigt abhängig von einem INT-Ausdruck	CASE *Auswahl* OF *Konstantenliste : Anweisungen;* [ELSE *Anweisungen;*] END_CASE;
FOR	leitet eine Programmschleife mit einer Laufvariablen ein	FOR *Laufvariable := Anfangswert* TO *Endwert* [BY *Schrittweite*] DO *Anweisungen;* END_FOR;
WHILE	leitet eine Programmschleife mit einer Durchführungsbedingung ein	WHILE *Durchführungsbedingung* DO *Anweisungen;* END_WHILE;
REPEAT	leitet eine Programmschleife mit einer Abbruchbedingung ein	REPEAT *Anweisungen;* UNTIL *Abbruchbedingung;* END_REPEAT;
CONTINUE	bricht den aktuellen Schleifendurchlauf ab	CONTINUE;
EXIT	verläßt die unmittelbar umgebende Programmschleife	EXIT;
GOTO	springt zu einer Sprungmarke an einer anderen Programmstelle	GOTO *Sprungmarke;*
RETURN	verläßt den aktuell bearbeiteten Baustein	RETURN;

Bild 4.15 Auszug aus dem mit dem Optionspaket S7-SCL gelieferten Beispiel

SCL-Funktionen

SCL stellt ähnlich wie die Basissprachen folgende Funktionen zur Verfügung: mathematische Funktionen (z.B. Sinus, Potenz zur Basis 10, Logarithmus, Quadratwurzel), Schieben und Rotieren, Konvertierungsfunktionen (Datentypwandlung) und die SIMATIC-Zeiten und -Zähler.

In SCL können Sie jeden FC-Baustein mit Funktionswert auch als „echte“ Funktion in einem Ausdruck verwenden. Beispiel: Die Funktion FC 401 mit drei INT-Eingängen und einem INT-Funktionswert können sie in einem SCL-Ausdruck wie folgt einsetzen:

```
zu_gross:= FC401(Ein1:= #Wert1, Ein2:= #Wert2, Ein3:= #Wert3) > 10_000;
```

Der Funktionswert von FC401 wird mit dem Wert 10 000 verglichen; ist er größer, wird die Variable *zu_gross* auf TRUE gesetzt, andernfalls auf FALSE.

4.9 Continous Function Chart CFC

Das Optionspaket CFC ist ein grafischer Editor, mit dem Sie Bausteine auf Funktionsplanbasis zu einem ablauffähigen Programm verschalten („verdrahten"). CFC benötigt als Basissoftware den SIMATIC Manager (STEP 7 Basis) und das Optionspaket SCL zum Erzeugen eines ablauffähigen Codes.

Wie erstellt man Programme mit dem CFC?

Im einfachsten Fall bilden Bausteine aus einer Bibliothek – evtl. ergänzt um selbstgeschriebene Bausteine – die Ausgangsbasis. Diese Bausteine werden in einen „Plan" eingefügt und parametriert, d.h. die Schnittstellen werden mit Aktualparametern belegt. Es können Globaloperanden sein wie z.B. Ein- und Ausgänge oder die Parameter anderer Bausteine. Die so verschalteten Bausteine bilden ein Programm, dessen ablauffähiger Code vom CFC-Editor erzeugt wird. Das Programm kann auch verschiedene Prioritätsklassen (Programmablaufebenen) enthalten.

Pläne sind das Zeichenbrett des CFC

Ein Plan kann aus bis zu 26 Teilplänen bestehen; ein Teilplan setzt sich aus 6 Blättern zusammen. Die Blätter sind in der Übersichtsansicht in drei Zeilen und zwei Spalten angeordnet. Links und rechts der Arbeitsfläche stehen die Randleisten, die die Verbindung zu anderen Blättern bzw. Plänen oder zu globalen Operanden enthalten.

Ein Plan kann in einen anderen Plan „eingebaut" werden. Er ist dann als „Black Box" mit den projektierten Anschlüssen sichtbar und kann wie jeder andere Plan geöffnet und bearbeitet werden. Auf diese Weise können Sie hierarchisch gegliederte Strukturen bilden.

CFC-Pläne editieren

Sie markieren das S7-Programm und legen mit EINFÜGEN → S7-SOFTWARE → PLANORDNER einen Planbehälter *Pläne* an und erzeugen einen leeren Plan mit EINFÜGEN → S7-SOFTWARE → CFC. Ein Doppelklick auf den leeren Plan startet den CFC-Editor. In der Blattansicht sehen Sie bei entsprechender Vergrößerung die Arbeitsfläche und die Randleisten. Ist der Bausteinkatalog nicht zu sehen, wählen Sie ANSICHT → KATALOG.

Der Bausteinkatalog enthält bereits vorhandene (importierte) Bausteine, Basisoperationen (BOP) wie z.B. UND-Funktionen oder Vergleicher, mitgelieferte und selbst angelegte Baustein-Bibliotheken, nicht plazierte (nicht dargestellte) Bausteine und vorhandene Pläne. Möchten Sie eigene Bausteine mit dem CFC verschalten, legen Sie die Bausteine in einer Bibliothek unter *...\Siemens\Step7\S7libs* ab. Die Erstellsprache der Bausteine ist beliebig.

Aus dem Katalog ziehen Sie die gewünschten Bausteine auf die Arbeitsfläche (drag & drop). Die Bausteinein- und -ausgänge können Sie nun parametrieren (mit globalen Operanden versehen oder verschalten (mit den Ein- und Ausgängen anderer Bausteine verbinden). Nehmen die Verbindungslinien überhand, können Konnektoren (nicht als Linie dargestellte Verbindungen) eingesetzt werden. Die Bausteinein-/ausgänge haben einstellbare Eigenschaften (Attribute), wie z.B. unsichtbar (werden dann im CFC nicht dargestellt) oder zur Beobachtung an-/abmelden.

Einen Plan können Sie mit Plananschlüssen versehen, wenn Sie ihn in einen anderen Plan einbauen oder als Baustein übersetzen wollen.

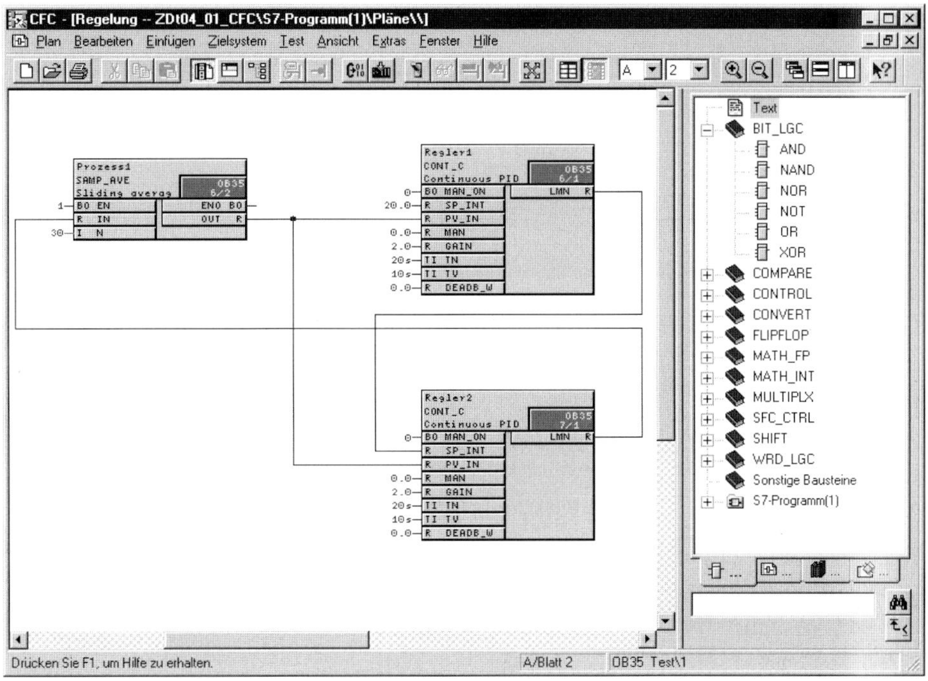

Bild 4.16 Auszug aus dem mit dem Optionspaket CFC gelieferten Beispiel (Regelung)

Die Ablaufeigenschaften der Bausteine festlegen

Mit den Ablaufeigenschaften eines Bausteins wird die Programmablaufebene festgelegt, d.h. der Organisationsbaustein, in dem der Baustein aufgerufen wird. Standardmäßig wird beim Einfügen eines Bausteins die Ablaufeigenschaft des „Vorgängers für Einbauposition" übernommen. Mit BEARBEITEN → ABLAUFREIHENFOLGE schalten Sie in die Ablaufsicht um und können den Baustein in die gewünschte Aufrufposition verschieben. Zur besseren Übersicht bilden Sie Ablaufgruppen und positionieren den Baustein darin.

Aus den CFC-Plänen den ablauffähigen Code erzeugen

Nach der Projektierung werden die Pläne übersetzt. Zuerst erzeugt CFC aus den Plänen eine SCL-Quelle im Behälter *Quellen*, startet automatisch den SCL-Compiler, der dann ablauffähige Bausteine im Behälter *Bausteine* erzeugt. Normalerweise wird aus den Plänen ein komplettes Programm erzeugt. Sie können auch einen Baustein erzeugen, den Sie dann z.B. in einer anderen Programmiersprache aufrufen. Eine „Rückübersetzung", d.h. eine Erzeugung von Plänen aus den übersetzen Bausteinen, ist nicht möglich.

Nach dem Übersetzen die CFC-Pläne laden und testen

Im Testmodus des CFC-Editors können Sie die Werte aller Bausteinanschlüsse, die mit elementaren Datenoperanden parametriert sind, beobachten. Vorher müssen Sie die entsprechenden Anschlüsse zur Beobachtung anmelden und das Zeitintervall einstellen, in dem der Wert aktualisiert werden soll.

4.10 Ablaufsteuerung GRAPH

S7-GRAPH ist eine grafische Programmiermethode für Ablaufsteuerungen. Das Optionspaket entspricht der in der Norm DIN EN 61131-3 (IEC 1131-3) festgelegten Ablaufsprache „Sequential Function Chart". S7-GRAPH benötigt als Basissoftware den SIMATIC Manager (STEP 7 Basis).

Was ist eine Ablaufsteuerung?

Bei Ablaufsteuerungen dominiert nicht – wie bei Verknüpfungssteuerungen – die statische Zuordnung der Eingangssignale zu den Ausgängen, sondern deren zeitliche Folge. Die nacheinander ausgeführten Steuerungsvorgänge sind in Ablaufschritte, kurz: Schritte, unterteilt. Ein Schritt enthält ein oder mehrere Aktionen, wie z.B. Motor ein- oder ausschalten. Nur die Aktionen eines aktiven (bearbeiteten) Schritts werden ausgeführt. Die Weiterschaltung auf den nächsten Schritt erfolgt mit Transitionen (Weiterschaltbedingungen). Die Weiterschaltung kann prozeßabhängig, z.B. durch Signale von der gesteuerten Maschine oder Anlage oder zeitabhängig, z.B. durch den Ablauf einer Wartezeit, erfolgen.

Eine Ablaufsteuerung beginnt an einem Initialisierungsschritt; in einer Ablaufkette können mehrere vorhanden sein. Danach folgen in einer linearen Ablaufkette abwechselnd Transitionen und Schritte. Zusätzlich zum linearen Verlauf – auf einen Schritt folgt ein einziger Schritt – gibt es Verzweigungen: Bei der Alternativverzweigung (ODER-Verzweigung) wird immer nur eine der folgenden Teilketten bearbeitet, bei der Simultanverzweigung (UND-Verzweigung) werden alle folgenden Teilketten bearbeitet.

Zuerst wird die Struktur der Ablaufkette programmiert

Eine Ablaufkette besteht aus einem Funktionsbaustein FB und einem Datenbaustein DB. Der Funktionsbaustein steuert die Ablaufkette; der Datenbaustein ist der Instanz-Datenbaustein des Ablaufketten-FB und enthält die Struktur der Kette und die dazugehörenden Daten.

Sie markieren den Behälter *Bausteine* und erzeugen mit EINFÜGEN → S7-PROGRAMM → FUNKTIONSBAUSTEIN einen FB. Im aufgeblendeten Eigenschaftsfenster stellen Sie als Erstellsprache GRAPH ein. Dann startet ein Doppelklick auf den Baustein die Optionssoftware S7-GRAPH.

S7-GRAPH fügt in einen leeren Baustein den ersten Schritt und die erste Transition ein. Nun erstellen Sie die Struktur der Ablaufkette. Sie haben zwei Möglichkeiten: Im Editiermodus EINFÜGEN → DIREKT plazieren Sie ein Ablaufkettensymbol, z.B. ein Schritt-Transitions-Paar, an der markierten Stelle, im Editiermodus EINFÜGEN → VORWAHL ziehen Sie mit der Maus das Symbol an die gewünschte Stelle. Eine Ablaufkette kann zyklisch durchlaufen werden (Sie programmieren dann einen Sprung an den Anfang der Kette) oder sie endet am programmierten Kettenende.

Im Variablendeklarationsfenster (ANSICHT → VARIABLEN) legen Sie die Bausteinparameter und Lokalvariablen für den Funktionsbaustein der Ablaufkette fest.

„Permanente Operationen" sind Bedingungen oder Bausteinaufrufe, die der Ablaufkette vor- oder nachgeschaltet sind. Sie werden bei jedem Aufruf des Ablaufketten-Funktionsbausteins bearbeitet. Das dazugehörende Eingabefenster erhalten Sie mit ANSICHT → PERMANENTE OPERATIONEN.

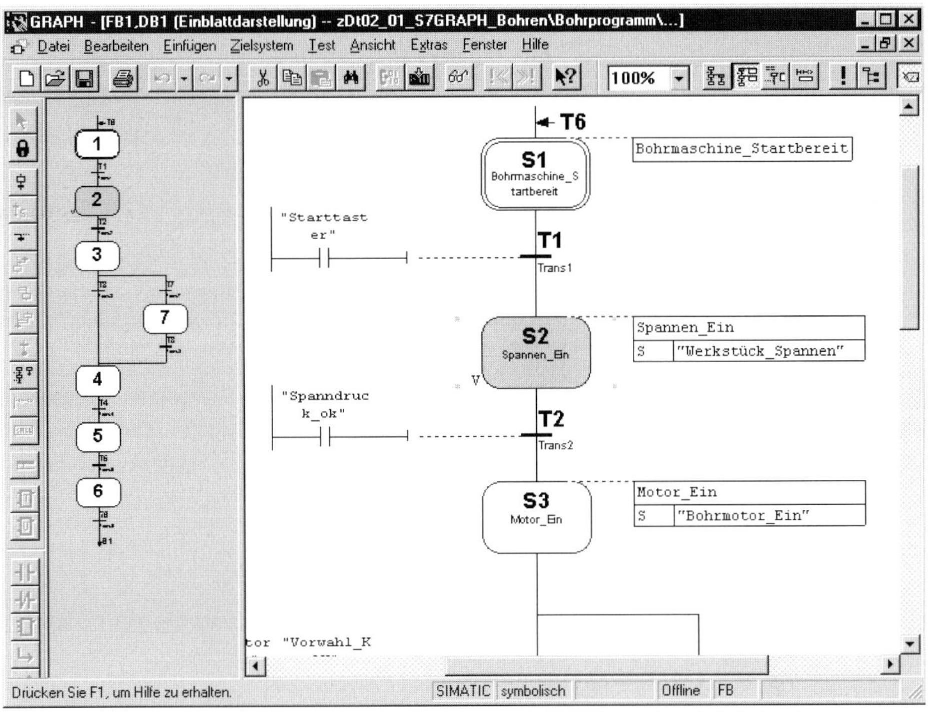

Bild 4.17 Auszug aus dem mit dem Optionspaket S7-GRAPH gelieferten Beispiel (Bohren)

Schritte und Transitionen programmieren

Sie versehen nun die einzelnen Ablaufschritte mit Aktionen, die Sie rechts neben dem Schritt unter der Schrittbezeichnung einfügen. Sie legen den Operanden fest, der gesteuert werden soll und die Operation. Beispiele: S für Setzen, R für Rücksetzen, N für Non Holding (der Operand ist gesetzt nur solange der Schritt aktiv ist) und D für Delay (der Operand wird erst nach Ablauf der definierten Zeit gesetzt und beim Deaktivieren des Schritts zurückgesetzt).

Die Programmierung der Transistionen können Sie entweder in Kontaktplandarstellung (KOP) oder in Funktionsplandarstellung (FUP) vornehmen. Als Programmelemente stehen Ihnen die UND- und die ODER-Funktion bzw. die Reihen- und die Parallelschaltung sowie ein Vergleicher zur Verfügung.

Weitere Steuerungsmöglichkeiten sind die Schrittverriegelung („Interlock“, beeinflußt einzelne Aktionen im Schritt) und die Schrittüberwachung („Supervision“, beeinflußt das Weiterschalten auf den nächsten Schritt).

Ablaufkette aufrufen und bearbeiten

S7-GRAPH übersetzt beim Speichern den Ablaufketten-Funktionsbaustein und generiert den dazugehörenden Instanz-Datenbaustein. Sie müssen nun noch das FB/DB-Paar in einem zyklisch bearbeiteten Baustein, beispielsweise im Organisationsbaustein OB 1 aufrufen, damit die Ablaufkette auch bearbeitet wird.

4.11 Zustandssteuerung HiGraph

Das Optionspaket S7-HiGraph ist eine grafische Programmiermethode für Zustandssteuerungen. Es benötigt als Basissoftware den SIMATIC Manager (STEP 7 Basis).

Was ist eine Zustandssteuerung?

Mit einer Zustandssteuerung werden die Zustände von Aggregaten und Prozessen sowie die möglichen Zustandsübergänge (Transitionen) beschrieben. Sie eignet sich insbesondere für nicht sequentielle, asynchrone Abläufe. Die Gesamtheit der Zustände und der Transitionen nennt man einen Zustandsgraph. Mehrere Zustandsgraphen können zu einer Graphengruppe zusammengefaßt werden.

Eine Zustandssteuerung beginnt am Initialzustand. Ist eine von diesem Zustand ausgehende Transition erfüllt, wird der dazugehörende Zustand aktiv. Einem Zustand können mehrere Transitionen zugeordnet sein; sind sie gleichzeitig erfüllt, wird der Zustandsübergang mit Prioritäten gesteuert. Es ist immer genau ein Zustand aktiv. Eine „Any-Transition" führt von allen Zuständen zu einem Zielzustand; eine „Return-Transition" führt aus dem aktuellen Zustand in den vorherigen Zustand zurück.

Zuerst wird die Struktur des Zustandsgraphen programmiert

Eine Zustandssteuerung wird über Quellen programmiert. Sie besteht aus einer Funktion FC und einem Datenbaustein DB. Die Funktion FC steuert den Zustandsgraph; der Datenbaustein enthält die dazugehörenden Daten.

Sie markieren den Behälter *Quellen* und erzeugen mit EINFÜGEN → S7-PROGRAMM → ZUSTANDSGRAPH eine Programmquelle für S7-HiGraph. Ein Doppelklick auf die Quelle startet die Optionssoftware S7-HiGraph. Ein leerer Zustandsgraph enthält einen Initialzustand und eine Anlauftransition.

Sie plazieren mit EINFÜGEN → ZUSTAND die Zustandssymbole auf der Zeichenfläche. Anschließend verbinden Sie die Zustände mit Transitionen (EINFÜGEN → TRANSITIONEN). Eine Any-Transition weist von einem beliebigen Punkt der Zeichenfläche auf den Zielzustand, eine Return-Transition vom Zustand auf die Zeichenfläche.

Anweisungen für Zustände und Transitionen programmieren

Mit ANSICHT → VARIABLEN erhalten Sie ein Fenster zur Deklaration der Bausteinparameter und Lokalvariablen des Funktionsbausteins. Möchten Sie den Graphen mehrfach verwenden, benutzen Sie ausschließlich diese Variablen (Instanzbildung von Zustandsgraphen ähnlich wie bei einem Funktionsbaustein).

Die Anweisungen für die Zustände und die Transitionen entsprechen der quellorientierten Eingabe von AWL-Anweisungen. Sie können beliebige Anweisungen programmieren. Jede Anweisung wird mit einem Strichpunkt abgeschlossen. Die Bearbeitung der Anweisungen eines Zustands oder einer Transition beginnt immer mit VKE = „1". Die eingegebenen Anweisungen werden auf der Zeichenfläche zugehörig zum Zustand oder der Transition angezeigt. Sie können alle Elemente auf der Zeichenfläche beliebig positionieren.

Markieren Sie einen Zustand und wählen Sie ANSICHT → ANWEISUNGEN. Sie erhalten ein zweigeteiltes Fenster mit Anweisungstypen und Anweisungen. Anweisungstypen legen die

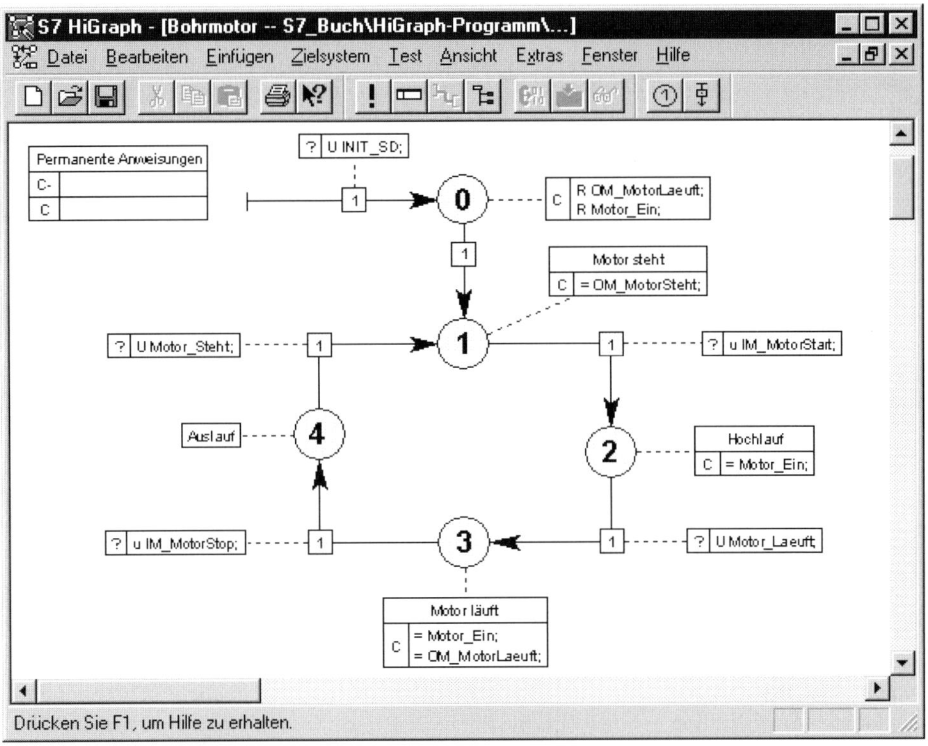

Bild 4.18 Auszug aus dem mit dem Optionspaket S7-HiGraph gelieferten Beispiel (Bohrmotor)

Bearbeitung im aktiven Zustand fest: *Eintrittsaktionen* werden beim Aktivieren des Zustands ausgeführt, *Austrittsaktionen* beim Deaktivieren; während des Verweilens im aktiven Zustand werden *vorgeschaltete zyklische Aktionen* vor der Abfrage der Transitionen und *zyklische Aktionen* nach der Abfrage der Transitionen ausgeführt.

Markieren Sie eine Transition und wählen Sie ANSICHT → ANWEISUNGEN. Programmieren Sie *Bedingungen*, die erfüllt sein müssen, bevor ein Zustandswechsel stattfindet und geben Sie *Transitionsaktionen* ein, die einmalig beim Zustandswechsel ausgeführt werden.

Zustandsgraphen werden in einer Graphengruppe übersetzt

Zum Übersetzen des Zustandsgraphen legen Sie im Behälter *Quellen* mit EINFÜGEN → S7-PROGRAMM → GRAPHENGRUPPE eine Graphengruppe an. Ein Doppelklick darauf zeigt das Graphengruppenfenster, in dem Sie nun mit EINFÜGEN → INSTANZ eine Instanz des Zustandsgraphen einfügen. Mit EXTRAS → EINSTELLUNGEN bestimmen Sie im Register „Übersetzen" die Funktion FC und den Datenbaustein DB, der generiert werden soll. DATEI → ÜBERSETZEN generiert dann aus der Graphengruppe die Bausteine. Es können nur Graphengruppen, keine einzelnen Zustandsgraphen übersetzt werden. Zum Bearbeiten rufen Sie den HiGraph-FC in einem zyklisch bearbeiteten Baustein auf, zum Beispiel im Organisationsbaustein OB 1.

5 Das Anwenderprogramm

Der SIMATIC Controller mit den Ein-/Ausgabebaugruppen kann im Lieferzustand noch nicht die Maschine oder die Anlage steuern. Hierfür benötigt die CPU ein Programm, das sie Schritt für Schritt abarbeitet, die darin gespeicherten Anweisungen ausführt und damit die Steuerungsaufgabe löst. Dieses Programm nennt man „Anwenderprogramm", da es von Ihnen erstellt wird. Die Programmerstellung geschieht mit den Programmiersprachen der Programmiersoftware STEP 7.

Das Anwenderprogramm wird auf verschiedene Art und Weise ausgeführt: Nach dem Einschalten bearbeitet die CPU ein Anlaufprogramm, danach zyklisch (ohne Pause immer wiederkehrend) das Hauptprogramm, das durch Alarm- oder Fehlerereignisse mit zugeordneten Programmen unterbrochen werden kann. Prioritätsklassen steuern die gegenseitige Unterbrechbarkeit.

Das Anwenderprogramm ist üblicherweise in einzelne Abschnitte eingeteilt, die eine abgeschlossene technologische oder funktionelle Einheit darstellen. Diese Programmabschnitte werden *Bausteine* genannt. Ein Baustein muß aufgerufen werden, damit er bearbeitet wird. Sie können in einem Baustein wiederum andere Bausteine quasi als Unterprogramm aufrufen. Auf diese Weise strukturieren Sie das Anwenderprogramm. Bei geschickter Gliederung stellt die Aufrufreihenfolge im OB 1 die technologische oder funktionelle Struktur der zu steuernden Maschine oder Anlage dar.

Im Anwenderprogramm verknüpfen Sie die Signalzustände bzw. die Werte verschiedener *Operanden* miteinander und speichern die Ergebnisse oder geben sie an den Prozeß (Maschine, Anlage) aus. Die Speicherbereiche, die Sie hierbei manipulieren, heißen Operandenbereiche, wie z.B. Eingänge und Ausgänge für die Schnittstelle zum Prozeß oder Merker für die interne Datenablage. Man unterscheidet Globaloperanden, die im gesamten Anwenderprogramm zur Verfügung stehen, und bausteinlokale Variable, die nur im betreffenden Baustein „gültig" sind, wie z.B. die temporären Lokaldaten für das Speichern von dynamischen Zwischenergebnissen.

Damit ein Operand gelesen oder geschrieben werden kann, braucht er eine *Adresse*. Die absolute Adressierung verwendet den Speicherplatz zur Identifikation (genauer gesagt, die Relativadresse zum Anfangs des betreffenden Operandenbereichs). Sie können einer Absolutadresse auch einen Namen zuweisen und dann mit dieser symbolischer Adressierung arbeiten. Einige Programmiersprachen gestatten auch eine indirekte Adressierung, bei der die Operandenadresse erst zur Laufzeit berechnet wird.

Die *Datentypen* legen den Wertebereich und die interne Struktur (die Datenablage) der Variablen fest. Es gibt elementare Datentypen, die mit den „normalen" Anweisungen einer Programmiersprache bearbeitet werden können, und zusammengesetzte Datentypen, die aus einzelnen Komponenten zusammengestellt sind und eine Einheit darstellen. Anwenderdefinierte Datentypen (UDT) können Sie selbst definieren, mit einem Namen versehen und dann im gesamten Programm verwenden.

5.1 Organisationsbausteine und Prioritätsklassen

Das Gesamtprogramm einer Zentralbaugruppe (CPU) besteht aus dem Betriebssystem und dem Anwenderprogramm.

Das *Betriebssystem* ist die Gesamtheit aller Anweisungen und Vereinbarungen geräteinterner Betriebsfunktionen, z.B. Sicherstellung von Daten bei Ausfall der Versorgungsspannung, Aktivieren der Prioritätsklassen, usw. Das Betriebssystem ist fester Bestandteil der CPU und kann von Ihnen nicht verändert werden. Das Betriebssystem können Sie jedoch beispielsweise bei einem Programm-Update von einer Memory Card aus neu laden.

Das *Anwenderprogramm* ist die Gesamtheit aller von Ihnen programmierten Anweisungen und Vereinbarungen für die Signalverarbeitung, durch die eine zu steuernde Anlage bzw. der zu steuernde Prozeß gemäß der Steuerungsaufgabe beeinflußt wird.

Die Schnittstellen zwischen Betriebssystem und Anwenderprogramm sind die *Organisationsbausteine*. Die Organisationsbausteine sind Teil des Anwenderprogramms und werden vom Betriebssystem bei bestimmten Ereignissen aufgerufen und bearbeitet. Die Organisationsbausteine sind in *Prioritätsklassen* eingeteilt, die beim Auftreten mehrerer Ereignisse die Reihenfolge der Programmbearbeitung (die gegenseitige Unterbrechbarkeit) festschreiben.

Die Nummern der Organisationsbausteine liegen fest; die Bearbeitungspriorität können Sie im CPU-spezifisch zugelassenen Rahmen selbst festlegen. Nicht jede CPU beherrscht die Bearbeitung aller in STEP 7 definierten Ereignisse. Die Tabelle zeigt den Maximalumfang; eine bestimmte CPU belegt einen Ausschnitt aus dieser Übersicht.

Tabelle 5.1 Organisationsbausteine bei SIMATIC S7

Organisationsbaustein	wird aufgerufen	Priorität
Freier Zyklus OB 1	zyklisch (immer wiederkehrend) durch das Betriebssystem	1
Uhrzeitalarme OB 10 bis OB 17	bei einer bestimmten Uhrzeit oder in periodischen Abständen (z.B. monatlich)	2
Verzögerungsalarme OB 20 bis OB 23	nach einer einstellbaren Zeit, gesteuert durch das Anwenderprogramm	3 bis 6
Weckalarme OB 30 bis OB 38	periodisch in einstellbaren Zeitintervallen (z.B. alle 100 ms)	7 bis 15
Prozeßalarme OB 40 bis OB 47	bei Alarmsignalen von Peripheriebaugruppen	16 bis 23
Mehrprozessoralarm OB 60	ereignisgesteuert durch das Anwenderprogramm im Mehrprozessorbetrieb	25
Redundanzfehler OB 70, OB 72	bei Redundanzverlust durch Peripheriefehler und CPU-Redundanz-Fehler (H-System)	25, 28
Asynchronfehler OB 80 bis OB 87	bei Fehlern, die nicht im Zusammenhang mit der Programmbearbeitung stehen (z.B. Stationsausfall)	26 im Anlauf: 28
Hintergrundbearbeitung OB 90	wenn die Mindestzyklusdauer noch nicht erreicht ist	(29)
Anlauf OB 100, OB 101, OB 102	im Anlauf des Automatisierungssystems	27
Synchronfehler OB 121, OB 122	bei Fehlern im Zusammenhang mit der Programmbearbeitung (z.B. Peripheriezugriffsfehler)	des verursachenden OBs

5.2 Bearbeitungsarten des Anwenderprogramms

Anlaufprogramm

Nach dem Einschalten der Spannungsversorgung oder durch Betätigen des Betriebsartenschalters an der Frontseite der Zentralbaugruppe durchläuft die CPU ein Anlaufprogramm. Das Anlaufprogramm steht in den Organisationsbausteinen OB 100 (Warmstart, Neustart), OB 101 (Wiederanlauf) oder OB 102 (Kaltstart) und hat die Priorität 27. Auftretende Asynchronfehler im Anlauf gehören zur Prioritätsklasse 28. Nach Beenden des Anlauf-Organisationsbausteins beginnt die CPU die Bearbeitung des Hauptprogramms, gleichbedeutend mit dem Eintritt in den Betriebszustand RUN.

Hauptprogramm, Hintergrundbearbeitung

Das Hauptprogramm steht im Organisationsbaustein OB 1. Der OB 1 hat die niedrigste Bearbeitungspriorität. Er kann von allen Alarmereignissen und Fehlerereignissen unterbrochen werden. Die Bearbeitungspriorität des OB 1 können Sie nicht ändern.

Nachdem die CPU die Programmbearbeitung im OB 1 beendet hat, ruft sie ihn sofort erneut auf, d.h. der OB 1 wird von der CPU zyklisch bearbeitet. Diese zyklische Bearbeitung ist die „normale" Bearbeitung bei speicherprogrammierbaren Steuerungen. Für viele Anwendungen ist es ausreichend, wenn das gesamte Anwenderprogramm nur im OB 1 steht.

Sie können die Bearbeitungszeiten für das Hauptprogramm so einstellen, daß noch Zeit bleibt für eine Hintergrundbearbeitung. Hierbei ruft die CPU den Organisationsbaustein OB 90 auf, der dann – je nach zur Verfügung stehender Zeit – abwechselnd mit einem vollständigen Zyklus des Hauptprogramms „scheibchenweise" bearbeitet wird. Der OB 90 kann, wie auch der OB 1, durch alle Alarmereignisse und Fehlerereignisse unterbrochen werden.

Alarmprogramm, Prioritätsklassen

Das Betriebssystem der CPU ist in der Lage, sofort auf ein bestimmtes Signal, einen Alarm, zu reagieren und den zugeordneten Organisationsbaustein aufzurufen. In diesen schreiben Sie das Alarmprogramm, das die Reaktion auf den Alarm darstellt. Hat das gerade bearbeitete Programm eine niedrigere Bearbeitungspriorität als der Alarm, wird es an der nächsten Programmanweisung unterbrochen. Die CPU „merkt sich" alle relevanten Daten, so daß nach der Bearbeitung des Alarmprogramms an der unterbrochenen Programmstelle die Bearbeitung des niederprioren Programms fortsetzt werden kann.

Alarme kommen z.B. von der zu steuernden Anlage (Prozeßalarme), von der CPU (Weckalarme, Uhrzeitalarme) oder werden im Anwenderprogramm ausgelöst (Verzögerungsalarme. Mehrprozessoralarm). Die Bearbeitungsprioritäten dieser Alarme können Sie bei den meisten CPUs einstellen. Sind für einen Alarmtyp mehrere Organisationsbausteine vorhanden, können Sie jedem OB eine eigene Prioritätsklasse zuordnen. Treten zwei Ereignisse gleichzeitig auf, wird das Ergebnis mit der höheren Priorität zuerst bearbeitet. Mit der Parametrierung der CPU legen Sie fest, welche der angebotenen Prioritätsklassen Sie verwenden wollen. Sie können auch mehreren Organisationsbausteinen die gleiche Priorität zuordnen. Nicht verwendeten Organisationsbausteinen geben Sie die Priorität 0.

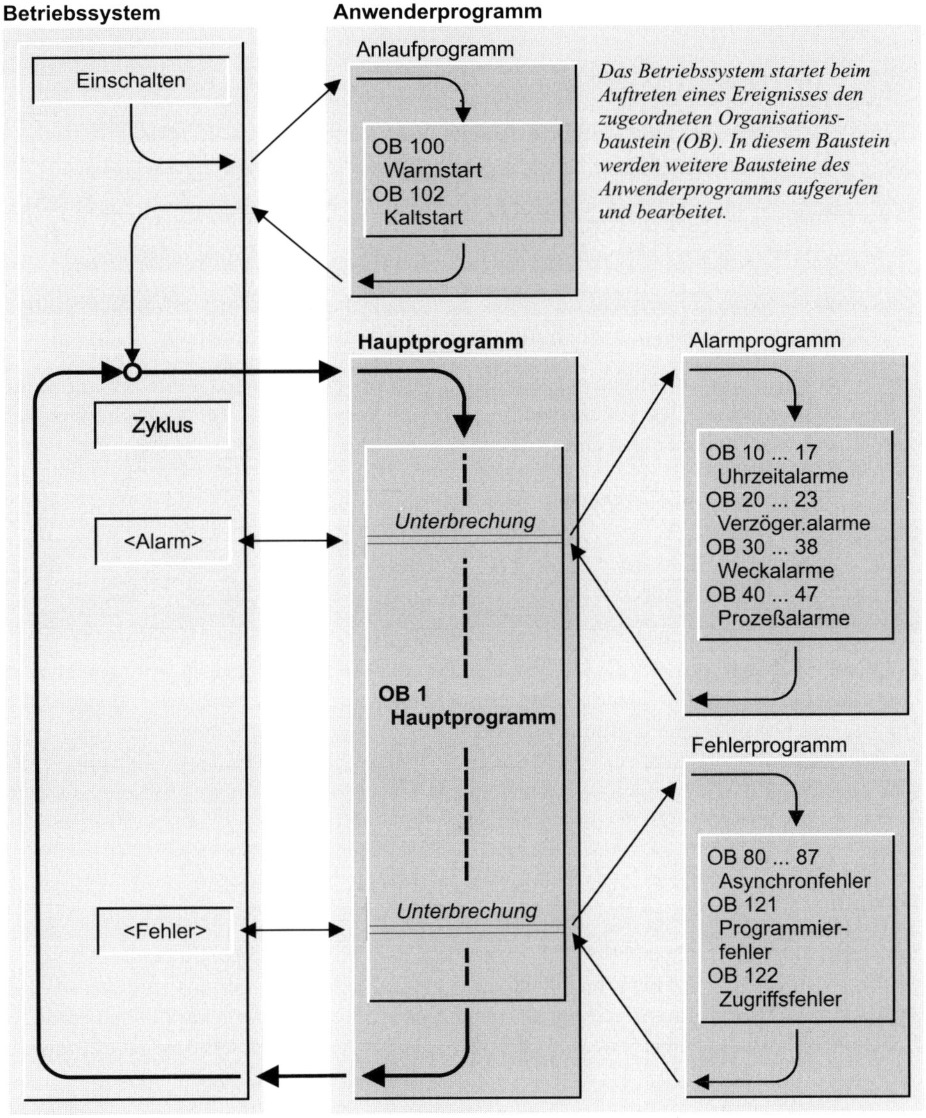

Bild 5.1 Bearbeitungsarten eines SIMATIC S7-Programms

Fehlerprogramm

Auf das Auftreten bestimmter Fehler reagiert die CPU ebenfalls mit dem Aufrufen von Organisationsbausteinen, die dann das Fehlerprogramm enthalten. Man unterscheidet zwischen Asynchronfehlern und Synchronfehlern. Ein Asynchronfehler ist ein von der Programmbearbeitung unabhängiger Fehler, wie z.B. der Versorgungsspannungsausfall in einem Erweiterungsgerät oder der Alarm beim Wechseln einer Baugruppe. Ein Synchronfehler ist ein durch die Programmbearbeitung verursachter Fehler, wie z.B. das Ansprechen eines nicht vorhandenen Operanden oder Fehler beim Datentypwandeln.

5.3 Anlaufprogramm

Die CPU führt einen Anlauf durch

- ▷ nach Einschalten der Netzspannung
- ▷ nach Umschalten des Betriebsartenschalters von STOP nach RUN oder RUN-P
- ▷ nach Anforderung durch eine Kommunikationsfunktion (Anstoß von einem Programmiergerät oder durch Kommunikations-Funktionsbausteine von einer anderen CPU).

Einen Anlauf lösen Sie *manuell* durch den Schlüsselschalter oder eine Kommunikationsfunktion aus oder *automatisch* durch Einschalten der Versorgungsspannung.

Das Anlaufprogramm kann beliebig lang sein; für die Ausführung des Anlaufprogramms besteht keine zeitliche Begrenzung. Während der Bearbeitung des Anlaufprogramms werden keine Alarme bearbeitet; Fehler werden wie im RUN behandelt. Die CPU aktualisiert im Anlauf die Zeitfunktionen, die Betriebsstundenzähler und die Echtzeituhr. Während des Anlaufs sind die Ausgabebaugruppen gesperrt, d.h. in Anlauf können keine Ausgangssignale ausgegeben werden.

Kaltstart

Bei einem Kaltstart versetzt die CPU sich selbst und die Baugruppen in den projektierten Grundzustand, löscht alle Daten im Systemspeicher – auch die remanenten – und ruft den OB 102 auf. Das aktuelle Programm und die aktuellen Daten im Arbeitsspeicher werden gelöscht; das Programm aus dem Ladespeicher wird neu geladen. (Im Gegensatz zum Urlöschen wird ein RAM-Ladespeicher nicht gelöscht.) Nach einem Kaltstart bearbeitet die CPU das Hauptprogramm im OB 1 von Anfang an.

Warmstart (Neustart)

Bei einem Warmstart versetzt die CPU sich selbst und die Baugruppen in den projektierten Grundzustand, löscht die nicht remanenten Daten im Systemspeicher und ruft den OB 100 auf. Das aktuelle Programm und die aktuellen Daten im Arbeitsspeicher bleiben erhalten. Nach einem Warmstart bearbeitet die CPU das Hauptprogramm im OB 1 von Anfang an.

Wiederanlauf

Bei einem STOP oder Spannungsausfall speichert die CPU alle Unterbrechungsereignisse und die für das Bearbeiten des Anwenderprogramms wichtigen CPU-internen Register. Bei einem Wiederanlauf kann sie daher an der Programmstelle weitermachen, an der sie in der Bearbeitung unterbrochen wurde. Es kann das Hauptprogramm, aber auch ein Alarm- oder Fehlerprogramm sein. Alle „alten" Unterbrechungsereignisse sind gespeichert und werden abgearbeitet. Der sog. „Restzyklus", von der Programmstelle, an der die CPU bei einem Wiederanlauf aufsetzt bis zum Ende des Hauptprogramms, zählt noch zum Anlauf. Es werden keine neuen Alarme bearbeitet. Die Ausgabebaugruppen sind gesperrt; sie befinden sich im Grundzustand. Sie können durch Parametrierung der CPU festlegen, nach welcher Unterbrechungsdauer die CPU noch einen Wiederanlauf durchführen darf (100 ms bis 1 h). Dauert die Unterbrechung länger, ist nur noch ein Kaltstart oder ein Warmstart erlaubt.

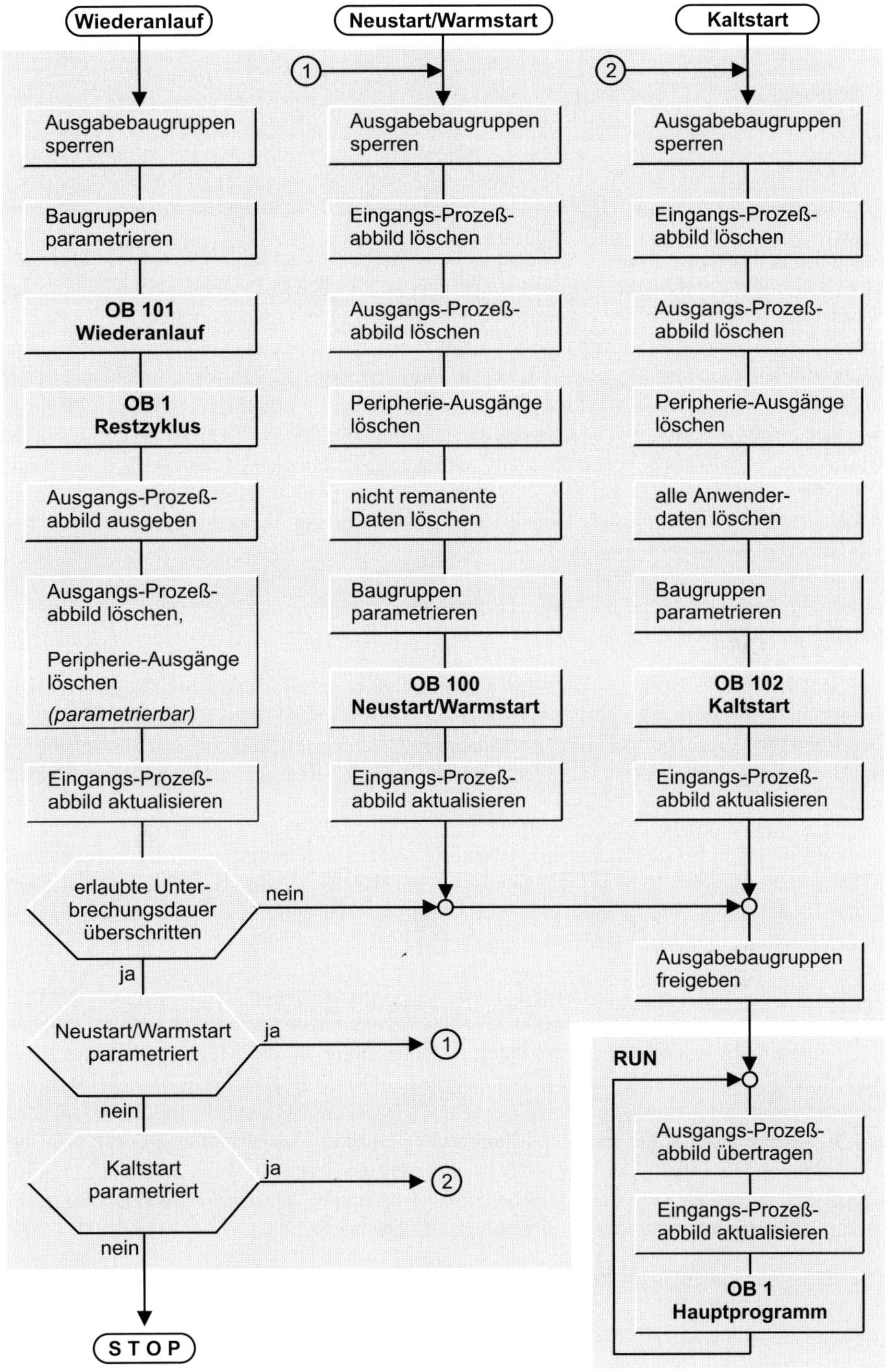

Bild 5.2 CPU-Tätigkeiten im Anlauf

5.4 Urlöschen, Remanenz

Urlöschen

Das Urlöschen versetzt die CPU in den „Grundzustand“. Sie lösen das Urlöschen mit einem Programmiergerät nur im Betriebszustand STOP aus oder mit dem Betriebsartenschalter: Schalter in der Taststellung MRES mindestens 3 s halten, dann loslassen und nach spätestens 3 s wieder mindestens 3 s in der Stellung MRES halten.

Die CPU löscht das gesamte, im Arbeitsspeicher und im RAM-Ladespeicher stehende Anwenderprogramm. Auch der Systemspeicher mit den Operandenbereichen wird gelöscht, unabhängig von der Einstellung zum Remanenzverhalten. Die CPU setzt die Parameter aller Baugruppen – auch ihre eigenen – auf die Defaulteinstellung zurück. Eine Ausnahme bilden die MPI-Parameter. Sie werden nicht verändert, so daß eine urgelöschte CPU am MPI-Bus noch ansprechbar bleibt. Der Diagnosepuffer, die Echtzeituhr und die Betriebsstundenzähler werden beim Urlöschen ebenfalls nicht zurückgesetzt. Ist eine Memory Card mit Flash EPROM gesteckt, kopiert die CPU das Anwenderprogramm aus der Memory Card in den Arbeitsspeicher. Befinden sich Konfigurationsdaten auf der Memory Card, werden diese von der CPU übernommen.

Remanenzverhalten

Ein Speicherbereich ist remanent, wenn dessen Inhalt bei einem Warmstart (Neustart) erhalten bleibt. Remanente Speicherbereiche können Merker, Zeiten, Zähler und bei S7-300 auch Datenbereiche sein. Die Anzahl der remanenten Daten ist CPU-spezifisch. Sie bestimmen mit der Parametrierung der CPU über die Registerkarte „Remanenz“, welche Bereiche remanent sind.

Die Einstellungen für das Remanenzverhalten befinden sich in den Systemdatenbausteinen SDB im Ladespeicher, d.h. auf der Memory Card. Ist die Memory Card eine RAM Card, müssen Sie das Automatisierungssystem mit Pufferbatterie betreiben, um die Remanenzeinstellungen dauerhaft zu speichern.

Verwenden Sie eine Batteriepufferung, bleiben die Signalzustände der als remanent parametrierten Merker, Zeiten und Zähler erhalten. Das Anwenderprogramm und die Anwenderdaten werden nicht verändert. Hierbei spielt es keine Rolle, ob die Memory Card ein RAM oder ein Flash EPROM ist. Ist die Memory Card ein Flash EPROM und ist *keine Batteriepufferung* vorhanden, verhalten sich S7-300 und S7-400 unterschiedlich. Bei S7-300 bleiben die Signalzustände der als remanent eingestellten Merker, Zeiten und Zähler erhalten, bei S7-400 nicht. Die Inhalte der als remanent eingestellten Datenbausteine bleiben bei S7-300 ebenfalls erhalten. Beachten Sie, daß bei S7-300 die Inhalte der remanenten Datenbereiche in der CPU gespeichert werden und nicht auf der Memory Card.

Die restlichen Datenbausteine bei S7-300 und alle Datenbausteine bei S7-400 werden von der Memory Card in den Arbeitsspeicher kopiert, ebenso die Codebausteine. Es bleiben nur die Datenbausteine aus der Memory Card erhalten; die mit der SFC 22 CREAT_DB erzeugten Datenbausteine sind nicht remanent. Diese Datenbausteine haben nach dem Anlauf den auf der Memory Card stehenden Inhalt, d.h. den Inhalt, mit dem sie programmiert worden sind.

5.5 Hauptprogramm

Das Hauptprogramm ist das zyklisch bearbeitete Anwenderprogramm. Die zyklische Programmbearbeitung ist die „normale“ Programmbearbeitung bei speicherprogrammierbaren Steuerungen. Die überwiegende Anzahl der Steuerungen arbeitet nur mit dieser Programmbearbeitungsart. Wird eine ereignisgesteuerte Programmbearbeitung eingesetzt, bildet sie in der Regel nur einen Zusatz zum Hauptprogramm.

Die CPU bearbeitet das Hauptprogramm nur im Betriebszustand RUN. Der Betriebsartenschalter an der Frontseite der CPU muß auf RUN oder RUN-P stehen. In der Stellung RUN-P kann die CPU über ein angeschlossenes Programmiergerät programmiert werden. In der Stellung RUN können Sie den Schlüssel abziehen, so daß niemand unbefugt die Betriebsart ändern kann; Programme können in dieser Stellung des Schalters nur noch gelesen werden.

Programmgliederung

Das Anwenderprogramm ist in der Regel in einzelne Programmabschnitte – in Bausteine – unterteilt. Soll ein Baustein bearbeitet werden, muß er aufgerufen sein. Lediglich die Organisationsbausteine werden nicht im Anwenderprogramm aufgerufen, sondern vom Betriebssystem der CPU gestartet.

Mit der Programmgliederung legen Sie fest, bei welchem Ereignis und in welcher Reihenfolge die CPU die Bausteine bearbeitet. Dazu programmieren Sie, beispielsweise für das Hauptprogramm im Organisationsbaustein OB 1, die Aufrufe der Bausteine, die eine Grobgliederung des Programm darstellen. In diesen „übergeordneten“ Bausteinen können Sie nun wiederum andere Bausteine aufrufen und so das Anwenderprogramm detaillierter strukturieren usw.

Bei der Aufteilung der gesamten Automatisierungsaufgabe in kleinere Teilaufgaben gibt es prinzipiell zwei Wege: Eine *technologische Programmgliederung* lehnt sich stark an den Aufbau der zu steuernden Anlage an und unterteilt nach Anlage, Teilanlage und Komponente. Den einzelnen Programmteilen entsprechen einzelne Teile der Anlage oder des zu steuernden Prozesses. Beispiel: der Anlagenteil „Zuförderband“ kann bestehen aus: unterschiedlichen Förderelementen, Verschiebewagen und Hubstation; diese Teilanlagen bestehen wiederum aus einzelnen Komponenten wie Motoren, Ventile, Anzeigeelemente. Eine *funktionelle Programmgliederung* richtet sich nach der auszuführenden Steuerungsfunktion; die unterlagerten Bausteine enthalten dann das Programm der Teilfunktionen. Beispiel: die Funktion „Meldungserfassung“ kann bestehen aus: Meldungsaufbereitung, Meldungsspeicherung und Meldungsausgabe.

Schachtelungstiefe von Bausteinaufrufen

Für jeden aufgerufenen Baustein legt die CPU zur Laufzeit einen Eintrag im Bausteinstack (B-Stack) an. Mit diesen Angaben ist sie in der Lage, nach dem Beenden des aufgerufenen Bausteins die Bearbeitung im aufrufenden Baustein fortzusetzen. Ein nachfolgend aufgerufener Baustein überschreibt die Daten des Vorgängeraufrufs im B-Stack. Wird im aufgerufenen Baustein wiederum ein Baustein „geschachtelt“ aufgerufen, legt die CPU ein neues Element im B-Stack an. Die Anzahl der B-Stackelemente ist auf einen CPU-spezifischen Maximalwert begrenzt. Werden mehr Bausteine „geschachtelt“ aufgerufen, geht die CPU mit der Fehlermeldung „Bausteinstack-Überlauf“ in den STOP-Zustand.

5.6 Startinformation

Das Betriebssystem der CPU übergibt jedem Organisationsbaustein eine Startinformation in den ersten 20 Bytes der temporären Lokaldaten. Die Deklaration der Startinformation können Sie mit eigenen Angaben selbst erstellen oder Sie verwenden die Vorlagen aus der Standardbibliothek *Standard Library* im Programm *Organization Blocks*.

Tabelle 5.2 zeigt diese Belegung der Startinformation für den OB 1, die defaultmäßige symbolische Bezeichnung und die Datentypen. Die Bezeichnung können Sie jederzeit ändern und Ihnen genehmere Namen vergeben. Auch wenn Sie die Startinformation nicht nutzen, müssen Sie die ersten 20 Bytes der temporären Lokaldaten hierfür reservieren, beispielsweise mit einem Feld aus 20 Bytes.

Aus den Startinformationen des OB 1 erfahren Sie, ob sich die Programmbearbeitung im ersten Zyklus nach einem Anlauf befindet und um welchen Anlauf es sich gehandelt hat. So können Sie, abhängig von dieser Information, Vorbesetzungen im Anwenderprogramm vornehmen. Mit drei INT-Werten gibt die Startinformation Auskunft über die Zykluszeit des letzten abgelaufenen Zyklus und über die minimale und maximale Zykluszeit seit dem letzten Einschalten.

Beachten Sie, daß Sie die Startinformation eines Organisationsbausteins nur im Organisationsbaustein selbst direkt lesen können, da es sich hier um temporäre Lokaldaten handelt. Benötigen Sie Werte aus der Startinformation auch in Bausteinen, die in tieferen Aufrufebenen liegen, rufen Sie an der entsprechenden Stelle im Programm die Systemfunktion SFC 6 RD_SINFO auf. Der Aufruf der SFC 6 RD_SINFO ist nicht nur innerhalb des Hauptprogramms an beliebiger Stelle zugelassen, sondern in jeder Prioritätsklasse, auch im Programm eines Fehler-Organisationsbausteins oder im Anlauf. Die Systemfunktion SFC 6 RD_SINFO stellt Ihnen die Startinformation des aktuellen Organisationsbausteins (das ist der OB an der Spitze des Aufrufbaums) und die des zuletzt ausgeführten Anlauf-OBs auch in einer tieferen Aufrufebene zur Verfügung.

Tabelle 5.2 Startinformation für den OB 1

Name	Datentyp	Beschreibung	Belegung
OB1_EV_CLASS	BYTE	Ereignisklasse	B#16#11 = Aufruf Standard-OB
OB1_STRT_INFO	BYTE	Startinfo	B#16#01 = erster Zyklus nach Neustart (Warmstart) B#16#02 = erster Zyklus nach Wiederanlauf B#16#03 = jeder weitere Zyklus B#16#04 = erster Zyklus nach Kaltstart
OB1_PRIORITY	BYTE	Priorität	B#16#01
OB1_OB_NUMBR	BYTE	OB-Nummer	B#16#01
OB1_RESERVED_1	BYTE	reserviert	-
OB1_RESERVED_2	BYTE	reserviert	-
OB1_PREV_CYCLE	INT	vorherige Zykluszeit	Bearbeitungszeit des vorherigen Programmzyklus in ms
OB1_MIN_CYCLE	INT	minimale Zykluszeit	minimale Zykluszeit seit dem letzten Anlauf in ms
OB1_MAX_CYCLE	INT	maximale Zykluszeit	maximale Zykluszeit seit dem letzten Anlauf in ms
OB1_DATE_TIME	DT	Ereigniseintritt	Aufrufzeitpunkt des OBs im aktuellen Zyklus

5.7 CPU-Funktionen

Echtzeit-Uhr

Die Echtzeituhr stellt das Datum und die Uhrzeit zur Verfügung. Aus der Echtzeituhr werden die Uhrzeitalarme und Impulse für die Betriebsstundenzähler abgeleitet. Ist die Pufferbatterie in Ordnung, läuft die Echtzeituhr auch bei ausgeschalteter Spannungsversorgung weiter. Ohne Pufferung startet bei Netz-Ein die Uhr mit der Uhrzeit, bei der die Spannung zuletzt ausgeschaltet wurde. Ein Urlöschen der CPU hat auf die Echtzeituhr keinen Einfluß.

Sie stellen die Uhrzeit entweder mit STEP 7 über die CPU-Parametrierung oder im Anwenderprogramm mit der Systemfunktion SFC 0 SET_CLK. Die Systemfunktion SFC 1 READ_CLK liefert das Datum und die Uhrzeit im Format DATE_AND_TIME.

Sind mehrere CPUs in einem Subnetz miteinander verbunden, parametrieren Sie die Uhr einer CPU als „Master-Uhr". Beim Parametrieren der CPU geben Sie auch das Synchronisationsintervall an, nach dem automatisch alle Uhren im Subnetz nach der Master-Uhr synchronisiert werden. Die SFC 48 SNC_RTCB rufen Sie in der CPU mit der Master-Uhr auf. Der Aufruf synchronisiert alle Uhren im Subnetz unabhängig von der automatischen Synchronisation. Stellen Sie mit der SFC 0 SET_CLK eine Master-Uhr, werden automatisch alle anderen Uhren im Subnetz auf diesen Wert synchronisiert.

Systemzeit

Die Systemzeit einer CPU läuft beim Einschalten der CPU an. Die Systemzeit läuft, solange sich die CPU im ANLAUF oder im RUN befindet. Bei STOP oder HALT wird der aktuelle Wert der Systemzeit „eingefroren". Bei einen Wiederanlauf läuft die Systemzeit ab dem gespeicherten Wert weiter; Kaltstart oder Neustart (Warmstart) setzen die Systemzeit zurück. Die Systemzeit liegt im Datenformat TIME vor, wobei nur die positiven Werte vorkommen. Bei einem Überlauf beginnt die Systemzeit wieder bei 0.

Mit der Systemfunktion SFC 64 TIME_TCK lesen Sie die aktuelle Systemzeit. Die Systemzeit können Sie nutzen, um beispielsweise durch Differenzbildung die Zeitdauer zwischen zwei SFC 64-Aufrufen zu berechnen.

Betriebsstundenzähler

Ein Betriebsstundenzähler in einer CPU zählt die Stunden, während er läuft. Sie können den Betriebsstundenzähler z.B. zum Erfassen der Betriebsdauer von angeschlossenen Geräten nutzen. Im STOP oder HALT der CPU steht auch der Betriebsstundenzähler; läuft die CPU wieder an, setzt er die Zählung ab dem letzten Wert fort. Ist eine Zeitdauer von 32767 Stunden erreicht, bleibt der Betriebsstundenzähler stehen und meldet Überlauf. Einen Betriebsstundenzähler kann man nur mit einem SFC-Aufruf auf einen neuen Wert oder auf Null stellen. Ein Urlöschen der CPU hat auf einen Betriebsstundenzähler keinen Einfluß.

Mit der Systemfunktion SFC 2 SET_RTM stellen Sie einen Betriebsstundenzähler auf einen neuen Wert. Die SFC 3 CTRL_RTM startet oder stoppt einen Betriebsstundenzähler. Auch nach einem Neustart (Warmstart) oder Kaltstart müssen Sie mit der SFC 3 einen Betriebsstundenzähler wieder starten. Die SFC 4 READ_RTM liefert den aktuellen Stand eines Betriebsstundenzählers als INT-Wert und den Status „läuft" oder „ist angehalten".

5.8 Prozeßabbilder

Baugruppen im Prozeßabbild

Das Prozeßabbild enthält die Signalzustände eines Teils der Eingabe- und Ausgabe-Baugruppen und gliedert sich dementsprechend in ein Eingangs-Prozeßabbild und ein Ausgangs-Prozeßabbild. Das Eingangs-Prozeßabbild sprechen Sie über den Operandenbereich Eingänge E an, das Ausgangs-Prozeßabbild über den Operandenbereich Ausgänge A. In der Regel wird über die Eingänge und die Ausgänge die Maschine oder der Prozeß gesteuert.

Das Prozeßabbild ist ein Teil des CPU-internen Systemspeichers. Es beginnt bei der Peripherieadresse 0 und endet an einer durch die jeweilige CPU festgelegten Obergrenze. Bei entsprechend ausgelegten CPUs können Sie diese Grenze einstellen.

Mit der Parametrierung der Baugruppenadressen legen Sie fest, ob die Signalzustände einer Baugruppe im Prozeßabbild liegen. Die nicht mit Baugruppen belegten Adressen des Prozeßabbilds können Sie ähnlich dem Merkerbereich verwenden. Baugruppen, deren Adressen nicht im Prozeßabbild liegen, sprechen Sie mit den Operandenbereichen Peripherie-Eingänge PE und Peripherie-Ausgänge PA an.

Prozeßabbild-Aktualisierung

Normalerweise liegen alle Digitalbaugruppen im Adressenbereich des Prozeßabbilds; alle Analogbaugruppen erhalten eine Adresse außerhalb des Prozeßabbilds. Verfügt die CPU über eine freie Adressenzuordnung, können Sie in der Konfigurationstabelle prinzipiell jede Baugruppe über das Prozeßabbild führen oder außerhalb des Prozeßabbilds adressieren.

Nach dem CPU-Anlauf und noch vor der ersten Bearbeitung des OB 1 transferiert das Betriebssystem die Signalzustände des Ausgangs-Prozeßabbilds zu den Ausgabebaugruppen und übernimmt die Signalzustände der Eingabebaugruppen in das Eingangs-Prozeßabbild. Danach wird der OB 1 bearbeitet, in dem normalerweise die Signalzustände der Eingänge miteinander verknüpft und die Ausgänge gesteuert werden. Nach Beenden des OB 1 beginnt ein neuer Zyklus mit der Aktualisierung des Prozeßabbilds.

Tritt bei der automatischen Aktualisierung des Prozeßabbilds ein Fehler auf, z.B. weil eine Baugruppe nicht mehr ansprechbar ist, wird der Organisationsbaustein OB 85 „Programmablauffehler“ aufgerufen. Ist der OB 85 nicht vorhanden, geht die CPU in STOP.

Teilprozeßabbilder

Bei entsprechend ausgelegten CPUs können Sie das Prozeßabbild in bis zu 9 bzw. 16 Teilprozeßabbilder aufteilen. Die Aufteilung nehmen Sie mit der Hardware-Konfiguration bei der Parametrierung der Signalbaugruppen vor, in dem Sie bei der Adressenvergabe festlegen, über welches Teilprozeßabbild die Baugruppe adressiert werden soll. Die Aufteilung können Sie getrennt nach Eingangs- und Ausgangs-Prozeßabbild vornehmen.

Alle Baugruppen, die Sie nicht einem Teilprozeßabbild 1 bis 8 bzw. 15 zuordnen, liegen im Teilprozeßabbild 0. Es entspricht dem „Gesamtprozeßabbild“ derjenigen CPUs, die eine Aufteilung in Teilprozeßabbilder nicht kennen. Dieses Teilprozeßabbild 0 wird im Rahmen der zyklischen Bearbeitung vom Betriebssystem der CPU automatisch aktualisiert. Über die Parametrierung der CPU können Sie diese automatische Aktualisierung auch ausschalten.

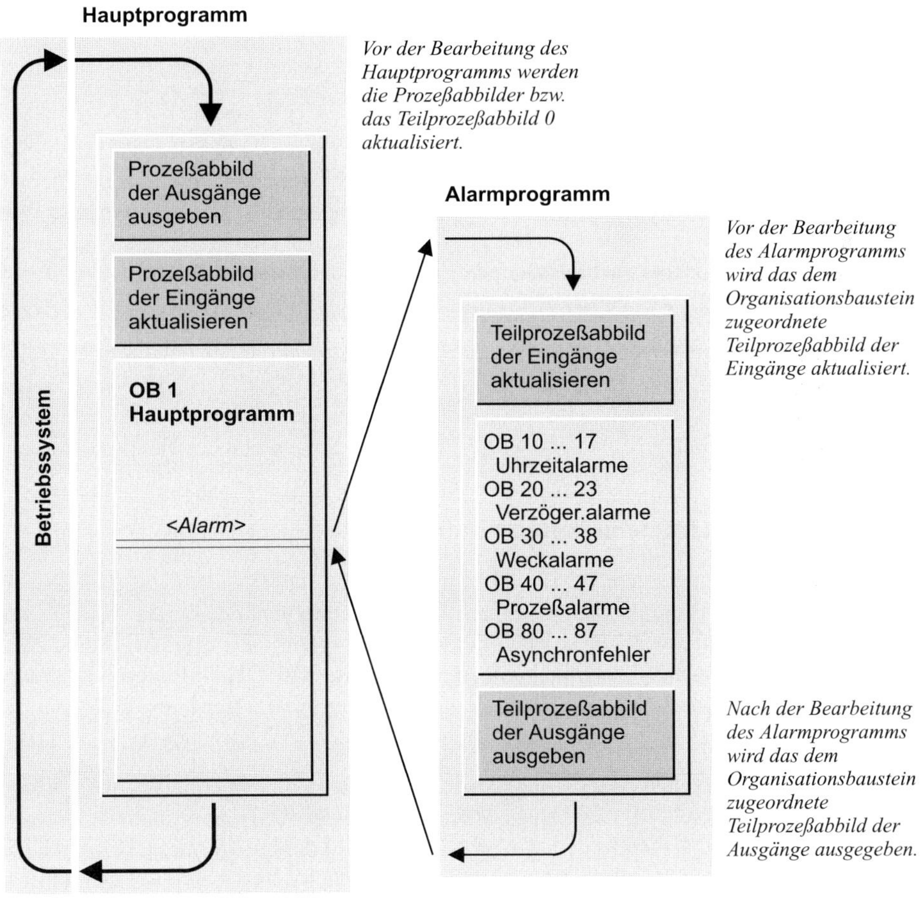

Bild 5.3 Prozeßabbild-Aktualisierung bei Hauptprogramm und Alarmprogrammen

Zuordnung zu Alarm-Organisationsbausteinen

Bei entsprechend ausgelegten CPUs können Sie die Teilprozeßabbilder auch den Organisationsbausteinen für Alarme und Asynchronfehler zuordnen. Diese Zuordnung nehmen Sie bei der CPU-Parametrierung vor. Sinnvollerweise liegen in diesen Teilprozeßabbildern die Adressen derjenigen Baugruppen, die Sie im Alarmprogramm ansprechen. Beim Auftreten eines Unterbrechungsereignisses werden die zugeordneten Teilprozeßabbilder aktualisiert.

Systemfunktionen für Teilprozeßabbilder

Die Systemfunktionen SFC 26 UPDAT_PI und SFC 27 UPDAT_PO aktualisieren bei ihrem Aufruf das parametrierte Teilprozeßabbild der Eingänge bzw. der Ausgänge. Sie können die Systemfunktionen an jeder beliebigen Stelle im Programm aufrufen und ein Teilprozeßabbild aktualisieren lassen. Mit der Angabe des Teilprozeßabbilds 0 können Sie auch das Prozeßabbild des Hauptprogramms aktualisieren, z.B. wenn Sie die automatische Aktualisierung ausgeschaltet haben. Tritt während der Aktualisierung ein Fehler auf, wird er über den Rückgabewert der Systemfunktion gemeldet.

5.9 Zykluszeit, Reaktionszeit

Zyklusüberwachungszeit

Die Programmbearbeitung im Organisationsbaustein OB 1 wird zeitlich überwacht; dies geschieht durch die sogenannte „Zykluszeitüberwachung“. Standardmäßig ist die Überwachungszeit auf 150 ms eingestellt. Über die Parametrierung der CPU können Sie diesen Wert zwischen 1 ms und 6 s einstellen. Dauert die Bearbeitung des Hauptprogramms länger als die eingestellte Zyklusüberwachungszeit, ruft die CPU den Organisationsbaustein OB 80 „Zeitfehler“ auf. Ist er nicht vorhanden, wechselt die CPU in den Stoppzustand.

Die Zyklusüberwachungszeit umfaßt die gesamte Bearbeitungszeit des OB 1. Hierin eingeschlossen sind auch die Bearbeitungszeiten für höhere Prioritätsklassen, die (im aktuellen Zyklus) das Hauptprogramm unterbrechen. Auch Kommunikationsprozesse durch das Betriebssystem, z.B. PG-Zugriffe auf die CPU, vergrößern die Laufzeit des Hauptprogramms.

Mindestzyklusdauer, Hintergrundbearbeitung OB 90

Bei entsprechend ausgelegten CPUs können Sie eine Mindestzyklusdauer vorgeben. Dauert die Bearbeitung des Hauptprogramms einschließlich Unterbrechungen nicht so lange wie vorgegeben, wartet die CPU, bis die eingestellte Mindestzyklusdauer erreicht ist. Erst dann beginnt sie den nächsten Zyklus mit erneutem Aufrufen des OB 1. Die Mindestzyklusdauer ist defaultmäßig ausgeschaltet. Sie können eine Einstellung zwischen 1 ms und 6 s in der Registerkarte „Zyklus/Taktmerker“ beim Parametrieren der CPU vornehmen.

In der Zeitspanne zwischen dem tatsächlichen Zyklusende und dem Ablauf der Mindestzyklusdauer bearbeitet die CPU den Organisationsbaustein OB 90 „Hintergrundbearbeitung“. Die Bearbeitung des OB 90 erfolgt „scheibchenweise“: Mit dem Aufruf des OB 1 durch das Betriebssystem wird die Bearbeitung im OB 90 unterbrochen und mit dem Bearbeitungsende des OB 1 an der unterbrochenen Stelle fortgesetzt. Die Unterbrechung durch den OB 1 kann nach jeder Anweisung geschehen. Je näher die Bearbeitungszeit des OB 1 an der Mindestzyklusdauer liegt, desto weniger Zeit bleibt für die Bearbeitung des OB 90. Eine Überwachung der Programmbearbeitungszeit im OB 90 findet nicht statt. Die Bearbeitung des OB 90 findet nur im Betriebszustand RUN statt. Sie kann durch Alarm- und Fehlerereignisse unterbrochen werden, genauso wie die Bearbeitung im OB 1.

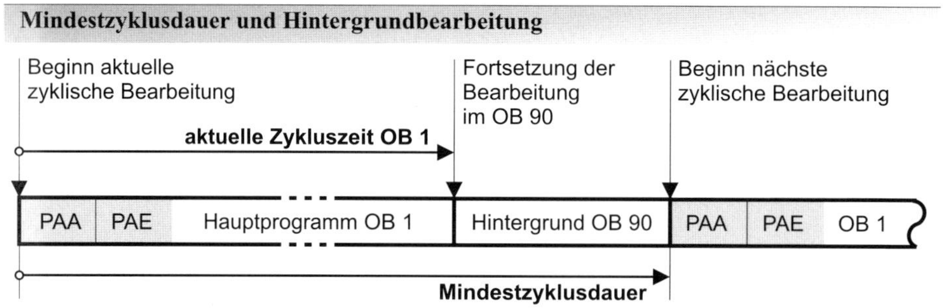

Bild 5.4 Mindestzyklusdauer und Hintergrundbearbeitung

Reaktionszeit

Wenn das Anwenderprogramm im OB 1 mit den Signalzuständen der Prozeßabbilder arbeitet, erhält man eine Reaktionszeit, die von der Programmbearbeitungszeit (der Zykluszeit) abhängt. Die Reaktionszeit liegt zwischen einer und zwei Zykluszeiten, wie das folgende Beispiel erläutert.

Wird beispielsweise ein Endschalter angefahren, ändert er seinen Signalzustand von „0" nach „1". Diese Änderung erfaßt die Steuerung bei der darauffolgenden Prozeßabbildaktualisierung und setzt den zum Endschalter gehörenden Eingang auf „1". Das Programm wertet diese Änderung aus, indem es z.B. einen Ausgang zurücksetzt, um den entsprechenden Motor auszuschalten. Die Übertragung des zurückgesetzten Ausgangs geschieht am Ende der Programmbearbeitung; erst dann wird das entsprechende Bit auf der Digitalausgabebaugruppe zurückgenommen.

Im günstigsten Fall erfolgt gleich im Anschluß an die Änderung des Endschaltersignals die Prozeßabbildaktualisierung. Dann dauert es nur eine Zykluszeit lang, bis der entsprechende Ausgang reagiert. Im ungünstigsten Fall ist gerade die Prozeßabbildaktualisierung abgeschlossen, wenn sich das Endschaltersignal ändert. Dann muß etwa eine Zykluszeit gewartet werden, bis die Steuerung die Änderung bemerkt und den Eingang setzt. Nach einer weiteren Zykluszeit reagiert dann der Baugruppenausgang.

Die Reaktionszeit auf eine Änderung des Eingangssignals kann also zwischen einer und zwei Zykluszeiten betragen. Zur Reaktionszeit hinzu kommen noch die Verzögerungszeiten für die Eingabebaugruppen, Schaltzeiten von Schützen, u.a.

Die Bearbeitungszeit des Anwenderprogramms enthält bei dieser Betrachtung alle Vorgänge in einem Programmzyklus (also auch z.B. Bearbeitung von Alarmen, Bearbeitungen im Betriebssystem wie Aktualisierung der Zeitfunktionen, Steuerung der MPI-Schnittstelle, Prozeßabbildaktualisierung).

Sie können in Einzelfällen eine Verkleinerung der Reaktionszeiten erreichen, indem Sie die Peripherie direkt ansprechen oder Programmteile ereignisgesteuert aufrufen.

Minimale und maximale Reaktionszeiten

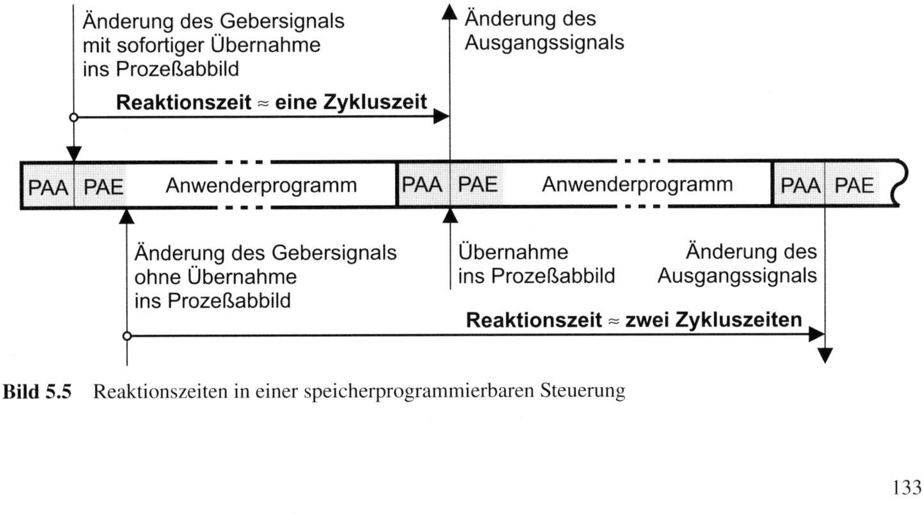

Bild 5.5 Reaktionszeiten in einer speicherprogrammierbaren Steuerung

5.10 Alarmbearbeitung in der Übersicht

Die Alarmbearbeitung ist eine ereignisgesteuerte Programmbearbeitung. Das Betriebssystem unterbricht beim Auftreten eines entsprechenden Ereignisses die Bearbeitung des Hauptprogramms und ruft einen Organisationsbaustein auf, der dem Ereignis zugeordnet ist. In diesen OB schreiben Sie ein Programm, das die Reaktion auf das Ereignis darstellt. Das Programm in einem Alarm-OB kann wie das Hauptprogramm strukturiert werden. Ist dieses Programm abgearbeitet, fährt das Betriebssystem mit der Programmbearbeitung an der unterbrochenen Stelle im Hauptprogramm fort. Eine derartige Unterbrechung kann nach jeder Operation (Anweisung) stattfinden. Unterbrechungsereignisse können Alarme und Fehler sein. Die Reihenfolge der Bearbeitung bei quasi gleichzeitigem Auftreten der Unterbrechungsereignisse regelt eine Prioritätssteuerung. Mehrere Unterbrechungsereignisse können zu Prioritätsklassen zusammengefaßt werden.

Startinformationen

Das Betriebssystem gibt den Alarm-Organisationsbausteinen eine Startinformation mit. Die Startinformation steht in den ersten 20 Bytes der temporären Lokaldaten des jeweiligen Organisationsbausteins. In jedem Organisationsbaustein müssen diese 20 Bytes deklariert werden, auch wenn Sie diese nicht nutzen. Vorlagen für die Deklaration finden Sie in der Standardbibliothek *Standard Library* unter dem Programm *Organization Blocks*. Sie können auch eine andere Variablenstruktur mit selbst vergebenen Namen verwenden.

Die Anzahl der temporären Lokaldaten pro Organisationsbaustein legen Sie bei der CPU-Parametrierung fest. Berücksichtigen Sie hierbei auch die temporären Lokaldaten der Bausteine, die im Organisationsbaustein aufgerufen werden. Verwenden Sie einen Organisationsbaustein nicht, stellen Sie 0 als Anzahl ein.

Tabelle 5.3 Startinformationen für Alarm-Organisationsbausteine

Byte	**Mehrprozessoralarm** OB 60	**Prozeßalarme** OB 40 bis OB 47	**Weckalarme** OB 30 bis OB 38	**Verzögerungsalarme** OB 20 bis OB 23	**Uhrzeitalarme** OB 10 bis OB 17
0	Ereignisklasse	Ereignisklasse	Ereignisklasse	Ereignisklasse	Ereignisklasse
1	Startereignis	Startereignis	Startereignis	Startereignis	Startereignis
2	Prioritätsklasse	Prioritätsklasse	Prioritätsklasse	Prioritätsklasse	Prioritätsklasse
3	OB-Nummer	OB-Nummer	OB-Nummer	OB-Nummer	OB-Nummer
4	-	-	-	-	-
5	-	Adressenkennung	-	-	-
6..7	Auftragskennung (INT)	Baugruppenanfangsadresse (WORD)	Phasenverschiebung in ms (WORD)	Auftragskennung (WORD)	Intervall (WORD)
8..9	-	Prozeßalarminformation (DWORD)	-	abgelaufene Verzögerungsdauer (TIME)	-
10..11	-		Zeittakt in ms (INT)		-
12..19	Ereigniszeitpunkt (DT)	Ereigniszeitpunkt (DT)	Ereigniszeitpunkt (DT)	Ereigniszeitpunkt (DT)	Ereigniszeitpunkt (DT)

5.11 Prozeßalarme

Sie verwenden Prozeßalarme, um Ereignisse in der gesteuerten Anlage oder Maschine sofort im Anwenderprogramm zu erfassen und mit einem entsprechenden Programm darauf zu reagieren. Für die Bearbeitung eines Prozeßalarms sind bei STEP 7 die Organisationsbausteine OB 40 bis OB 47 vorgesehen, wobei es von der verwendeten CPU abhängt, welche dieser acht Organisationsbausteine tatsächlich zur Verfügung stehen.

Auslösung eines Prozeßalarms

Die Auslösung eines Prozeßalarms erfolgt auf einer dafür ausgelegten Baugruppe. Das kann beispielsweise eine Digitaleingabebaugruppe sein, die ein vom Prozeß kommendes Signal erfaßt, oder eine Funktionsbaugruppe, die durch einen Vorgang auf der Baugruppe einen Prozeßalarm auslöst. Die Auslösung eines Prozeßalarms ist zunächst defaultmäßig gesperrt. Sie geben mit der Parametrierung der Baugruppe durch die Hardware-Konfiguration die Bearbeitung eines Prozeßalarms frei (statischer Parameter). Hierbei können Sie wählen, ob der Prozeßalarm bei kommendem Ereignis, bei gehendem Ereignis oder bei beiden ausgelöst werden soll (dynamischer Parameter). Dynamische Parameter können Sie per SFC-Aufruf zur Laufzeit ändern. Bei der Baugruppenparametrierung ordnen Sie dem Prozeßalarm auch einen Organisationsbaustein zu.

Tritt ein Prozeßalarm auf, muß auch der zugeordnete Organisationsbaustein vorhanden sein. Ist das nicht der Fall, trägt die CPU eine Meldung in den Diagnosepuffer ein und ruft den Asynchronfehler-Organisationsbaustein OB 85 „Programmablauffehler" auf bzw. geht in den Betriebszustand STOP. Prozeßalarme werden nur im Betriebszustand RUN der CPU ausgelöst. Im Anlauf werden auftretende Prozeßalarme verworfen.

Alarminformation abfragen

Im Alarm-Organisationsbaustein können Sie abfragen, welche Baugruppe den Alarm ausgelöst hat. In den Bytes 5, 6 und 7 der Startinformation steht die Anfangsadresse dieser Baugruppe. Die Bytes 8 bis 11 enthalten bei Digitaleingabebaugruppen den Zustand der Eingänge und bei anderen Baugruppen den Alarmzustand der Baugruppe.

Prozeßalarme in der CPU projektieren

Die Projektierung in der CPU geschieht mit der Hardware-Konfiguration. Auf der Registerkarte „Alarme" sehen Sie die in der CPU vorhandenen Prozeßalarm-Organisationsbausteine. Stellen Sie hier die Bearbeitungspriorität ein. Für jeden verwendeten Prozeßalarm-OB bzw. für dessen Prioritätsklasse müssen auf der Registerkarte „Speicher" mindestens 20 Bytes an temporären Lokaldaten reserviert werden.

Prozeßalarme sperren und verzögern

Mit folgenden Systemfunktionen können Sie die Bearbeitung von Prozeßalarmen beeinflussen: SFC 39 DIS_IRT (Alarme sperren), SFC 40 EN_IRT (gesperrte Alarme freigeben), SFC 41 DIS_AIRT (Alarme verzögern) und SFC EN_AIRT (verzögerte Alarme freigeben).

5.12 Weckalarme

Ein Weckalarm ist ein in periodischen Zeitabständen ausgelöster Alarm, der die Bearbeitung eines Weckalarm-Organisationsbausteins veranlaßt. Mit einem Weckalarm haben Sie die Möglichkeit, ein bestimmtes Programm in einem Zeitintervall bearbeiten zu lassen, das von der Bearbeitungszeit des zyklischen Programms unabhängig ist. Für die Bearbeitung der Weckalarme sind bei STEP 7 die Organisationsbausteine OB 30 bis OB 38 vorgesehen, wobei es von der verwendeten CPU abhängt, welche dieser neun Organisationsbausteine tatsächlich zur Verfügung stehen.

Weckalarme in der CPU projektieren

Sie definieren einen Weckalarm mit der Hardware-Konfiguration beim Parametrieren der CPU auf der Registerkarte „Weckalarm“. Ein Weckalarm hat drei Parameter: das Zeitintervall (Ausführung), die Phasenverschiebung und die Priorität. Die einstellbaren Werte gehen beim Zeitintervall und bei der Phasenverschiebung von 1 ms bis 1 min im Raster von 1 ms; die Priorität ist je nach CPU von 2 bis 24 wählbar bzw. ist 0 (= Weckalarm nicht aktiv). Für jeden verwendeten Weckalarm-OB bzw. für dessen Prioritätsklasse müssen auf der Registerkarte „Speicher“ mindestens 20 Bytes an temporären Lokaldaten reserviert werden.

Phasenverschiebung

Sie können die Phasenverschiebung nutzen, um Weckalarmprogramme, die ein gemeinsames Vielfaches im Zeitintervall aufweisen, dennoch zeitversetzt bearbeiten zu lassen. Sie erreichen dadurch eine höhere Genauigkeit der Bearbeitungsperiode, da der niederpriore Organisationsbaustein nicht warten muß. Die Zeitintervalle und die Phasenverschiebung werden beim Übergang in den Betriebszustand RUN gestartet.

Weckalarme sperren und verzögern

Mit folgenden Systemfunktionen können Sie die Bearbeitung von Weckalarmen beeinflussen: SFC 39 DIS_IRT (Alarme sperren), SFC 40 EN_IRT (gesperrte Alarme freigeben), SFC 41 DIS_AIRT (Alarme verzögern) und SFC EN_AIRT (verzögerte Alarme freigeben).

OB	Zeitintervall	Phase	Priorität
30	5 s	0 ms	7
31	2 s	0 ms	8
32	1 s	0 ms	9
33	500 ms	0 ms	10
34	200 ms	0 ms	11
35	100 ms	0 ms	12
36	50 ms	0 ms	13
37	20 ms	0 ms	14
38	10 ms	0 ms	15

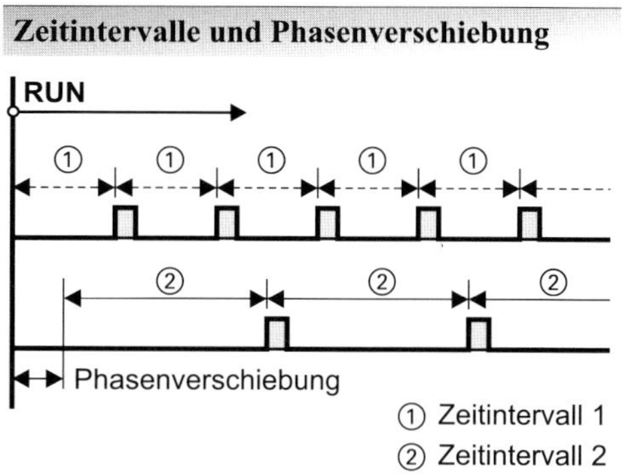

Bild 5.6 Defaulteinstellung und Phasenverschiebung bei Weckalarmen

5.13 Uhrzeitalarme

Sie verwenden einen Uhrzeitalarm, wenn Sie ein Programm zu einer bestimmten Uhrzeit einmalig oder periodisch, beispielsweise täglich, bearbeiten lassen wollen. Für die Bearbeitung eines Uhrzeitalarms sind bei STEP 7 die Organisationsbausteine OB 10 bis OB 17 vorgesehen, wobei es von der verwendeten CPU abhängt, welche dieser acht Organisationsbausteine tatsächlich zur Verfügung stehen. Voraussetzung für eine ordnungsgemäße Auslösung eines Uhrzeitalarms ist die richtige Einstellung der Echtzeituhr.

Uhrzeitalarme in der CPU projektieren

Die Projektierung in der CPU geschieht mit der Hardware-Konfiguration. Die Registerkarte „Uhrzeitalarme" enthält die in der CPU verfügbaren Organisationsbausteine. Sie stellen die Bearbeitungspriorität, die Ausführung und den Startzeitpunkt ein. Mit der Option „aktiv" wird der Uhrzeitalarm automatisch beim Übergang in den Betriebszustand RUN gestartet.

Einen Uhrzeitalarm können Sie auf zwei Arten ausführen lassen:

▷ einmalig; der entsprechende Organisationsbaustein wird dann einmalig zum eingestellten Zeitpunkt aufgerufen oder

▷ periodisch; der entsprechende Organisationsbaustein wird minütlich, stündlich, täglich, wöchentlich, monatlich, am Monatsletzten oder jährlich gestartet.

Für jeden verwendeten Weckalarm-OB bzw. für dessen Prioritätsklasse müssen auf der Registerkarte „Speicher" mindestens 20 Bytes an temporären Lokaldaten reserviert werden. Ein projektierter Uhrzeitalarm-OB muß auch im Anwenderprogramm vorhanden sein, sonst ruft die CPU den Fehler-Organisationsbaustein OB 85 „Programmbearbeitungsfehler" auf oder geht in den Betriebszustand STOP.

Bearbeitung der Uhrzeitalarme mit Systemfunktionen

Um einen Uhrzeitalarm zu starten, müssen Sie zuerst den Startzeitpunkt einstellen und dann den Uhrzeitalarm aktivieren. Beide Tätigkeiten können Sie getrennt sowohl mit der Hardware-Konfiguration als auch mit Systemfunktionen durchführen. Mit der Systemfunktion SFC 28 SET_TINT stellen Sie den Startzeitpunkt und die Periode des Uhrzeitalarms ein; mit der Systemfunktion SFC 30 ACT_TINT starten Sie den Uhrzeitalarm.

Mit der Systemfunktion SFC 31 QRY_TINT fragen Sie den Status eines Uhrzeitalarms ab. Einen laufenden Uhrzeitalarm stornieren Sie mit der Systemfunktion SFC 29 CAN_TINT. Möchten Sie einen stornierten Uhrzeitalarm wieder nutzen, müssen Sie erneut mit der SFC 28 SET_TINT den Startzeitpunkt einstellen und mit der SFC 30 ACT_TINT den Uhrzeitalarm aktivieren. Uhrzeitalarme werden nur im Betriebszustand RUN der CPU ausgeführt. Ein im Anlaufprogramm aktivierter Uhrzeitalarm wird erst beim Übergang nach RUN gestartet.

Uhrzeitalarme sperren und verzögern

Mit folgenden Systemfunktionen können Sie die Bearbeitung von Uhrzeitalarmen beeinflussen: SFC 39 DIS_IRT (Alarme sperren), SFC 40 EN_IRT (gesperrte Alarme freigeben), SFC 41 DIS_AIRT (Alarme verzögern) und SFC EN_AIRT (verzögerte Alarme freigeben).

5.14 Verzögerungsalarme

Mit einem Verzögerungsalarm haben Sie die Möglichkeit, unabhängig von den Zeitfunktionen eine Zeitverzögerung zu realisieren. Für die Bearbeitung eines Verzögerungsalarms sind bei STEP 7 die Organisationsbausteine OB 20 bis OB 23 vorgesehen, wobei es von der verwendeten CPU abhängt, welche dieser vier Organisationsbausteine tatsächlich zur Verfügung stehen.

Verzögerungsalarme in der CPU projektieren

Die Projektierung in der CPU geschieht mit der Hardware-Konfiguration. Die Registerkarte „Alarme" zeigt die in der CPU vorhandenen Organisationsbausteine. Hier stellen Sie die Bearbeitungspriorität ein. Für jeden verwendeten Verzögerungsalarm-OB bzw. für dessen Prioritätsklasse müssen auf der Registerkarte „Speicher" mindestens 20 Bytes an temporären Lokaldaten reserviert werden.

Verzögerungsalarme mit Systemfunktionen bearbeiten

Sie starten einen Verzögerungsalarm im Anwenderprogramm mit dem Aufruf der Systemfunktion SFC 32 SRT_DINT. Mit dem Aufruf übergeben Sie auch die Verzögerungsdauer und die Nummer des ausgewählten Organisationsbausteins an das Betriebssystem. Sie stellen die Verzögerungszeit im Raster von 1 ms ein; die Genauigkeit beträgt ebenfalls 1 ms. Der SFC-Aufruf ist gleichzeitig der Startzeitpunkt, ab dem die parametrierte Zeitspanne läuft. Nach dem Ablauf der Verzögerungszeit wird der ausgewählte Organisationsbaustein gestartet. Beachten Sie, daß sich die Bearbeitung eines Verzögerungsalarm-Organisationsbausteins hinauszögern kann, wenn gerade zum Zeitpunkt des OB-Aufrufs ein Organisationsbaustein mit einer höheren Priorität in Bearbeitung ist.

Sie können eine laufende Verzögerungszeit mit einem neuen Wert überschreiben, indem Sie die Systemfunktion SFC 32 SRT_DINT erneut aufrufen. Mit dem SFC-Aufruf beginnt dann die neue Verzögerungszeit zu laufen. Einen gestarteten Verzögerungsalarm stornieren Sie mit dem Aufruf der Systemfunktion SFC 33 CAN_DINT. Dann wird der dazugehörende Organisationsbaustein nicht mehr aufgerufen. Mit der Systemfunktion SFC 34 QRY_DINT fragen Sie den Status eines Verzögerungsalarms ab. Ein gestarteter Verzögerungsalarm-OB muß auch vorhanden sein, sonst ruft die CPU den Fehler-Organisationsbaustein OB 85 „Programmbearbeitungsfehler" auf oder geht in den Betriebszustand STOP.

Verzögerungsalarme werden nur im Betriebszustand RUN der CPU ausgeführt. Sie können einen Verzögerungsalarm im Anlaufprogramm mit dem Aufruf der SFC 32 SRT_DINT starten. Nach dem Ablauf der Verzögerungszeit muß sich die CPU im Betriebszustand RUN befinden. Ist das nicht der Fall, wartet die CPU mit dem Aufruf des Organisationsbaustein bis zum Ende des Anlaufprogramms und ruft den Verzögerungsalarm-OB beim Übergang in den Betriebszustand RUN noch vor dem Hauptprogramm auf.

Uhrzeitalarme sperren und verzögern

Mit folgenden Systemfunktionen können Sie die Bearbeitung von Uhrzeitalarmen beeinflussen: SFC 39 DIS_IRT (Alarme sperren), SFC 40 EN_IRT (gesperrte Alarme freigeben), SFC 41 DIS_AIRT (Alarme verzögern) und SFC EN_AIRT (verzögerte Alarme freigeben).

5.15 Mehrprozessoralarm

Mit dem Mehrprozessoralarm haben Sie die Möglichkeit, im Mehrprozessorbetrieb in allen beteiligten CPUs synchron auf ein Ereignis zu reagieren. Die Auslösung des Mehrprozessoralarms übernimmt die Systemfunktion SFC 35 MP_ALM. Für die Bearbeitung des Mehrprozessoralarms steht der Organistionsbaustein OB 60 mit der fest eingestellten Priorität 25 zur Verfügung. Mehrprozessorbetrieb ist nur bei S7-400-Stationen möglich.

Mehrprozessoralarm in der CPU projektieren

Der Mehrprozessoralarm wird nicht in der Hardware-Konfiguration projektiert; er ist in jeder mehrprozessorfähigen CPU vorhanden. Trotzdem muß in der Registerkarte „Speicher" der CPU unter der Prioritätsklasse 25 eine ausreichende Anzahl an Lokaldatenbytes (mindestens 20) reserviert werden.

Auslösung des Mehrprozessoralarms

Der Aufruf der Systemfunktion SFC 35 MP_ALM generiert einen Mehrprozessoralarm. Dem Aufruf der Systemfunktion können Sie eine Kennung mitgeben, und können so z.B. im Programm feststellen, in welcher CPU der Alarm ausgelöst worden ist. Der Mehrprozessoralarm-OB wird auf allen beteiligten CPUs gleichzeitig gestartet, d.h. auch die CPU, in der die Systemfunktion SFC 35 aufgerufen worden ist, wartet mit dem Aufruf des OB 60 solange, bis alle anderen CPUs ihre Bereitschaft melden. Der Organisationsbaustein für den Mehrprozessoralarm wird nur im RUN gestartet. Ein Aufruf der Systemfunktion SFC 35 MP_ALM im Anlaufprogramm wird mit Rückgabe einer Fehlermeldung abgewiesen.

Mehrprozessoralarm sperren und verzögern

Mit folgenden Systemfunktionen können Sie die Bearbeitung des Mehrprozessoralarms beeinflussen: SFC 39 DIS_IRT (Alarme sperren), SFC 40 EN_IRT (gesperrte Alarme freigeben), SFC 41 DIS_AIRT (Alarme verzögern) und SFC EN_AIRT (verzögerte Alarme freigeben).

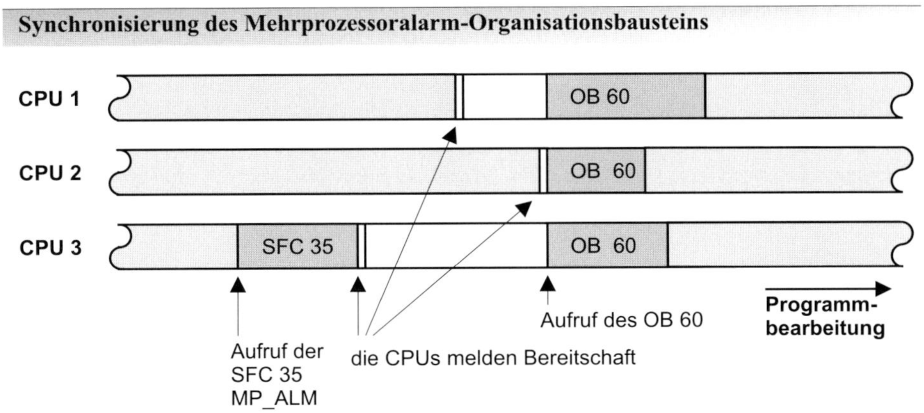

Bild 5.7 Bearbeitung des Mehrprozessoralarms

5.16 Fehlerbehandlung

Die CPU meldet von ihr oder den Baugruppen erkannte Fehler auf verschiedene Arten:

▷ Fehler bei arithmetischen Operationen (Überlauf, ungültige REAL-Zahl) mit dem Setzen der Statusbits (z.B. Statusbit OV bei Zahlenbereichsüberlauf),

▷ Fehler bei der Bearbeitung des Anwenderprogramms (Synchronfehler) mit dem Aufruf der Organisationsbausteine OB 121 und OB 122,

▷ Fehler im Automatisierungssystem unabhängig von der Programmbearbeitung (Asynchronfehler) mit dem Aufruf der Organisationsbausteine OB 80 bis OB 87.

Das Auftreten eines Fehlers und eventuell die Fehlerursache zeigt die CPU durch Fehler-LEDs an der Frontseite an. Bei schwerwiegenden Fehlern, wie z.B. unzulässiger Operationscode, geht die CPU direkt in den Betriebszustand STOP.

Im Betriebszustand STOP können Sie mit einem Programmiergerät über die CPU-Auskunftsfunktionen den Baustein-Stack, den Unterbrechungs-Stack und den Lokaldaten-Stack auslesen und so Rückschlüsse auf die Fehlerursache ziehen. Die Systemdiagnose kann Fehler auf den Baugruppen erkennen und trägt diese Fehler in einen Diagnosepuffer ein. Im Diagnosepuffer stehen auch Informationen über die Betriebszustandsübergänge der CPU, wie z.B. STOP-Ursachen. Der Inhalt des Diagnosepuffers bleibt im Betriebszustand STOP, beim Urlöschen und bei Spannungsausfall erhalten; er kann nach Spannungswiederkehr und nach einem CPU-Anlauf mit einem Programmiergerät gelesen werden.

Synchronfehler

Das Betriebssystem der CPU generiert ein Synchronfehlerereignis, wenn in unmittelbarem Zusammenhang mit der Programmbearbeitung ein Fehler auftritt. Ist ein Synchronfehler-OB nicht programmiert, wechselt die CPU bei einem Synchronfehlerereignis in den Betriebszustand STOP. Es werden zwei Fehlerarten unterschieden:

▷ Programmierfehler mit dem Aufruf des OB 121, und
▷ Zugriffsfehler mit dem Aufruf des OB 122.

Ein Synchronfehler-OB hat die gleiche Priorität wie der Baustein, in dem der Fehler verursacht wurde. Deshalb kann im Synchronfehler-OB auf die Register des unterbrochenen Bausteins zugegriffen werden, und deshalb kann auch das Programm im Synchronfehler-OB die Register mit geändertem Inhalt an den unterbrochenen Baustein zurückgeben.

Beachten Sie, daß beim Aufruf eines Synchronfehler-OBs dessen 20 Bytes Startinformation zusätzlich im L-Stack der fehlerverursachenden Prioritätsklasse abgelegt werden, ebenso die weiteren temporären Lokaldaten des Synchronfehler-OBs und die aller in diesem OB aufgerufenen Bausteine.

Ersatzwert eintragen

Mit der SFC 44 REPL_VAL haben Sie die Möglichkeit, von einem Synchronfehler-OB aus einen Ersatzwert in den Akkumulator 1 einzutragen. Beispiel: Von einer Eingabebaugruppe kann kein Wert mehr gelesen werden; es wird dann der OB 122 „Zugriffsfehler" aufgerufen und mit der SFC 44 REPL_VAL ein Ersatzwert eingetragen, mit dem weitergearbeitet wird.

Asynchronfehler

Asynchronfehler sind Fehler, die unabhängig von der Programmbearbeitung auftreten können. Tritt ein Asynchronfehler auf, ruft das Betriebssystem einen der folgenden Organisationsbausteine auf:

▷ Zeitfehler OB 80

Zeitfehler bedeutet z.B. die Überschreitung der Zyklusüberwachungszeit, die Anforderung eines OBs während er noch in Bearbeitung ist oder ein abgelaufener Uhrzeitalarm durch Vorstellen der Echtzeituhr.

▷ Stromversorgungsfehler OB 81

Wird aufgerufen, wenn im Zentralbaugruppenträger oder in einem Erweiterungsbaugruppenträger eine Pufferbatterie leer ist, die Pufferung ganz fehlt oder die 24V-Versorgung ausfällt.

▷ Diagnose-Alarm OB 82

Mit einem Diagnosealarm meldet eine entsprechend ausgelegte Baugruppe der CPU das Diagnoseereignis.

▷ Ziehen/Stecken-Alarm OB 83

Das Betriebssystem überwacht im Sekundenabstand die Baugruppenkonfiguration. Jedes Ziehen oder Stecken einer Baugruppe in den Betriebszuständen RUN, STOP und ANLAUF führt zu je einem Eintrag in den Diagnosepuffer und in die Systemzustandsliste sowie zum Aufruf des OB 83. Wird eine geeignete Baugruppe auf einen projektierten Steckplatz gesteckt, erfolgt eine automatische Parametrierung der Baugruppe durch die CPU mit den auf der CPU vorliegenden Datensätzen. Erst danach wird der OB 83 aufgerufen, um die gesteckte Baugruppe wieder betriebsbereit zu melden.

▷ CPU-Hardwarefehler OB 84

Das Betriebssystem ruft den Organisationsbaustein OB 84 auf, wenn ein Schnittstellenfehler (MPI-Netz, PROFIBUS-DP) auftritt oder verschwindet.

▷ Programmablauffehler OB 85

Das Betriebssystem ruft den Organisationsbaustein OB 85 auf, wenn ein nicht geladener Organisationsbaustein aufgerufen werden soll, bei einem Zugriffsfehler des Betriebssystems auf einen Baustein (z.B. fehlender Instanz-Datenbaustein beim Aufruf eines Systemfunktionsbausteins SFB) und bei einem Peripheriezugriffsfehler bei der systemseitigen (automatischen) Aktualisierung des Prozeßabbilds.

▷ Baugruppenträgerausfall OB 86

Das Betriebssystem ruft den Organisationsbaustein OB 86 auf, wenn es den Ausfall eines Baugruppenträgers (Spannungsausfall, unterbrochene Leitung, defekte Anschaltung) sowie den Ausfall eines Subnetzes oder einer Station der dezentralen Peripherie erkennt.

▷ Kommunikationsfehler OB 87

Das Betriebssystem ruft den Organisationsbaustein OB 87 auf, wenn ein Kommunikationsfehler auftritt (z.B. falsche Telegrammkennung oder Telegrammlängenfehler bei der Globaldaten-Kommunikation, Fehler bei der Uhrzeitsynchronisation).

5.17 Unterbrechungsereignisse hantieren

Das Betriebssystem der CPU läßt es zu, anstehende Unterbrechungsereignisse zu ignorieren oder zu einem späteren Zeitpunkt zu bearbeiten. Die Bearbeitung der Unterbrechungsereignisse wird mit Systemfunktionen gesteuert, unterschieden einerseits nach Synchronfehlern und andererseits nach Asynchronfehlern und Alarmen.

Synchronfehler maskieren und demaskieren

Wenn ein Synchronfehler auftritt, ruft das Betriebssystem den entsprechenden Organisationsbaustein auf oder – wenn der OB nicht vorhanden ist – wechselt in den Betriebszustand STOP. Sie können nun bestimmte Synchronfehlerereignisse quasi „ausblenden“ (maskieren), so daß sie nicht mehr zum Wechsel nach STOP oder zum Aufruf des Fehler-Organisationsbausteins führen. Tritt ein maskiertes Synchronfehlerereignis auf, hält dies die CPU in einem Ereignisstatusregister fest.

Mit der Systemfunktion SFC 36 MSK_FLT maskieren Sie die Synchronfehlerereignisse. Jedem Synchronfehler ist ein Bit in einer Fehlermaske zugeordnet. Dieses Maskieren ist nur in der aktuellen Prioritätsklasse (Programmablaufebene) wirksam, in der die SFC aufgerufen wird. Die Ereignisstatusregister lesen Sie mit der Systemfunktion SFC 38 READ_ERR und erkennen einen während der Maskierung aufgetretenen Synchronfehler. Beim „Demaskieren“ mit der Systemfunktion SFC 37 DMSK_FLT geben Sie die Bearbeitung wieder frei.

Asynchronfehler und Alarme sperren, verzögern und freigeben

Asynchronfehler und Alarme treten im allgemeinen „unvorhersehbar“ während der zyklischen Programmbearbeitung auf und können das Hauptprogramm an beliebiger Stelle unterbrechen, um das Alarm- oder Fehlerprogramm zu bearbeiten. Auch ein niederpriores Alarmprogramm kann auf diese Weise unterbrochen werden. Diese Unterbrechung kann sich negativ auswirken, wenn der unterbrochene Programmabschnitt in einer bestimmten Zeit bearbeitet werden muß, um beispielsweise eine kurze Reaktionszeit zu erreichen, oder wenn eine Anweisungsfolge nicht unterbrochen werden darf, beispielsweise beim Lesen von zusammenhängenden Werten von einer Peripheriebaugruppe.

Mit der Systemfunktion SFC 39 DIS_IRT sperren Sie die Bearbeitung von Alarmen und Asynchronfehlern. Nach der Sperre auftretende Ereignisse werden verworfen; sie rufen weder den zugeordneten Organisationsbaustein auf noch führen sie zum Betriebszustand STOP, wenn der betreffende OB nicht vorhanden ist. Sie können wählen zwischen der Sperre aller Alarme und Asynchronfehler, zwischen dem Sperren der Asynchronfehler oder einer Alarmklasse (z.B. nur die Prozeßalarme) und dem Sperren eines einzelnen Alarm- oder Asynchronfehler-Organisationsbausteins. Die Bearbeitungssperre ist in allen Prioritätsklassen (Programmablaufebenen) wirksam. Mit der Systemfunktion SFC 40 EN_IRT heben Sie die Sperre wieder auf. Auch nach einem Neustart (Warmstart) und nach einem Kaltstart ist die Bearbeitung aller Alarme und Asynchronfehler wieder freigegeben.

Das Verzögern der Alarme und Asynchronfehler mit der Systemfunktion SFC 41 DIS_AIRT unterdrückt deren Bearbeitung. Die Bearbeitung wird nachgeholt, wenn die Verzögerung mit der Systemfunktion SFC 42 EN_AIRT aufgehoben wird. Das Verzögern der Alarm- und Asynchronfehlerbearbeitung kann auch geschachtelt werden; Sie müssen dann die Verzögerung genauso oft freigeben wie sie aktiviert wurde.

5.18 Anwenderbausteine in der Übersicht

Sie können Ihr Programm nach Belieben in einzelne Abschnitte aufteilen. Die einzelnen Programmabschnitte sollten in sich abgeschlossene Programmteile sein, die jeweils einen technologischen oder funktionellen Rahmen aufweisen. Diese Programmteile werden „Bausteine" genannt. Ein Baustein ist ein durch Funktion, Struktur oder Verwendungszweck abgegrenzter Teil des Anwenderprogramms. Bei umfangreichen und komplexen Programmen ist eine „Strukturierung" (Aufteilung) des Programms in einzelne Bausteine empfehlenswert und zum Teil erforderlich. Zum Bearbeiten werden die Bausteine wie Unterprogramme nacheinander oder geschachtelt aufgerufen.

Organisationsbausteine OB

Die Organisationsbausteine OB stellen die Schnittstelle zwischen Betriebssystem und Anwenderprogramm dar. Das Betriebssystem der CPU ruft die Organisationsbausteine bei bestimmten Ereignissen auf, z.B. bei Prozeß- oder Uhrzeitalarmen. Das Hauptprogramm steht im Organisationsbaustein OB 1. Die anderen Organisationsbausteine haben entsprechend den Aufrufereignissen festgelegte Nummern. Die gegenseitige Unterbrechbarkeit der Programmbearbeitung ist durch eine Prioritätssteuerung geregelt.

Funktionsbausteine FB

Die Funktionsbausteine FB sind parametrierbare Teile des Anwenderprogramms, die einen Teil ihrer bausteinlokalen Daten in einem fest zugeordneten Datenbaustein statisch speichern können. Jedem FB-Aufruf kann ein anderer Datenbaustein zugeordnet werden. Den fest zugeordneten Datenbaustein nennt man Instanz-Datenbaustein, die Kombination aus dem Aufruf eines Funktionsbausteins mit einem Instanz-Datenbaustein eine Aufrufinstanz oder kurz „Instanz". Funktionsbausteine können ihre Variablen auch im Instanz-Datenbaustein des aufrufenden Funktionsbausteins ablegen; man spricht dann von einer „Lokalinstanz".

Funktionen FC

Die Funktionen FC dienen zum Programmieren von häufig wiederkehrenden Automatisierungsfunktionen. Sie sind parametrierbar und liefern einen Rückgabewert (den Funktionswert) an den aufrufenden Baustein zurück. Der Funktionswert ist optional; neben dem Funktionswert können Funktionen noch weitere Ausgangsparameter haben. Funktionen speichern keine Informationen; sie haben keinen zugeordneten Datenbaustein.

Datenbausteine DB

Die Datenbausteine DB enthalten die Daten des Anwenderprogramms. Durch die Programmierung der Datenbausteine bestimmen Sie, in welcher Form die Daten abgelegt werden. Sie können Datenbausteine gegen Überschreiben schützen (nur lesbar) oder Datenbausteine nur im Ladespeicher ablegen. Für die Anwendung der Datenbausteine gibt es zwei Ausprägungen: als *Global-Datenbausteine* und als *Instanz-Datenbausteine*. Ein Global-Datenbaustein ist sozusagen ein „freier" Datenbaustein im Anwenderprogramm; er ist keinem Codebaustein zugeordnet. Ein Instanz-Datenbaustein ist einem Funktionsbaustein fest zugeordnet; in ihm ist ein Teil der Lokaldaten des Funktionsbausteins gespeichert.

5.19 Struktur eines Bausteins

Code- und Datenbausteine sind im wesentlichen aus drei Teilen aufgebaut:

▷ dem Bausteinkopf;
er enthält die Bausteineigenschaften, wie z.B. Bausteinname

▷ dem Deklarationstei;
in ihm werden die bausteinlokalen Variablen deklariert, d.h. festgelegt

▷ dem Programmteil (Codebaustein) bzw. Initialisierungsteil (Datenbaustein);
hier steht das Programm mit Kommentaren bzw. die individuelle Vorbelegung der Datenoperanden.

Bausteineigenschaften

Zu den Bausteineigenschaften gehören u.a. der *Name (Header)*. Er dient zur Identifikation des Bausteins und ist nicht identisch mit der Symboladresse. Verschiedene Bausteine können den gleichen Namen haben. Mit der *Familie* können Sie einer Gruppe von Bausteinen ein gemeinsames Merkmal geben. Unter *Autor* geben Sie den Ersteller des Bausteins an, unter *Version* die Bausteinversion.

Aus den Bausteineigenschaften entnehmen Sie auch den Speicherbedarf, den der Baustein im Ladespeicher und im Arbeitsspeicher beansprucht. Die Angaben bei *MC7* enthalten die Länge des Programmcodes. Unter *Lokaldaten* sehen Sie den Speicherbedarf im Lokaldaten-Stack (L-Stack); hier sind auch die vom Editor verwendeten, für Sie im Programm nicht sichtbaren, temporären Lokaldaten enthalten.

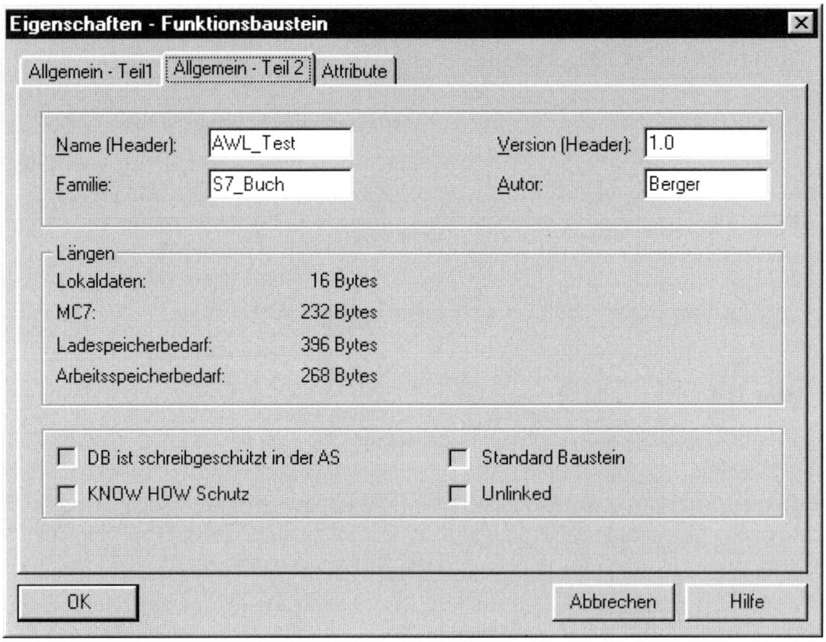

Bild 5.8 Baustein-Eigenschaften

Die Eigenschaft *KNOW HOW Schutz* steht für den Bausteinschutz. Das Programm eines derart geschützten Bausteins können Sie nicht einsehen, nicht ausdrucken und nicht verändern. Der Editor zeigt dann bei der Ausgabe nur den Bausteinkopf und die Deklarationstabelle mit den Bausteinparametern an.

DB ist schreibgeschützt in der AS ist eine Eigenschaft nur für Datenbausteine. Sie bedeutet, Sie können per Programm aus diesem Datenbaustein nur lesen. Ein Überschreiben der Daten wird unter Angabe einer Fehlermeldung verhindert.

Ein mit der Eigenschaft *Unlinked* versehener Datenbaustein befindet sich nur im Ladespeicher; er ist nicht „ablaufrelevant". Datenbausteine im Ladespeicher können Sie nicht beschreiben und nur mit der Systemfunktion SFC 20 BLKMOV nur lesen.

Die Eigenschaft *Standard Baustein* finden Sie im Bausteinkopf bei von Siemens gelieferten Standardbausteinen.

Deklarationstabelle

Die Deklarationstabelle eines Codebausteins enthält die Definition der bausteinlokalen Variablen. Das sind die Variablen, die Sie nur in diesem Baustein verwenden. Jeder Baustein besitzt *temporäre Lokaldaten*, in denen Zwischenergebnisse gespeichert werden. Funktionen FC und Funktionsbausteine FB können über *Bausteinparameter* Daten mit dem aufrufenden Baustein austauschen; es gibt Eingangs-, Ausgangs- und Durchgangsparameter, die nur gelesen, nur geschrieben bzw. gelesen und geschrieben werden. Funktionsbausteine schließlich speichern im Instanz-Datenbaustein die *statischen Lokaldaten*.

In der Deklarationstabelle legen Sie für jede Variablenart den Namen und den Datentyp der verwendeten Variablen fest. Bausteinparameter und statische Lokaldaten in Funktionsbausteinen können Sie mit Anfangswerten vorbelegen.

Im Deklarationsteil eines Datenbausteins bestimmen Sie die Datenoperanden, die Sie in diesem Datenbaustein ablegen wollen. Jeder Datenoperand erhält einen Namen, einen Datentyp, einen Anfangswert und optional einen Kommentar. Sie sparen Speicherplatz, wenn Sie BOOL-Variablen zu 8er-Bündeln und BYTE-Variablen paarweise zusammenfassen. Einem Datenoperanden können Sie bei inkrementeller Programmierung in der Datensicht auch einen *Aktualwert* mitgeben, der beim ersten Laden in den Arbeitsspeicher übertragen wird (im Ladespeicher wird der Anfangswert gehalten, im Arbeitsspeicher arbeitet das Programm mit dem Aktualwert).

Programmteil

Im Programmteil eines Codebausteins stehen die Anweisungen zur Ausführung durch die CPU. Der Programmeditor zeigt die Anweisungen je nach Programmiersprache in textueller oder in grafischer Form; im übersetzten Baustein sind nur MC7-Anweisungen enthalten. Die Bausteineigenschaften zeigen Ihnen den Speicherbedarf im Lade- und im Arbeitsspeicher für diesen Baustein. Den Speicherbedarf für das gesamte Programm sehen Sie in den Eigenschaften des Programmbehälters *Bausteine*.

In einem Datenbaustein steht nach der Deklaration der Initialisierungsteil. Hier geben Sie bei quellorientierter Programmierung die Aktualwerte für die Datenoperanden vor. Verwenden Sie die Initialisierung nicht, werden die Anfangswerte als Aktualwerte übernommen.

5.20 Bausteinaufruf und Bausteinparameter

Bausteinaufruf

Wenn das Programm eines Bausteins bearbeitet werden soll, muß er aufgerufen werden. Beim Aufruf kann der Baustein parametriert werden, d.h. es werden dem Baustein Werte mitgegeben, mit denen er arbeiten soll.

In den grafischen Programmiersprachen steht eine Box für einen Bausteinaufruf. Über der Box steht in absoluter oder in symbolischer Form die Adresse des aufzurufenden Bausteins. Von links führen die (Baustein-)Eingänge auf die Box, rechts stehen die (Baustein-)Ausgänge. Über die Eingänge erhält der aufgerufene Baustein die Werte, mit denen er arbeiten soll. Die Ergebnisse liefert der Baustein über die Ausgänge zurück. Bei den textuellen Sprachen stehen die Bausteinparameter als Liste nach der eigentlichen Aufrufanweisung.

Sie können nun einen Baustein mehrfach im Programm aufrufen und den Aufruf jedes Mal mit anderen Operanden versorgen. Bei jedem Aufruf wird dann die Bausteinfunktion mit anderen Werten ausgeführt. Beispiel: Sie schreiben einen Baustein zur Steuerung eines Motors mit zwei Drehrichtungen. Die zu steuernde Maschine enthält fünf Motoren mit der gleichen Charakteristik, die Sie alle mit dem gleichen Baustein steuern können. Sie rufen also für jeden Motor den Motorsteuerbaustein auf und versorgen ihn mit den für den jeweiligen Motor entsprechenden Operanden. Obwohl der Motorsteuerbaustein nur ein einziges Mal im Anwenderspeicher steht, wird seine Funktion in diesem Beispiel fünfmal verwendet.

Zu einem Funktionsbaustein gehört auch ein Instanz-Datenbaustein, in dem der Funktionsbaustein seine Lokaldaten speichert. Bei jedem Aufruf mit anderen Operanden geben Sie einen anderen Instanz-Datenbaustein an. Im vorhergehenden Beispiel würde für jeden Motor einen eigener Datenbaustein benötigt werden. „Multiinstanzen“ bieten die Möglichkeit, die Instanzdaten aller untergeordneten Aufrufe im Instanz-Datenbaustein des aufrufenden Funktionsbausteins abzulegen.

Bausteinparameter

Bausteinparameter stellen die Übergabeschnittstelle zwischen dem aufrufenden und dem aufgerufenen Baustein dar. Mit Bausteinparametern machen Sie die in einem Baustein stehende Bearbeitungsvorschrift (das Bausteinfunktion) parametrierbar. Die Bausteinparameter deklarieren Sie im Deklarationsteils des Bausteins.

Das Programm des Bausteins schreiben Sie mit „normalen“ Anweisungen und Funktionen und setzen anstelle von Globaloperanden die Bausteinparameter ein. Diese *Formalparameter* stehen als Platzhalter für die später zur Laufzeit eingesetzten „tatsächlichen“ Operanden. Sie verwenden Eingangsparameter (Deklaration *in*), wenn Sie diese nur abfragen bzw. lesen und Ausgangsparameter (Deklaration *out*), wenn Sie diese nur setzen bzw. schreiben. Werden Bausteinparameter sowohl gelesen als auch geschrieben, müssen sie als Durchgangsparameter (*in_out*) deklariert werden.

Beim Aufruf des Bausteins versorgen Sie die Bausteinparameter mit den für diesen Aufruf aktuellen Werten. Bei den grafischen Sprachen stehen vor den Bausteineingängen die Operanden oder – beim Datentyp BOOL – auch binäre Verknüpfungen. Durchgangs- und Ausgangsparameter werden mit Operanden versorgt. Bei den textuellen Sprachen erfolgt die Versorgung mit einer Zuweisung der Aktualparameter zu den Bausteinparametern.

Aufrufender Baustein,
im Beispiel: Organisationsbaustein OB 1

Beim Aufruf eines Bausteins werden die Bausteinparameter mit Operanden ("Aktualparameter") versorgt, im Beispiel mit den Eingängen E 1.0 und E 1.1 und mit dem Ausgang A 4.0.

Aufgerufender Baustein,
im Beispiel: Funktion FC 10

Im aufgerufenen Baustein sind anstelle von Operanden Platzhalter ("Formalparameter") programmiert, die zur Laufzeit durch die Aktualparameter ersetzt werden.

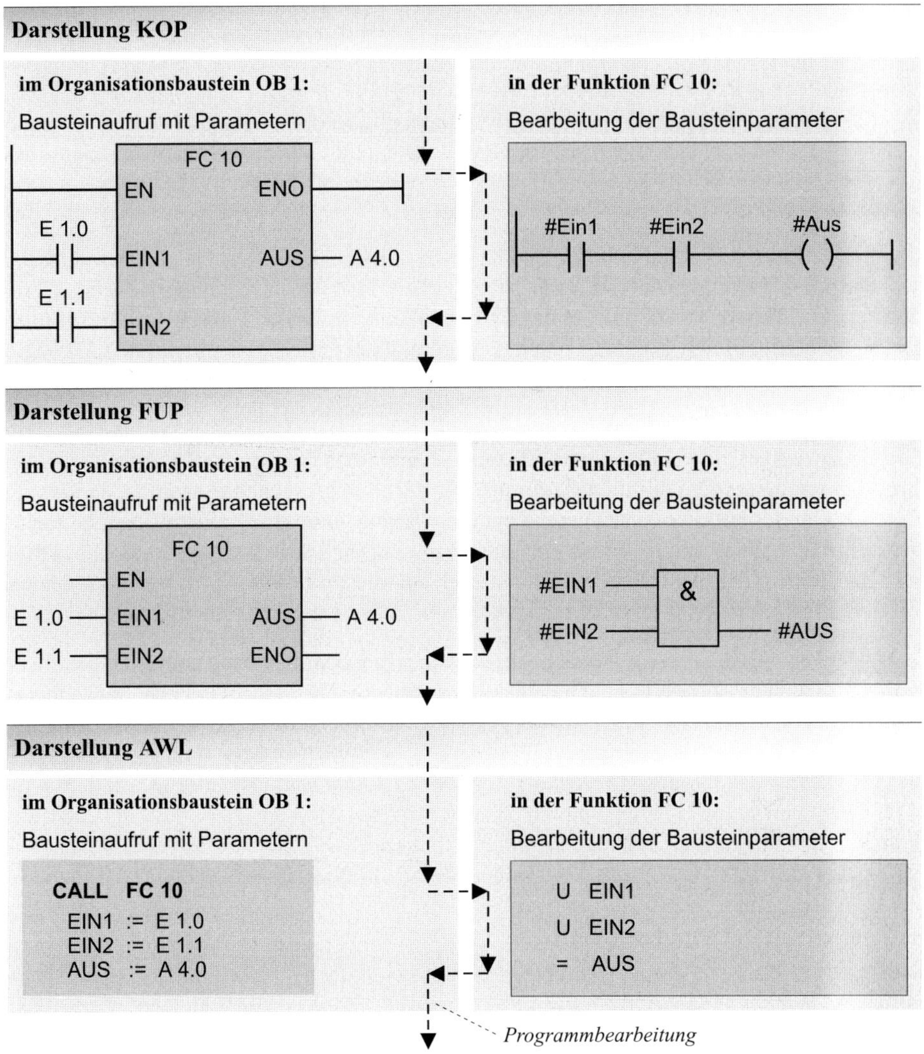

Bild 5.9 Bausteinaufruf mit Bausteinparametern

Beim Aufruf von Funktionen FC müssen Sie alle Bausteinparameter versorgen. Beim Aufruf von Funktionsbausteinen FB ist die Versorgung mit Bausteinparametern freigestellt. Bausteinparameter, die Sie nicht versorgen, behalten ihren alten Wert bei, da die Werte im Instanz-Datenbaustein gespeichert sind.

5.21 Temporäre Lokaldaten

Die temporären Lokaldaten sind bausteinlokale Variablen. Sie nehmen Zwischenergebnisse auf, die während der Programmbearbeitung eines Bausteins anfallen. Die Signalzustände bzw. Werte der temporären Lokaldaten stehen nur während der Bausteinbearbeitung zur Verfügung, nach dem Beenden des Bausteins gehen sie verloren.

Die temporären Lokaldaten deklarieren Sie im Deklarationsteil des Codebausteins. Üblicherweise adressieren Sie die temporären Lokaldaten symbolisch; es ist jedoch auch die absolute Adressierung möglich. Ein Bit sprechen Sie mit L *y.x* an, ein Byte mit LB *y*, ein Wort mit LW *y* und ein Doppelwort mit LD *y* (*y* = Byteadresse, *x* = Bitadresse).

L-Stack

Temporäre Lokaldaten liegen im Lokaldaten-Stack (L-Stack) im Systemspeicher der CPU. Das Betriebssystem der Zentralbaugruppe stellt die temporären Lokaldaten für jeden Codebaustein bei dessen Aufruf zur Verfügung. Die Werte im L-Stack sind beim Aufruf eines Bausteins quasi zufällig. Um die Lokaldaten sinnvoll nutzen zu können, müssen sie erst beschrieben werden, bevor sie gelesen werden. Nach dem Beenden eines Bausteins wird der L-Stack dem nächsten aufgerufenen Baustein zugewiesen.

Die Größe des gesamten L-Stacks ist CPU-spezifisch. Auch die in einer Prioritätsklasse, d.h. im Programm eines Organisationsbausteins, zur Verfügung stehende Anzahl an temporären Lokaldatenbytes ist festgelegt. Diese Anzahl müssen sich die in dem betreffenden Organisationsbaustein aufgerufenen Bausteine und die in diesen Bausteinen wiederum aufgerufenen Bausteine teilen. Bei einigen CPUs können Sie die maximale Anzahl der Lokaldatenbytes pro Prioritätsklasse und die maximale Größe des L-Stacks parametrieren.

Auch der Programmeditor verwendet – im Anwenderprogramm für Sie nicht sichtbar – temporäre Lokaldaten, um Zwischenergebnisse zu speichern. Die Anzahl aller im Baustein verwendeten Lokaldatenbytes ersehen Sie aus den Bausteineigenschaften (z.B. im SIMATIC Manager den Baustein markieren und BEARBEITEN → OBJEKTEIGENSCHAFTEN wählen). Die gesamte Anzahl an Lokaldaten im Aufrufpfad eines Organisationsbausteins, die durch die CPU(-Parametrierung) begrenzt ist, ersehen Sie aus den *Referenzdaten* des Anwenderprogramms. Bei markiertem Behälter *Bausteine* wählen Sie EXTRAS → REFERENZDATEN → ANZEIGEN und dann die Ansicht *Programmstruktur*. In den Filtereinstellungen wählen Sie die Baumdarstellung, die Ihnen den Aufrufpfad der Bausteine und den Bedarf an temporären Lokaldaten pro Organisationsbaustein als Summenwert zeigt.

Startinformation in den temporären Lokaldaten

Das Betriebssystem der CPU übergibt beim Aufruf eines Organisationsbausteins in den temporären Lokaldaten eine Startinformation. Diese Startinformation ist bei jedem Organisationsbaustein 20 Bytes lang und annähernd identisch aufgebaut. Diese 20 Bytes Startinformation *müssen* in jeder verwendeten Prioritätsklasse immer zur Verfügung stehen.

Beachten Sie, daß die Synchronfehler-Organisationsbausteine ebenfalls 20 Bytes Startinformation benötigen. Diese 20 Bytes und die temporären Lokaldaten der in ihnen aufgerufenen Bausteine müssen Sie bei den anderen Organisationsbausteinen hinzuzählen, da ein Synchronfehlerereignis in der gleichen Prioritätsklasse bearbeitet wird, in der es auftritt.

5.22 Statische Lokaldaten

Statische Lokaldaten sind bausteinlokale Variablen in Funktionsbausteinen. Sie liegen im Instanz-Datenbaustein, der jedem Aufruf eines Funktionsbausteins zugeordnet ist. Dies kann bei einer Lokalinstanz („Multiinstanz“) auch der Instanz-Datenbaustein des aufrufenden Funktionsbausteins sein.

Die statischen Lokaldaten behalten ihren Wert solange bei bis er per Programm geändert wird, genauso wie Datenoperanden in Global-Datenbausteinen. Die Anzahl der statischen Lokaldaten wird vom Datentyp der Variablen und von der CPU-spezifischen Länge eines Datenbausteins begrenzt.

Die statischen Lokaldaten deklarieren Sie im Deklarationsteil des Funktionsbausteins.

Adressierung der statischen Lokaldaten

Üblicherweise adressieren Sie die statischen Lokaldaten symbolisch. Hierbei brauchen Sie keine Rücksicht auf den späteren Aufruf als eigenständigen Baustein oder als Lokalinstanz zu nehmen.

Bei einer absoluten Adressierung ist besondere Sorgfalt angebracht. Die in der Deklarationstabelle ausgewiesene absolute Adresse ist die Relativadresse zum Beginn der Instanzdaten. Rufen Sie den Funktionsbaustein mit Datenbaustein auf, entspricht diese Adresse auch der tatsächlichen Operandenadresse.

Rufen Sie jedoch den Funktionsbaustein als Lokalinstanz auf, liegen dessen Instanzdaten „mitten“ in den Instanzdaten des aufrufenden Funktionsbausteins. Zu der Relativadresse müssen Sie nun den Adreßoffset im Adreßregister AR2 hinzuzählen, der den Abstand der Lokaldaten zum Datenbausteinanfang angibt (nur in AWL möglich; der Editor berücksichtigt dies automatisch, wenn Sie symbolisch adressieren).

Innerhalb eines Funktionsbausteins ist der Instanz-Datenbaustein über das DI-Register aufgeschlagen. Operanden in diesem Datenbaustein, und das sind die statischen Lokaldaten genauso wie die Bausteinparameter, tragen deshalb das Operandenkennzeichen DI. Ein Bit sprechen Sie mit DIX y.x, ein Byte mit DIB y, ein Wort mit DIW y und ein Doppelwort mit DID y an (mit y = Byteadresse und x = Bitadresse).

Beachten Sie, daß zur ordnungsgemäßen Programmbearbeitung der Funktionsbaustein das DI-Register und das Adreßregister AR2 benötigt. Deren Inhalte dürfen Sie nicht verändern.

Zugriff auf statische Lokaldaten von anderen Bausteinen

Die statischen Lokaldaten liegen in einem Datenbaustein und können deshalb auch von einem anderen Baustein als Global-Datenoperanden angesprochen werden. Als Datenbaustein geben Sie den Instanz-Datenbaustein an; danach folgt durch einen Punkt getrennt der Operandenname. Datenoperanden von Lokalinstanzen adressieren Sie wie eine Strukturvariable.

Beispiel: Der Funktionsbaustein „Motorsteuerung“ habe eine statische Lokalvariable mit dem Namen *Sollwert*. Der Funktionsbaustein wird mit dem Instanz-Datenbaustein „Motordaten_1“ aufgerufen. Dann kann von einem anderen Baustein aus die Lokalvariable mit dem Namen *„Motordaten_1“.Sollwert* angesprochen werden.

5.23 Multiinstanzen, Lokalinstanzen

Ein Funktionsbaustein legt die Werte der Bausteinparameter und der statischen Lokaldaten in einem Instanz-Datenbaustein ab. Zu jedem Aufruf eines Funktionsbausteins gehört auch ein Instanz-Datenbaustein. Es muß jedoch nicht immer ein eigener Datenbaustein je Aufruf sein. „Multiinstanzen" bieten einem aufgerufenen Funktionsbaustein die Möglichkeit, seine lokalen Daten in den Instanz-Datenbaustein des aufrufenden Funktionsbausteins zu legen.

Sowohl der aufrufende, „übergeordnete" Funktionsbaustein als auch der aufgerufene Funktionsbaustein müssen die Bausteineigenschaft „multiinstanzfähig" tragen; dies entspricht der Voreinstellung im Programmeditor.

Deklaration einer Lokalinstanz

Zuerst deklarieren Sie in den statischen Lokaldaten des aufrufenden Funktionsbausteins eine *Lokalinstanz* des aufzurufenden Funktionsbausteins. Der aufzurufende Funktionsbaustein muß bereits vorhanden sein, mindestens jedoch die Schnittstelle. Bei der Programmierung brauchen Sie keine Rücksicht zu nehmen auf die spätere Verwendung als Lokalinstanz. Sie können jeden „multiinstanzfähigen" Funktionsbaustein und auch jeden System-Funktionsbaustein SFB als Lokalinstanz deklarieren. Sie tragen in die Variablendeklarationstabelle einen – beliebigen – Namen für die Lokalinstanz ein und als Datentyp die absolute oder symbolische Adresse des aufzurufenden Funktionsbausteins.

Sie können beliebig viele Funktionsbausteine als Lokalinstanz deklarieren, auch solche, die wiederum Lokalinstanz „in sich tragen". Die Schachtelungstiefe für Lokalinstanzen hat den Wert 8. Einen Funktionsbaustein können Sie auch – mit jeweils anderem Namen – mehrfach als Lokalinstanz eintragen. Die Begrenzung liegt in der Länge des Datenbausteins: Er muß alle Daten der unterlagerten, auch die der eingeschachtelten, Lokalinstanzen aufnehmen können.

Aufruf einer Lokalinstanz

Eine Lokalinstanz rufen Sie mit dem Namen auf, den Sie bei der Deklaration vergeben haben. Einen Datenbaustein geben Sie nicht an, denn die Instanzdaten des Aufrufs liegen im Instanz-Datenbaustein des „übergeordneten" Funktionsbausteins. Die Lokalinstanz besitzt alle Bausteinparameter des aufzurufenden Funktionsbausteins; sie werden auch genauso versorgt. Auch beim Aufruf einer Lokalinstanz müssen Sie nicht alle Bausteinparameter versorgen; die nicht versorgten Bausteinparameter haben beim Aufruf ihren alten Wert.

Direkter Zugriff auf die Daten einer Lokalinstanz

Ähnlich wie bei den statischen Lokaldaten eines Funktionsbausteins, können Sie auf die Daten der Lokalinstanz nicht nur vom aufgerufenen Baustein aus zugreifen, sondern auch vom „übergeordneten" Funktionsbaustein aus und sogar von jedem beliebigen Baustein des Anwenderprogramms. Denn die Instanzdaten liegen in einem Datenbaustein und man kann jeden Datenoperand auch als Globaldatenoperand ansprechen.

Im aufgerufenen Funktionsbaustein adressieren Sie die lokalen Daten wie gewohnt. Beim Programmieren brauchen Sie – wie bereits erwähnt – keine Rücksicht auf die spätere Verwendung als Lokalinstanz nehmen. Aus der Sicht des aufrufenden Funktionsbausteins bil-

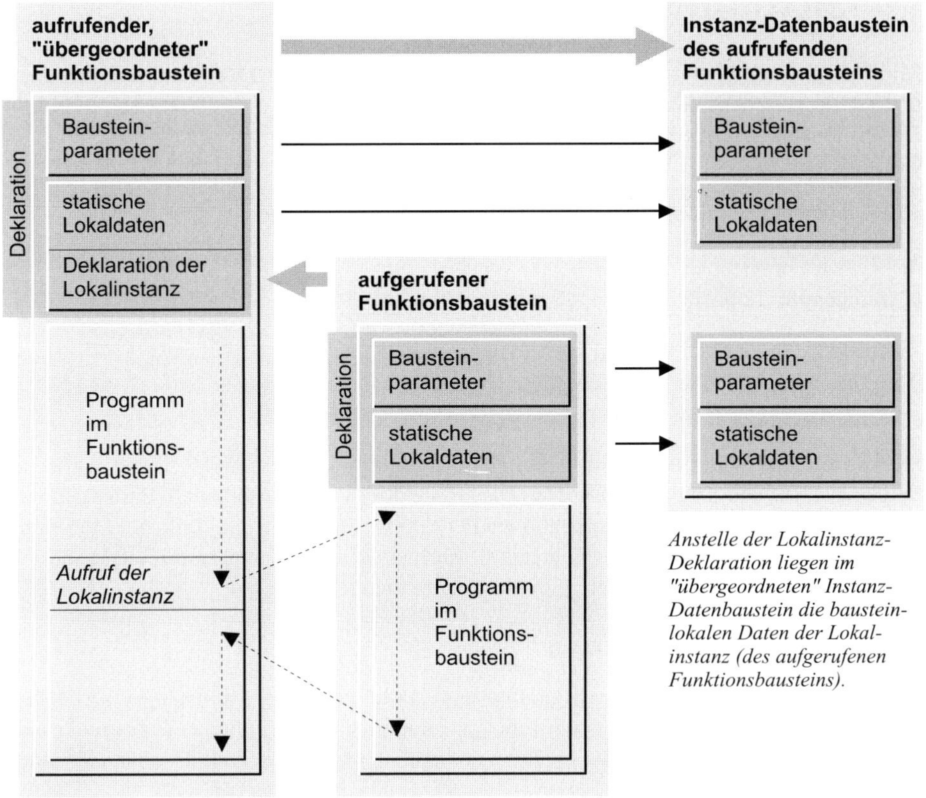

Bild 5.10 Datenablage bei einer Lokalinstanz

den die Daten der Lokalinstanz eine Strukturvariable mit dem Namen der Lokalinstanz und den Instanzdatenoperanden als einzelne Strukturkomponenten. Von einem anderen Baustein aus adressieren Sie einen Instanzdatenoperanden einer Lokalinstanz als Globaldatenoperanden mit *„Instanz-Datenbausteinname".Lokalinstanzname.Komponentenname.*

Beispiel: Ein Funktionsbaustein „Motorsteuerung" soll in einem Funktionsbaustein „Mixer" als Lokalinstanz mit dem Namen „Motor_2" aufgerufen werden. In dem Funktionsbaustein „Motorsteuerung" sei eine Lokalvariable mit dem Namen *Sollwert*. Der Funktionsbaustein „Mixer" wird mit dem Datenbaustein „MixerDaten_3" aufgerufen:

```
CALL "Mixer"."MixerDaten_3" ( ... Bausteinparameter ... );
```

Die Variable *Sollwert* kann nun aus einem anderen Baustein wie folgt angesprochen werden:

```
L "MixerDaten_3".Motor_2.Sollwert.
```

Tabelle 5.4 Beispiel für die Deklaration einer Lokalinstanz

Adresse	Deklaration	Name	Typ	Kommentar
...	...	...	...	...
x.y	stat	Motor_1	Motorsteuerung	Lokalinstanz des FB „Motorsteuerung"
...	stat	Motor_2	Motorsteuerung	Lokalinstanz des FB „Motorsteuerung"
...	...	...	...	...

5.24 SIMATIC-Zeitfunktionen

Mit den Zeitfunktionen realisieren Sie programmtechnisch zeitliche Abläufe wie z.B. Warte- und Überwachungszeiten, Messungen einer Zeitspanne oder die Bildung von Impulsen. Die Zeitfunktionen liegen im Systemspeicher der CPU; die Anzahl der Zeitfunktionen ist CPU-spezifisch.

Als Verhaltensweisen einer Zeitfunktion stehen zur Verfügung:

- ▷ Impulsbildung
- ▷ verlängerter Impuls
- ▷ Einschaltverzögerung
- ▷ speichernde Einschaltverzögerung
- ▷ Ausschaltverzögerung.

Sie können eine Zeitfunktion mit Einzelelementen programmieren oder in den grafischen Sprachen KOP und FUP auch als Box. Die Box einer Zeitfunktion enthält die zusammenhängende Darstellung aller Zeitoperationen in Form von Funktionsein- und -ausgängen und hat den weiteren Vorteil, daß Sie nicht auf die korrekte Reihenfolge der Einzelelemente achten müssen, um eine einwandfreie Funktion zu erhalten.

Programmieren einer Zeitfunktion

Eine Zeitfunktion wird mit einer Signalflanke gestartet und dann – je nach Zeitverhalten – abgefragt, ob die Zeit noch läuft oder schon abgelaufen ist. Sie können eine Zeitfunktionen mit einzelnen Anweisungen steuern oder in den grafischen Sprachen als komplette Box programmieren.

Kontaktplan KOP

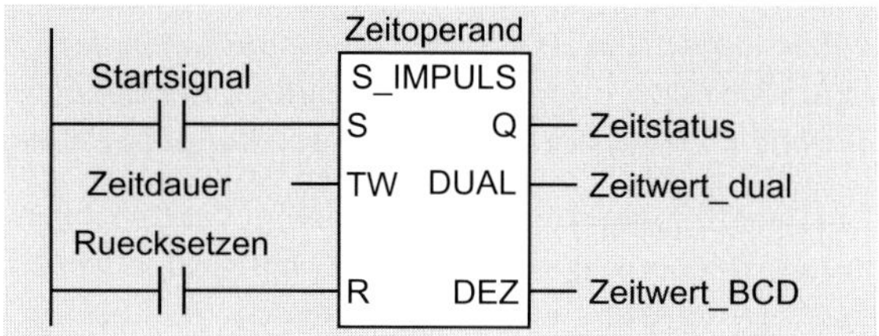

Funktionsplan FUP

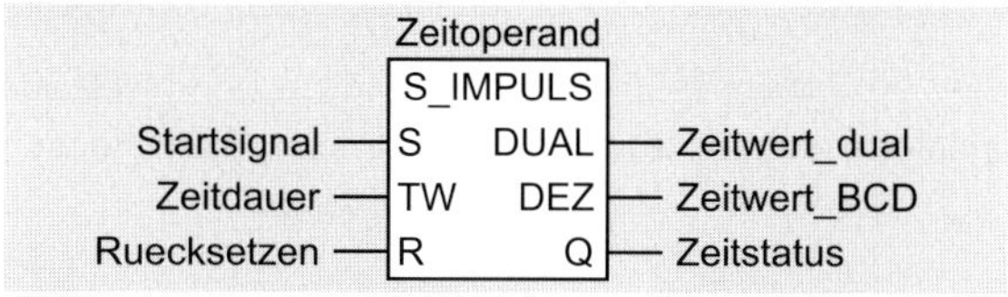

Anweisungsliste AWL

```
U   Starteingang        L    Zeitoperand
L   Zeitdauer           T    Zeitwert_dual
SI  Zeitoperand         LC   Zeitoperand
U   Ruecksetzen         T    Zeitwert_BCD
R   Zeitoperand         U    Zeitoperand
                        =    Zeitstatus
```

Bild 5.11 Darstellung einer Zeitfunktion in den drei Basis-Programmiersprachen

Starten einer Zeitfunktion mit Vorgabe des Zeitwerts

Eine Zeitfunktion startet, das heißt die Zeit läuft an, wenn das Verknüpfungsergebnis (VKE) vor dem Starteingang bzw. vor der Starten-Spule/Box wechselt. Zum Starten einer Zeitfunktion ist immer ein Signalzustandswechsel erforderlich. Bei einer Ausschaltverzögerung muß das VKE von „1“ nach „0“ wechseln (negative Flanke), in allen anderen Fällen startet der Zeitablauf bei einem Wechsel von „0“ nach „1“ (positive Flanke). Beim Starten übernimmt die Zeitfunktion den vorgegebenen Zeitwert und zählt ihn – abhängig von der Länge der Zeitdauer – im Zeitraster 10 ms, 100 ms, 1 s oder 10 s herunter. Bei Zeitwert = 0 ist die Zeit abgelaufen.

Sie können jede Zeitfunktion mit einer der fünf möglichen Verhaltensweisen starten. Es ist jedoch nicht sinnvoll, einer Zeitfunktion mehrere Verhaltensweisen zuzuordnen.

Rücksetzen einer Zeitfunktion

Eine Zeitfunktion wird rückgesetzt, wenn am Rücksetzeingang Signalzustand „1“ ansteht. Solange die Zeit rückgesetzt ist, hat der binäre Zeitstatus den Signalzustand „0“. Das Rücksetzen der Zeitfunktion setzt den Zeitwert und das Zeitraster auf Null. Der Rücksetzeingang an der Zeit-Box braucht nicht beschaltet zu werden.

Zeitstatus abfragen

Der Zeitstatus mit dem Datentyp BOOL zeigt das Verhalten der Zeitfunktion an. Je nach Zeitverhalten ist der zeitliche Verlauf unterschiedlich (Bild 5.12). Der Ausgang für den Zeitstatus braucht an der Zeitbox nicht beschaltet zu werden.

Zeitwert abfragen

Die Ausgänge DUAL und DEZ stellen den in der Zeitfunktion vorliegenden Zeitwert dualcodiert oder BCD-codiert zur Verfügung. Es ist der aktuell zum Zeitpunkt der Abfrage vorliegende Wert: bei einer laufenden Zeitfunktion wird der Zeitwert vom gesetzten Wert aus rückwärts gegen Null gezählt. Der Wert wird im angegebenen Operanden gespeichert. Sie brauchen diese Ausgänge an der Zeit-Box nicht zu beschalten.

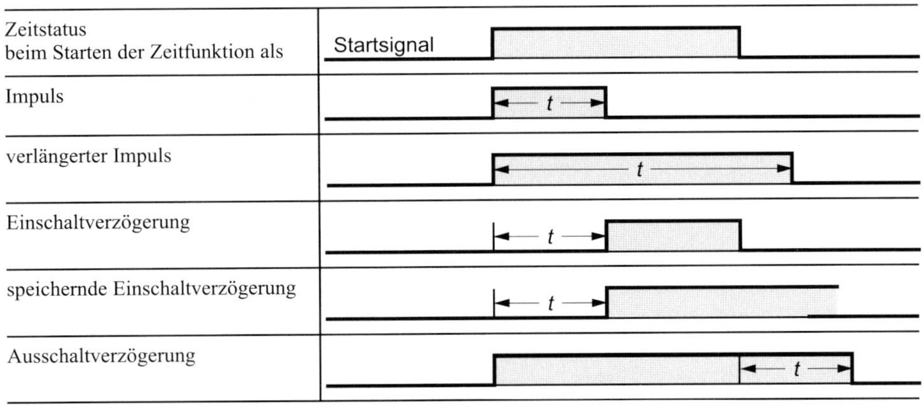

Bild 5.12 Verhaltensweise einer SIMATIC-Zeitfunktion

5.25 SIMATIC-Zählfunktionen

Mit den Zählfunktionen können Sie Zählaufgaben direkt durch den Zentralprozessor ausführen lassen. Die Zählfunktionen können sowohl vorwärts als auch rückwärts zählen; der Zählbereich geht über drei Dekaden (000 bis 999). Die Zählfunktionen liegen im Systemspeicher der CPU; die Anzahl der Zählfunktionen ist CPU-spezifisch.

Programmieren einer Zählfunktion

Eine Zählfunktion wird auf einen Wert gesetzt und dann – je nach Verwendung – vorwärts und/oder rückwärts gezählt. Sie können eine Zählfunktion mit Einzelelementen programmieren oder in den grafischen Sprachen KOP und FUP auch als Box. Die Box einer Zählfunktion enthält die zusammenhängende Darstellung aller Zähloperationen in Form von Funktionsein- und -ausgängen und hat den weiteren Vorteil, daß Sie nicht auf die korrekte Reihenfolge der Einzelelemente achten müssen, um eine einwandfreie Funktion zu erhalten.

Neben der Vorwärts-Rückwärts-Zählerbox ZAEHLER gibt es einen reinen Vorwärtszähler Z_VORW und einen reinen Rückwärtszähler Z_RUECK.

Kontaktplan KOP

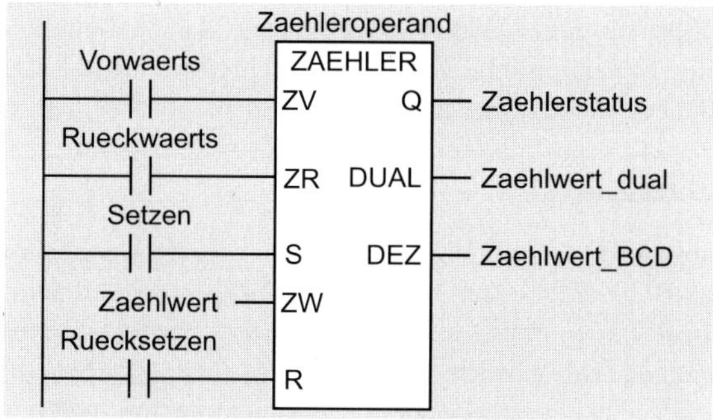

Funktionsplan FUP

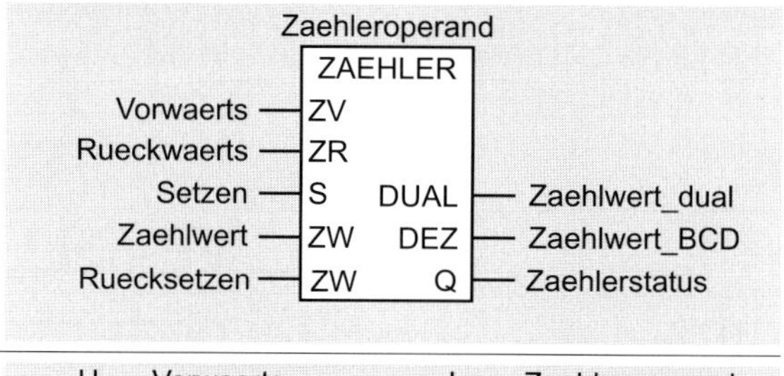

Anweisungsliste AWL

```
U   Vorwaerts           L    Zaehleroperand
ZV  Zaehelroperand      T    Zaehlwert_dual
U   Rueckwaerts         LC   Zaehleroperand
ZR  Zaehleroperand      T    Zaehlwert_BCD
U   Setzen              U    Zaehleroperand
L   Zaehlwert           =    Zaehlerstatus
S   Zaehleroperand
U   Ruecksetzen
R   Zaehleroperand
```

Bild 5.13 Darstellung einer Zählfunktion in den drei Basis-Programmiersprachen

Zähler setzen mit Vorgabe des Zählwerts

Ein Zähler wird gesetzt, wenn das VKE vor dem Setzeingang bzw. vor der Zählersetzen-Spule/Box von „0“ nach „1“ wechselt. Zum Setzen eines Zählers ist immer eine positive Flanke erforderlich. „Zähler setzen“ heißt, die Zählfunktion wird auf den durch den Zählwert vorgegebenen Anfangswert gesetzt. Der Wertebereich geht von 0 bis 999.

Zähler rücksetzen

Eine Zählfunktion wird rückgesetzt, wenn am Rücksetzeingang bzw. an der Rücksetzen-Spule/Box Signalzustand „1“ ansteht. Solange Signalzustand „1“ ansteht, hat die Zählfunktion den Zählerstatus „1“. Das Rücksetzen der Zählfunktion setzt den Zählwert auf „Null“. Der Rücksetzeingang der Zähler-Box braucht nicht beschaltet zu werden.

Zählen

Die Zählfrequenz der Zählfunktionen richtet sich nach der Bearbeitungszeit Ihres Programms! Um zählen zu können, muß die CPU einen Signalzustandswechsel des Eingangsimpulses erkennen, d.h. ein Eingangsimpuls (oder eine Pause) muß mindestens einen Programmzyklus lang anstehen. Je größer die Programmbearbeitungszeit ist, desto niedriger ist also die Zählfrequenz.

Eine Zählfunktion wird *vorwärts gezählt*, wenn das VKE vor dem Vorwärtszähleingang bzw. vor der Vorwärtszählen-Spule/Box von „0“ nach „1“ wechselt. Zum Vorwärtszählen ist immer eine positive Flanke erforderlich. Jede positive Flanke beim Vorwärtszählen erhöht den Zählwert um eine Einheit, bis er die obere Grenze 999 erreicht. Jede weitere positive Flanke zum Vorwärtszählen zeigt dann keine Wirkung mehr. Ein Übertrag findet nicht statt.

Eine Zählfunktion wird *rückwärts gezählt*, wenn das VKE vor dem Rückwärtszähleingang bzw. vor der Rückwärtszählen-Spule/Box von „0“ nach „1“ wechselt. Jede positive Flanke beim Rückwärtszählen verringert den Zählwert um eine Einheit, bis er die untere Grenze 0 erreicht. Jede weitere positive Flanke zum Rückwärtszählen zeigt dann keine Wirkung mehr. Ein Zählen mit negativem Zählwert findet nicht statt.

Die drei verschiedenen Zählerboxen ZAEHLER, Z_VORW und Z_RUECK unterscheiden sich nur in der Art und der Anzahl der Zähleingänge. Während ZAEHLER die Eingänge für beide Zählrichtungen besitzt, haben Z_VORW nur den Vorwärtszähleingang und Z_ RUECK nur den Rückwärtszähleingang.

Zählerstatus abfragen

Der Zählerstatus mit dem Datentyp BOOL zeigt mit Signalzustand „1“ an, daß der aktuelle Zählwert ungleich Null, und mit Signalzustand „0“, daß der Zählwert gleich Null ist. Der Ausgang für den Zählerstatus braucht an der Zähler-Box nicht beschaltet zu werden.

Zählwert abfragen

Die Ausgänge DUAL und DEZ stellen den in der Zählfunktion vorliegenden Zählwert dualcodiert oder BCD-codiert zur Verfügung. Es ist der aktuell zum Zeitpunkt der Abfrage vorliegende Zählwert. Der Wert wird im angegebenen Operanden gespeichert. Sie brauchen diese Ausgänge an der Zähler-Box nicht zu beschalten.

5.26 Globale Operandenbereiche

Peripherie-Eingänge PE

Sie verwenden den Operandenbereich Peripherie-Eingänge PE, wenn Sie Werte vom Nutzdatenbereich der Eingabebaugruppen lesen. Ein Teil des Operandenbereichs PE führt auf das Prozeßabbild. Dieser Teil fängt immer bei der Peripherieadresse 0 an; die Länge des Bereichs ist CPU-spezifisch. Mit dem direkten Lesen von der Peripherie können Sie Baugruppen ansprechen, deren Schnittstelle nicht auf das Eingangs-Prozeßabbild führt, wie z.B. Analogeingabe-Baugruppen. Auch die Signalzustände von Baugruppen, die auf das Eingangs-Prozeßabbild führen, können direkt gelesen werden. Es wird dann der augenblickliche Signalzustand der Eingabebits abgefragt.

Peripherie-Ausgänge PA

Sie verwenden den Operandenbereich Peripherie-Ausgänge PA, wenn Sie Werte zum Nutzdatenbereich der Ausgabebaugruppen schreiben. Ein Teil des Operandenbereichs PA führt auf das Prozeßabbild. Dieser Teil fängt immer bei der Peripherieadresse 0 an; die Länge des Bereichs ist CPU-spezifisch. Mit dem direkten Schreiben zur Peripherie können Sie Baugruppen ansprechen, deren Schnittstelle nicht auf das Ausgangs-Prozeßabbild führt, wie z.B. Analogausgabe-Baugruppen. Auch die Signalzustände von Baugruppen, die vom Ausgangs-Prozeßabbild gesteuert werden, können direkt beeinflußt werden. Es ändert sich dann sofort der Signalzustand der Baugruppenbits und – parallel dazu – auch der Signalzustand der entsprechenden Ausgänge.

Eingänge E

Der Operandenbereich Eingänge ist identisch mit dem Prozeßabbild der Eingänge. Vor jedem Beginn der Programmbearbeitung überträgt die CPU die Signalzustände der Eingabebaugruppen in das Prozeßabbild und damit zu den Eingängen. Während der Programmbearbeitung bleibt der Signalzustand eines Eingangs unverändert (Datenkonsistenz für einen Programmdurchlauf).

Ausgänge A

Der Operandenbereich Ausgänge ist identisch mit dem Prozeßabbild der Ausgänge. Nach jedem Abschluß der Programmbearbeitung überträgt die CPU die Signalzustände der Ausgänge zu den Ausgabebaugruppen. Eine Änderung des Ausgangssignalzustands während der Programmbearbeitung bleibt für den entsprechenden Baugruppenausgang ohne Wirkung; erst der Signalzustand am Ende des Programmzyklus wird übertragen.

Merker M

Die Merker sind sozusagen die „Hilfsschütze" der Steuerung. Sie dienen vorwiegend zum Speichern von binären Signalzuständen. Sie können wie Ausgänge behandelt werden, führen jedoch nicht „nach außen". Merker werden verwendet, wenn Zwischenergebnisse über Bausteingrenzen hinweg Gültigkeit haben und in mehreren Bausteinen bearbeitet werden. Einen Teil der Merker können Sie beim Parametrieren der CPU „remanent" einstellen, d.h. dieser Teil behält dann seinen Signalzustand auch im spannungslosen Zustand bei.

5.27 Globaldatenoperanden

Für die Ablage von Anwenderdaten gibt es die „Datenbausteine". Sie können Datenbausteine in zwei Ausprägungen verwenden: als *Global-Datenbausteine*, die keinem Codebaustein zugeordnet sind, und als *Instanz-Datenbausteine*, die einem Funktionsbaustein fest zugeordnet sind. Operanden in Instanz-Datenbausteinen sind die „statischen Lokaldaten".

Datenbaustein aufschlagen

Jede S7-CPU hat zwei Datenbausteinregister, das DB- und das DI-Register. In diesen Registern stehen die Nummern der gerade aktuellen Datenbausteine; das sind die Datenbausteine, mit deren Operanden gerade gearbeitet wird. Vor dem Zugriff auf einen Datenbaustein-Operanden muß der Datenbaustein aufgeschlagen werden, in dem der Operand liegt. Wenn Sie den *komplettadressierten* Zugriff auf Datenoperanden verwenden (mit Angabe des Datenbausteins), brauchen Sie sich um das Aufschlagen der Datenbausteine und um die Belegung der Datenbausteinregister nicht zu kümmern. Der Editor generiert aus Ihren Angaben die benötigten Anweisungen.

Beim *teiladressierten* Zugriff schlagen Sie zuerst den Datenbaustein auf und greifen dann auf den Datenoperanden zu. Sie können einen Datenbaustein sowohl über das DB-Register als auch über das DI-Register aufschlagen (oder über beide). Einen Datenoperanden in einem Datenbaustein, den Sie über das DB-Register aufgeschlagen haben, sprechen Sie mit dem Operandenkennzeichen DB an. Liegt der Datenoperand in einem über das DI-Register aufgeschlagenen Datenbaustein, lautet das Operandenkennzeichen DI.

Beachten Sie bei der Teiladressierung, daß ein Funktionsbaustein im DI-Register „seinen" Instanz-Datenbaustein erwartet. Sie dürfen also in einem Funkionsbaustein das DI-Register nicht verändern. Weiterhin kann der Programmeditor, für Sie im Anwenderprogramm nicht sichtbar, auch die Belegung des DB-Registers verändern, z.B. beim Zugriff auf einen Bausteinparameter mit zusammengesetztem Datentyp.

Weitere Funktionen für Datenbausteine

In der Programmiersprache AWL gibt es weitere Anweisungen in Verbindung mit Datenbausteinen:

▷ Datenbausteinregister tauschen;
tauscht die Inhalte des DB- und des DI-Registers

▷ Datenbausteinnummer lesen;
liest die Nummer des über das DB- bzw. DI-Register aufgeschlagenen Datenbausteins

▷ Datenbausteinlänge lesen;
liest die Länge eines über das DB- bzw. DI-Registers aufgeschlagenen Datenbausteins in Anzahl Bytes.

In allen Sprachen können Sie Systemfunktionen verwenden, die einen Datenbaustein im Arbeitsspeicher der CPU erzeugen (SFC 22 CREAT_DB) und einen Datenbaustein aus dem Arbeitsspeicher löschen (SFC 23 DEL_DB). Mit dem Aufruf der Systemfunktion SFC 24 TEST_DB erkennen Sie, ob ein bestimmter Datenbaustein im Arbeitsspeicher vorhanden ist, wie lang er ist (Anzahl Bytes) und ob er schreibgeschützt ist.

5.28 Absolute und symbolische Adressierung

Beim Ansprechen von Operanden/Variablen können Sie wählen zwischen einer *absoluten Adressierung* und einer *symbolischen Adressierung*. Die absolute Adressierung verwendet numerische Adressen beginnend bei Null für jeden Operandenbereich. Die symbolische Adressierung verwendet alphanumerische Namen, die Sie selbst in der Symboltabelle für die globalen Operanden oder im Deklarationsteil für bausteinlokale Operanden festlegen.

Operanden absolut adressieren

Die Absolutadresse eines Eingangs oder Ausgangs ermitteln Sie aus der Baugruppenanfangsadresse, z.B. aus der Konfigurationstabelle, und dem Anschluß des Signals an der Baugruppe. Hierbei wird unterschieden zwischen Binärsignalen und Analogsignalen.

Binärsignale enthalten als Information ein Bit. Es sind einerseits Eingangssignale von Endschaltern, Tastern usw., die auf Digitaleingabebaugruppen führen und andererseits Ausgangssignale, die über Digitalausgabebaugruppen Lampen, Schütze usw. steuern.

Analogsignale enthalten als Information 16 Bits. Ein Analogsignal entspricht einem „Kanal", das als Wort (2 Bytes) in der Steuerung abgebildet wird. Analogeingangssignale, wie z.B. Spannungen von Widerstandsthermometern, werden auf Analogeingabebaugruppen geführt, digitalisiert und der Steuerung als 16 Bit breite Information angeboten. Umgekehrt kann eine 16 Bit breite Information über eine Analogausgabebaugruppe, wo sie in einen Analogwert, z.B. in einen Stromwert, umgewandelt wird, ein Anzeigeinstrument steuern.

Die Informationsbreite eines Signals entspricht auch der Informationsbreite des Operanden, in dem das Signal abgelegt und verarbeitet wird. Die Informationsbreite und die Interpretation der Information (z.B. Stellenwert) ergeben zusammen den *Datentyp* des Operanden bzw. der Variablen. Binärsignale werden in Variablen mit dem Datentyp BOOL abgelegt, Analogsignale z.B. in Variablen mit dem Datentyp INT.

Tabelle 5.5 Absolute Adressierung der Operandenbereiche

Operandenbereich	Kennzeichen	Bit	Byte	Wort	Doppelwort
Peripherie-Eingänge	PE	-	PEB y	PEW y	PED y
Peripherie-Ausgänge	PA	-	PAB y	PAW y	PAD y
Eingänge	E	E y.x	EB y	EW y	ED y
Ausgänge	A	A y.x	AB y.x	AW y.x	AD y.x
Merker	M	M y.x	MB y	MW y	MD y
temporäre Lokaldaten	L	L y.x	LB y	LW y	LD y
Globaldaten	DB	DBX y.x oder DB z.DBX y.x	DBB y oder DB z.DBB y	DBW y oder DB z.DBW y	DBD y oder DB z.DBD y
statische Lokaldaten	DI	DIX y.x	DIB y	DIW y	DID y
Zeitfunktion	T	T n (für binäre und digitale Operationen)			
Zählfunktion	Z	Z n (für binäre und digitale Operationen)			

z = Datenbausteinnummer, y = Byteadresse, x = Bitadresse, n = Nummer der Funktion

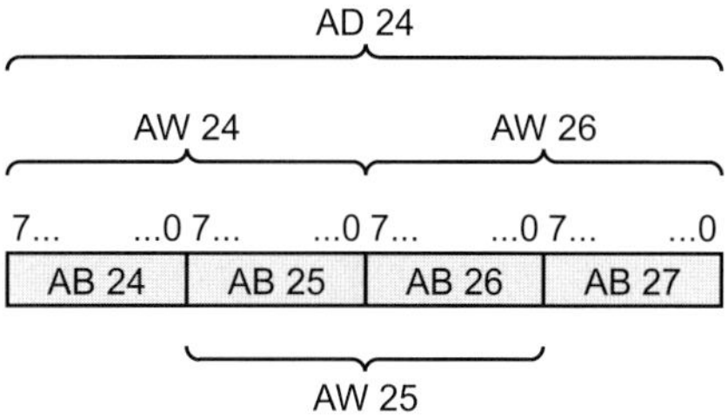

Beispiele:

E 1.0	Eingangsbit Nr. 0 im Byte Nr. 1
A 16.4	Ausgangsbit Nr. 4 im Byte Nr. 16
EB 2	Eingangsbyte Nr. 2
AB 18	Ausgangsbyte Nr. 18
EW 4	Eingangswort Nr. 4, enthält die Bytes 4 und 5
AW 20	Ausgangswort Nr. 20, enthält die Bytes 20 und 21
AD 24	Ausgangsdoppelwort Nr. 24, enthält die Bytes 24, 25, 26 und 27

Bild 5.14 Bit- und Bytebelegung in Wörtern und Doppelwörtern

Für die Adressierung der Operanden ist nur die Informationsbreite ausschlaggebend. Hierbei gibt es bei STEP 7 vier Breiten, die absolut adressiert werden können:

▷ 1 Bit Datentyp BOOL

▷ 8 Bit Datentyp BYTE oder ein anderer Datentyp mit 8 Bits

▷ 16 Bit Datentyp WORD oder ein anderer Datentyp mit 16 Bits

▷ 32 Bit Datentyp DWORD oder ein anderer Datentyp mit 32 Bits.

Operanden mit Datentyp BOOL werden mit einem Operandenkennzeichen, einer Bytenummer und – getrennt durch einen Punkt – einer Bitnummer adressiert. Die Numerierung der Bytes beginnt für jeden Operandenbereich bei Null. Die Numerierung der Bits geht von 0 bis 7. Operanden mit Datentyp BYTE haben als Absolutadresse das Operandenkennzeichen und die Nummer des Bytes, in dem der Wert liegt. Das Operandenkennzeichen ist durch ein B ergänzt. Operanden mit Datentyp WORD bestehen aus zwei Bytes (ein Wort). Sie haben als Absolutadresse das Operandenkennzeichen und die Nummer des niedrigeren Bytes, in dem der Wert liegt. Das Operandenkennzeichen ist durch ein W ergänzt. Operanden mit Datentyp DWORD bestehen aus vier Bytes (ein Doppelwort). Sie haben als Absolutadresse das Operandenkennzeichen und die Nummer des niedrigsten Bytes, in dem der Wert liegt. Das Operandenkennzeichen ist durch ein D ergänzt.

Datenoperanden absolut adressieren

Die Daten des Anwenderprogramms sind in Datenbausteinen abgelegt. Bei umfangreichen Programmen können das sehr viele Datenbausteine sein. Um einen bestimmten Operanden in einem Datenbaustein zu adressieren, muß auch der Datenbaustein spezifiziert werden, in dem der Datenoperand liegt. Denn in jedem Datenbaustein beginnt die Adressierung der Datenoperanden bei Byte 0, das Datenbyte 0 ist also in jedem Datenbaustein vorhanden. Wenn Sie nun das Byte 0 eines Datenbausteins ansprechen wollen, müssen Sie auch den Datenbaustein angeben, in dem dieses Byte liegt. Dies können Sie auf zwei Arten durchführen: Komplettadressierung und Teiladressierung.

Bei der *Komplettadressierung* ist der Datenbaustein Bestandteil der Datenadresse. Zuerst wird der Datenbaustein angegeben und dann, durch einen Punkt getrennt, der Datenoperand:

DB 10.DBX 2.0	Datenbit 2.0 im Datenbaustein DB 10
DB 11.DBB 14	Datenbyte 14 im Datenbaustein DB 11
DB 20.DBW 20	Datenwort 20 im Datenbaustein DB 20
DB 22.DBD 10	Datendoppelwort 10 im Datenbaustein DB 22.

Bei der *Teiladressierung* müssen Sie zuerst den gewünschten Datenbaustein anwählen („aufschlagen") und können dann auf einzelne Datenoperanden zugreifen. Da hier der „direkte" Zusammenhang zwischen Datenbaustein und Datenoperand verloren geht, ist nur eine absolute Adressierung möglich.

Symbolische Adressierung

Die symbolische Adressierung verwendet anstelle der Absolutadresse einen Namen (ein Symbol). Den Namen legen Sie fest. Er beginnt mit einem Buchstaben und kann bis zu 24 Zeichen lang sein. Bei der Eingabe eines Symbols wird die Groß- und Kleinschreibung nicht unterschieden. Bei der Ausgabe setzt der Editor die Schreibweise ein, die bei der Deklaration des Symbols festgelegt wurde. Der Name bzw. das Symbol muß einer absoluten Adresse – einem Operanden – zugeordnet werden. Hierbei wird unterschieden zwischen Symbolen für Globaloperanden und Symbolen für bausteinlokale Operanden.

Die *globalen Symbole* deklarieren Sie in der Symboltabelle. Globale Symbole können Sie im gesamten Programm verwenden; sie müssen programmweit eindeutig sein. In der Symboltabelle können Sie Peripherie-Ein- und -Ausgänge, Eingänge, Ausgänge, Merker, Zeit- und Zählfunktionen, Code- und Datenbausteine sowie anwenderdefinierte Datentypen und Variablentabellen mit Namen belegen. Ein globales Symbol kann auch Leerzeichen, Sonderzeichen und länderspezifische Zeichen (z.B. Umlaute) enthalten. Ausgenommen sind die Zeichen 00_{hex}, FF_{hex} und das Anführungszeichen. Wenn Sie Symbole mit Sonderzeichen verwenden, müssen Sie die Symbole im Programm in Anführungszeichen setzen. Im übersetzten Baustein zeigt der Programmeditor globale Symbole immer in Anführungszeichen an.

Bausteinlokale Symbole, das sind die Namen für die Lokaldaten, werden im Deklarationsteil des entsprechenden Bausteins festgelegt. Es sind nur Buchstaben, Ziffern und der Unterstrich erlaubt (keine Umlaute!). Lokale Symbole sind innerhalb eines Bausteins gültig. Das gleiche Symbol (der gleiche Variablenname) kann in einem anderen Baustein in anderer Bedeutung verwendet werden. Der Programmeditor zeigt lokale Symbole mit einem vorangestellten Nummernzeichen (#) an. Lokale Symbole sind nur in der Datenhaltung des Programmiergeräts vorrätig (im Offline-Behälter *Bausteine*). Fehlt bei der Rückübersetzung diese Information, setzt der Programmeditor eine Ersatzsymbolik ein.

Verwenden Sie bei inkrementeller Programmeingabe symbolische Namen, müssen diese bereits einer absoluten Adresse zugeordnet sein. Sie haben auch die Möglichkeit, während der Programmeingabe symbolische Namen in der Symboltabelle nachzutragen. Verwenden Sie zur Programmeingabe eine Quelltextdatei, ist die komplette Zuordnung der symbolischen Bezeichnungen zur Absolutadresse erst bei der Übersetzung zur Verfügung zu stellen.

Datenoperanden symbolisch adressieren

Bei symbolischer Adressierung vergeben Sie innerhalb eines Datenbausteins Namen für die Datenoperanden. Sie können gleiche Namen für verschiedene Datenoperanden in verschiedenen Datenbausteinen verwenden (die Datenoperanden selbst sind bausteinlokale Variable). In der Symboltabelle weisen Sie dem Datenbaustein dann einen Namen zu, der ihn von den anderen Datenbausteinen unterscheidet. Beispiele für symbolische Adressierung:

„Motor1".Istwert	Variable *Istwert* im Datenbaustein „Motor1"
„Motor2".Istwert	Variable *Istwert* im Datenbaustein „Motor2".

5.29 Indirekte Adressierung

Die indirekte Adressierung bei AWL verwendet anstelle der Operandenadresse Variablen, deren Werte zur Laufzeit berechnet werden. Diese Variablen können im Systemspeicher der CPU liegen, dann spricht man von speicherindirekter Adressierung. Bei der registerindirekten Adressierung werden die Adreßregister verwendet.

Bei den indirekt adressierbaren Operanden gibt es zwei Kategorien:

▷ Operanden, die einen elementaren Datentyp haben können, können sowohl speicher- als auch registerindirekt adressiert werden. Die Adresse belegt ein Doppelwort. Diese Operanden sind: Peripherie-Ein- und Ausgänge, Ein- und Ausgänge, Merker, Global-und Instanz-Datenoperanden, temporäre Lokaldaten.

▷ Operanden, die einen Parametertyp aufweisen, können nur speicherindirekt adressiert werden. Die Adresse belegt ein Wort. Diese Operanden sind: Zeit- und Zählfunktionen, Code- und Datenbausteine.

Speicher- und registerindirekte Adressierung

Die *speicherindirekte Adressierung* verwendet Wörter oder Doppelwörter aus den Operandenbereichen Merker, Global- und Instanzdaten und temporäre Lokaldaten, um die Adresse zu speichern. Bei den indirekt adressierten Operanden steht anstelle der Adresse der Adressenspeicher in eckigen Klammern. Den Adressenspeicher können Sie mit einem Zeiger oder einer Zahl laden und dessen Wert zur Laufzeit ändern.

Die *registerindirekte Adressierung* verwendet die beiden Adreßregister AR1 und AR2, um die Adressen zu speichern. Bei den indirekt adressierten Operanden steht anstelle der Adresse das Adreßregister in eckigen Klammern, ergänzt um einen konstanten Offset. Die tatsächliche Adresse ist die Summe aus dem Inhalt des Adreßregisters und dem Offset. Enthält das Adreßregister nur die Byte- und die Bitadresse, spricht man von registerindirekter *bereichsinterner* Adressierung – der Operandenbereich wird hier bei der Operation angegeben. Bei der registerindirekten *bereichsübergreifenden* Adressierung ist der Operandenbereich Bestandteil des Adreßregisters und kann ebenfalls manipuliert werden.

Tabelle 5.6 Speicherindirekte und registerindirekte Adressierung

speicherindirekte Adressierung mit Zeiger	speicherindirekte Adressierung mit Nummer

L P#30.0; //Adressenspeicher (MD 100)
T MD 100; //mit einem Zeiger laden
...
L MW [MD 100]; //digital adressieren
...
= M [MD 100]; //binär adressieren
	L 133; //Adressenspeicher
	T MW 104; //mit einer Nummer laden
	...
	SI T [MW 104]; //Zeit starten
	...
	AUF DB [MW 104]; //DB aufschlagen

registerindirekte bereichsinterne Adressierung	**registerindirekte bereichsübergreifende Adressierung**

LAR1P#30.0; //Adreßregister AR1 laden
...
L MW [AR1,P#4.0]; //digital adressieren
...
= M [AR1,P#2.1]; //binär adressieren
	LAR1P#M30.0; //Adreßregister AR1 laden
	...
	L W [AR1,P#4.0]; //digital adressieren
	...
	= [AR1, P#2.1]; //binär adressieren

5.30 Datentypen in der Übersicht

Datentypen legen die Eigenschaften von Daten fest, im wesentlichen die Darstellung des Inhalts einer Variablen und die zulässigen Bereiche. STEP 7 stellt vordefinierte Datentypen zur Verfügung, die Sie auch zu selbst definierten Datentypen zusammenstellen können. Die Datentypen sind global verfügbar; sie können in jedem Baustein verwendet werden.

Tabelle 5.7 Aufteilung der Datentypen

elementare Datentypen	zusammengesetzte Datentypen	anwenderdefinierte Datentypen	Parameter-Datentypen
BOOL Binärwert (1 Bit) BYTE Bytewert (8 Bits) CHAR Zeichen (ASCII) WORD Wortwert (16 Bits) INT Integerwert (16-Bit-Festpunkt) DATE Datum (16-Bit-Darstellung) DWORD Doppelwortwert (32 Bits) DINT Double-Integer-Wert (32-Bit-Festpunkt) REAL Realwert (32-Bit-Gleitpunkt) S5TIME S5-Zeitdarstellung (1 + 3 Dekaden) TIME Zeitdauer (32-Bit-Darstellung) TOD Tageszeit (32-Bit-Darstellung)	DT Datum und Uhrzeit (64-Bit-Darstellung) STRING Zeichenkette (Anzahl Zeichen + 2 = Anzahl Bytes) ARRAY Feldvariable (Komponenten mit gleichem Datentyp, Länge variabel) STRUCT Strukturvariable (Komponenten mit verschiedenen Datentypen, Länge variabel)	UDT anwenderdefinierter Datentyp (entspricht einer Strukturvariablen) Global-Datenbausteine Zusammenstellung von Anwenderdaten, auch aus einem UDT ableitbar Instanzen Instanz-Datenbausteine, Datenstruktur abgeleitet aus den Bausteinparametern und den statischen Lokaldaten eines Funktionsbausteins)	TIMER SIMATIC-Zeitfunktion COUNTER SIMATIC-Zählfunktion BLOCK_DB Datenbaustein BLOCK_SDB Systemdatenbaustein BLOCK_FC Funktion FC BLOCK_FB Funktionsbaustein FB POINTER 48-Bit-Zeiger oder Variable mit elementarem Datentyp ANY 80-Bit-Zeiger oder beliebige Variable oder Datenbereich
Datentypen, die maximal ein Doppelwort (32 Bits) aufweisen	Datentypen, die größer als ein Doppelwort sein können (DT, STRING) oder die aus mehreren Komponenten bestehen	Strukturen oder Datenbereiche, die mit einem Namen versehen werden können	Bausteinparameter
können auf absolut und symbolisch adressierte Operanden abgebildet werden	können nur auf symbolisch adressierte Variablen abgebildet werden		können nur auf Bausteinparameter abgebildet werden (nur symbolische Adressierung)
in allen Operandenbereichen zugelassen	zugelassen in Datenbausteinen (als Globaldaten und Instanzdaten), als temporäre Lokaldaten und als Bausteinparameter		in Verbindung mit Bausteinparametern zugelassen

5.31 Elementare Datentypen

Variablen mit elementaren Datentypen können mit konstanten Werten vorbelegt werden. Für viele Datentypen gibt es zwei Konstantendarstellungen, die Sie beide gleichermaßen verwenden können (z.B. TIME# oder T#). Die Tabelle enthält für einen Datentyp in der oberen Zeile den Minimalwert und in der unteren Zeile den Maximalwert.

Tabelle 5.8 Übersicht elementare Datentypen

Datentyp	(Breite)	Beschreibung	Beispiele zur Konstanten-Schreibweise
BOOL	(1 Bit)	Bit	FALSE TRUE
BYTE	(8 Bits)	8bit-Hexazahl	B#16#00 oder 16#00 B#16#FF oder 16#FF
CHAR	(8 Bits)	ein Zeichen (ASCII)	abdruckbares Zeichen, z.B. 'A'
WORD	(16 Bits)	16bit-Hexazahl	W#16#0000 oder 16#0000 W#16#FFFF oder 16#FFFF
		16bit-Binärzahl	2#0000_0000_0000_0000 2#1111_1111_1111_1111
		Zählwert, 3 Dekaden BCD	C#000 C#999
		2 × 8bit-Dezimalzahlen ohne Vorzeichen	B#(0,0) B#(255,255)
DWORD	(32 Bits)	32bit-Hexazahl	DW#16#0000_0000 oder 16#0000_0000 DW#16#FFFF_FFFF oder 16#FFFF_FFFF
		32bit-Binärzahl	2#0000_0000_..._0000_0000 2#1111_1111_..._1111_1111
		4 × 8bit-Dezimalzahlen ohne Vorzeichen	B#(0,0,0,0) B#(255,255,255,255)
INT	(16 Bits)	Festpunktzahl	–32 768 +32 767
DINT	(32 Bits)	Festpunktzahl	L#–2 147 483 648 L#+2 147 483 647 („L#“ kann entfallen, wenn die Zahl außerhalb des INT-Zahlenbereichs liegt)
REAL	(32 Bits)	Gleitpunktzahl (Wertebereich siehe Text)	Exponentialdarstellung: +1.234567E+02
			Dezimaldarstellung: 123.4567
S5TIME	(16 Bits)	Zeitwert im SIMATIC-Format	S5T#0ms S5TIME#2h46m30s
TIME	(32 Bits)	Zeitwert im IEC-Format	T#–24d20h31m23s647ms TIME#24d20h31m23s647ms
			T#–24.855134d TIME#24.855134d
DATE	(16 Bits)	Datum	D#1990-01-01 DATE#2168-12-31
TIME_OF_DAY	(32 Bits)	Tageszeit	TOD#00:00:00 TIME_OF_DAY#23:59:59.999

BOOL, BYTE, WORD, DWORD, CHAR

Eine Variable mit Datentyp BOOL stellt einen Bitwert dar; Variablen mit den Datentypen BYTE, WORD und DWORD sind Bitfolgen aus 8, 16 bzw. 32 Bits. Die einzelnen Bits werden nicht bewertet. *BCD-Zahlen* geben Sie als BYTE, WORD oder DWORD mit dem Datentyp 16# (hexadezimal) ein und verwenden nur die Ziffern 0 bis 9. Eine Variable mit Datentyp *CHAR* (Zeichen) stellt ein einziges im ASCII-Format abgelegtes Zeichen dar.

INT, DINT und REAL

Variablen mit den Datentypen INT und DINT stellen ganze Zahlen dar, die als Ganzzahl (16- bzw. 32-bit-Festpunktzahl) gespeichert werden. Die Signalzustände der Bits 0 bis 14 bzw. 30 stehen für den Stellenwert der Zahl; der Signalzustand von Bit 15 bzw. 31 stellt das Vorzeichen dar. Signalzustand „0“ heißt, die Zahl ist positiv. Signalzustand „1“ steht für eine negative Zahl. Die Darstellung einer negativen Zahl erfolgt im Zweierkomplement.

Eine Variable mit Datentyp REAL stellt eine gebrochene Zahl dar, die als 32-bit-Gleitpunktzahl abgelegt wird. Für REAL-Zahlen ist eine Dezimal- und eine Exponentialdarstellung möglich. Der Exponent wird zur Basis 10 angegeben; die Umrechnung in die interne Darstellung einer Gleitpunktzahl übernimmt STEP 7. Der Wertebereich geht von $\pm 3{,}402\,823 \times 10^{+38}$ bis $\pm 1{,}175\,494 \times 10^{-38}$ und ±0.

S5TIME

Der Datentyp S5TIME belegt ein 16-bit-Wort mit 1 + 3 Dekaden. Die Zeitdauer wird in Stunden, Minuten, Sekunden und Millisekunden angegeben. Die Wandlung in die interne Darstellung übernimmt STEP 7. Die interne Darstellung erfolgt als BCD-Zahl von 000 bis 999. Das Zeitraster kann folgende Werte annehmen: 10 ms (0000), 100 ms (0001), 1 s (0010) und 10 s (0011). Die Zeitdauer ist das Produkt aus Zeitraster und Zeitwert.

DATE

Eine Variable mit Datentyp DATE (Datum) wird in einem Wort als vorzeichenlose Festpunktzahl abgelegt. Der Inhalt der Variablen entspricht der Anzahl der Tage seit 01.01.1990. Die Darstellung enthält das Jahr, den Monat und den Tag, jeweils getrennt durch einen Bindestrich.

TIME

Eine Variable mit Datentyp TIME (Zeitdauer) belegt ein Doppelwort. Die Darstellung enthält die Angaben für Tage (d), Stunden (h), Minuten (m), Sekunden (s) und Millisekunden (ms), wobei einzelne Angaben weggelassen werden können. Der Inhalt der Variablen wird als Millisekunden (ms) interpretiert und als 32-bit-Festpunktzahl mit Vorzeichen abgelegt.

TIME_OF_DAY

Eine Variable mit Datentyp TIME_OF_DAY (Tageszeit) belegt ein Doppelwort. Es enthält die Anzahl der Millisekunden seit Tagesbeginn (0:00 Uhr) als vorzeichenlose Festpunktzahl. Die Darstellung enthält die Angaben für Stunden, Minuten und Sekunden, jeweils getrennt durch einen Doppelpunkt. Die Angaben der Millisekunden, im Anschluß an die Sekunden durch einen Punkt getrennt, kann entfallen.

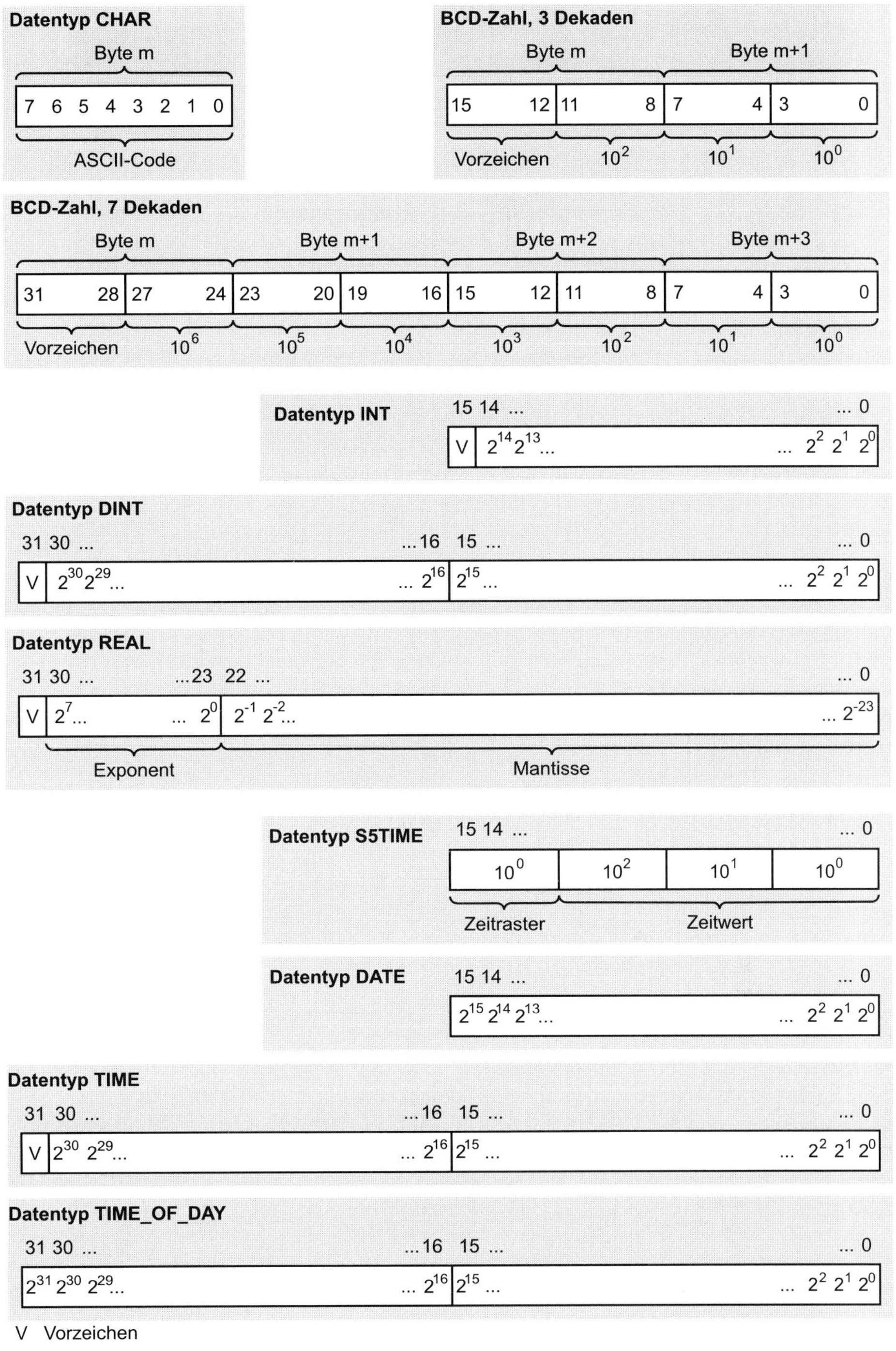

Bild 5.15 Aufbau von Variablen mit elementaren Datentypen

5.32 Zusammengesetzte Datentypen

STEP 7 stellt vier zusammengesetzte Datentypen zur Verfügung:

- ▷ DATE_AND_TIME Datum und Uhrzeit
- ▷ STRING ASCII-codierte Zeichenkette
- ▷ ARRAY Feld mit Komponenten gleicher Art
- ▷ STRUCT Struktur mit Komponenten unterschiedlicher Art.

DATE_AND_TIME bzw. DT

Der Datentyp DATE_AND_TIME (Datum und Uhrzeit) repräsentiert einen Zeitpunkt im Bereich von DT#1990-01-01-00:00:00.000 bis DT#2168-12-31-23:59:59.999. Der Datentyp besteht aus 16 BCD-codierten Zahlen und ist 8 Bytes lang. Im letzten Byte ist der Wochentag verschlüsselt (1 = Sonntag bis 7 = Samstag). Die allgemeine Darstellung lautet: DATE_AND_TIME#Jahr-Monat-Tag-Stunden:Minuten:Sekunden.Millisekunden.

STRING

Der Datentyp STRING repräsentiert eine Zeichenkette, bestehend aus bis zu 254 Zeichen. Die maximale Anzahl der zugelassenen Zeichen geben Sie im Anschluß an das Schlüsselwort STRING in eckigen Klammern vor. Diese Angabe kann auch weggelassen werden; dann setzt der Editor die maximale Anzahl von 254 Bytes ein. Die (aktuelle) Länge der Zeichenkette ist definiert zwischen STRING[0] und STRING[254].

Eine Variable mit dem Datentyp STRING belegt im Speicher zwei Bytes mehr als die deklarierte Maximallänge. Die Vorbelegung erfolgt mit ASCII-codierten Zeichen in einfachen Anführungszeichen. Ist der Vorbelegungswert kürzer als die deklarierte Maximallänge, werden die restlichen Zeichenplätze nicht belegt. Bei der Weiterverarbeitung einer Variablen mit dem Datentyp STRING werden nur die aktuell belegten Zeichenplätze berücksichtigt.

ARRAY

Der Datentyp ARRAY stellt ein Feld aus einer festen Anzahl von Komponenten gleichen Datentyps dar. Nach dem Datentyp ARRAY geben Sie in eckigen Klammern den Bereich der Feldindizes vor. Der links stehende Anfangswert muß kleiner oder gleich dem rechts stehenden Endwert sein. Beide Indizes sind INT-Zahlen im Bereich von –32 768 bis +32 767. Der Index ist eine Konstante und kann zur Laufzeit nicht verändert werden. Ein Feld kann bis zu 6 Dimensionen aufweisen, deren Grenzen durch je ein Komma getrennt angegeben werden. Beispiel für ein zweidimensionales Feld mit 32 × 16 REAL-Elementen:

```
ARRAY [1..32, 1..16] OF REAL
```

Für die einzelnen Feldkomponenten ist jeder Datentyp außer ARRAY erlaubt; es kann auch ein anwenderdefinierter Datentyp sein. Eine komplette Feldvariable wird in einem Global-Datenbaustein oder als bausteinlokale Variable definiert. Sie kann auch an einen Bausteinparameter gleichen Typs angelegt werden und kann so z.B. mit der SFC 20 BLKMOV in eine andere Variable kopiert werden. Die Feldkomponenten werden einzeln wie Variablen gleichen Datentyps gehandhabt.

STRUCT

Der Datentyp STRUCT repräsentiert eine Datenstruktur aus einer festen Anzahl von Komponenten, die jeweils einen unterschiedlichen Datentyp aufweisen können. Nach dem Schlüsselwort STRUCT geben Sie die Namen und den Datentyp der einzelnen Strukturkomponenten an. Es können alle Datentypen verwendet werden, auch weitere Strukturen. Es ist eine Schachtelung von bis zu 6 Strukturen zugelassen. Das Schlüsselwort END_STRUCT schließt die Deklaration einer Strukturvariablen ab.

Eine komplette Strukturvariable wird in einem Global-Datenbaustein oder als bausteinlokale Variable definiert. Sie kann auch an einen Bausteinparameter gleichen Typs angelegt werden, wenn die Struktur, die Namen und der Datentyp aller Komponenten übereinstimmen und kann so z.B. mit der SFC 20 BLKMOV in eine andere Variable kopiert werden. Die Strukturkomponenten werden einzeln wie Variablen gleichen Datentyps gehandhabt.

Beispiel für die Deklaration in einer Programmquelle:

```
MotorDaten1 : STRUCT
        Einschalten    : BOOL          := FALSE;
        Ausschalten    : BOOL          := TRUE;
        SollDrehzahl   : INT           := 5000;
        IstDrehzahl    : INT;
        Bezeichnung    : STRING[10]    := '=MD01-M003';
END_STRUCT
```

Die Variable *MotorDaten1* besteht aus zwei BOOL-Komponenten, zwei INT-Komponenten und einer STRING-Komponente. Eine einzelne Komponente wird mit *Variablenname.Komponentenname* angesprochen, z.B. *MotorDaten1.Einschalten.*

Tabelle 5.9 Beispiele für die Deklaration von zusammengesetzten Datentypen

Name	Typ	Anfangswert	Kommentar
Datum1	DT	DT#1990-01-01-00:00:00	DT-Variable Minimalwert
Datum2	DATE_AND_TIME	DATE_AND_TIME# 2089-12-31-23:59:59.999	DT-Variable Maximalwert
Vorname	STRING[10]	'Anna'	STRING-Variable, 4 Zeichen von 10 belegt
Nachname	STRING[14]	'Müller-Thurgau'	STRING-Variable, alle 14 Zeichen belegt
Messwert	ARRAY[1..24]	0.4, 1.5, 11 (2.6, 3.0)	Feldvariable mit 24 REAL-Komponenten
	REAL		
Ergebnis	ARRAY[1..24,1..4]	96 (0)	zweidimensionales Feld mit 96 INT-Komponenten
	INT		
MotSteu	STRUCT		
Ein	BOOL	FALSE	Variable *MotSteu.Ein*
Aus	BOOL	TRUE	Variable *MotSteu.Aus*
Verz	S5TIME	S5TIME#5s	Variable *MotSteu.Verz*
maxDreh	INT	5000	Variable *MotSteu.maxDreh*
	END_STRUCT		

5.33 Parametertypen

Die Parametertypen sind Datentypen für Bausteinparameter. Sie werden verwendet, um die Zeit- und Zählfunktionen, Bausteine und Zeiger auf Globaloperanden an den aufgerufenen Baustein zu übergeben.

TIMER

TIMER ist der Datentyp für eine SIMATIC-Zeitfunktion. Die Zeitfunktionen liegen im Systemspeicher der CPU. Sie tragen das Operandenkennzeichen T bzw. werden mit dem Symbolnamen angesprochen, den Sie in der Symboltabelle festlegen. TIMER wird auch in der Symboltabelle als Datentyp für eine SIMATIC-Zeitfunktion verwendet.

COUNTER

COUNTER ist der Datentyp für eine SIMATIC-Zählfunktion. Die Zählfunktionen liegen im Systemspeicher der CPU. Sie tragen das Operandenkennzeichen Z bzw. werden mit dem Symbolnamen angesprochen, den Sie in der Symboltabelle festlegen. COUNTER wird auch in der Symboltabelle als Datentyp für eine SIMATIC-Zählfunktion verwendet.

BLOCK_FB, BLOCK_FC

An mit den Datentypen BLOCK_FB bzw. BLOCK_FC deklarierte Bausteinparameter können Sie als Aktualparameter einen Funktionsbaustein (FB) oder eine Funktion (FC) anlegen. Diese Bausteine dürfen selbst keine Bausteinparameter besitzen.

BLOCK_DB

An einen Bausteinparameter mit dem Datentyp BLOCK_DB können Sie einen Datenbaustein als Aktualparameter anlegen. Im aufgerufenen Baustein können Sie dann auf die Datenoperanden dieses Datenbausteins mit absoluter Adressierung zugreifen.

POINTER

An einen Bausteinparameter mit dem Datentyp POINTER können Sie einen Operanden wie beispielsweise M 200.0 bzw. sein Symbol oder einen Zeiger in der Form

P#[Datenbaustein.]Operand Byteadresse[.Bitadresse]

anlegen. Es sind nur Operanden bzw. Variablen mit elementaren Datentypen erlaubt.

ANY

An einen Bausteinparameter mit dem Datentyp ANY können Sie einen Operanden wie beispielsweise M 200.0 bzw. sein Symbol oder einen Zeiger in der Form

P#[Datenbaustein.]Operand Byteadresse[.Bitadresse] Datentyp Anzahl

anlegen. Es sind alle Operanden bzw. Variablen erlaubt, auch z.B. Feld- und Strukturvariablen. Mit dem Datentyp ANY kann auch eine Variable in den temporären Lokaldaten deklariert werden, sie kann dann einen ANY-Zeiger aufnehmen. Dieser Zeiger kann zur Laufzeit manipuliert werden und ist dann z.B. die Datenquelle oder das Datenziel beim Kopieren.

5.34 Anwenderdefinierter Datentyp UDT

Ein anwenderdefinierter Datentyp (UDT, user data type) ist eine Zusammenfassung von Komponenten mit beliebigem Datentyp. Sie können einen anwenderdefinierten Datentyp einsetzen, wenn sich eine Datenstruktur häufig in Ihrem Programm befindet oder Sie einer Datenstruktur einen Namen geben wollen. UDTs sind global gültig; d.h. sie können, einmal deklariert, in allen Bausteinen verwendet werden. UDTs können symbolisch adressiert werden; die Zuweisung zur Absolutadresse nehmen Sie in der Symboltabelle vor. Der Datentyp eines UDT in der Symboltabelle ist mit der Absolutadresse identisch.

Ein anwenderdefinierter Datentyp wird ähnlich wie ein Datenbaustein programmiert und im Offline-Bausteinbehälter gespeichert. Sie können ihn inkrementell oder quellorientiert programmieren. Bei der inkrementellen Programmierung markieren oder öffnen Sie den Offline-Bausteinbehälter und fügen einen UDT ein. Öffnen Sie den UDT und geben Sie der Reihe nach die Komponenten mit Namen und Datentyp an, die der UDT enthalten soll. Die Anfangswerte, die Sie im UDT programmieren, werden bei der Deklaration auf die Variablen übertragen. In einer Programmquelle leiten Sie die Deklaration mit TYPE ein, dem die Adresse bzw. der Name der UDT folgt, und schließen sie mit END_TYPE ab. Dazwischen programmieren Sie die Komponenten wie beim Datentyp STRUCT.

Wenn Sie einer Variablen die im UDT definierte Datenstruktur geben wollen, weisen Sie ihr bei der Deklaration den UDT wie einen „normalen" Datentyp zu. Der UDT kann hierbei absolut adressiert (UDT 0 bis UDT 65 535) oder symbolisch adressiert sein. Sie können auch einen UDT für einen ganzen Datenbaustein definierten. Bei der Programmierung des Datenbausteins weisen sie dem Baustein dann diesen UDT als Datenstruktur zu.

Inkrementelle Programmierung:

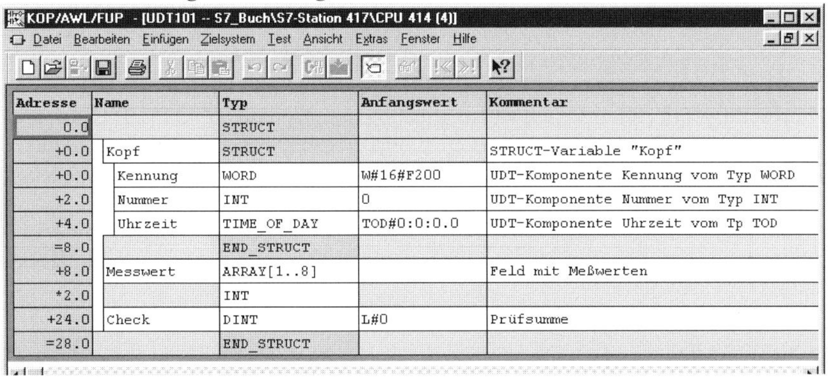

Adresse	Name	Typ	Anfangswert	Kommentar
0.0		STRUCT		
+0.0	Kopf	STRUCT		STRUCT-Variable "Kopf"
+0.0	Kennung	WORD	W#16#F200	UDT-Komponente Kennung vom Typ WORD
+2.0	Nummer	INT	0	UDT-Komponente Nummer vom Typ INT
+4.0	Uhrzeit	TIME_OF_DAY	TOD#0:0:0.0	UDT-Komponente Uhrzeit vom Tp TOD
=8.0		END_STRUCT		
+8.0	Messwert	ARRAY[1..8]		Feld mit Meßwerten
*2.0		INT		
+24.0	Check	DINT	L#0	Prüfsumme
=28.0		END_STRUCT		

Quellorientierte Programmierung:

```
TYPE UDT 101
   Kopf       : STRUCT                              //Strukturvariable
     Kennung  : WORD := W#16#F200;                  //
     Nummer   : INT  := 0;                          //
     Uhrzeit  : TIME_OF_DAY := TOD#0:0:0.0;         //
   END_STRUCT;
   Messwert   : ARRAY [1..8] OF INT := 8(0);        //Feld mit 8 INT-Werten
   Check      : DINT                := L#0;         //DINT-Variable
END_TYPE
```

Bild 5.16 Beispiel für die Deklaration eines anwenderdefinierten Datentyps UDT

6 Kommunikation

Die Kommunikation – der Datenaustausch zwischen programmierbaren Baugruppen – ist integrierter Bestandteil bei SIMATIC. Fast alle Kommunikationsfunktionen laufen über das Betriebssystem. Schon ohne zusätzliche Hardware, mit nur einem Verbindungskabel zwischen zwei CPU-Baugruppen, können Sie Daten austauschen (lassen). CP-Baugruppen erschließen leistungsfähige Netzverbindungen und die Möglichkeit, auch zu Fremdsystemen zu koppeln.

SIMATIC NET ist der Oberbegriff für die Kommunikation in der SIMATIC. Er steht für den Informationsaustausch zwischen Automatisierungsgeräten untereinander und zu Bedien- und Beobachtungsgeräten. Hierbei gibt es – je nach Leistungsanforderung – verschiedene Kommunikationswege.

Zum Datenaustausch werden „kommunikationsfähige Baugruppen" (CPU- oder CP-Baugruppen) benötigt, die miteinander vernetzt sind. Das *Netz* ist die hardwaremäßige Verbindung zwischen den Kommunikationsteilnehmern. Der Datenaustausch wird über eine *Verbindung* nach einem bestimmten Ablaufschema (*Kommunikationsdienst*) ausgeführt. Mit *Kommunikationsfunktionen* steuert das Anwenderprogramm den Datenaustausch.

Netz, Subnetz

Ein Netz ist der Verbund von mehreren Geräten zum Zwecke der Kommunikation. Es besteht aus einem oder mehreren miteinander verknüpften Subnetzen gleicher oder unterschiedlicher Art.

In einem Subnetz sind alle Kommunikationsteilnehmer zusammengefaßt, die durch eine Hardware-Verbindung mit einheitlichen physikalischen Eigenschaften und Übertragungsparametern, wie z.B. der Übertragungsrate, miteinander verbunden sind und über ein gemeinsames Übertragungsverfahren Daten austauschen. Die Subnetze bei SIMATIC unterscheiden sich in ihrer Leistungsfähigkeit: MPI (kostengünstige Vernetzung für kleine Datenmengen), PROFIBUS (schneller Datenaustausch kleiner und mittlerer Datenmengen), Industrial Ethernet (schneller Austausch großer Datenmengen) und Punkt-zu-Punkt (serielle Kopplung mit besonderen Protokollen).

Kommunikationsdienst

Ein Kommunikationsdienst legt fest, wie die Daten zwischen den Kommunikationsteilnehmern ausgetauscht werden und wie diese Daten zu behandeln sind. Er basiert auf einem Protokoll, das unter anderem das Koordinierungsverfahren zwischen den Kommunikationsteilnehmern beschreibt. SIMATIC kennt die Dienste S7-Funktionen, Globaldaten-Kommunikation, PROFIBUS-DP, PROFIBUS-FMS, PROFIBUS-FDL (SDA), ISO-Transport und ISO-on-TCP.

Verbindung

Eine Verbindung definiert die Kommunikationsbeziehungen zwischen zwei Kommunikationsteilnehmern. Sie ist die logische Zuordnung zweier Teilnehmer zur Ausführung eines bestimmten Kommunikationsdienstes und beinhaltet auch spezielle Eigenschaften, wie z.B.

die Art der Verbindung (dynamisch, statisch) und wie sie zustande kommt. SIMATIC kennt die Verbindungstypen S7-Verbindung, Punkt-zu-Punkt-Verbindung, FMS- und FDL-Verbindung, ISO-Transportverbindung, ISO-on-TCP- und UDP-Verbindung.

Kommunikationsfunktionen

Die Kommunikationsfunktionen sind die Schnittstellen im Anwenderprogramm zum Kommunikationsdienst. Für SIMATIC S7-interne Kommunikation sind die Kommunikationsfunktionen im Betriebssystem der CPU integriert und werden über Systembausteine aufgerufen. Für die Kommunikation zu Fremdgeräten über Kommunikationsprozessoren stehen ladbare Bausteine zur Verfügung.

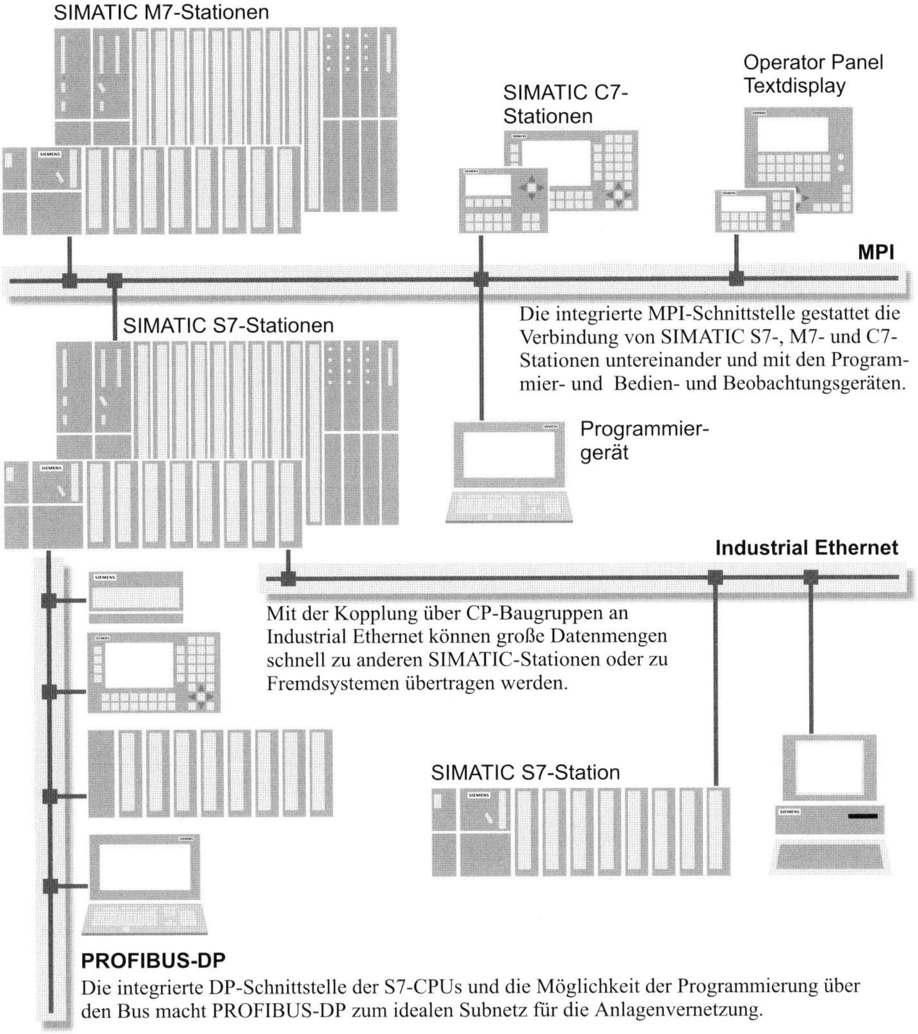

Bild 6.1 Vernetzungsmöglichkeiten bei SIMATIC

6.1 Subnetze bei SIMATIC

MPI – kostengünstige Vernetzung mit geringen Datenmengen

Jede Zentralbaugruppe bei SIMATIC S7 hat eine „mehrpunktfähige Schnittstelle" (MPI, multi point interface). Sie ermöglicht den Aufbau eines Subnetzes, in dem Zentralbaugruppen, Bedien- und Beobachtungsgeräte und Programmiergeräte untereinander Daten austauschen können. Der Datenaustausch wird über ein Siemens-eigenes Protokoll abgewickelt.

MPI verwendet als Übertragungsmedium entweder eine geschirmte Zweidrahtleitung oder einen Lichtwellenleiter aus Glas bzw. Kunststoff. Die Leitungslänge in einem Bussegment kann bis zu 50 m betragen. Sie läßt sich erhöhen durch dazwischen geschaltete RS485-Repeater (bis zu 1100 m) bzw. Optical Link Moduls (bis > 100 km). Die Übertragungsrate beträgt in der Regel 187,5 kBit/s.

Die maximale Teilnehmeranzahl ist 32. Jeder Teilnehmer erhält für eine bestimmte Zeit Zugriff auf den Bus und darf Datentelegramme senden. Nach dieser Zeit gibt er die Zugriffsberechtigung an den nächsten Teilnehmer weiter (Zugriffsverfahren „Token Passing").

Über ein MPI-Subnetz können Sie mit der Globaldaten-Kommunikation, mit der stationsexternen SFC-Kommunikation oder der SFB-Kommunikation Daten zwischen CPUs austauschen. Es werden keine zusätzlichen Baugruppen benötigt.

PROFIBUS – schneller Datenaustausch bis zu mittleren Datenmengen

PROFIBUS steht für „Process Field Bus" und ist ein herstellerunabhängiger Standard nach EN 50170 Volume 2 für die Vernetzung von Feldgeräten.

Als Übertragungsmedium wird eine geschirmte Zweidrahtleitung oder ein Lichtwellenleiter aus Glas bzw. Kunststoff verwendet. Die Leitungslänge in einem Bussegment ist von der Übertragungsrate abhängig; sie beträgt 100 m bei der größten Übertragungsrate (12 MBit/s) und 1000 m bei der kleinsten (9,6 kBit/s). Die Netzausdehnung kann mit Repeatern bzw. Optical Link Moduls vergrößert werden.

Die maximale Teilnehmeranzahl ist 127; es wird zwischen aktiven und passiven Teilnehmern unterschieden. Ein aktiver Teilnehmer erhält für eine bestimmte Zeit Zugriff auf den Bus und darf Datentelegramme senden. Nach dieser Zeit gibt er die Zugriffsberechtigung an den nächsten aktiven Teilnehmer weiter (Zugriffsverfahren „Token Passing"). Sind einem aktiven Teilnehmer (Master) passive Teilnehmer (Slaves) zugeordnet, so führt der Master, während er die Zugriffsberechtigung hat, den Datenaustausch mit den ihm zugeordneten Slaves durch. Ein passiver Teilnehmer erhält keine Zugriffberechtigung.

Über ein PROFIBUS-Subnetz realisieren Sie die Ankopplung der Dezentralen Peripherie; der dazugehörende Kommunikationsdienst PROFIBUS-DP ist implizit enthalten. In vielen S7-CPUs ist ein DP-Master integriert. Steckbare DP-Master sind z.B. die IM 467 oder der CP 342-5. Über dieses Subnetz können Sie zusätzlich stationsinterne SFC-Kommunikation oder SFB-Kommunikation betreiben.

Mit entsprechenden CP-Baugruppen übertragen Sie Daten mit PROFIBUS-FMS und PROFIBUS-FDL. Als Schnittstelle zum Anwenderprogramm gibt es ladbare Bausteine (FMS-Schnittstelle bzw. SEND/RECEIVE-Schnittstelle).

Industrial Ethernet – schneller Datenaustausch für große Datenmengen

Industrial Ethernet ist das Subnetz für den Verbund von Rechnern und Automatisierungsgeräten mit Einsatzschwerpunkt im industriellen Bereich, definiert durch den internationalen Standard IEEE 802.3.

Die physikalische Verbindung ist elektrisch eine zweifach geschirmte Koaxialleitung oder eine „Industrial Twisted Pair"-Verkabelung und optisch ein Glas-Lichtwellenleiter. Bei elektrischer Vernetzung beträgt die Ausdehnung 1,5 km, bei optischer Vernetzung 4,5 km. Die Übertragungsrate ist auf 10 MBit/s festgelegt.

Es können mehr als 1000 Teilnehmer mit Industrial Ethernet vernetzt werden. Jeder Teilnehmer prüft vor einem Netzzugriff, ob gerade ein anderer Teilnehmer Daten sendet. Ist das der Fall, wird eine zufallsabhängige Zeit gewartet, bevor ein neuer Netzzugriff versucht wird (Zugriffsverfahren CSMA/CD). Alle Teilnehmer sind gleichberechtigt.

Über Industrial Ethernet können Sie mit der SFB-Kommunikation Daten austauschen und die S7-Funktionen nutzen. Sie benötigen für Industrial Ethernet entsprechende CP-Baugruppen und können dann auch ISO-Transport- bzw. ISO-on-TCP-Verbindungen aufbauen und mit der SEND/RECEIVE-Schnittstelle steuern.

Punkt-zu-Punkt-Kopplung – serielle Kopplung mit besonderen Protokollen

Eine Punkt-zu-Punkt-Kopplung (PTP, point to point) ermöglicht den Datenaustausch über eine serielle Verbindung. Eine Punkt-zu-Punkt-Kopplung wird im SIMATIC Manager als Subnetz behandelt und ähnlich projektiert.

Das Übertragungsmedium ist ein elektrisches Kabel mit schnittstellenabhängiger Belegung. Als Schnittstellen stehen RS 232C (V.24), 20 mA (TTY) und RS 422/485 zur Verfügung. Die Übertragungsrate liegt im Bereich von 300 Bit/s bis maximal 19,2 kBit/s bei 20 mA-Schnittstelle bzw. 76,8 kBit/s bei RS 232C und RS 422/485. Die Leitungslänge ist abhängig von der Schnittstellenphysik und der Übertragungsrate; sie beträgt 10 m bei RS 232C, 1000 m bei 20 mA-Schnittstelle mit 9,6 kBit/s und 1200 m bei RS 422/485 mit 19,2 kBit/s.

Als Protokolle bzw. Prozeduren stehen 3964 (R), RK 512, Druckertreiber und ein ASCII-Treiber zur Verfügung, der das Definieren einer eigenen Prozedur ermöglicht. Für spezielle Fälle gibt es ladbare Sondertreiber.

AS-Interface – kostengünstige robuste Vernetzung auf unterster Ebene

Das AS-Interface (Aktor-/Sensor-Interface) vernetzt entsprechend ausgelegte binäre Sensoren und Aktoren nach der AS-Interface-Spezifikation IEC TG 178. Im SIMATIC Manager taucht das AS-Interface nicht als Subnetz auf; lediglich der AS-Interface-Master wird mit der Hardware-Konfiguration oder mit der Netzkonfiguration projektiert.

Das Übertragungsmedium ist eine ungeschirmte Zweidrahtleitung, die die Aktoren und Sensoren sowohl mit Daten als auch mit Spannung versorgt (Netzteil erforderlich). Die Netzausdehnung kann mit einem Repeater bis zu 300 m betragen. Die Übertragungsrate ist auf 167 kBit/s festgelegt.

Ein AS-Interface-Master steuert bis zu 31 AS-Interface-Slaves durch zyklisches Abfragen und gewährleistet so eine definierte Reaktionszeit.

6.2 Kommunikationsdienste

Der Datenaustausch über die Subnetze wird – je nach gewählter Verbindung – von verschiedenen Kommunikationsdiensten gesteuert. Diese Dienste werden mit folgenden Schwerpunkten eingesetzt:

Die **S7-Funktionen** sind der zentrale Kommunikationsdienst bei SIMATIC. Sie sind weitgehend im Betriebssystem der CPU integriert und steuern die Kommunikation zwischen Zentralbaugruppen, Bedien- und Beobachtungsgeräten und Programmiergeräten. Die Funktionen in der Übersicht:

▷ PG-Funktionen: Test-, Inbetriebnahme- und Servicefunktionen. Wird z.B. von einem PG genutzt, um die Funktion „Variablen beobachten" oder „Diagnosepuffer lesen" auszuführen oder um Anwenderprogramme zu laden.

▷ B&B-Funktionen: Bedien- und Beobachtungsfunktionen; werden z.B. von angeschlossenen OPs genutzt, um Variablen zu lesen und zu schreiben.

▷ SFB-Kommunikation: ereignisgesteuerter Dienst zum Austausch größerer Datenmengen, wird gestartet durch SFB-Aufrufe im Anwenderprogramm, mit Steuer- und Überwachungsfunktionen; statische, projektierte Verbindungen.

▷ SFC-Kommunikation: ereignisgesteuerter Dienst zum Austausch von bis zu 76 Bytes pro Übertragung, wird gestartet durch SFC-Aufrufe im Anwenderprogramm; dynamische, nicht projektierte Verbindungen.

Die S7-Funktionen können über die Subnetze MPI, PROFIBUS und Industrial Ethernet ausgeführt werden.

Die **Globaldaten-Kommunikation** ermöglicht den Austausch von kleinen Datenmengen zwischen mehreren CPUs ohne zusätzlichen Programmieraufwand im Anwenderprogramm. Die Übertragung kann zyklisch oder ereignisgesteuert erfolgen. Die Globaldaten-Kommunikation ist ein Broadcast-Verfahren; der Empfang der Daten wird nicht quittiert. Der Status der Kommunikation wird gemeldet. Die Globaldaten-Kommunikation ist nur über den MPI-Bus bzw. den K-Bus möglich.

Mit **PROFIBUS-DP** erfolgt der Datenaustausch zwischen Master und Slaves bei Dezentraler Peripherie. Die Kommunikation ist transparent und genormt nach EN 50170 Volume 2. Mit diesem Dienst können SIMATIC S7-Slaves und SIMATIC-fremde Norm-Slaves über ein PROFIBUS-Subnetz angesprochen werden.

PROFIBUS-FMS (Fieldbus Message Specification) bietet Dienste für die Übertragung von strukturierten Variablen (FMS-Variablen) nach EN 50170 Volume 2. Die Kommunikation erfolgt mit statischen Verbindungen ausschließlich über ein PROFIBUS-Subnetz.

PROFIBUS-FDL (Fieldbus Data Link) überträgt Daten mit der Funktion SDA (Send Data with Acknowledge), genormt nach EN 50170 Volume 2. Die Kommunikation erfolgt mit statischen Verbindungen. Mit PROFIBUS-FDL können z.B. Daten mit einer SIMATIC S5-Steuerung über ein PROFIBUS-Subnetz ausgetauscht werden.

Der Kommunikationsdienst **ISO-Transport** ermöglich die Datenübertragung nach ISO 8073 class 4. Die Kommunikation erfolgt über statische Verbindungen. Mit ISO-Transport können z.B. Daten mit einer SIMATIC S5-Steuerung über Industrial Ethernet ausgetauscht werden.

Der Kommunikationsdienst **ISO-on-TCP** entspricht dem Standard TCP/IP mit der Erweiterung RFC 1006. Die Kommunikation erfolgt mit statischen Verbindungen über Industrial Ethernet.

Tabelle 6.1
Beziehung zwischen Subnetzen, kommunikationsfähigen Baugruppen und Kommunikationsdiensten

Subnetz MPI

Baugruppen	Kommunikationsdienst	Projektierung, Schnittstelle
alle CPUs	Globaldaten-Kommunikation	GD-Tabelle
	stationsexterne SFC-Kommunikation	SFC-Aufrufe
	SFB-Kommunikation (aktiv nur S7-400)	Verbindungstabelle, SFB-Aufrufe

Subnetz PROFIBUS

Baugruppen	Kommunikationsdienst	Projektierung, Schnittstelle
CPUs mit DP-Master	PROFIBUS-DP (Master, auch Slave möglich)	Hardware-Konfiguration, Ein-/Ausgänge, SFC-Aufrufe
	stationsinterne SFC-Kommunikation	SFC-Aufrufe
IM 467	PROFIBUS-DP (Master oder Slave)	Hardware-Konfiguration, Ein-/Ausgänge, SFC-Aufrufe
	stationsinterne SFC-Kommunikation	SFC-Aufrufe
CP 342-5 CP 443-5 Extended	PROFIBUS-FDL PROFIBUS-DP (Master oder Slave)	NCM, Verbindungstabelle, SEND/RECEIVE
	stationsinterne SFC-Kommunikation	SFC-Aufrufe
	SFB-Kommunikation (aktiv nur S7-400)	Verbindungstabelle, SFB-Aufrufe
CP 343-5 CP 443-5 Basic	PROFIBUS-FMS PROFIBUS-FDL	NCM, Verbindungstabelle, FMS-Schnittstelle, SEND/RECEIVE
	stationsinterne SFC-Kommunikation	SFC-Aufrufe
	SFB-Kommunikation (aktiv nur S7-400)	Verbindungstabelle, SFB-Aufrufe

Subnetz Industrial Ethernet

Baugruppen	Kommunikationsdienst	Projektierung, Schnittstelle
CP 343-1 CP 443-1	ISO-Transport	NCM, Verbindungstabelle, SEND/RECEIVE
	SFB-Kommunikation (aktiv nur S7-400)	Verbindungstabelle, SFB-Aufrufe
CP 343-1 TCP CP 443-1 TCP	ISO-on-TCP-Transport	NCM, Verbindungstabelle, SEND/RECEIVE
	SFB-Kommunikation (aktiv nur S7-400)	Verbindungstabelle, SFB-Aufrufe

Subnetz PTP (Punkt-zu-Punkt)

Baugruppen	Kommunikationsdienst	Projektierung, Schnittstelle
CP 340 CP 441-1	ASCII-Protokoll, 3964 (R), Druckertreiber	eigenes Projektierungstool ladbare Bausteine, bei CP 441: SFB
CP 341 CP 441-2	ASCII-Protokoll, 3964 (R), RK 512, Druckertreiber, Sondertreiber	eigenes Projektierungstool ladbare Bausteine, bei CP 441: SFB

NCM ist die Projektierungssoftware für die CP-Baugruppen; NCM gibt es für PROFIBUS und für Industrial Ethernet.

6.3 Netz projektieren

Die Grundlage der Kommunikation bei SIMATIC ist die Vernetzung der Stationen. Die erforderlichen Objekte sind die Subnetze und die kommunikationsfähigen Baugruppen in den Stationen. Neue Subnetze und Stationen können Sie mit dem SIMATIC Manager innerhalb der Projekthierarchie anlegen. Die kommunikationsfähigen Baugruppen (CPU- und CP-Baugruppen) fügen Sie dann mit der Hardware-Konfiguration ein; gleichzeitig ordnen Sie die Kommunikationsschnittstellen dieser Baugruppen einem Subnetz zu. Die Kommunikationsbeziehungen zwischen diesen Baugruppen – die Verbindungen – legen Sie dann mit der Netzprojektierung in der Verbindungstabelle fest.

Die Netzprojektierung gestattet die grafische Darstellung und Dokumentation der projektierten Netze und deren Teilnehmer. Auch in der Netzprojektierung können Sie alle erforderlichen Subnetze und Stationen anlegen; dann ordnen Sie die Stationen den Subnetzen zu und parametrieren die Teilnehmereigenschaften der kommunikationsfähigen Baugruppen. Um über die Netzprojektierung die Kommunikationsbeziehungen in einem Projekt festzulegen, gehen Sie wie folgt vor:

▷ Öffnen des standardmäßig im Projektbehälter angelegten MPI-Subnetzes (wenn es nicht mehr vorhanden ist, einfach mit EINFÜGEN → SUBNETZ ein neues Subnetz anlegen).

▷ Mit der Netzkonfiguration nun die benötigten Stationen und – bei Bedarf – weitere Subnetze anlegen.

▷ Die Stationen öffnen und mit den kommunikationsfähigen Baugruppen versehen.

▷ Die Baugruppen mit den entsprechenden Subnetzen verbinden.

▷ Bei Bedarf die Netzparameter anpassen.

▷ Bei Bedarf in der Verbindungstabelle die Kommunikationsverbindungen festlegen.

Bevor Sie die Kommunikationsparameter zu einem Zielsystem laden können, müssen Sie die Netzprojektierung übersetzen. Die übersetzten Daten sind dann im Objekt *Systemdaten* im Behälter *Bausteine* abgelegt. Sie können von der Netzprojektierung aus die einzelnen Stationen mit den Kommunikationsparametern versehen oder aus dem SIMATIC Manager heraus alle Konfigurationsdaten zu den Stationen übertragen.

Netzfenster

Die Voraussetzung zum Starten der Netzprojektierung ist, daß Sie ein Projekt angelegt haben. Zusammen mit dem Projekt legt der SIMATIC Manager automatisch ein MPI-Subnetz an. Ein Doppelklick auf dieses oder ein beliebiges anderes Subnetz startet die Netzprojektierung. Sie gelangen auch in die Netzprojektierung, wenn Sie das Objekt *Verbindungen* im Behälter *CPU* öffnen. Das Fenster für die Netzkonfiguration zeigt im oberen Teil alle bisher im Projekt angelegten Subnetze und Stationen (Teilnehmer) mit den projektierten Anschlüssen. Im unteren Teilfenster wird die Verbindungstabelle angezeigt, wenn im oberen Teilfenster eine „verbindungsfähige" Baugruppe, z.B. eine S7-400-CPU, markiert ist.

Ein zweites Fenster zeigt den Netzobjekt-Katalog mit einer Auswahl der verfügbaren SIMATIC-Stationen, Subnetze und DP-Stationen. Den Katalog können Sie mit ANSICHT → KATALOG ein- und ausblenden und Sie können ihn am rechten Rand des Netzfenster „andocken" (Doppelklick auf die Titelleiste).

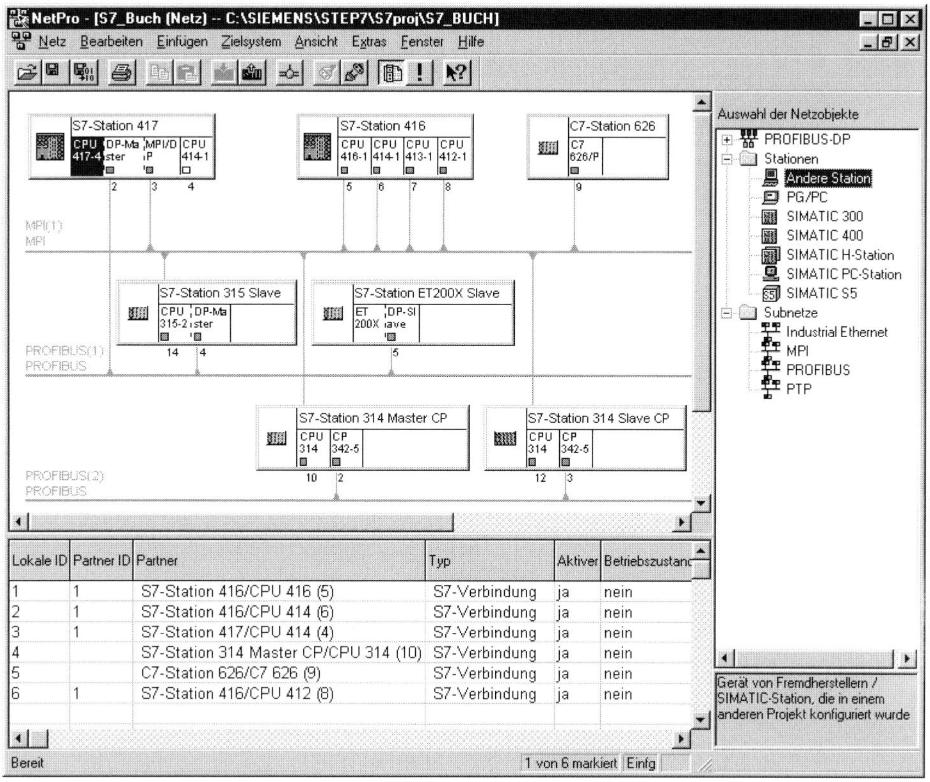

Bild 6.2 Beispiel für eine Netzprojektierung mit Netzfenster, Verbindungstabelle und Netzobjekt-Katalog

Auswahl und Anordnung der Komponenten

Sie beginnen die Netzkonfiguration mit der Auswahl eines Subnetzes, das Sie im Katalog mit der Maus markieren, festhalten und in das Netzfenster ziehen. Das Subnetz wird als waagerechte Linie in Fenster dargestellt. Mit den gewünschten Stationen verfahren Sie gleichermaßen, zunächst noch ohne Anschluß an ein Subnetz. Nicht erlaubte Positionen werden beim Ziehen in das Netzfenster durch ein Verbotszeichen am Mauszeiger angezeigt.

Die Stationen sind noch „leer“. Ein Doppelklick auf eine Station öffnet die Hardware-Konfiguration, so daß Sie die Station konfigurieren können, mindestens jedoch die Baugruppe(n) mit Netzanschluß. Station speichern, zurück zur Netzkonfiguration. Die Schnittstelle einer kommunikationsfähigen Baugruppe wird in der Netzkonfiguration als kleines Kästchen unter der Baugruppenansicht dargestellt. Auf dieses Kästchen klicken, festhalten und zum entsprechenden Subnetz ziehen. Der Anschluß an das Subnetz wird als senkrechte Linie dargestellt.

Auch ein DP-Mastersystem mit allen DP-Slaves wird in der Netzprojektierung grafisch dargestellt und kann editiert werden. Die Anzeige von DP-Slaves können Sie ein- und ausschalten. Bei umfangreicher Vernetzung oder mehreren Mastersystemen ist es mitunter hilfreich, ein bestimmtes Mastersystem mit allen DP-Slaves hervorzuheben.

6.4 Verbindungen projektieren

Verbindungen beschreiben die Kommunikationsbeziehungen zwischen zwei Geräten. Verbindungen müssen projektiert werden, wenn

- ▷ eine SFB-Kommunikation zwischen zwei SIMATIC S7-Geräten aufzubauen ist („Kommunikation über projektierte Verbindungen“) oder
- ▷ der Kommunikationspartner keine SIMATIC-Station ist.

Verbindungstabelle

Die Kommunikationsverbindungen werden in der Verbindungstabelle projektiert. Zum Projektieren der Verbindungen markieren Sie in der Netzkonfiguration eine S7-400-CPU. Sie erhalten im unteren Teil des Netzfensters die Verbindungstabelle. Mit EINFÜGEN → VERBINDUNG oder mit einem Doppelklick auf eine leere Zeile tragen Sie eine neue Kommunikationsverbindung ein.

Für jede „aktive“ CPU erstellen Sie eine Verbindungstabelle. Beachten Sie, daß Sie für eine S7-300-CPU keine Verbindungstabelle erstellen können; S7-300-CPUs können nur „passive“ Partner in einer S7-Verbindung sein. Im Fenster „Neue Verbindung“ wählen Sie in den Dialogfeldern „Station“ und „Baugruppe“ den Verbindungspartner aus; die Station und die Baugruppe müssen bereits vorhanden sein. In diesem Fenster bestimmen Sie auch den Typ der Verbindung. Möchten Sie weitere Verbindungseigenschaften einstellen, aktivieren Sie das Kontrollkästchen „Eigenschaftendialog aufblenden“.

Einseitige und zweiseitige Verbindungen

Die Anzahl der möglichen Verbindungen ist CPU-spezifisch. STEP 7 legt für jede Verbindung und für jeden Partner eine Verbindungs-ID fest. Sie benötigen diese Angabe, wenn Sie die Kommunikationsbausteine in Ihrem Programm einsetzen.

Bei einer *einseitigen Verbindung* kann die Kommunikation nur von einem Partner aus angestoßen werden. Beispiel: SFB-Kommunikation zwischen einer S7-400- und S7-300-CPU. Obwohl die SFB-Kommunikationsfunktionen in S7-300 nicht vorhanden sind, können von einer S7-400-CPU mit SFB 14 GET und SFB 15 PUT Daten ausgetauscht werden. In der S7-300-CPU läuft dann kein Anwenderprogramm zu dieser Kommunikation, sondern der Datenaustausch wird vom Betriebssystem abgewickelt. Eine einseitige Verbindung wird in der Verbindungstabelle der „aktiven“ CPU projektiert. STEP 7 vergibt dann nur eine *Lokale ID*. Sie laden diese Verbindung auch nur in die lokale Station.

Bei einer *zweiseitigen Verbindung* können beide Partner aktiv die Kommunikation aufnehmen; z.B. zwei S7-400-CPUs mit den Kommunikationsfunktionen SFB 8 BSEND und SFB 9 BRCV. Eine zweiseitige Verbindung projektieren Sie nur einmal für einen der beiden Partner. STEP 7 vergibt dann eine *Lokale ID* (für die aktuell geöffnete Station) und eine *Partner ID* und erzeugt die Verbindungsdaten für beide Stationen. Sie müssen beide Verbindungstabellen laden, in jeden Partner seine eigene.

Je nach Subnetz und Übertragungsprotokoll wählen Sie einen Verbindungstyp, beispielsweise S7-Verbindung (Standard zwischen S7-Geräten), PtP-Verbindung (Punkt-zu-Punkt-Verbindung) oder ISO-on-TCP-Verbindung (TCP/IP-Standard zur Fremdgerätekopplung).

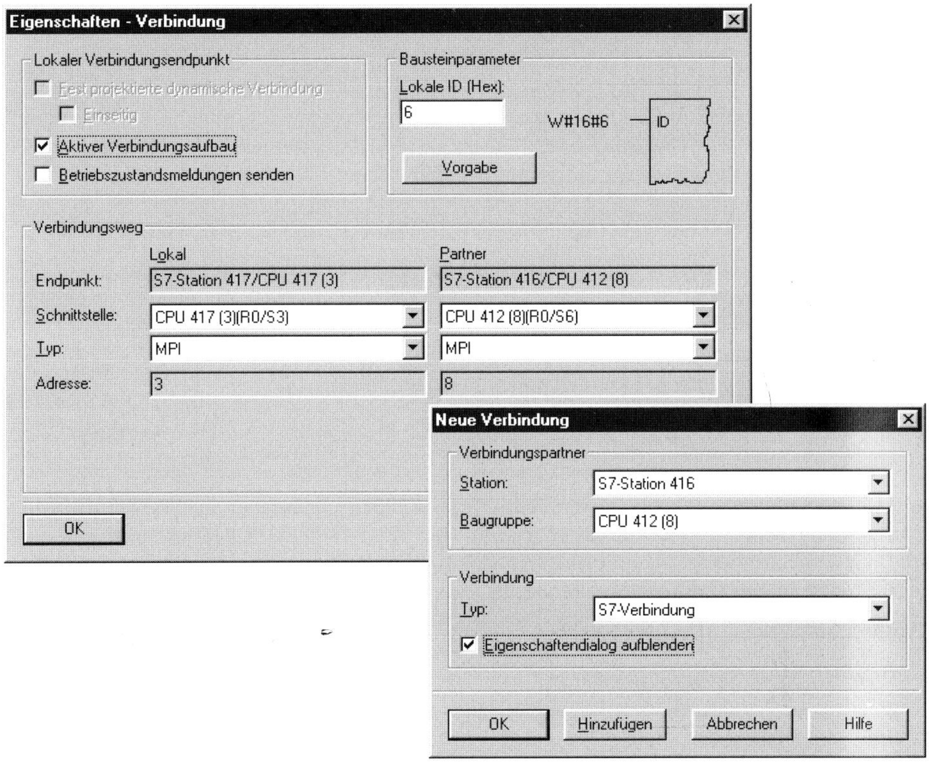

Bild 6.3 Kommunikationsverbindungen projektieren

Projektübergreifende Verbindungen

Für den Datenaustausch zwischen zwei S7-Baugruppen, die unterschiedlichen SIMATIC-Projekten angehören, projektieren Sie in der Verbindungstabelle als Verbindungspartner „unspezifiziert" (jeweils in der lokalen Station in beiden Projekten).

Achten Sie darauf, daß die Daten der Verbindung in beiden Projekten übereinstimmen (STEP 7 führt hier keine Prüfung durch). Nach dem Sichern und Übersetzen laden Sie dann die Verbindungsdaten jeweils in die lokale Station.

Verbindung zu Nicht-S7-Stationen

Innerhalb eines Projekts können Sie auch andere als S7-Stationen als Verbindungspartner angeben: Andere Station (Geräte von Fremdherstellern, auch S7-Stationen in einem anderen Projekt), PG/PC und SIMATIC S5.

Voraussetzung für die Verbindungsprojektierung ist, daß die Nicht-S7-Station als Objekt im Projektbehälter vorhanden ist und Sie die Nicht-S7-Station in den Stationseigenschaften mit dem entsprechenden Subnetz verbunden haben (z.B. in der Netzprojektierung die Station markieren, BEARBEITEN → OBJEKTEIGENSCHAFTEN und auf der Registerkarte „Schnittstellen" die Station mit dem gewünschten Subnetz verbinden).

6.5 Dezentrale Peripherie projektieren

Die Dezentrale Peripherie projektieren Sie im wesentlichen wie die zentral angeordneten Baugruppen. Anstatt Baugruppen in einem Baugruppenträger anzuordnen, ordnen Sie hier DP-Stationen (PROFIBUS-Teilnehmer) einem DP-Mastersystem zu. Für die notwendigen Tätigkeiten wird folgende Reihenfolge empfohlen:

1 Mit dem SIMATIC Manager legen Sie ein neues Projekt an oder öffnen ein vorhandenes.

2 Mit dem SIMATIC Manager legen Sie im Projekt ein PROFIBUS-Subnetz an und stellen gegebenenfalls das Busprofil ein.

3 Mit dem SIMATIC Manager legen Sie im Projekt die Masterstation an, die den DP-Master aufnehmen soll, z.B. eine S7-400-Station. Wenn Ihre Anlage intelligente DP-Slaves enthält, legen Sie jetzt auch die entsprechenden Slavestationen, z.B. S7-300-Stationen, an. Mit dem Öffnen der Masterstation starten Sie die Hardware-Konfiguration.

4 Mit der Hardware-Konfiguration plazieren Sie einen DP-Master in die Masterstation. Das kann z.B. eine CPU mit integrierter DP-Schnittstelle sein. Der DP-Schnittstelle weisen Sie das vorher angelegte PROFIBUS-Subnetz zu und erhalten ein DP-Mastersystem. Die restlichen Baugruppen können Sie auch später konfigurieren. Station speichern und übersetzen.

5 Wenn Sie eine S7-Station für einen intelligenten DP-Slave angelegt haben, öffnen Sie diese in der Hardware-Konfiguration und „stecken" Sie die Baugruppe mit der gewünschten DP-Schnittstelle, z.B. eine S7-300-CPU mit integrierter DP-Schnittstelle oder ein ET 200X-Basismodul BM 147/CPU. Stellen Sie gegebenenfalls die DP-Schnittstelle als „DP-Slave" ein, weisen Sie der DP-Schnittstelle das vorher angelegte PROFIBUS-Subnetz zu und projektieren Sie die Nutzdatenschnittstelle aus der Sicht des DP-Slaves (Übergabespeicher). Die restlichen Baugruppen können Sie auch später konfigurieren. Station speichern und übersetzen.

Verfahren Sie mit weiteren Stationen, die für intelligente DP-Slaves vorgesehen sind, in gleicher Art und Weise.

6 Öffnen Sie die Masterstation mit dem DP-Mastersystem und ziehen Sie nun mit der Maus aus dem Hardware-Katalog die PROFIBUS-Teilnehmer (kompakte und modulare DP-Slaves) auf das DP-Mastersystem. Teilnehmeradresse vergeben, eventuell die Baugruppenanfangsadresse und die Diagnoseadresse einstellen.

7 Wenn Sie intelligente DP-Slaves angelegt haben, ziehen Sie das entsprechende Stellvertretersymbol (im Hardware-Katalog unter „PROFIBUS-DP" und „bereits projektierte Stationen") mit der Maus auf das DP-Mastersystem.

Öffnen Sie das Symbol und weisen Sie nun einen bereits projektierten intelligenten DP-Slave zu („Koppeln"), vergeben Sie eine Teilnehmeradresse und projektieren Sie die Nutzdatenschnittstelle aus der Sicht des DP-Masters bzw. aus der Sicht der zentralen Master-CPU. Verfahren Sie mit jedem intelligenten DP-Slave in gleicher Art und Weise.

8 Alle Stationen speichern und übersetzen. Das DP-Mastersystem ist jetzt projektiert. Sie können die Konfiguration nun mit zentralen Baugruppen oder weiteren DP-Slaves ergänzen oder die noch fehlenden Baugruppenparameter nachtragen.

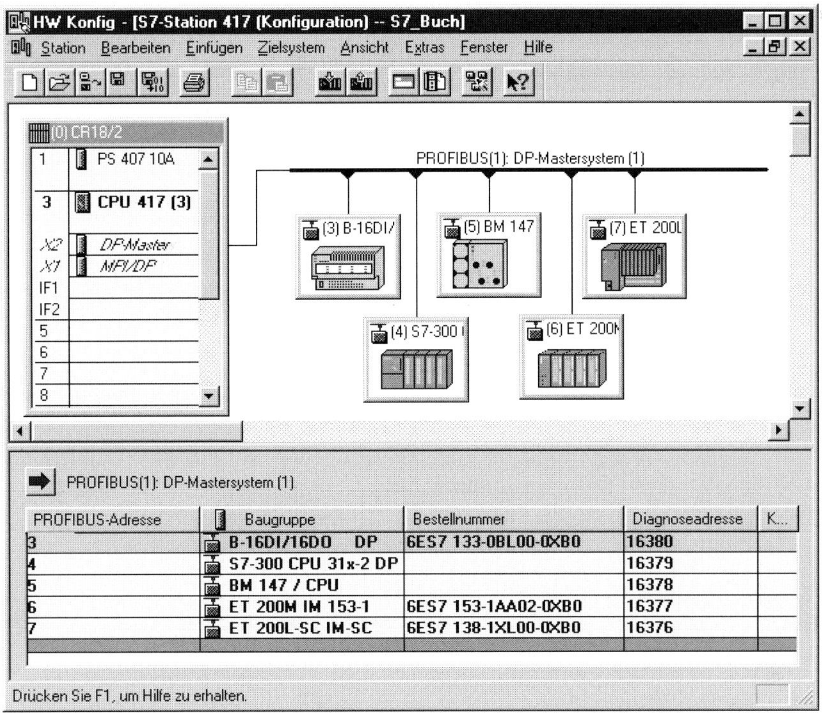

Bild 6.4 Darstellung eines DP-Mastersystems in der Hardware-Konfiguration

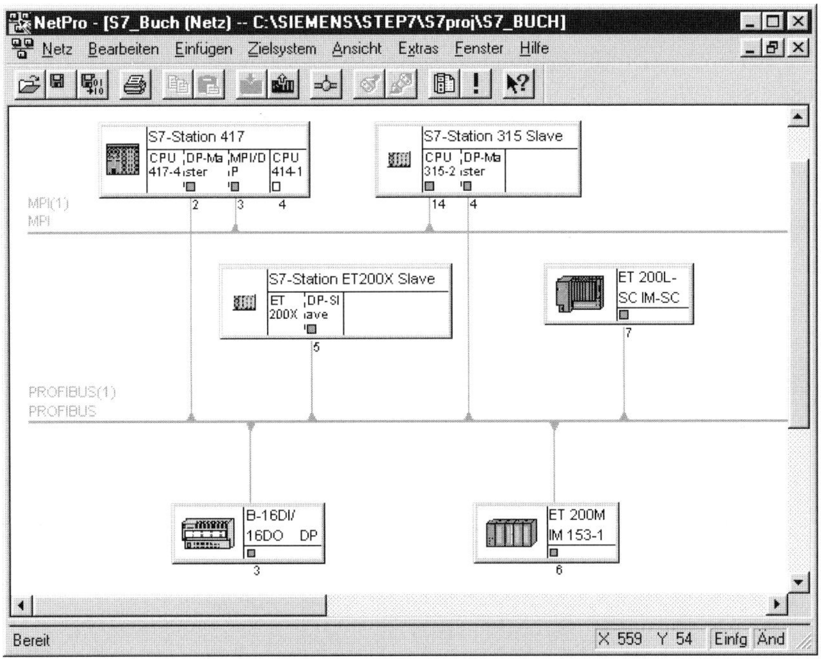

Bild 6.5 Darstellung eines DP-Mastersystems in der Netzprojektierung

6.6 Adressen im DP-Mastersystem

Ein DP-Mastersystem mit dem DP-Master und allen DP-Slaves ist in die Adressenstruktur der zentralen CPU integriert, denn die DP-Slaves werden von der zentralen CPU aus wie zentral angeordnete Baugruppen angesprochen. Folgende Adressen gibt es in einem DP-Mastersystem:

▷ Teilnehmeradresse:
Jeder Teilnehmer am PROFIBUS-Subnetz hat eine im Subnetz eindeutige Adresse, die Teilnehmeradresse (Stationsnummer), die ihn von den anderen Teilnehmern am Subnetz unterscheidet.

▷ Geographische Adresse:
Die geographische Adresse eines DP-Slaves entspricht der Steckplatzadresse einer zentral angeordneten Baugruppe. Sie setzt sich zusammen aus der DP-Mastersystem-ID (wird beim Projektieren festgelegt) und der Teilnehmeradresse am PROFIBUS (entspricht der Racknummer). Bei modular aufgebauten DP-Slaves kommt die Steckplatznummer hinzu, bei Baugruppen mit Submodulen zusätzlich der Submodulsteckplatz (wie bei S7-300 beginnt die Steckplatznumerierung der Peripheriebaugruppen bei 4).

▷ Baugruppenanfangsadresse:
Unter der Baugruppenanfangsadresse erreichen Sie die Nutzdaten eines kompakten DP-Slaves bzw. einer Baugruppe in einem modularen DP-Slave. Sie entspricht der Baugruppenanfangsadresse einer zentralen Baugruppe. Die Nutzdatenbytes eines DP-Slaves stehen im Übergabebereich des DP-Masters am P-Bus der CPU zur Verfügung und können, wie jede andere zentral angeordnete Baugruppe auch, mit Laden und Transferieren in den Speicherbereich der CPU übertragen werden. Beträgt die Datenkonsistenz 3 oder größer als 4 Bytes müssen Systemfunktionen SFC verwendet werden.

▷ Diagnoseadresse:
Baugruppen, wie z.B. ein DP-Master oder eine redundierbare Stromversorgung, die keine Nutzdaten jedoch Diagnosedaten aufweisen, werden über eine Diagnoseadresse angesprochen. Die Diagnoseadresse belegt ein Byte im Adreßraum der Peripherie-Eingänge.

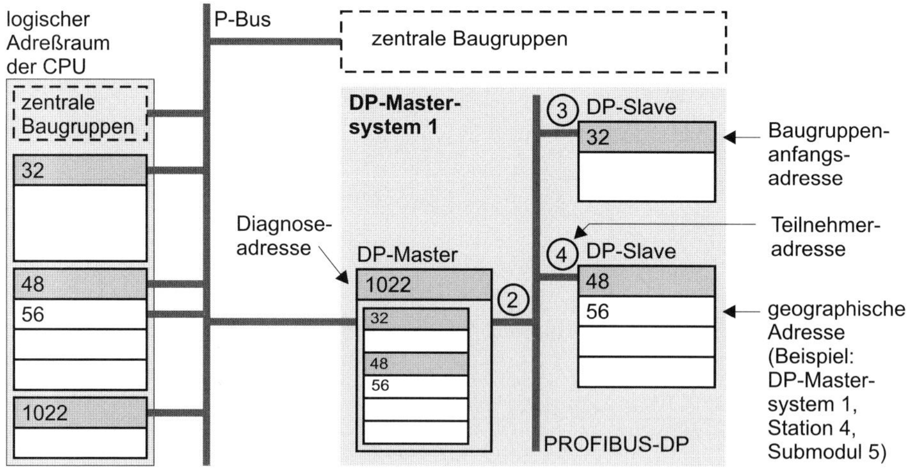

Bild 6.6 Adressen in einer SIMATIC S7-Station mit DP-Mastersystem

Übergabespeicher bei intelligenten DP-Slaves

Bei kompakten und modularen DP-Slaves liegen die Adressen der Ein- und Ausgänge im Peripheriebereich der zentralen CPU (im folgenden „Master-CPU" genannt). Bei intelligenten Slaves hat die Master-CPU keinen direkten Zugriff auf die Ein-/Ausgabebaugruppen des DP-Slaves. Jeder intelligente DP-Slave hat deshalb einen Übergabespeicher, der sich in mehrere Teilbereiche mit unterschiedlicher Länge und Datenkonsistenz aufteilen läßt. Aus der Sicht der Master-CPU erscheint so der intelligente DP-Slave je nach Aufteilung wie ein kompakter bzw. modularer DP-Slave.

Die Adressen des Übergabespeichers legen Sie bei der Projektierung fest: die Adressen aus der Sicht der Slave-CPU bei der Projektierung des intelligenten DP-Slaves und die Adressen aus der Sicht der Master-CPU beim Einfügen des intelligenten DP-Slaves in das DP-Mastersystem. Aus der Sicht des DP-Masters (genauer: aus der Sicht der zentralen Master-CPU) dürfen sich die Adressen des Übergabespeichers nicht mit den Adressen anderer Baugruppen in der (zentralen) S7-Station überschneiden. Aus der Sicht der Slave-CPU dürfen sich die Adressen des Übergabespeichers nicht mit denen der im intelligenten DP-Slaves angeordneten Baugruppen überlappen.

Die Adreßbereiche des Übergabespeichers verhalten sich bezüglich Nutzdatenzugriff und Datenkonsistenz wie einzelne Baugruppen, d.h. die niedrigste Adresse eines Adreßbereichs ist die „Baugruppenanfangsadresse".

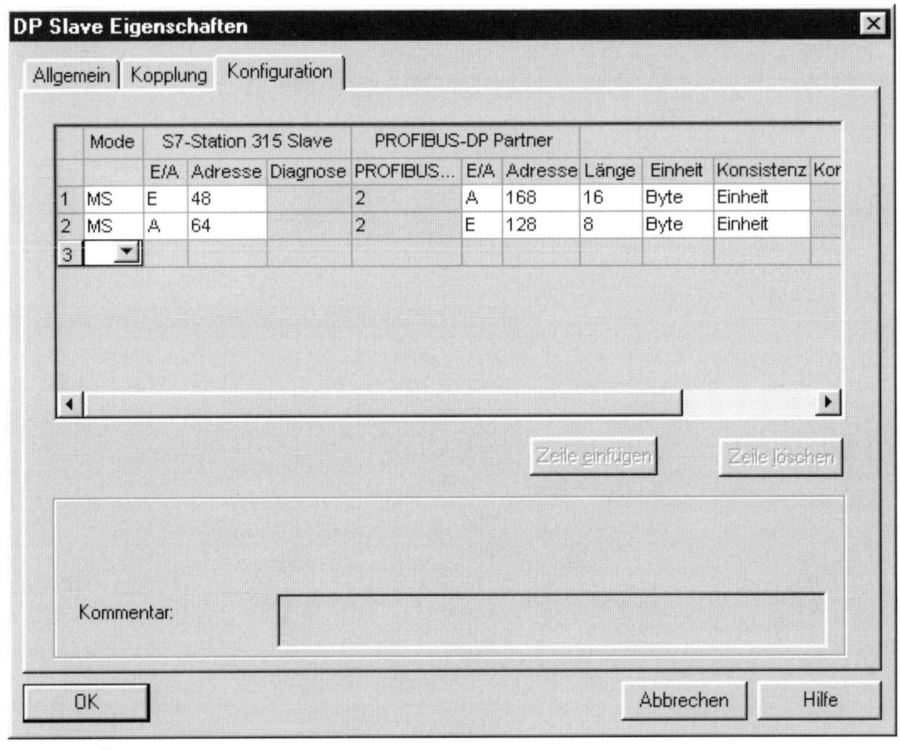

Bild 6.7 Übergabespeicher bei intelligenten DP-Slaves

6.7 Spezielle DP-Funktionen

DP-Slaves synchronisieren mit SYNC und FREEZE

Der DP-Master liest die Eingangsdaten von den DP-Slaves zeitlich nacheinander und erhält Signalzustände, die in dieser Reihenfolge aktuell sind. Mit dem Kommando FREEZE können Sie zusammengehörende Eingangsdaten, die über mehrere DP-Slaves verteilt sind, gleichzeitig einlesen. FREEZE veranlaßt die zu einer Gruppe zusammengefaßten DP-Slaves, die aktuellen Eingangssignalzustände gleichzeitig (synchron) „einzufrieren", um sie anschließend zyklisch vom Master abholen zu lassen. Diese Eingangssignale behalten ihren Wert solange bei, bis mit einem erneuten FREEZE-Kommando die DP-Slaves die nun aktuellen Eingangssignale einlesen und festhalten oder bis das Kommando UNFREEZE ausgegeben wird, das die Wirkung von FREEZE aufhebt.

Bei den Ausgangssignalen ist es ähnlich: Der DP-Master schreibt die Ausgangsdaten zu den DP-Slaves zeitlich nacheinander und in dieser Reihenfolge werden die Signale ausgegeben. Mit dem Kommando SYNC können Sie zusammengehörende Ausgangsdaten, die über mehrere DP-Slaves verteilt sind, gleichzeitig an den Prozeß ausgeben. SYNC veranlaßt die zu einer Gruppe zusammengefaßten DP-Slaves, die Ausgangssignalzustände gleichzeitig (synchron) auszugeben und unverändert zu halten. Nun können die neuen Signalzustände vom DP-Master nacheinander zu den DP-Slaves geschrieben werden. Nach abgeschlossener Übertragung geben Sie erneut das Kommando SYNC und veranlassen damit die synchrone Ausgabe der neuen Ausgangssignale. Die DP-Slaves halten die Ausgangssignalzustände solange, bis Sie mit einem SYNC-Kommando die dann aktuellen Werte ausgeben oder mit einem UNSYNC-Kommando die Wirkung von SYNC wieder aufheben.

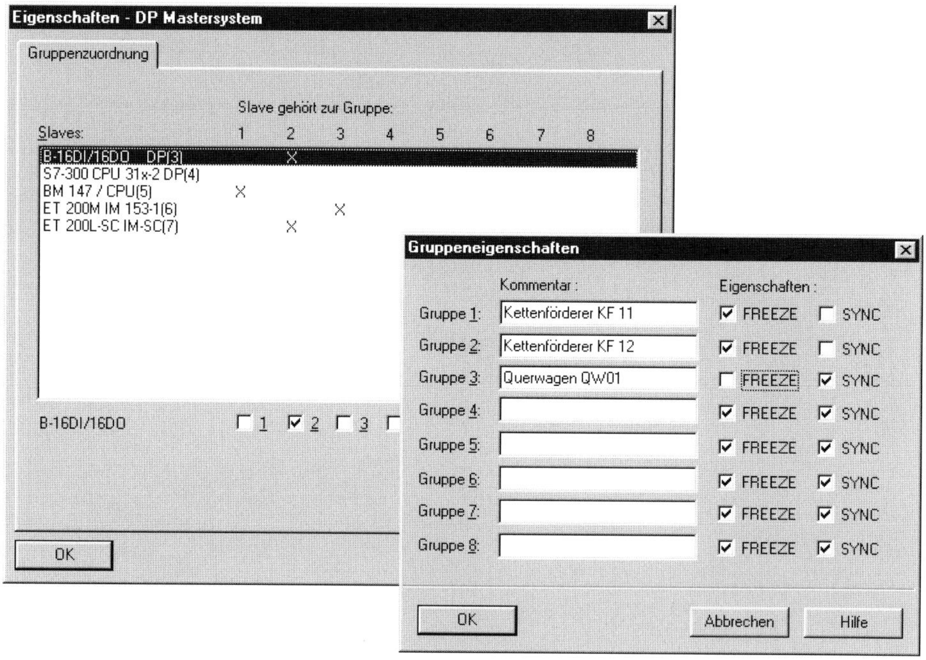

Bild 6.8 Projektierung von SYNC- und FREEZE-Gruppen

Mit dem Aufruf der Systemfunktion SFC 11 DPSYC_FR stoßen Sie im Anwenderprogramm die Ausgabe eines SYNC- oder FREEZE-Kommandos an. Der DP-Master sendet daraufhin das entsprechende Kommando gleichzeitig an alle DP-Slaves.

Voraussetzung für den Einsatz von SYNC und FREEZE ist, daß der DP-Master und die beteiligten DP-Slaves eine entsprechende Funktionalität aufweisen und daß Sie die SYNC-/FREEZE-Gruppen mit der Hardware-Konfiguration projektiert haben.

Pro DP-Mastersystem können Sie bis zu acht SYNC-/FREEZE-Gruppen bilden, die entweder SYNC, FREEZE oder beide Kommandos ausführen sollen. Die SYNC-/FREEZE-Gruppen projektieren Sie im Anschluß an die Konfiguration des DP-Mastersystems, wenn alle DP-Slaves im DP-Mastersystem vorhanden sind. Markieren Sie das DP-Mastersystem (die schwarz-weiß-unterbrochene Schiene) und wählen Sie BEARBEITEN → OBJEKTEIGENSCHAFTEN. Im aufgeblendeten Fenster klicken Sie zuerst auf die Schaltfläche „Eigenschaften" und legen die auszuführenden Kommandos in den Gruppen fest. Anschließend ordnen Sie die DP-Slaves den einzelnen Gruppen zu.

Gleichlange Ausgabeintervalle durch Äquidistanz

Im Normalfall steuert der DP-Master die ihm zugeordneten DP-Slaves zyklisch ohne Pause. Bedingt durch S7-Kommunikation, wenn beispielsweise das Programmiergerät Steuerungsfunktionen über das PROFIBUS-Subnetz ausführt, können die zeitlichen Abstände variieren. Sollen Ausgänge über die dezentrale Peripherie in immer gleichen zeitlichen Abständen gesteuert werden, kann man bei entsprechend ausgelegtem DP-Master äquidistante (gleichlange) Buszyklen einstellen. Hierbei muß der DP-Master der einzige Klasse 1-Master am PROFIBUS sein.

Äquidistante Buszyklen projektieren Sie, wenn alle DP-Slaves im DP-Mastersystem vorhanden sind. Markieren Sie im SIMATIC Manager das PROFIBUS-Subnetz und wählen Sie BEARBEITEN → OBJEKTEIGENSCHAFTEN. Im aufgeblendeten Eigenschaftsfenster auf der Registerkarte „Netzeinstellungen" die Schaltfläche „Optionen" anklicken und die Registerkarte „Äquidistanz" ausfüllen. STEP 7 berechnet das voraussichtliche Äquidistanzintervall nach von Ihnen vorgegebenen Berechnungsgrundlagen: Standard, ausfalltolerant oder geschwindigkeitsoptimiert.

Mit Querverkehr am PROFIBUS „mithören"

In einem DP-Mastersystem steuert ein DP-Master ausschließlich die ihm zugeordneten DP-Slaves. Bei entsprechend ausgelegten Stationen kann nun ein anderer Teilnehmer – Master oder Slave, *Empfänger* genannt – am PROFIBUS-Subnetz „mithören", welche Eingangsdaten ein DP-Slave – *Sender* genannt – seinem DP-Master sendet. Dies wird „Querverkehr" genannt.

Den Querverkehr projektieren Sie, wenn alle Stationen am PROFIBUS-Subnetz angeschlossen sind. Markieren Sie in der Empfänger-Station die DP-Schnittstelle und wählen Sie BEARBEITERN → OBJEKTEIGENSCHAFTEN. Im aufgeblendeten Eigenschaftsfenster auf der Registerkarte „Querverkehr" die Schaltfläche „neu" anklicken. Geben Sie dann die Sende-Station an und legen Sie die Adressenbereiche der auszutauschenden Daten im Sender und Empfänger fest.

6.8 Globaldaten-Kommunikation

Die Globaldaten-Kommunikation (GD-Kommunikation) ist ein im Betriebssystem der CPUs integrierter Kommunikationsdienst, der über den MPI-Bus geringe, zeitunkritische Datenmengen austauscht. Die übertragbaren Globaldaten umfassen Ein- und Ausgänge (Prozeßabbilder), Merker und Daten in Datenbausteinen sowie Zeit- und Zählwerte als zu sendende Daten. Die zyklische GD-Kommunikation benötigt kein Anwenderprogramm; für ereignisgesteuerte GD-Kommunikation bei S7-400 stehen Systemfunktionen zur Verfügung. Voraussetzung ist, daß die CPUs über die MPI-Schnittstelle untereinander vernetzt oder daß sie, wie im S7-400-Baugruppenträger, über den K-Bus verbunden sind. Alle CPUs müssen im gleichen STEP 7-Projekt vorhanden sein.

GD-Kreise

Das Senden und Empfangen erfolgt asynchron zwischen Sender und Empfänger jeweils am Zykluskontrollpunkt, d.h. nach der zyklischen Programmbearbeitung, bevor ein neuer Programmzyklus beginnt (wie beispielsweise auch die Prozeßabbildaktualisierung). Der Datenaustausch erfolgt in Form von Datenpaketen. Die CPUs, die ein gemeinsames Datenpaket austauschen, bilden einen GD-Kreis. In einem GD-Kreis können maximal 15 CPUs miteinander Daten austauschen. Eine CPU kann auch mehreren GD-Kreisen angehören.

Untersetzungsfaktoren

Das Senden und Empfangen von Globaldaten wird von sog. Untersetzungsfaktoren gesteuert, da die GD-Kommunikation einen spürbaren Anteil der Bearbeitungszeit im CPU-Betriebssystem benötigt und Übertragungszeit auf dem MPI-Bus beansprucht. Sie geben an, nach wievielen (Anwenderprogramm-) Zyklen die CPU die Daten sendet bzw. empfängt. Mit Untersetzungsfaktor 0 schalten Sie bei S7-400-CPUs den zyklischen Datenaustausch aus, wenn Sie nur ereignisgesteuert mit SFCs senden oder empfangen wollen.

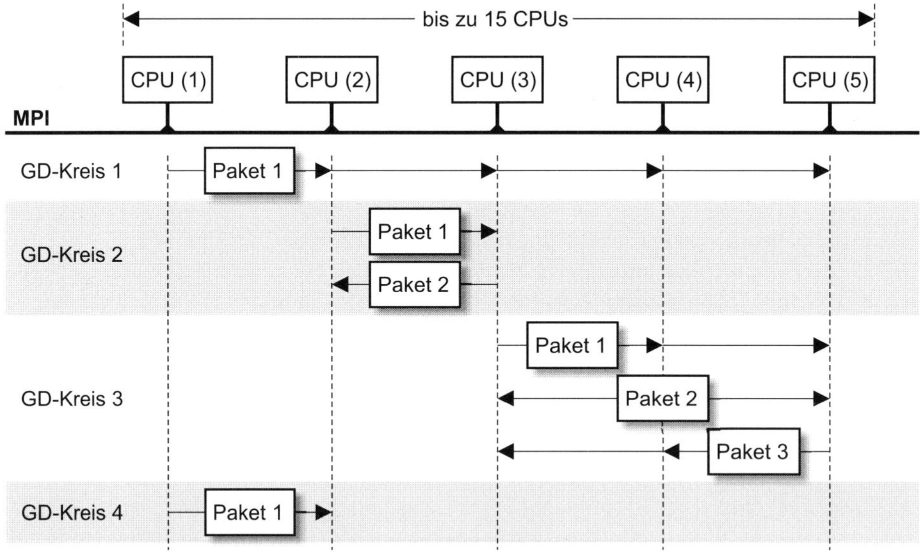

Bild 6.9 Beispiel für GD-Kreise

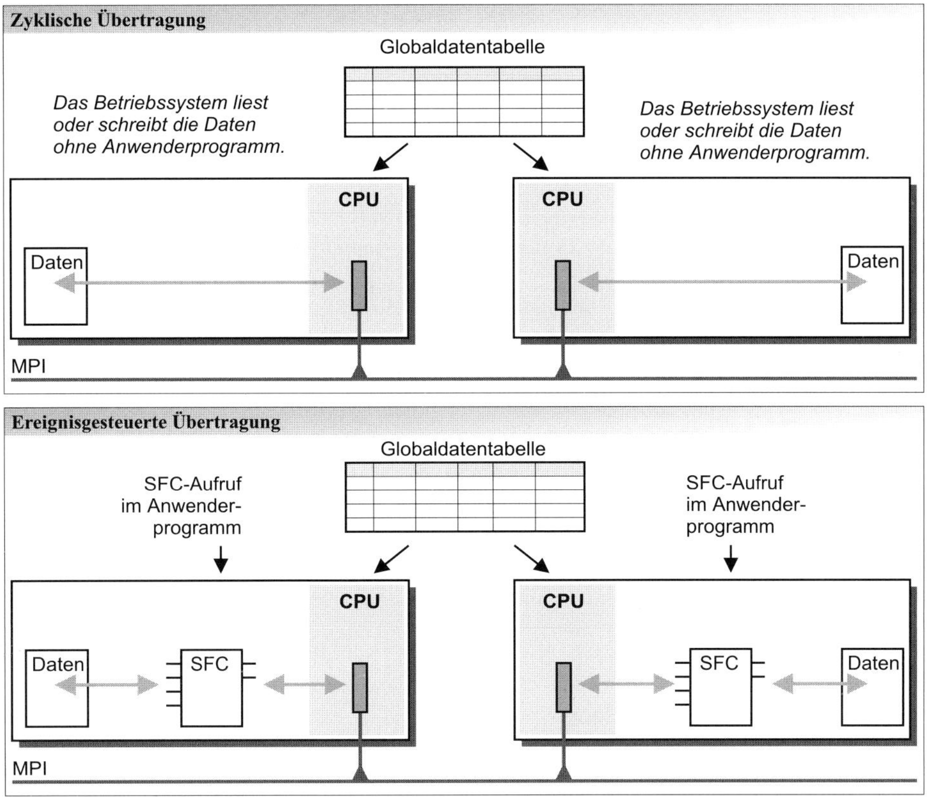

Bild 6.10 Prinzipdarstellung der zyklischen und ereignisgesteuerten Globaldaten-Kommunikation

Globaldatentabelle

Sie haben ein Projekt angelegt, ein MPI-Subnetz ist vorhanden und Sie haben die S7-Stationen konfiguriert. In den Stationen muß mindestens eine CPU vorhanden sein, die mit MPI verbunden ist.

Die GD-Kommunikation projektieren Sie durch das Ausfüllen einer Tabelle. Bei markiertem Symbol für das MPI-Subnetz im SIMATIC Manager oder in der Netzprojektierung erhalten Sie mit EXTRAS → GLOBALDATEN DEFINIEREN eine leere Globaldatentabelle. Eine Globaldatentabelle kann bis zu 15 CPU-Spalten enthalten.

In jede Zeile tragen Sie unter der entsprechenden CPU die Operanden ein, deren Werte übertragen werden sollen. Eine Zeile kann mehrere Empfänger enthalten, jedoch nur einen Sender. Ein Datenpaket kann nicht nur einzelne Operanden, sondern auch einen Operandenbereich enthalten. Beispielsweise steht MB 0:15 für den Bereich vom Merkerbyte MB 0 bis zu MB 15 und DB20.DBW14:8 für den Datenbereich, der im Datenbaustein DB 20 liegt, ab Datenwort DBW 14 beginnt und 8 Datenworte umfaßt.

Nach dem Ausfüllen wählen Sie den Menüpunkt GD-TABELLE → ÜBERSETZEN. Nach dem ersten Übersetzen können Sie die Untersetzungsfaktoren und gegebenenfalls Operanden für den Übertragungsstatus angeben. Dann übersetzen Sie die GD-Tabelle noch einmal.

6.9 SFC-Kommunikation

Die SFC-Kommunikation tauscht Daten zwischen programmierbaren SIMATIC-Baugruppen aus. Die hierfür erforderlichen Kommunikationsfunktionen sind Systemfunktionen SFC im Betriebssystem der CPU. Der Aufwand im Anwenderprogramm beschränkt sich auf den Aufruf dieser SFCs.

Die Kommunikations-SFCs bauen die Kommunikationsverbindungen bei Bedarf zur Laufzeit selbst auf; sie werden nicht in der Verbindungstabelle projektiert („Kommunikation über nichtprojektierte Verbindungen", Basiskommunikation). Ist die Datenübertragung beendet, kann per Parametrierung bestimmt werden, ob die Verbindung wieder abgebaut und so die Verbindungsressource freigegeben werden soll oder ob die Verbindung für weitere Übertragungen stehen bleibt. Zu einem bestimmten Zeitpunkt existiert immer nur eine Verbindung zu einem Kommunikationspartner.

Kann eine Verbindung temporär nicht aufgebaut werden, z.B. wegen fehlender Verbindungsressourcen, kann später der Verbindungsaufbau erneut versucht werden. Die Kommunikationspartner bei der SFC-Kommunikation sind nicht statisch festgelegt. Ist ein Auftrag beendet, kann durch Umparametrierung ein anderer Kommunikationspartner gewählt werden. Dadurch ist die Anzahl der Kommunikationspartner durch die verfügbare Anzahl an Verbindungsressourcen nicht begrenzt.

Die SFC-Kommunikation überträgt pro Auftrag eine Variable bzw. einen Datenbereich mit einer maximalen Länge von 76 Bytes. Die SFC-Kommunikation gibt es in zwei Ausführungen: stationsextern und stationsintern.

Stationsexterne SFC-Kommunikation

Mit der stationsexternen SFC-Kommunikation können Sie zwischen SIMATIC-Stationen Daten austauschen. Der Datenaustausch läuft über MPI. Sie können ein vorhandenes MPI-Subnetz verwenden. Beispiel: Eine stationsexterne SFC-Kommunikation kann parallel zur zyklischen Globaldaten-Kommunikation ereignisgesteuert Daten übertragen.

Die stationsexterne SFC-Kommunikation besteht aus folgenden Systemfunktionen:

- ▷ SFC 65 X_SEND — Daten senden
  Zweiseitige Verbindung: Im Partnergerät ist der Aufruf der SFC 66 X_RCV erforderlich.
- ▷ SFC 66 X_RCV — Daten empfangen
  Zweiseitige Verbindung: Im Partnergerät ist der Aufruf der SFC 65 X_SEND erforderlich.
- ▷ SFC 67 X_GET — Daten lesen
  Einseitige Verbindung: Liest eine Variable aus dem Partnergerät ohne Anwenderprogramm im Partnergerät.
- ▷ SFC 68 X_PUT — Daten schreiben
  Einseitige Verbindung: Schreibt eine Variable in das Partnergerät ohne Anwenderprogramm im Partnergerät.
- ▷ SFC 69 X_ABORT — Verbindung abbrechen
  Bricht eine selbst aufgebaute Verbindung ab.

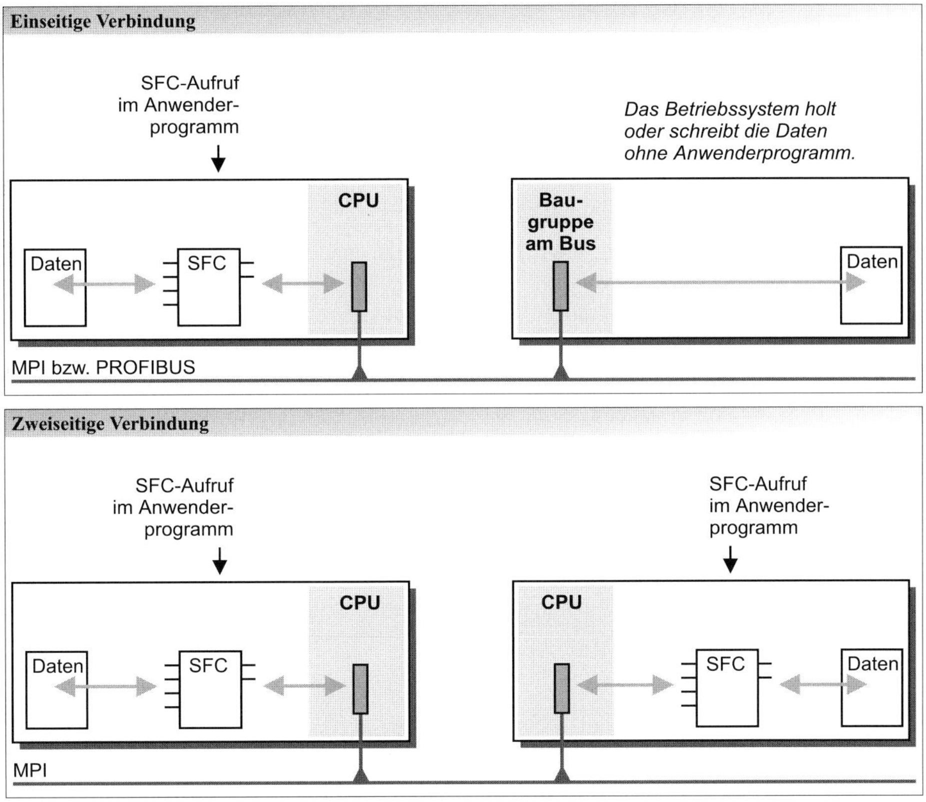

Bild 6.11 Prinzipdarstellung der SFC-Kommunikation

Stationsinterne SFC-Kommunikation

Mit der stationsinternen SFC-Kommunikation können Sie innerhalb einer SIMATIC-Station Daten zwischen programmierbaren Baugruppen austauschen. Der Datenaustausch läuft über PROFIBUS. Sie können ein vorhandenes PROFIBUS-Subnetz verwenden. Beispiel: Eine stationsinterne SFC-Kommunikation kann parallel zum zyklischen Datenaustausch über PROFIBUS-DP zwischen der Master-CPU und der Slave-CPU stattfinden, bei der ereignisgesteuert Daten übertragen werden.

Die stationsinterne SFC-Kommunikation besteht aus folgenden Systemfunktionen:

- ▷ SFC 72 I_GET — Daten lesen
  Einseitige Verbindung: Liest eine Variable aus dem Partnergerät ohne Anwenderprogramm im Partnergerät.

- ▷ SFC 73 I_PUT — Daten schreiben
  Einseitige Verbindung: Schreibt eine Variable in das Partnergerät ohne Anwenderprogramm im Partnergerät.

- ▷ SFC 74 I_ABORT — Verbindung abbrechen
  Bricht eine selbst aufgebaute Verbindung ab.

6.10 SFB-Kommunikation

Die SFB-Kommunikation überträgt größere Datenmengen zwischen SIMATIC S7-Stationen. Die Stationen sind über ein Subnetz miteinander verbunden; es kann ein MPI-, ein PROFIBUS- oder ein Ethernet-Subnetz sein. Die Kommunikationsverbindungen sind statisch; sie werden in der Verbindungstabelle projektiert („Kommunikation über projektierte Verbindungen", Erweiterte Kommunikation).

Die Kommunikationsfunktionen sind Systemfunktionsbausteine SFB, die im Betriebssystem der S7-400-CPUs integriert sind. Jeder SFB benötigt – genau wie ein Funktionsbaustein FB – einen Instanz-Datenbaustein, um seine internen Daten abzulegen. Der zu einem SFB gehörende Instanz-Datenbaustein befindet sich im Anwenderspeicher.

Wenn Sie die SFB-Kommunikation nutzen wollen, kopieren Sie die Schnittstellenbeschreibung der SFBs aus der Standardbibliothek *Standard Library* unter *System Function Blocks* in den Behälter *Bausteine*, generieren Sie für jeden Aufruf einen Instanz-Datenbaustein und rufen Sie den SFB mit dem dazugehörenden Instanz-Datenbaustein auf. Bei inkrementeller Eingabe können Sie den SFB auch aus dem Programmelemente-Katalog auswählen und den Instanz-Datenbaustein automatisch generieren lassen. Sie können einen SFB auch als Lokalinstanz in einem Funktionsbaustein aufrufen, dann legt der SFB seine Daten im Instanz-Datenbaustein des aufrufenden Funktionsbausteins ab.

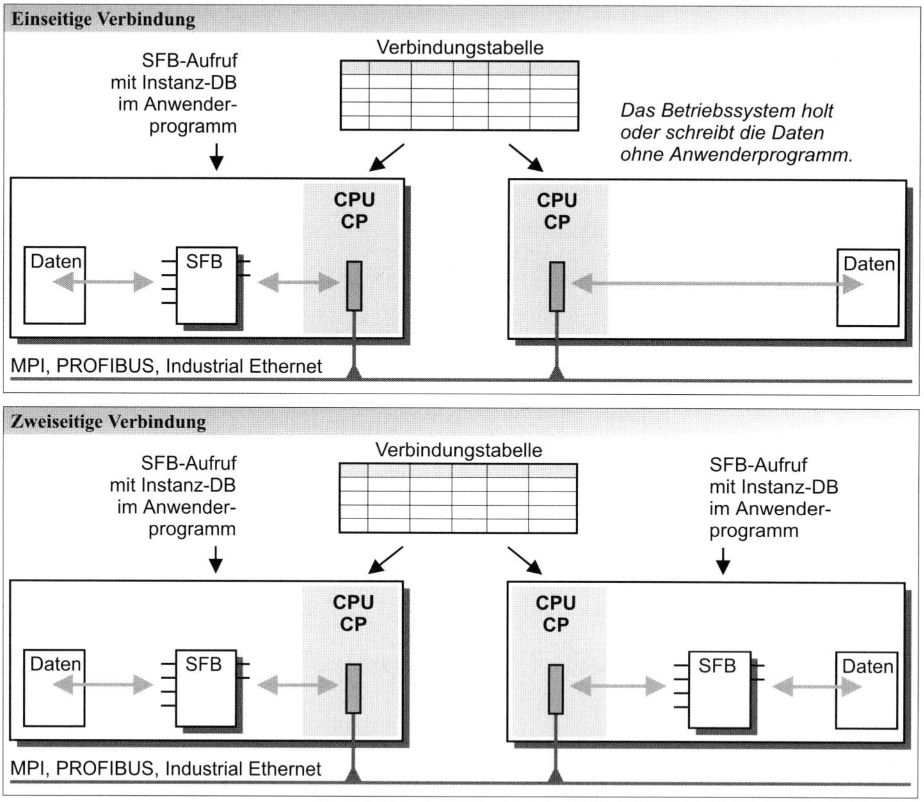

Bild 6.12 Prinzipdarstellung der SFB-Kommunikation

SFB-Kommunikation projektieren

Voraussetzung für die Kommunikation über Systemfunktionsbausteine ist eine projektierte Verbindungstabelle, in der die Kommunikationsverbindungen definiert werden.

Eine Kommunikationsverbindung ist durch eine Verbindungs-ID für jeden Kommunikationspartner spezifiziert. Die Verbindungs-ID vergibt STEP 7 beim Editieren der Verbindungstabelle. Die „Lokale ID" verwenden Sie für die Parametrierung der SFBs in der Baugruppe, von der aus die Verbindung betrachtet wird, die „Partner ID" für die Parametrierung der SFBs in der Partner-Baugruppe.

Es ist möglich, für unterschiedliche Sende-/Empfangsaufträge die selbe logische Verbindung zu benutzen. Zur Unterscheidung müssen Sie zusätzlich zur Verbindungs-ID eine Auftrags-ID angeben, um die Zusammengehörigkeit des Sende- und Empfangsbausteins festzulegen.

Einseitiger und zweiseitiger Datenaustausch

Bei einem *einseitigen Datenaustausch* steht der Aufruf des Kommunikations-SFBs nur in der lokalen CPU. In der Partner-CPU erledigt das Betriebssystem die notwendigen Kommunikationsfunktionen. Zum einseitigen Datenaustausch gehören auch die Steuer- und Überwachungsfunktionen.

Für den *zweiseitigen Datenaustausch* benötigen Sie einen SEND- und einen RECEIVE-Baustein, jeweils an den Enden einer Verbindung. Beide Bausteine tragen die Verbindungs-IDs, die in der Verbindungstabelle in der gleichen Zeile stehen. Sie können über eine Verbindung auch mehrere „Baustein-Pärchen" einsetzen, die sich dann durch die Auftrags-ID unterscheiden.

Tabelle 6.2 Systemfunktionen für SFB-Kommunikation

Zweiseitiger Datenaustausch		**Einseitiger Datenaustausch**	
SFB 8 USEND	unkoordiniertes Senden eines Datenpakets	SFB 14 GET	Daten bis zu einer CPU-spezifischen Maximallänge lesen
SFB 9 URCV	unkoordiniertes Empfangen eines Datenpakets	SFB 15 PUT	Daten bis zu einer CPU-spezifischen Maximallänge schreiben
SFB 12 BSEND	Senden eines Datenblocks mit bis zu 64 KByte Länge	**Druckdaten übertragen**	
SFB 13 BRCV	Empfangen eines Datenblocks mit bis zu 64 KByte Länge	SFB 16 PRINT	Daten zu einem Drucker übertragen
Steuerfunktionen		**Überwachungsfunktionen**	
SFB 19 START	Im Partnergerät einen Neustart durchführen	SFB 22 STATUS	Status des Partnergeräts abfragen
SFB 20 STOP	Das Partnergerät in den STOP-Zustand schalten	SFB 23 USTATUS	Status des Partnergeräts empfangen
SFB 21 RESUME	Im Partnergerät einen Wiederanlauf durchführen	SFC 62 CONTROL	Zustand einer SFB-Instanz abfragen

7 Bedienen und Beobachten

Geräte und Werkzeuge im Überblick

Das Führen einer Maschine oder einer Anlage bedeutet, den Produktionsablauf zu beobachten und gegebenenfalls einzugreifen. SIMATIC HMI (human machine interface, Mensch-Maschine-Schnittstelle) stellt die benötigten Geräte und Werkzeuge zur Verfügung. Ein umfangreiches Gerätespektrum erfüllt jede Anforderung für maschinennahes Bedienen und Beobachten mit Push Button Panels (PP), Textdisplays (TD), Operator Panels (OP) und Touch Panels (TP). Auch der Operator-Teil der SIMATIC C7-Stationen zählt zu den HMI-Geräten.

SIMATIC HMI ist vollständig auf SIMATIC S7 abgestimmt. Die Bedien- und Beobachtungsgeräte werden mit dem Softwarepaket ProTool projektiert und können über MPI oder PROFIBUS mit der CPU im Controller Daten austauschen. Hierbei übernimmt das Betriebssystem der CPU einen Großteil der Kommunikationsaufgaben. Für höchste Anforderungen an Visualisierung und Bedienung von Maschinen, Anlagen und Prozessen steht mit WinCC ein Projektierungssystem für Standard-PC zur Verfügung.

Dieses Kapitel beschreibt eine Auswahl an verfügbaren HMI-Geräten.

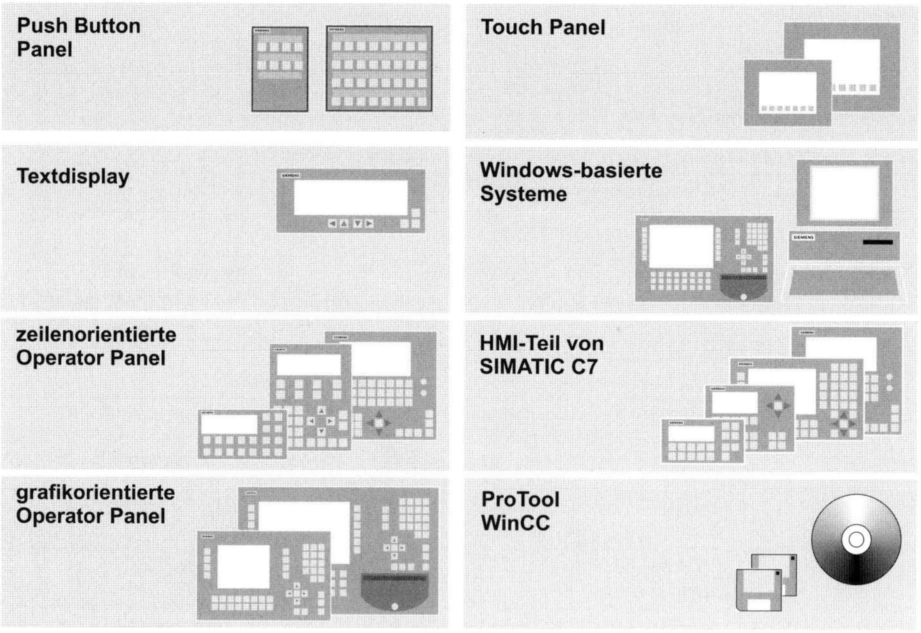

Bild 7.1 Übersicht über die HMI-Geräte und die Projektierungssoftware

7.1 SIMATIC HMI projektieren

ProTool und WinCC sind die Projektierungspakete für SIMATIC HMI, ergänzt um das Optionspaket ProAgent für Standard-Diagnosebilder.

Mit ProTool projektieren Sie alle HMI-Geräte, angefangen bei den Textdisplays, über die zeilenorientierten und grafikorientierten Operatorpanels bis zu den Windows-basierten Systemen MP270 und OP37/Pro. ProTool gibt es in drei Ausführungen mit abgestufter Leistungsfähigkeit: ProTool/Lite, ProTool und ProTool/Pro. Mit ProTool – das in „STEP 7 integriert" installiert wird – erzeugen Sie ein ProTool-Projekt, das alle HMI-Daten aufnimmt und die Kommunikation mit der SIMATIC-Station festlegt. Mit diesen Daten laden Sie die HMI-Station, die damit einsatzbereit ist.

In Verbindung mit ProAgent und den Engineering-Tools können Sie Diagnosebilder projektieren zur Prozeßfehlerdiagnose in Maschinen und Anlagen.

Mit WinCC lösen Sie anspruchsvolle visualisierungs- und leittechnische Aufgaben für Windows-basierte HMI-Systeme oder Standard-PCs. ProTool und WinCC enthalten jeweils auch die Runtime-Software für die Windows-basierten Systeme.

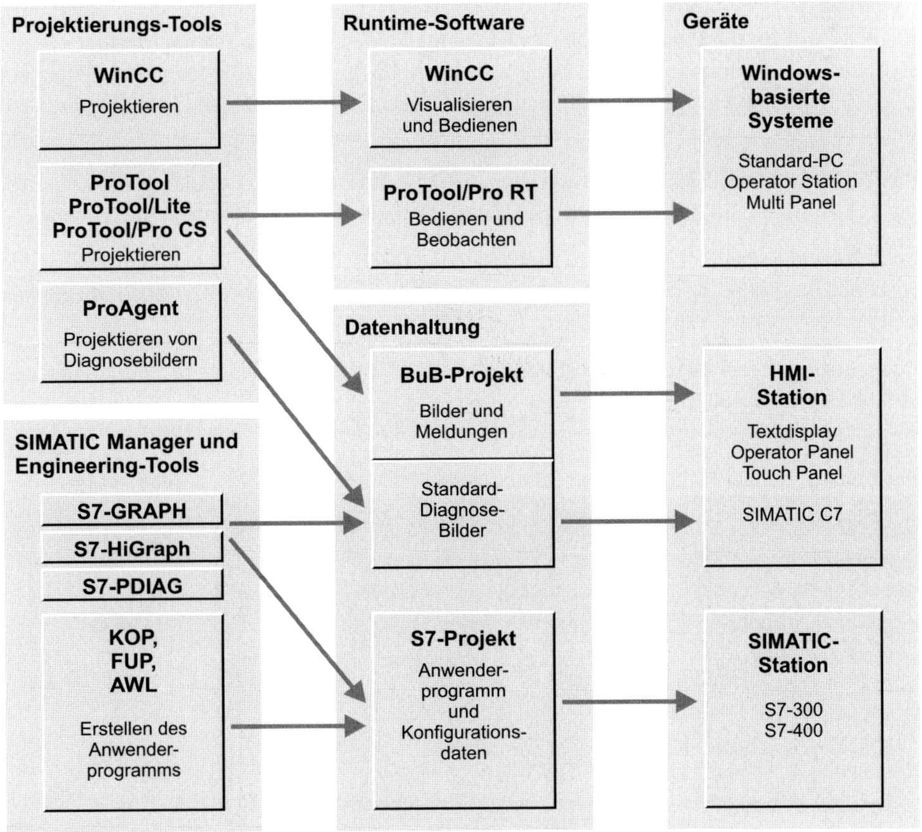

Bild 7.2 SIMATIC Manager und ProTool, Einbindung in ein SIMATIC-Projekt

7.2 Push Button Panels PP7 und PP17

Die Push Button Panels PP7 und PP17 sind vorgefertigte Bedienfelder für einfache Maschinenbedienung. Sie enthalten, je nach Ausführung in unterschiedlichen Anzahlen, beschriftbare Kurzhubtasten mit eingebauten Zweifarben-Flächen-LED. Der Anschluß an die Steuerung erfolgt über eine serielle Schnittstelle, entweder MPI für den direkten Anschluß an die Programmiergeräte-Schnittstelle der CPU oder DP für den Anschluß an PROFIBUS-DP an beliebige DP-Master.

Für den Einbau ist lediglich ein rechteckiger Ausschnitt notwendig. Die Schutzart beträgt IP 65 für die Frontseite und IP 20 für die Rückseite. Für Erweiterungen stehen Digitalein- und -ausgänge zur Verfügung, um z.B. zusätzliche 22,5 mm Standardelemente wie Taster und Lampen in den perforierten Ausschnitten der Standard-Ausführung nachzurüsten. Die Push Button Panels sind sofort ohne Parametrierung einsetzbar; sie sind ab Werk auf die MPI-Adresse 10 und für die Tasten und Anzeigen ab Merkerbyte MB 100 eingestellt. Die Schnittstellenparameter können ohne Werkzeug auf einem rückseitigen Display verändert werden. Die Projektierung erfolgt mit ProTool.

Verschiedene Funktionen sind bereits ab Lieferung enthalten, wie z.B. integrierter Lampen- und Tastentest oder Blinkfrequenzen 0,5 Hz und 2 Hz. Diese Push Button Panels werden auch in kundenspezifischen Ausführungen geliefert, mit Anzahl und Anordnung der Anzeige- und Bedienelemente und Beschriftung nach Kundenwunsch.

Werden Push Button Panels als DP-Slave eingesetzt, geschieht die Parametrierung mit der Hardware-Konfiguration in STEP 7 wie bei einer ET200-Station. Alle Parameter liegen auf einem leicht auswechselbaren Speichermodul. Für Diagnosezwecke werden alle Betriebszustände am rückseitigen Display angezeigt.

Push Button Panel PP7: 8 Kurzhubtasten, 8 LEDs, zusätzlich 4 Digitaleingänge, 3 perforierte Ausschnitte für 22,5 mm Standard-Zusatzelemente wie z.B. Lampen, Taster, usw.

Push Button Panel PP17-I: 16 Kurzhubtasten, 16 LEDs, zusätzlich 16 Digitaleingänge und 16 Digitalausgänge, 12 perforierte Ausschnitte für 22,5 mm Standard-Zusatzelemente wie z.B. Lampen, Taster, usw.

Push Button Panel PP17-II: 32 Kurzhubtasten, 32 LEDs, zusätzlich 16 Digitaleingänge und 16 Digitalausgänge.

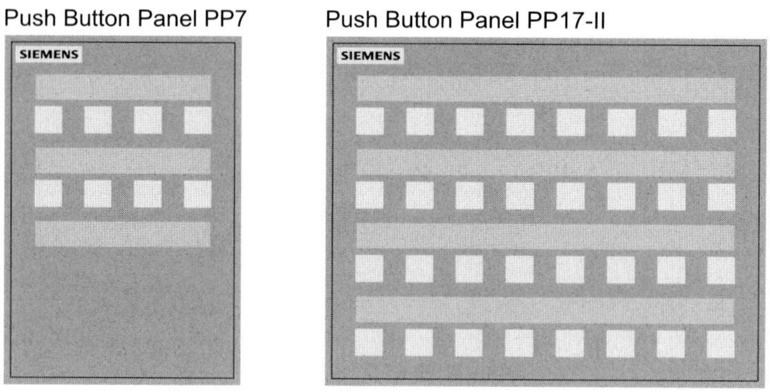

Bild 7.3 Ansicht der Push Button Panels PP7 und PP17-II

7.3 Textdisplay TD17

Das Textdisplay TD17 ist ein Anzeigegerät für zeilenorientierte Anzeige. Dank der frontseitigen Schutzart IP 65 im eingebauten Zustand ist es auch in maschinennahen Bereichen einsetzbar. Die Verbindung zur Steuerung geschieht über MPI oder PROFIBUS. Das Textdisplay kann auch ohne Pufferbatterie betrieben werden; die eingebaute Uhr hat dann eine Gangreserve von mehreren Tagen.

Das LC-Display mit LED-Hinterleuchtung ist entweder mit 4 Zeilen × 20 Zeichen (Schrifthöhe 11 mm) oder mit 8 Zeilen × 40 Zeichen (Schrifthöhe 6 mm) projektierbar. Mit einer gegenüber Ölen, Fetten und üblichen Reinigungsmitteln unempfindlichen Folientastatur werden Standard-Funktionen oder in der Firmware hinterlegte Standard-Bilder angewählt.

Die Projektierung des Textdisplays erfolgt mit ProTool offline auf einem Programmiergerät. Nach der Fertigstellung der Projektierung werden die Projektierungsdaten vom Programmiergerät zum Textdisplay übertragen. Wenn dann das Textdisplay mit der Steuerung verbunden wird, ist es sofort betriebsbereit.

Die angezeigten Betriebsmeldungen bestehen aus festem Text mit bis zu acht eingebundenen Variablen. Zu jeder Betriebsmeldung können zusätzlich Infotexte angezeigt werden, die vorher projektiert und im Textdisplay gespeichert sind. Die Anzeige kann in mehreren Sprachen erfolgen: deutsch, englisch, französisch, italienisch, spanisch und russisch (kyrillische Zeichen). Bis zu drei dieser Sprachen können in das Textdisplay geladen und online vom Bediener angewählt werden.

Maximal können 999 Betriebsmeldungen mit bis zu 80 Zeichen projektiert werden. Der Betriebsmeldepuffer kann bis zu 256 Einträge aufnehmen. Die Meldungsanzeige erfolgt mit Datum und Uhrzeit.

Die Bedienung des Textdisplays erfolgt über sog. Standardbilder, die über ein Inhaltsverzeichnis angewählt werden: Betriebsmeldepuffer anzeigen, Betriebsmeldepuffer löschen, Systemmeldepuffer anzeigen, Sprache/Kontrast einstellen, Datum/Uhrzeit einstellen und Betriebsartenwechsel (online, offline und Transfer der Projektierungsdaten). Ein Paßwortschutz verhindert unberechtigte Bedienungen.

Die Kommunikation mit der Steuerung geschieht über einen Datenbereich im Anwenderspeicher der CPU. Vom Anwenderprogramm aus gehen Steuerungsaufträge zum Textdisplay, wie z.B. Betriebsmeldepuffer ausgeben oder löschen, Sprachumschaltung, Uhrzeit und Datum stellen. Jeder Taste der Systemtastatur ist ein Bit im Datenbereich zugeordnet, das synchron zur Tatenbetätigung gesetzt bzw. rückgesetzt wird und vom Anwenderprogramm ausgewertet werden kann.

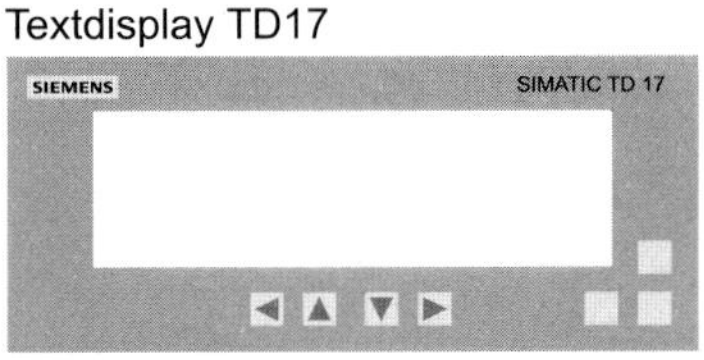

Bild 7.4 Ansicht des Textdisplays TD17

7.4 Zeilenorientierte Operator Panels OP3, OP7 und OP17

Die frontseitige Schutzart IP 65 erlaubt den Einsatz der zeilenorientierten Operator Panels im maschinennahen Bereich. Die Bedienung und Überwachung von aktuellen Störungen, Betriebszuständen und Prozeßwerten geschieht über ein LED-hinterleuchtetes LC-Display und mit einer gegenüber Fetten, Ölen und üblichen Reinigungsmitteln unempfindlichen Folientastatur.

Anzuzeigende, logisch zusammenhängende Werte werden in „Bildern" zusammengefaßt. Vorhandene Standardbilder erlauben die Grundbedienung des OP. Vom Anwender erstellte Bilder sind speziell an die Maschine oder Anlage angepaßt. Die Bilder bestehen aus festem Text und eingeblendeten Variablen, die auch ständig aktualisiert werden können. Auch die Eingabe neuer Werte ist möglich, um auf diese Weise die Maschine zu steuern. Mit „Softkeys" kann – abhängig vom gerade angezeigten Bild – beispielsweise die Anzeige anderer Bilder angestoßen oder eine Binärvariable im Anwenderprogramm gesteuert werden.

Die zeilenorientierten Operator Panels werden mit ProTool projektiert. Sie können an S7-200 (PPI-Schnittstelle) oder S7-300/400 (MPI-Schnittstelle) angeschlossen werden. Ein Zugriffsschutz mit Paßwörtern und Paßwortlevel verhindert unberechtigte Bedienungen. OP7 und OP17 können je nach Ausführung auch am PROFIBUS betrieben werden. Ein am OP7 bzw. OP17 angeschlossener Drucker ermöglicht u.a. die direkte Meldungsprotokollierung, das Drucken von Störmelde- und Betriebsmeldepuffer sowie von Rezeptur- und Bild-Inhaltsverzeichnissen.

Das **Operator Panel OP3** besitzt 18 Systemtasten, davon 5 Softkeys, und eine Anzeige mit 2 Zeilen × 20 Zeichen. Zum Aufnehmen der Projektierungsdaten ist ein 128 kByte großer Flash-EPROM-Speicher integriert.

Das **Operator Panel OP7** besitzt 22 Systemtasten, 8 frei beschriftbare Funktionstasten, davon 8 Softkeys, und eine Anzeige von 4 Zeilen × 20 Zeichen. 128 kByte Flash-EPROM-Speicher für Projektierungsdaten sind im Gerät integriert.

Das **Operator Panel OP17** besitzt 22 Systemtasten, 24 frei beschriftbare Funktionstasten, davon 16 Softkeys, und eine Anzeige von projektierbar 4 Zeilen × 20 Zeichen oder 8 Zeilen × 40 Zeichen. 256 kByte Flash-EPROM-Speicher für Projektierungsdaten sind im Gerät integriert.

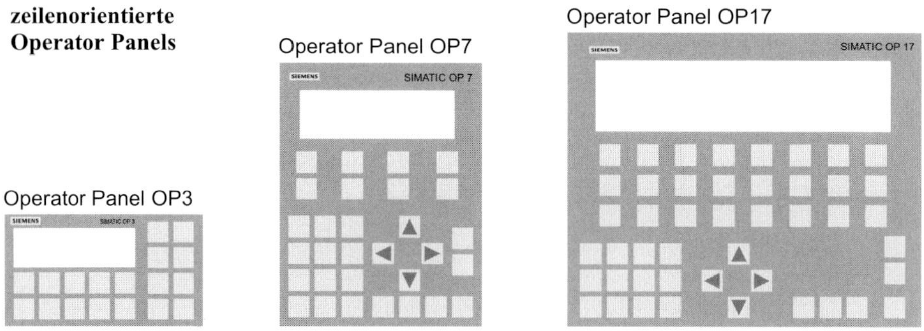

Bild 7.5 Ansicht der zeilenorientierten Operator Panels OP3, OP7 und OP17

7.5 Grafikorientierte Operator Panels OP27 und OP37

Die frontseitige Schutzart IP 65 erlaubt den Einsatz der grafikorientierten Operator Panels im maschinennahen Bereich. Die Bedienung und Überwachung von aktuellen Störungen, Betriebszuständen und Prozeßwerten geschieht über ein CCFL-hinterleuchtetes LC-Display und mit einer gegenüber Fetten, Ölen und üblichen Reinigungsmitteln unempfindlichen Folientastatur.

Die grafikorientierten Operator Panels zeigen Betriebs- und Störmeldungen sowie Prozeßvariablen an. Die Darstellung von Variablen erfolgt als Ausgabewert, Balken, Kurven oder als Zustandsanzeige z.B. in Form einer Figur am Bildschirm. Es können Eingaben über Eingabefelder oder symbolische Wertvorgaben durchgeführt werden. In Prozeßbildern dargestellte statische Bildelemente sind entweder semigrafisch oder vollgrafisch. Die vollgrafischen statischen Bildelemente werden mit einem beliebigen Grafikeditor unter Windows erstellt und in das Bild eingebunden. Die Prozeßbedienung erfolgt mit Softkeys bzw. Funktionstasten. Zur Verhinderung unberechtigter Bedienung kann ein Zugriffsschutz mit Paßwörtern und Paßwortlevel eingerichtet werden.

OP27 und OP37 werden mit ProTool projektiert. Die Kopplung erfolgt mit PPI an S7-200 oder mit MPI an S7-300/400. Auch ein Betrieb am PROFIBUS-DP oder der Anschluß eines Druckers ist möglich.

Das **Operator Panel OP27** kann wahlweise mit STN-Monochrom-LC-Display (8 Graustufen) und 1 MByte Flash-EPROM-Speicher oder mit STN-Farb-LC-Display (8 Farben) geliefert werden. Die Auflösung beträgt in beiden Fällen 320 × 240 Pixel. 24 Systemtasten (4 mit LED) haben feste Funktionen, 24 Funktionstasten (18 mit LED) sind frei projektierbar, davon 14 als Softkeys.

Das **Operator Panel OP37** kann wahlweise mit STN-Farb-LC-Display oder mit TFT-Farb-LC-Display (8 Farben) geliefert werden. Die Auflösung beträgt in beiden Fällen 640 × 480 Pixel, der Speicherausbau 2 MByte Flash EPROM. 32 Systemtasten (4 mit LED) haben feste Funktionen, 36 Funktionstasten (28 mit LED) sind frei projektierbar, davon 20 als Softkeys.

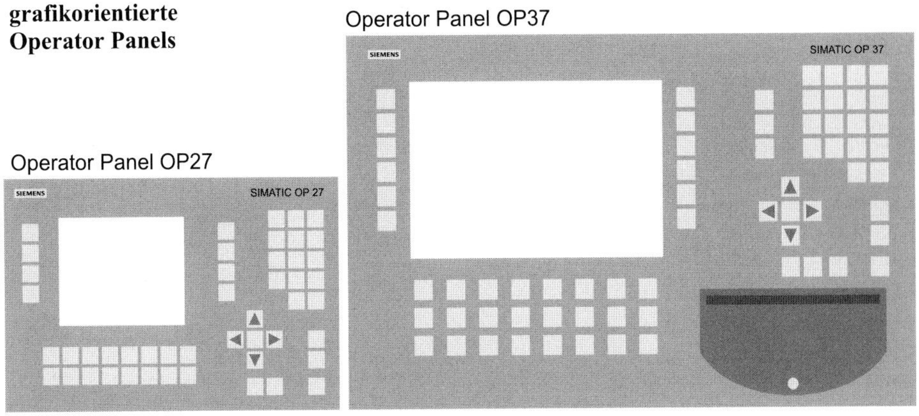

Bild 7.6 Ansicht der grafikorientierten Operator Panels OP27 und OP37

7.6 Touch Panels TP27 und TP37

Die Touch Panels erlauben eine neue Art der Maschinen- und Anlagenführung: die Bedienung direkt über den Bildschirm. Ein berührungsempfindlicher Bildschirm ersetzt die Tastatur; überall dort, wo Sie im Bild eine Schaltfläche projektiert haben, kann der Bediener durch Berührung Aktionen anstoßen.

Die Touch Panels ermöglichen eine realitätsnahe grafische Darstellung der zu überwachenden Maschine oder Anlage im maschinennahen Bereich; die frontseitige Schutzart im eingebauten Zustand ist IP 65. Der Bildschirm ist ein CCFL-hinterleuchtetes LC-Display und unempfindlich gegenüber Fetten, Ölen und üblichen Reinigungsmitteln.

Die Touch Panels werden mit ProTool projektiert. Die Verbindung zur SIMATIC-Station kann entweder über MPI oder über PROFIBUS-DP erfolgen; der Druckeranschluß ist seriell oder parallel (nur TP37) ausgelegt.

Die Touch Panels sind mit der gleichen Funktionalität ausgerüstet wie die entsprechenden Operator Panels, wie z.B. Anzeige von Prozeßwerten, Grenzwertüberwachung für Prozeßwertefelder, dynamische Felder (semi- und vollgrafisch), Prozeßbilder mit statischen Bildelementen, Kurven-, Grafiken- und Balkendarstellung, Verwaltung von Betriebs- und Störmeldungen mit Meldehistorie, Paßwortschutz, Rezepturverwaltung und Sprachumschaltung (online 3 Sprachen). Spezielle Touchmerkmale wie vorgefertigte Schaltflächen für Texte, Textlisten, Grafiken und Grafiklisten und unsichtbare Schaltflächen für eigene Ideen (z.B. bedienbare Bitmaps oder Grafiken) erweitern die Funktionalität.

Das **Touch Panel TP27** hat den gleichen Funktionsumfang wie das Operator Panel OP27, erweitert um die Touchfunktionalität. TP27-6 hat ein 5,7" STN-Farb-/Monochrom-Display (8 Farben bzw. 8 Graustufen) mit einer Auflösung von 320 × 240 Pixel. Bei TP27-10 hat das STN-Farb-Display (8 Farben) eine Größe von 10,3" und eine Auflösung von 640 × 480 Pixel.

Das **Touch Panel TP37** hat den gleichen Funktionsumfang wie das Operator Panel OP37, erweitert um die Touchfunktionalität. Das 10,4" große TFT-Farb-Display (8 Farben) hat eine Auflösung von 640 × 480 Pixel.

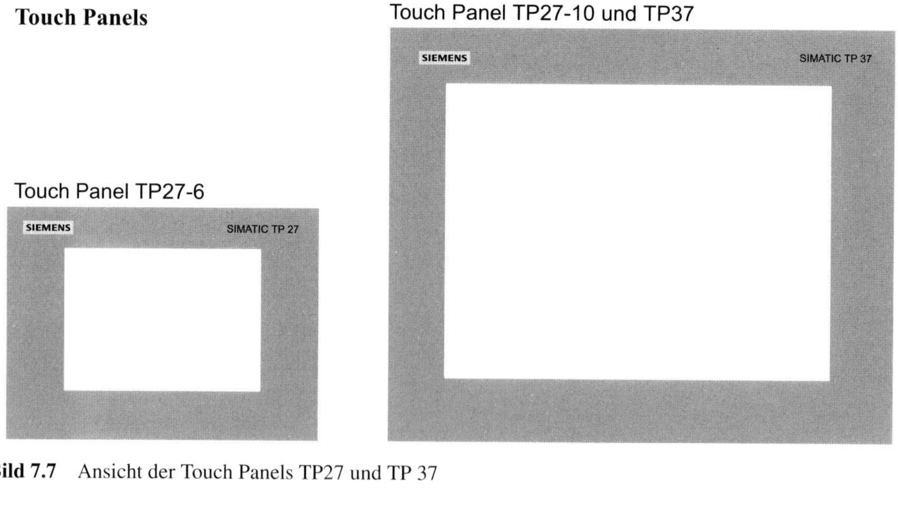

Bild 7.7 Ansicht der Touch Panels TP27 und TP 37

7.7 Windows-basierte Systeme MP270 und OP37/Pro

Die Windows-basierten Systeme MP270 und OP37/Pro kombinieren die Robustheit eines maschinennahen Bedien- und Beobachtungsgeräts mit der Flexibilität eines PCs. Sie werden mit ProTool/Pro CS (configuration system) projektiert und benötigen zusätzlich zum Betriebssystem zur Laufzeit ProTool/Pro RT (runtime). In beiden Fällen haben Sie vielfältige Möglichkeiten, die Visualisierungssoftware um anwenderspezifische Funktionen zu erweitern. ProTool/Pro beispielsweise gestattet die Erweiterung mit in Microsoft Visual Basic Script geschriebenen Programmen.

Multi Panel MP270 mit Windows CE

Im Multi Panel MP270 ist für das Betriebssystem Microsoft Windows CE und die Anwenderdaten 8 MByte Flash EPROM vorgesehen; der Hauptspeicher ist 16 MByte groß. Ein Slot (PC-Card) bietet bei Bedarf entsprechende Erweiterung.

Frontseitig hat das MP270 die Schutzart IP 67 bei nur 50 mm Einbautiefe. Den Bildschirm gibt es wahlweise als Farb-STN-Display oder als Farb-TFT-Display mit einer Auflösung von 640 × 480 Pixeln mit 256 Farben und CCFL-Hinterleuchtung. Die Folientastatur enthält 33 Systemtasten (4 mit LED), 16 frei beschriftbare Funktionstasten (16 mit LED) und 20 frei beschriftbare Softkeys (12 mit LED).

MP270 verfügt über die Grundfunktionalität der grafikorientierten Operator Panels und kann zusätzlich, z.B. Grafikobjekte dynamisch positionieren, Meldungen und Prozeßwerte auf PC-Card archivieren und die Projektierung simulieren. In einem Kurvenfeld mit Blätter- und Zoomfunktion ist die Darstellung von bis zu 8 Kurven möglich. Meldebild, Meldefenster, Meldezeile und Meldefeld stehen vorkonfiguriert zur Verfügung.

Operator Panel OP37/Pro mit Windows 95

OP37/Pro ist ein OP37 mit einem Pentium 166 MHz und Windows 95, ausgerüstet mit 32 MByte Hauptspeicher, einem Floppy-Disk-Laufwerk und einem 2,1 GByte Festplattenlaufwerk. OP37/Pro wird mit ProTool/Pro CS projektiert und benötigt ProTool/Pro RT als Runtime-Software.

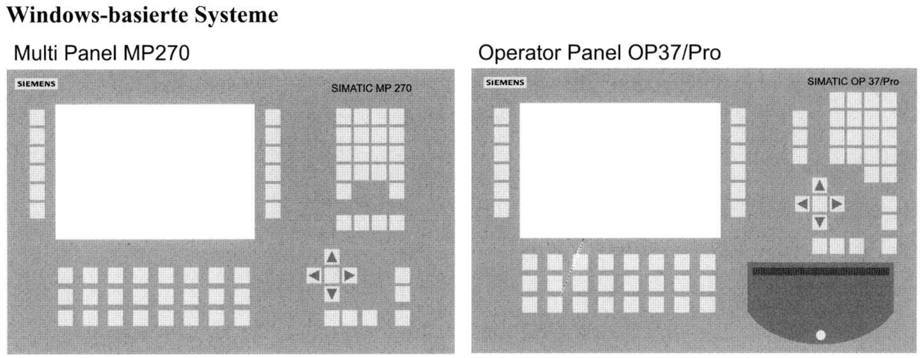

Bild 7.8 Ansicht der Windows-basierten Systeme MP270 und OP37/Pro

7.8 Zeitkritische Bedienvorgänge mit Operator Interfaces realisieren

24V-Direkttasten-Modul

Das Direkttasten-Modul wird auf die Rückseite des Operator Panels bzw. Touch Panels gesteckt und bietet 8 bzw. 16 DC 24V-Digitalausgänge, die entweder direkt über OP-Tasten bzw. TP-Schaltflächen oder über Software gesteuert werden können.

DP-Direkttasten

Mit den DP-Direkttasten können über PROFIBUS-DP Binäroperanden in der SIMATIC-Station direkt gesteuert werden bzw. können von der SIMATIC-Station über PROFIBUS-DP direkt die LEDs im Bediengerät gesteuert werden. Diese zusätzliche E/A-Peripherie hat am PROFIBUS die gleiche Teilnehmeradresse wie das Bediengerät. Als DP-Direkttasten können alle OP-Softkeys und Funktionstasten eingesetzt werden. Bei den Touch Panels sind bis zu 24 bzw. 40 Schaltflächen als DP-Direkttasten projektierbar.

Control Panel Interface (CPI)

Das Control Panel Interface-Modul steuert externe Anzeige- und Bedienelemente über PROFIBUS-DP. Das Modul wird auf die Rückseite des Operator Panels oder Touch Panels gesteckt und enthält je nach Ausführung 16 oder 32 DC 24V-Digitaleingänge und 16 bzw. 32 DC 24V-Digitalausgänge, die direkt mit den Bedienfeldern im Pult oder an der Maschine verdrahtet werden. Diese externen Anzeige- und Bedienelemente sind als dezentrale E/A-Peripherie über das Operator Panel oder Touch Panel an PROFIBUS-DP angeschlossen. Parallel dazu können auch die DP-Direkttasten genutzt werden (nicht jedoch das 24V-Direkttastenmodul).

Tabelle 7.1 Operator Interfaces in Verbindung mit HMI-Geräten

	24V-Direkttasten-Modul	DP-Direkttasten	Control Panel Interface
Einsatz bei	OP 27/37, TP 27/37	OP 7/DP, OP 17/DP, OP 27/37, TP 27/37	OP 27/37, TP 27/37
Anzahl Digital-Ein-/Ausgänge bei			
OP 27/OP 37	8/16 A		16 oder 32 E, 16 oder 32 A
TP 27-6	8 A		16 E, 16 A
TP 27-10, TP 37	16 A		16 oder 32 E, 16 oder 32 A
Steuerung über Softkeys/Funktionstasten bzw. TP-Schaltflächen			
OP 7 OP 17		F1...F4, K1...K4 F1...F8, K1...K16	
OP 27 OP 37	F1...F8 F1...F12	F1...F14, K1...K10 F1...F20, K1...K16	
TP 27-6/TP 27-10 TP 37	8/16 16	24/24 47	
Ansteuerung der Tasten-LEDs			
OP 7 OP 17 OP 27 OP 37		K1...K4 K1...K16 F1...F8, K1...K10 F1...F12, K1...K16	

7.9 Kopplung mit SIMATIC S7-Stationen

HMI-Stationen werden – auch abhängig von der Ausführung der HMI-Station – über folgende Systemkopplungen mit den SIMATIC-Stationen verbunden:

- ▷ S7-200 über PPI
- ▷ S7-300/400 über MPI
- ▷ S7-300/400 über PROFIBUS als „MPI-Teilnehmer".

Bei der Projektierung mit ProTool wählen Sie die SIMATIC-Station, an der die HMI-Station betrieben wird, bestimmen die Kopplungsart und stellen die Teilnehmeradresse ein.

PPI-Kopplung

Die PPI-Kopplung zu S7-200 ist zwar im Prinzip eine Punkt-zu-Punkt-Verbindung, jedoch können auch mehrere S7-200-Stationen an eine HMI-Station angeschlossen sein. Aus der Sicht der S7-200-Station ist es eine reine Punkt-zu-Punkt-Verbindung. Auch wenn mehrere HMI-Stationen und/oder Programmiergeräte an eine S7-200-Station angeschlossen sind, ist zu einem bestimmten Zeitpunkt immer nur eine Verbindung aktiv.

MPI-Kopplung

In einem MPI-Subnetz können bis zu 32 Teilnehmer verbunden sein. Mit wie vielen Teilnehmern eine S7-CPU verbunden sein kann, legen die „Verbindungsressourcen" fest. Beispielsweise kann eine CPU 314 vier (statische) Verbindungen und eine CPU 414 32 Verbindungen aufbauen. Bei den S7-300-CPUs sind zwei Verbindungen fest vergeben und können nicht anderweitig verwendet werden: eine Verbindung für ein Programmiergerät und eine Verbindung für eine HMI-Station. Über die freien Verbindungen können weitere HMI-Stationen betrieben werden.

Eine HMI-Station hat defaultmäßig die MPI-Adresse 1, ein Programmiergerät 0 und eine S7-CPU die Adresse 2. Somit können eine HMI-Station und ein Programmiergerät ohne Adressenänderung an einer S7-CPU betrieben werden.

PROFIBUS-Kopplung

Mit ProTool legen Sie die Teilnehmeradresse der HMI-Station fest. Geben Sie als Kommunikationspartner den Teilnehmer an, an dem das HMI-Gerät angeschlossen ist bzw. mit dem es direkt die Daten austauscht. Das HMI-Gerät wird als aktiver Teilnehmer konfiguriert. Wird ein Direkttastenmodul oder ein Control Panel Interface-Modul verwendet, muß das HMI-Gerät zusätzlich als DP-Slave konfiguriert werden (im SIMATIC Manager mit der Hardware-Konfiguration zu finden im Hardware-Katalog unter PROFIBUS-DP → BEREITS PROJEKTIERTE STATIONEN → SIMATIC OP).

S7-Funktionen

Der Datenaustausch zwischen HMI-Station und S7-Station läuft über *S7-Funktionen*, ein SIMATIC-spezifischer Kommunikationsdienst. Die HMI-Station ist der Client (fordert die Daten an), die S7-Station ist der Server (liefert die Daten). Eine spezielle Kommunikationsfunktion im Anwenderprogramm ist nicht erforderlich, das Betriebssystem wickelt die Kommunikation über S7-Funktionen komplett selbst ab.

7.10 HMI-Geräte projektieren mit SIMATIC ProTool

SIMATIC ProTool ist die Projektierungssoftware für die SIMATIC HMI-Geräte. ProTool gibt es als 32-Bit-Applikation für Microsoft Windows 95/98 und Windows NT. ProTool wird in drei, im Funktionsumfang abgestuften Ausführungen geliefert:

▷ Mit *ProTool/Lite* projektieren Sie die zeilenorientierten HMI-Geräte wie z.B. TD17, OP3, OP7, OP17, C7-621, C7-633, C7-634.

▷ Mit *ProTool* projektieren Sie zusätzlich zu den zeilenorientierten auch die grafikorientierten HMI-Geräte, wie z.B. OP27, OP37, TP27, TP37, C7-626.

▷ Mit *ProTool/Pro CS* schließlich projektieren Sie zusätzlich zu den zeilen- und grafikorientierten HMI-Geräten auch Windows-basierte Systeme wie z.B. MP270, OP37/Pro und Standard-PCs mit der Runtime-Software *ProTool/Pro RT.*

ProTool legt für jedes HMI-Gerät ein eigenes ProTool-Projekt an als Behälter für alle anfallenden Daten, wie z.B. Bilder, Variablen, Meldungen, Rezepturen. Sie können ProTool als Stand-alone-Version installieren oder – was empfohlen wird – in STEP 7 integriert. Dann greift ProTool direkt auf die Symbollisten und Kommunikationsparameter der betreffenden (Steuerungs-)Anwenderprogramme zu, so daß Doppeleingaben vermieden werden. Weitere Vorteile: Die HMI-Daten werden mit dem S7-Projekt archiviert, mit der Hardware-Konfiguration können die PROFIBUS-DP-Ein-/Ausgänge projektiert werden und mit der Netzprojektierung können die HMI-Geräte mit einem Subnetz gekoppelt und im Netzverbund angezeigt werden.

ProTool-Projekt anlegen

Sie haben ProTool in STEP 7 integriert installiert und erzeugen im SIMATIC Manager das Objekt für ein HMI-Gerät, indem Sie ein Projekt neu anlegen oder öffnen, es markieren und mit EINFÜGEN → SIMATIC OP das HMI-Objekt einfügen. Für jedes Bedien- und Beobachtungsgerät sowie für den Bedien- und Beobachtungsteil jeder SIMATIC C7-Station legen Sie ein HMI-Objekt an. Vor der Projektierung des HMI-Objekts sollten Sie die erforderlichen Subnetze (MPI, PROFIBUS-DP) angelegt und mit der Hardware-Konfiguration oder der Netzprojektierung die Verbindung zur SIMATIC-Station hergestellt haben.

Ein Doppelklick auf das „leere" HMI-Objekt startet den Projekt-Assistenten von ProTool. Im aufgeblendeten Fenster *Zielgeräteauswahl* ordnen Sie dem Objekt ein konkretes Gerät zu, z.B. das grafikorientierte Operator Panel OP37. Die Schaltfläche „Parameter" im nächsten Fenster öffnet einen Dialog zum Koppeln an ein Subnetz und zur Zuordnung einer Steuerung. ProTool übernimmt dann die relevanten HMI-Daten dieser Station, beispielsweise die Symbole oder die Kommunikationsparameter.

Nicht nur für Anfänger sehr hilfreich ist die Übernahme des angebotenen Standardprojekts, das für das gewählte HMI-Gerät Standardbilder mit allgemein zu verwendenden Funktionen und für die gekoppelte Steuerung das dazu passende Anwenderprogramm bereitstellt. Sie können dann diese Bilder und Programme Ihren Wünschen anpassen und erweitern.

Der Datenaustausch zwischen dem HMI-Gerät und der SIMATIC-Station geschieht mit Prozeßvariablen oder über Kommunikationsbereiche. Die Prozeßvariablen holt oder schreibt das HMI-Gerät direkt ohne Anwenderprogramm, die Kommunikationsbereiche richten Sie im Anwenderspeicher der CPU ein.

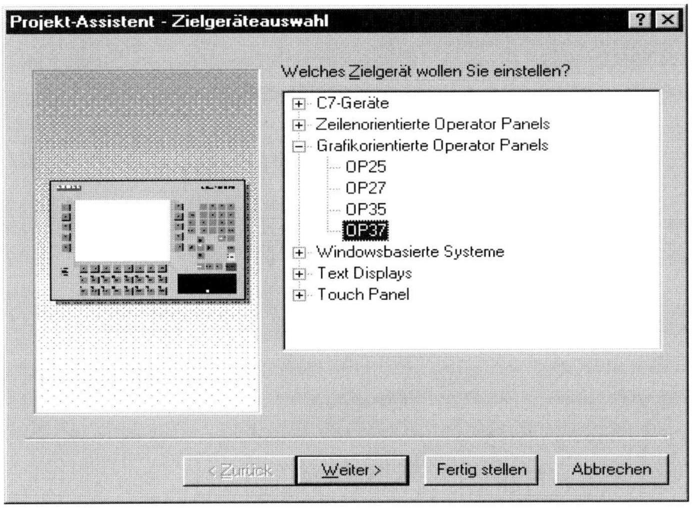

Bild 7.9 Zielgeräteauswahl beim Projektierungswerkzeug ProTool/Pro CS

Mit ProTool ein HMI-Gerät projektieren

Mit ProTool erstellen Sie Bilder für HMI-Geräte einfach per Mausklick. Spezielle Programmierkenntnisse sind nicht erforderlich. ProTool-Projekte werden offline (ohne HMI-Gerät) erstellt. Das Programmiergerät stellt die projektierten Bilder so dar, wie sie später auf dem HMI-Gerät zu sehen sind. Nach Abschluß der Projektierung übersetzen Sie das ProTool-Projekt und übertragen die Daten zum HMI-Gerät (= Zielgerät).

Das Projektfenster von ProTool ist zweigeteilt. Links sehen Sie die – vom HMI-Gerät abhängig – projektierbaren Objekttypen, rechts die einzelnen Objekte. Ein Doppelklick auf ein Objekt startet das entsprechende Werkzeug, mit dem es bearbeitet werden kann.

Kommunikationsbereiche festlegen

Der *Schnittstellenbereich* ist ein Datenbereich im Anwenderprogramm, der die Schnittstelle zwischen SIMATIC-Station und HMI-Gerät definiert. Er enthält im wesentlichen Daten für die Koordinierung und ein Auftragsfach für den Datenaustausch. Für jedes HMI-Gerät muß ein eigener Schnittstellenbereich angelegt werden.

Der direkte Datenaustausch geht über *Anwenderdatenbereiche*. Abhängig vom HMI-Gerät gibt es Anwenderdatenbereiche für Betriebs- und Störmeldungen, Tastatur- und LED-Abbild, Bildnummer, usw. Beispiel: Ein durch das Anwenderprogramm gesetztes Bit löst im HMI-Gerät die Anzeige einer Störungsmeldung aus oder das Betätigen einer Funktionstaste setzt ein Bit im Funktionstastenabbild und kann somit vom Anwenderprogramm ausgewertet werden.

Zum Einrichten der Kommunikationsbereiche wählen Sie bei geöffnetem ProTool-Projekt ZIELSYSTEM → BEREICHSZEIGER und stellen Sie den Typ des Bereichszeigers ein (den Datenbereich). Mit „Hinzufügen" erhalten Sie ein Dialogfenster zur Definition des Datenbereichs.

Bedienoberfläche aus Bildern

Die Bilder sind die zentralen Bestandteile eines ProTool-Projekts. Sie stellen die Zustände der Maschine oder Anlage dar und über sie wird die Maschine oder Anlage geführt. Bilder können im einfachsten Fall – wie bei Textdisplays und zeilenorientierten HMI-Geräten – zwei oder vier Textzeilen mit statischem Text sein, in den Variablen eingeblendet werden, bis hin zu komplexen Grafiken mit sich ändernden grafischen Elementen.

Ausgehend von einem *Startbild* werden weitere Bilder aufgerufen, entweder vom Anwenderprogramm in der CPU gesteuert, von Ereignissen im HMI-Gerät ausgelöst oder durch Funktionstasten vom Bediener angewählt. Das Aussehen und die Aufrufreihenfolge der Bilder machen in ihrer Gesamtheit die Bedienoberfläche aus.

In Bildern beobachten Sie Prozeß-, Betriebs- und Störungszustände mit statischen und dynamischen *Anzeigeelementen*. Die Art der Anzeigeelemente richtet sich nach dem verwendeten HMI-Gerät. Statische Anzeigeelemente sind Texte, Grafiken und Semigrafiken. Dynamische Anzeigeelemente können ihre Darstellung abhängig von Variablenwerten ändern; es sind Ausgabefelder, Kurven- und Balkengrafik und Leuchtmelder.

Mit *Bedienelementen* greifen Sie direkt in den Prozeßablauf ein, z.B. Sollwerte vorgeben, Bilder aufschlagen, Aktionen auslösen. Die Art der Bedienelemente ist abhängig vom verwendeten HMI-Gerät. Sie können in Bildern Eingabefelder, Ein-/Ausgabefelder, Funktionstasten und Schaltflächen projektieren. Durch dynamische Attribute signalisieren Sie, daß beispielsweise eine bestimmte Bedienung erwartet wird. Sie können auch ereignisgesteuert Bedienelemente ein- und ausblenden.

Datenein- und -ausgabe mit Variablen

Eine Variable nimmt einen Wert auf, z.B. einen Signalzustand, einen Sollwert oder die Uhrzeit. Eine Variable hat einen Namen und einen Datentyp. Eine *lokale Variable* ist nur im HMI-Gerät verfügbar, z.B. ein Grenzwert bei der Eingabeprüfung. Eine *globale Variable* ist sowohl in der CPU als auch im HMI-Gerät verfügbar. Sie belegt in der CPU Speicherplatz und ist sowohl durch das Anwenderprogramm als auch vom projektierten Bild aus adressierbar. Mit globalen Variablen findet die Kommunikation zwischen dem HMI-Gerät und der SIMATIC-Station statt.

Meldungen zu Prozeß- und Betriebszuständen

ProTool kennt folgende Meldeklassen:

- *Betriebsmeldungen* zeigen die regulären Zustände an, wie z.B. Betriebsarten, Prozeßzustände und Prozeßabläufe.
- *Störmeldungen* zeigen Störungen im Prozeßablauf an, z.B. kritische oder gefährliche Prozeßzustände. Störmeldungen müssen vom Bedienpersonal quittiert werden. Sie können in Quittiergruppen zusammengefaßt werden.
- *Systemmeldungen* zeigen Zustände und Fehler des HMI-Geräts und der SIMATIC-Steuerung an. Sie werden nicht mit ProTool projektiert, denn sie sind bereits im HMI-Gerät vorhanden.

Die Meldungen werden abhängig von ihrer Priorität (Wichtigkeit) dem Bedienpersonal präsentiert. Meldungen können mit einem Drucker protokolliert werden. Bei Windows-basierten Systemen können Meldungen auch archiviert werden.

7.11 Prozeßdiagnose mit SIMATIC ProAgent

Das Optionspaket SIMATIC ProAgent bietet verschiedene Arten von Standardbildern für die grafikorientierten Operator Panels und Touch Panels zur Prozeßfehlerdiagnose in Maschinen und Anlagen. ProAgent ist auf die Anforderungen der STEP 7-Engineering Tools in Verbindung mit SIMATIC S7-300/400 abgestimmt.

Mit ProAgent existiert ein einziges standardisiertes Diagnosekonzept für verschiedene STEP 7-Optionspakete. Die SIMATIC-Station wird bei der Prozeßfehlerdiagnose bezüglich Speicherbelastung und Programmablaufzeit durch das HMI-Gerät entlastet (z.B. durch Kriterienanalyse im HMI-Gerät, Speichern der Strukturinformationen, Operandenkommentare usw.).

Zusätzlich zu ProTool installieren Sie ProAgent. Beim Übersetzen des Anwenderprogramms legen die STEP 7-Optionspakete alle für die Prozeßdiagnose benötigten Daten in einer gemeinsamen Datenbasis ab. Bei der Projektierung des HMI-Geräts greift ProTool auf diese Datenbasis zu. Sie binden die Diagnosebilder in die Bedienoberfläche ein und wählen die Diagnoseobjekte („Einheiten", wie z.B. Anwenderbausteine und Schrittketten) und Meldeverfahren aus.

Zur Laufzeit liefern diese Tools die statischen und prozeßabhängigen Daten für die ProAgent-Bilder. Die Diagnosebilder zeigen speziell zu einer Meldung oder einer angewählten technologischen Einheit passende Inhalte (kontextsensitiv).

Einstieg in die Diagnose: Meldebild mit aufgetretenen Störungen

Im Meldebild erfolgt die Anzeige aller anstehenden Prozeßmeldungen. Ausgehend von einer angezeigten Meldung kann in andere Diagnosebilder verzweigt werden.

Überblick verschaffen mit dem Übersichtsbild

Es werden alle technologische Anlagen- bzw. Maschineneinheiten und deren Untereinheiten mit den aktuellen Betriebszuständen dargestellt. Eine gestörte Einheit ist sofort erkennbar und kann im Rahmen der Projektierung beeinflußt werden. Verzweigung in das Detailbild zur Störungsanalyse oder in das Bewegungsbild zur Störungsbehebung ist möglich.

Anzeige des gestörten Ablaufschritts im Schrittbild

In Verbindung mit S7-GRAPH kann die selektierte Ablaufkette initialisiert oder deaktiviert werden und ein Ablaufschritt in der selektierten Kette aktiviert oder deaktiviert werden.

Anlagenbedienung und Störungsbehebung mit dem Bewegungsbild

Im Bewegungsbild können Sie manuell per Tastendruck – Softkeys oder Direkttasten – gezielte Bewegungen einzelner technologischer Einheiten auslösen, beispielsweise die gestörte Einheit in eine Endlage fahren.

Kriterienanalyse im Detailbild

Unter Kriterienanalyse versteht man die Rückverfolgung eines Fehlers bis zur Programmstelle. Je nach Programmierung wird der Programmcode in Anweisungsliste (AWL) oder in Kontaktplan (KOP) angezeigt. Sie erkennen, welche Signale zur Störmeldung führten.

7.12 Visualisieren und Bedienen mit SIMATIC WinCC

SIMATIC WinCC – Windows Control Center – ist ein branchen- und technologieneutrales System zur Lösung von visualisierungs- und leittechnischen Aufgaben in der Produktions- und Prozeßautomatisierung. WinCC läuft auf einem Standard-PC (AT-kompatibel) oder – für den maschinennahen Einsatz – auf dem Operator Panel OP47-12. WinCC ist eine 32-Bit-Software und läuft unter den Betriebssystemen Microsoft Windows 95/98 oder Microsoft Windows NT.

SIMATIC WinCC ist erhältlich als Runtimepaket oder als Komplettpaket (Runtime- und Konfigurationssystem). Mit WinCC projektieren Sie Bilder zum Bedienen und Beobachten der Maschine oder Anlage, archivieren Sie Daten und Ereignisse mit Zeitstempel in einer SQL-Datenbank, verwalten Sie anlagenweit alle anfallenden Daten und dokumentieren diese in Berichten. In der Runtimeversion führen Sie die Maschine oder Anlage mit der projektierten Bedienoberfläche.

Grundausstattung von WinCC

Das *Control Center* ist die oberste Ebene innerhalb des WinCC-Systems. Von hier aus werden alle Module gestartet.

Der *User Administrator* vergibt Benutzungsrechte für die Runtime-Module der einzelnen Editoren. Bei jeder Anmeldung wird geprüft, welche Benutzungsrechte der Bediener besitzt und abhängig davon die entsprechenden Projektbereiche freigegeben.

Mit dem *Graphics Designer* erstellen Sie die Prozeßbilder. Er bietet komfortable und einfache Benutzeroberflächen mit Werkzeug- und Grafikpaletten und unterstützt rationelle Projektierung durch eine integrierte Objekt- und Symbolbibliothek. Offene Schnittstellen gestatten Grafikimport und Einbindung von selbst entwickelten Grafikobjekten; die OLE 2.0-Schnittstelle wird unterstützt. Ein Assistent hilft Ihnen, dynamisches Verhalten der Bildobjekte zu projektieren.

Global Scripts ist der Oberbegriff für C-Funktionen und Aktionen. Projektfunktionen und Aktionen sind nur in dem Projekt bekannt, in dem sie erzeugt wurden; Standardfunktionen und interne Funktionen können projektübergreifend verwendet werden. Beispiel: Dynamisierung von Prozeßwertarchiven, Anwenderarchiven und Verdichtungsarchiven.

Tag Logging beinhaltet Funktionen zur Übernahme von Daten aus ablaufenden Prozessen und ihrer Aufbereitung zur Darstellung und Archivierung. Aus diesen Daten können wesentliche betriebswirtschaftliche und technische Kriterien des Betriebszustands einer Anlage gewonnen werden.

Alarm Logging beinhaltet Funktionen zur Übernahme von Ereignissen, Meldungen und Alarmen aus Prozessen, zu deren Aufbereitung, deren Darstellung, deren Quittierung und Archivierung. Alarm Logging soll Sie in die Lage versetzen, umfassende Information über Stör- und Betriebszustände zu erhalten, rechtzeitig kritische Situationen zu erkennen, Stillstandszeiten zu reduzieren oder ganz zu vermeiden und die Produktqualität zu erhöhen.

Mit *Text Library* bearbeiten Sie Texte, die im Runtime-System von den verschiedenen WinCC-Modulen verwendet werden.

Der *Report Designer* erstellt Berichtlayouts und druckt diese Berichte. Während der Ausgabe werden die projektierten Platzhalter dynamisch durch die entsprechenden Daten ersetzt.

WinCC Optionen und WinCC Add-ons

WinCC Optionen werden vom WinCC-Hersteller entwickelt, vermarktet und betreut. WinCC Optionen sind z.b. WinCC/Server (erlaubt den Client/Server-Betrieb, versorgt bis zu 16 angeschlossene Clients), WinCC/User Archives (ermöglicht die Ablage frei strukturierbarer Datensätze wie z.b. Betriebsparameter einer Maschine in der WinCC-Datenbank, Anzeige als Tabelle oder Formular, Datenimport und -export) oder WinCC/Storage (Langzeitdatenerfassung, Auslagerung von Meßwerten, Protokollen und Meldungen auf externe Datenträger).

WinCC Add-ons können vielseitige Aufgaben lösen, wie z. B. Instandhaltungs- und Energiemanagement oder Kommunikation zu Fremdsteuerungen. WinCC Add-ons sind erhältlich als Kommunikationskanal zu WinCC, ActiveX-Objekt, Grafikobjekt oder eigenständiges Softwarepaket.

Operator Panel OP 47-12

Das Operator Panel OP47-12 eignet sich für anspruchsvolle Aufgaben im Bereich Bedienen und Beobachten von Maschinen und Anlagen. Durch die hohe Schutzart (frontseitig IP 65) läßt sich das Operator Panel auch in rauher Industrieumgebnung einsetzen. Es wird mit bereits vorinstalliertem Betriebssystem Windows NT 4.0 (Workstation) und der Runtimeversion von WinCC in den Sprachvarianten deutsch und englisch ausgeliefert.

Der Prozessor ist ein 200 MHz-Pentium mit 512 kByte Second Level Cache und 64 MByte Hauptspeicher. Eingebaut sind eine 2,1 GByte Festplatte und ein 3,5"-Diskettenlaufwerk.

Das OP 47-12 hat ein aktives 12"-TFT-Display mit 800 × 600 Pixeln und 256 Farben. Die Folientastatur besitzt 33 Systemtasten (drei mit LED), 32 Funktionstasten (28 mit LED) und eine in der Front integrierte Maus. Der Anschluß eines 24V-Direkttasten-Moduls mit 16 Ausgängen ist möglich.

Operator Station OS 57 und OS 77

Die SIMATIC Operator Stations sind konfektionierte und vorinstallierte Standard-PCs in Büroausführung zum Bedienen und Beobachten von Maschinen und Anlagen. In Verbindung mit dem WinCC-Komplettpaket lassen Sie sich auch als Projektierungsstation verwenden. Die *Operator Station OS57* wird im Desktop-Gehäuse und mit dem Betriebssystem Microsoft Windows 95 ausgeliefert; die *Operator Station OS77* im Tower-Gehäuse und mit Windows NT 4.0 (Workstation).

Flachdisplay-Systeme (Panel PC)

Flachdisplay-Systeme sind leistungsfähige Industrie-PC im Kompaktbauform. Sie sind sehr flach, mechanisch robust aufgebaut und mit einem Frontpanel in Schutzart IP 65 ausgerüstet und können somit in Umgebungen mit hoher Belastung durch Schmutz, Staub, Erschütterungen und bei beengten Platzverhältnissen direkt an der Maschine betrieben werden.

Kleinster Vertreter der Flachdisplay-Systeme ist *SIMATIC PC FI10* mit Intel Pentium-Prozessor bis 200 MHz MMX, Hauptspeicher ausbaubar bis 128 MByte, 10,4" DSTN Farb-Display mit 640 × 480 Pixeln in 256 Farben, 3,5"-Diskettenlaufwerk und 3,2 GByte Festplatte. Größter Vertreter ist *SIMATIC PC FI45* mit Intel Pentium-II-Prozessor bis 333 MHz MMX, Hauptspeicher ausbaubar bis 384 MByte, 13,3" TFT Farb-Display mit 1024 × 768 Pixeln in 64k Farben, 3,5"-Diskettenlaufwerk, 3,2 GByte Festplatte und CD-ROM-Laufwerk.

7.13 Prozeßdiagnose im Anwenderprogramm mit S7-PDIAG

Das Optionspaket S7-PDIAG ermöglicht die Projektierung der Prozeßdiagnose im Anwenderprogramm einer SIMATIC S7-Station (ab CPU314) in den Programmiersprachen KOP, FUP und AWL. Die Prozeßdiagnose überwacht den Betrieb einer gesteuerten Maschine oder Anlage, erkennt und meldet fehlerhafte Zustände, gibt Hinweise zur Fehlerbehebung und trägt somit zur Reduzierung von Stillstandszeiten bei.

In Verbindung mit der HMI-Projektierungssoftware SIMATIC ProTool und dem speziell auf die Prozeßdiagnose abgestimmten Optionspaket SIMATIC ProAgent kann ein leistungsfähiges System zur Anzeige, Diagnose und Behebung von Prozeßfehlern auf den grafischen Operator Panels erstellt werden.

Überwachungsarten von PDIAG

Um Fehler zu erkennen, überwacht PDIAG den Prozeß auf verschiedene Weise.

Mit *allgemeinen Überwachungen* werden Verknüpfungen von Operanden überwacht.

Die *Operandenüberwachung* erfaßt bei einzelnen Operanden einen Signalpegel oder eine Signalflanke, kombinierbar mit einer Verzögerungszeit.

Die *Bewegungsüberwachung* prüft, ob physikalische Bewegungen im Prozeß richtig und schnell genug durchgeführt werden. Folgende Bewegungsüberwachungen sind vordefiniert:

▷ Aktionsüberwachung (wird nach einem Anstoß die angesteuerte Endlage in einer bestimmten Zeit erreicht?),

▷ Anlaufüberwachung (wird nach einem Anstoß die aktuelle Endlage innerhalb einer bestimmten Zeit verlassen?),

▷ Reaktionsüberwachung (wird eine Endlage nach Durchfahren eines Lagemerkers nach einer bestimmten Zeit erreicht oder wird eine erreichte Endlage nicht länger als eine bestimmte Zeit verlassen?) und

▷ Verriegelungsüberwachung (ist nach einem Anstoß und nach Ablauf einer bestimmten Zeit die Verriegelungsbedingung erfüllt?).

Strukturierung nach Einheiten

Zu jedem diagnosefähigen Baustein in Anwenderprogramm existiert eine *Einheit*. Eine Einheit besteht aus technologisch zusammengehörenden Teilen und ermöglicht eine schnelle Lokalisation des Prozeßfehlers. Es können einzelne Fehlerdefinitionen, Bewegungen oder Untereinheiten zu einer Einheit zusammengefaßt werden.

Bewegungen sind überwachte Abläufe im Prozeß, die zwei Richtungen mit zwei oder mehr stabilen Endlagen aufweisen und durch einen Anstoß jeweils in eine Richtung gesteuert werden. Mit einer *Fehlerdefinition* spezifizieren Sie den Fehlerfall, der zu einer Meldung führt. Das kann z.B. der Signalpegel eines Operanden in Verbindung mit einer Verzögerungszeit sein oder eine selbst definierte Überwachungslogik mit PDIAG-eigenen Sprachelementen.

Die bereits projektierten Einheiten zeigt PDIAG in der Einheitenübersicht. Im Behälter *Bausteine* liegen die diagnosefähigen Bausteine mit den Untereinheiten und Fehlerdefinitionen.

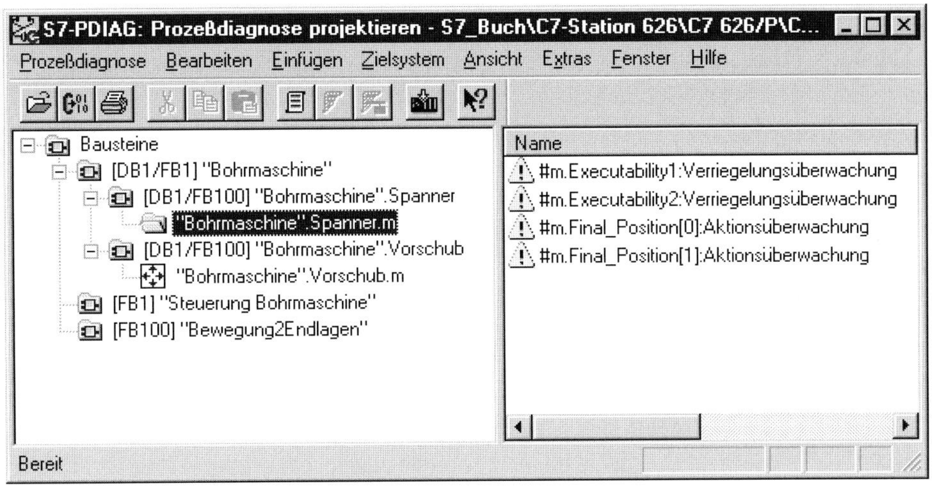

Bild 7.10 Einheitenübersicht des mit dem Optionspaket S7-PDIAG gelieferten Beispiels

Projektieren mit PDIAG

Eine Überwachung legen Sie entweder mit dem Programmeditor oder mit PDIAG direkt an.

Positionieren Sie im Programmeditor die Schreibmarke auf den Operanden, für den Sie eine Überwachung anlegen wollen, in Verbindung mit einer Zuweisungsanweisung bzw. einer Spule oder einer Box und wählen Sie BEARBEITEN → SPEZIELLE OBJEKTEIGENSCHAFTEN → ÜBERWACHUNG. Im Fenster „Prozeßüberwachungen“ wählen Sie die gewünschte Überwachungsart.

Der am Anfang markierte Operand ist der „Diagnose-Einstiegsoperand“. Von ihm ausgehend kann eine Kriterienanalyse stattfinden. Dabei werden alle Signalzustände angezeigt, die zu der Meldung geführt haben. Die Kriterienanalyse führt das Anzeigegerät ohne zusätzliches Anwenderprogramm durch. Sie können eine Überwachung auch direkt in PDIAG projektieren (im SIMATIC Manager PDIAG starten mit EXTRAS → PROZEßÜBERWACHUNG PROJEKTIEREN), erhalten dann jedoch keine Kriterienanalyse. Dieses Vorgehen ist z.B. für Eingänge geeignet, für die es im Anwenderprogramm keine Zuweisung gibt.

Für eine Bewegungsüberwachung ist ein spezielles Programm erforderlich. Ein auf das Standard-Diagnosebild von ProAgent abgestimmtes Programm in Kontaktplandarstellung wird im Beispiel (Funktionsbaustein FB 100) mit PDIAG ausgeliefert. Sie können dieses Programm als Vorlage für eigene Überwachungsprogramme verwenden.

Zur Fertigstellung aktivieren Sie gegebenenfalls die Überwachung und die Erstwerterfassung und geben Sie den Meldungstext für das Anzeigegerät ein. Wiederholen Sie die vorstehend beschriebenen Tätigkeiten für alle Überwachungen.

Wählen Sie im Programmeditor mit EXTRAS → EINSTELLUNGEN auf der Registerkarte „Baustein erzeugen“ die Option „Prozeßdiagnosedaten erzeugen“. Übersetzen Sie die Überwachungen in PDIAG mit PROZEßDIAGNOSE → ÜBERSETZEN. Damit die Überwachungen wirksam werden, müssen Sie die Bausteine mit den Überwachungen in einem zyklisch bearbeiteten Baustein, z.B. im Organisationsbaustein OB1, aufrufen.

Stichwortverzeichnis

A

B

C

D

Abkürzungsverzeichnis

AI	Analog Input, Analogeingabe
AO	Analog Output, Analogausgabe
AS	Automatisierungssystem
ASI	Aktor-Sensor-Interface
AWL	Anweisungsliste
BIE	Binärergebnis
CFC	Continous Function Chart
CP	Communikation Processor, Kommunikationsprozessor
CPU	Central Prozessor Unit, Zentralbaugruppe
DB	Data Block, Datenbaustein
DI	Digital Input, Digitaleingabe
DO	Digital Output, Digitalausgabe
DP	Dezentrale Peripherie
DS	Datensatz
EPROM	Erasable Programmable Read Only Memory, löschbarer Festwertspeicher
FB	Function Block, Funktionsbaustein
FC	Function Call, Funktion
FEPROM	Flash Erasable Programmable Read Only Memory, elektrisch löschbarer Festwertspeicher
FM	Function Module, Funktionsbaugruppe
FUP	Funktionsplan
IM	Interface Module, Anschaltungsbaugruppe
KOP	Kontaktplan
MCR	Master Control Relay, Hauptsteuerrelais
MPI	Multi Point Interface, mehrpunktfähige Schnittstelle
OB	Organization Block, Organisationsbaustein
OP	Operator Panel, Bedien- und Beobachtungsgerät
PG	Programmiergerät
PP	Push Button Panel, Bedienfeld
PPI	Point to Point Interface, Punkt-zu-Punkt-Schnittstelle
PS	Power Supply, Stromversorgung
RAM	Random Access Memory, Schreib-/Lesespeicher
SCL	Structured Control Language
SDB	System Data Block, Systemdatenbaustein
SFB	System Function Block, Systemfunktionsbaustein
SFC	System Function Call, Systemfunktion
SM	Signal Module, Signalbaugruppe
SPS	speicherprogrammierbare Steuerung
SZL	Systemzustandsliste
TD	Textdisplay
TP	Touch Panel, Bedien- und Beobachtungsgerät
UDT	User Data Typ, anwenderdefinierter Datentyp
VAT	Variablentabelle
VKE	Verknüpfungsergebnis

Berger, Hans

Automatisieren mit STEP 7 in AWL und SCL

Speicherprogrammierbare Steuerungen
SIMATIC S7 300/400

Buch und Diskette
1999, 455 Seiten, 131 Abbildungen,
Hardcover
ISBN 3-89578-113-4
Ladenpreis 128,– DM / 65,45 €

Das Buch beschreibt Elemente und Anwendungen der textorientierten Programmiersprachen AWL (Anweisungsliste) und SCL (Structured Control Language) sowohl für SIMATIC S7-300 als auch für SIMATIC S7-400. Es wendet sich an alle Anwender von SIMATIC S7-Steuerungen. Anfänger führt es in das Gebiet der speicherprogrammierbaren Steuerungen ein, dem Praktiker zeigt es den speziellen Einsatz des Automatisierungssystems SIMATIC S7.

Hans Berger

Automatisieren mit STEP 7 in KOP und FUP

Speicherprogrammierbare Steuerungen
SIMATIC S7-300/400

Buch und Diskette
1999, 356 Seiten, 124 Abbildungen,
77 Tabellen, Hardcover
ISBN 3-89578-124-X
Ladenpreis 128,– DM / 65,45 €

Das Buch beschreibt Elemente und Anwendungen der grafikorientierten Programmiersprachen KOP (Kontaktplan) und FUP (Funktionsplan) sowohl für SIMATIC S7-300 als auch für SIMATIC S7-400. Es wendet sich an alle Anwender von SIMATIC S7-Steuerungen. Anfänger führt es in das Gebiet der speicherprogrammierbaren Steuerungen ein, dem Praktiker zeigt es den speziellen Einsatz des Automatisierungssystems SIMATIC S7.

Weigmann, Josef; Kilian, Gerhard

Dezentralisieren mit PROFIBUS DP

Aufbau, Projektierung und Einsatz des PROFIBUS-DP mit SIMATIC S7

2., überarbeitete Auflage, 2000,
ca. 220 Seiten, 90 Abbildungen,
70 Tabellen, Hardcover
ISBN 3-89578-123-1
Ladenpreis 89,– DM / 45,50 €

Neben Basiswissen zum Thema PROFIBUS konzentriert sich das Buch hauptsächlich auf die Projektierung des PROFIBUS-DP mit STEP 7 Version 5, erläutert unterschiedliche Möglichkeiten zum Datenaustausch mit Anwenderprogrammen und gibt wertvolle Tips für die Inbetriebnahme und Störungssuche. Eine Reihe von praktischen Anwendungsbeispielen auf Basis der Speicherprogrammierbaren SIMATIC-Steuerungen helfen Anwendern, die Theorie in die Praxis umzusetzen.

Bezner, Heinrich (Bearbeiter)

Fachwörterbuch industrielle Elektrotechnik, Energie- und Automatisierungstechnik

Teil 1: Deutsch-Englisch
4., überarbeitete und erweiterte Auflage,
1998, 608 Seiten, Hardcover
ISBN 3-89578-077-4
Ladenpreis 128,– DM / 65,45 €

Teil 2: Englisch-Deutsch
4., überarbeitete und erweiterteAuflage,
1998, 532 Seiten, Hardcover
ISBN 3-89578-079-0
Ladenpreis 128,– DM / 65,45 €

Das Fachwörterbuch ist eine umfassende und zuverlässige Sammlung an Fachbegriffen großer Bereiche der industriell angewandten Elektrotechnik. Für die 4. Auflage wurde der komplette Datenbestand auf seine Aktualität hin überarbeitet und um etwa 2.500 neue Fachbegriffe in beiden Sprachrichtungen ergänzt.